법학 · 상경 · 실무계를 위한

국제상거래법 연구총서

국제상사계약의 이론과 실제

심종석 著

대구대학교출판부

국제상사계약의 이론과 실제

The LORD thy God in the midst of thee is mighty;
he will save, he will rejoice over thee with joy;
he will rest in his love, he will joy over thee with singing.

현대계약법의 추이는 나날이 복잡다단하게 급변하고 있는 경제 · 사회적 유동성에 적극적이고도 유연하게 대응하고 있는 경향을 보이고 있다.

이 같은 경향이 나타나게 된 이유는 각종 계약상의 분쟁해결에 있어서 관련 법규범이 가일층 다양화되고 있는 계약당사자의 이해를 적절히 고려하고 조정해야 한다는 법적용상의 필요와, 계약당사자간 계약상 의무의 성실한 이행을 담보하여 신속 · 민활한 상거래를 촉진해야 한다는 법기능상의 역할이 지속적으로 강조되고 있기 때문이다. 특히 국제상거래(international commercial transactions)에 있어 국제상사계약과 관련한 제반 법규범의 체계화 및 통일화 현상은 그러한 추이를 선도하는 역할을 하여 왔다.

그 결과적 산물인 국제상거래법위원회(United Nations Commission on International Trade Law : 이하 'UNCITRAL'[1])가 제정한 「국제물품매매계약에 관한 UN협약」(United Nations Convention on Contracts for the International Sale of Goods : 이하 'CISG')과 사법통일국제협회(International Institute for the Unifi- cation of Private Law : 이하 'UNIDROIT'[2])에 의해 공표된 「국제상사계약에 관한 일반원칙」(Principles of International Commercial Contract : 이하 'PICC') 및 유럽계약법위원회(Commission on European Contract Law : 이하 'CECL'[3])에 의해 제정된 「유럽계약법원칙」(Principles of European Contract Law : 이하 'PECL') 등은 대표적 입법성과라고 할 수 있다.[4]

종래 국제상사계약(international commercial contract)에 있어서는 당해 상거래에 참

---

1) 「www.uncitral.org」. 이하 본 서에서 인용하는 모든 URL은 본 서 발간시까지 웹상에 현시되고 있는 것을 기준으로 하였으며, 기술편의상 프로토콜명(http://)은 생략하였다.
2) 「www.unidroit.org」.
3) 「www.jus.uio.no/lm/eu.principles.lando.commission/doc.html」.
4) 본 서에서는 이하 CISG, PICC, PECL 등을 함께 묶어 '국제계약법규범'으로 통칭하기로 한다.

여한 계약당사자 자치의 원칙에 따라 상거래계에서 오랜 기간을 통해 형성된 관습(usage) 및 관행(practice)이 존중되어 왔던 까닭에, 그 관습 등의 내용이 계약의 교섭 · 체결 · 이행 · 종료의 각 단계별로 적용 또는 수용되어 당사자들의 지지에 기반을 둔 법적 구속력을 담보할 수 있었다.

그러나 실무상 국제상사계약을 둘러싼 법적 분쟁의 처리과정에서 복잡다단한 계약당사자의 이해를 충분히 반영함에 있어서는 각종의 다양한 장애요인이 발생하였다. 이를테면 준거법의 선정 및 적용의 곤란, 분쟁해결을 위한 법적 기준의 불안정성, 계약내용에 대한 당사자의 법리적 해석의 상이, 각국 및 법계간 법인식의 대립에 의한 예측가능성의 부재, 각국 법원 및 중재기관의 판결 · 판정의 상대적 불공평성 등은 국제상거래의 법적 측면에서 중대한 장애요인이 되어 왔다.

상기한 국제계약법규범들은 이 같은 장애를 극복할 수 있는 법적 대안으로서 뿐만 아니라 신속 · 민활한 상거래를 통하여 계약당사자가 각자의 이익을 합리적으로 추구할 수 있게 하는 법적 방편으로서의 가치가 인정되어, 제정 이후 현재까지 국제상사계약에 적용 및 원용할 수 있는 실체법적 기반으로서의 역할을 충실하게 감당하고 있다.

본 서에서는 현재까지 국제상거래에 있어 합리적이고도 이상적인 계약법의 모습을 구현하고 있는 국제계약법규범의 가치와 중요성을 고찰하고, 그에 대한 이해를 심화하는 한편, 국제계약법규범의 실무상 효용을 구체적으로 분석하기 위하여 국제상사계약에 있어 계약당사자의 책임체계와 그 내용을 비교법적으로 다루어 보고자 한다.

본 서에서 이상의 국제계약법규범을 비교법적 연구의 대상으로 삼은 이유는, 우선 그 내용면에서 CISG, PICC 및 PECL 모두 상당부분에서 동일한 입법취지를 지향하고 있는 점, 이로부터 국제상사계약의 공통된 법리를 재구성함에 있어 유용한 소재를 제공할 수 있는 점, PECL과 PICC는 모두 연혁적으로 CISG를 근간으로 상호 긴밀한 연계성을 갖고 입법화되었다는 점, CISG는 동 협약에의 가입과정을 거쳐 우리나라에서 2005년 3월 1일부터 국내법화 되어 적용되고 있다는 점, CISG의 '보충적 역할'(gap-filling role)을 감당하고 있는 PICC 또한 2004년 개정판이 확정 · 발표되어 이에 대한 비교법적 연구의 재검토가 긴요하다고 하는 점 등으로 요약할 수 있다.

국제계약법규범, 특히 CISG 및 PICC에 관한 그간의 연구는 상당한 수준까지 진척되어 왔다. 그 배경에는 법리적 · 상무적 시각에서 계약당사자간 권리 · 의무의 구체적 확정을 목표로 한 심도있는 학문적 연구와, 국제계약법규범과 밀접한 연관성이 있는 UNCITRAL, UNIDROIT, 국제상업회의소(International Chamber of Commerce : 이하 'ICC'), CECL 등 국제기구의 적극적인 참여 그리고 이들이 제정 · 발표한 국제상사계약법원칙 및 상관습을 수용하기 위한 실무계의 지대한 관심이 존재하였다.

학제간에 있어서도 현재 법학과 무역상무 분야에 있어, 이를테면 「국제거래법」, 「국제계약법」, 「무역계약」, 「국제상관습」, 「국제무역관습」, 「국제비교사법」, 「국제무역법규」, 「국제통상법」등의 분야에서 이론과 실제를 조화시키고 연구성과를 공유하려는 노력이 꾸준히 전개되고 있음은 고무적인 일이라고 생각한다.

그럼에도 아쉬운 것은 종래 국제계약법규범에 관한 법리적 연구결과가 상무적 실제로 반영되거나, 또는 상무적 실제상의 필요가 법리적 연구동기로 수용되지 못하였다는 점인데, 이는 향후 시급히 극복해야 할 과제라 생각된다.

본 서의 표제와 관련하여 그간의 연구는 대개 각 국제계약법규범의 법리만을 대상으로 하거나, 또는 CISG와 PICC간의 비교법적 연구를 중심으로 수행되어온 감이 없지 않다. 그런데 한편으로 PECL은 합리적이고도 이상적인 현대계약법원칙의 모습을 보이고 있을 뿐만 아니라 통합된 유럽에서 향후 실정 계약법으로서 장래성을 담보하고 있기도 하다.

따라서 CISG, PICC의 법리해석 및 규정체계를 명확히 하고, 그 실무적용상의 폭을 보다 견실히 확장함과 동시에, 국제상거래에 있어서 계약당사자의 실제적 이해를 실효적으로 반영할 수 있는 방안을 모색하기 위하여 양법규범과 PECL을 비교하는 것은 매우 큰 의미가 있다고 생각한다.

요컨대 본 서는 국제상사계약의 해석에 있어 계약당사자의 서로 다른 이해관계를 적절히 조화시키고, 관련된 법적 문제해결에 구체적으로 작용하고 기능할 수 있는 국제계약법규범상의 제반원칙을 계약당사자의 책임체계의 구조내에서 상호 비교 · 고찰함으로써, 현행 국제계약법규범이 국제상사계약 실무에 적절히 적용 · 반영될 수 있도록 하는 동시에, 향후 그 개선방안의 도출을 위한 후속연구에 도움이 되도록 하려는데 그 발간취지를 두었다.

• 구성체계

국제상사계약 관련 국제계약법규범에 대한 개별적 또는 비교법적 고찰에 관하여는 현재까지 상당한 연구결과가 집적되어 있다. 그 연구의 성격은 국제계약법규범에 대한 법리적 해석 및 법적용상의 시사점을 명정하기 위한 의도에서의 법적 고찰과, 국제계약법규범을 실무에 적용 또는 원용함에 있어서의 유의점을 제시하기 위한 목적에서의 상무적 고찰로 대별된다.

본 서에서는 이들 연구성과를 종합하고, 학제간 연구의 효용을 살려 연구를 진전시키려는 의도에서 국제상사계약 당사자의 책임체계를 중심으로 각 국제계약법규범의 규정내용을 비교 · 분석하고, 이와 관련한 각국 법원의 판결 · 판정례 등을 고찰함으로써 각 사항별로 명확한 해석기준과 유의점을 제시하고자 한다. 이하 본 서의 구성체계를 요약하면 다음과 같다.

제2편에서는 본 서의 비교법적 분석대상으로서 CISG, PICC 및 PECL의 의의와 특징 및 입법성과를 고찰하였다. 이들 국제계약법규범이 국제상사계약에서 차지하는 비중과 역할이 더욱 중요하게 인식되어 가는 현시점에서 각 법규범의 기능과 역할을 명료하게 제시하기 위한 것이다.

제3편에서는 일반 법원칙으로서 국제계약법규범에서 계약내용의 해석기준과 신의칙의 준수에 관한 법적용상의 논점을 살펴보았다. 구체적으로 계약내용 해석의 방법과 기준, 계약내용 해석에 관한 국제계약법규범의 규정내용 및 신의칙의 적용기준을 세부적으로 살펴보고, 계약내용의 해석 및 신의칙에 관한 판결 · 판정례 등의 적용사례를 결부시켜 분석함으로써 당해 논점에 대한 법리적 시사점과 실무적 용상 유의점을 기술하였다.

제4편에서는 계약의 성립과 사정변경의 원칙에 관하여 법계간 법리적 시각차를 개관하고, 국제계약법규범의 규정내용을 비교 · 검토하였다. 우선 계약체결상의 과실책임에 관한 각국법의 법리와 국제계약법규범상의 규정내용을 비교하고, 각국 법정의 적용사례를 살펴보았다. 나아가 청약과 승낙의 요건과 효과에 대한 국제계약법규범의 규정을 체계적으로 비교하고, 계약의 성립요건에 관한 동 법규범의 적용사례에 대한 분석을 통해 그 법적 판단기준을 명확히 하였다. 아울러 사정변경원칙

의 요건과 효과에 대한 국제계약법규범의 규정내용의 비교 및 그 적용사례의 고찰을 통하여 구체적인 해석기준을 제시하였다.

제5편에서는 계약불이행과 하자담보책임에 관한 국제계약법규범의 규정내용을 비교 · 고찰한 후, 그 적용사례를 분석하고, 나아가 계약위반 또는 불이행의 유형을 구분하고, 계약위반에 관한 국제계약법규범의 규정내용을 비교 · 검토하였다. 계약위반 또는 불이행에 기한 구제수단에 관해서는 그 효과를 이행청구 · 이행유보 · 대금감액청구 · 손해배상청구 · 계약해제 등으로 구분하여 고찰하였고, 하자담보책임에 대해서는 국제계약법규범상 하자담보책임의 요건 및 효과를 상호 비교 · 검토하여 실무적용상의 유의점을 중심으로 명확한 법적 해석기준을 제시하였다.

본 서에서는 현재까지 발표된 국내 · 외 연구논문과 단행본 · 학술연구자료 · 국제기구 및 연구기관 등이 간행한 기관지 등을 통한 문헌중심의 연구방법을 취하였다. 아울러 국제계약법규범을 위시하여 여타 국제상사계약 관련 법규범 · 규칙과 상관습 및 판결 · 판정례, 의견서 · 지침서 그리고 필요에 따라 우리나라를 포함한 각국의 실정법 등의 상호 비교 · 고찰의 결과를 최대한 본 서에 반영하였다.

• 감사의 글

이 책이 출간되기까지 참으로 많은 분들의 격려와 사랑이 있었다. 아직도 노심초사 제자의 앞날을 걱정해 주고 계시는 한국외대 이균성, 김동훈 교수님 그리고 성균관대 오원석 교수님의 넘치는 사은을 되새겨 이 지면에서나마 그 끝 모를 감사함을 기억해 두고자 한다.

모름지기 이 분들은 내 삶의 여정에서 뿐만 아니라 신앙적 웃어른으로서 항상 푯대가 되고 계시는 분들이다.

태중에 서원하셨던 바 그대로 지금껏 불초한 자식의 앞날을 위해 기도로 간구하고 계시는 부모님, 그리고 사랑하는 아내와 민섭·민주에게 그간 못 다했던 노릇을 만분의 일이나마 되갚고자 하는 다짐 또한 이에 새겨 둔다.

지금까지는 모를 일이로되 앞으로 내 삶의 이유와 목적을 그 노릇으로부터 구해 나갈 요량이다. 무릇 내 마음과 생각을 지키고 계신 주께 그 구할 것을 감사함으로 아뢰는 중에...

2008년 11월
저자 씀

• 차 례

1편 국제계약법규범의 의의와 입법성과

2편 계약내용의 해석과 신의칙의 준수

4편 계약불이행과 하자담보책임

[부 록]

CHAPTER

1

국제계약법규범의 의의와 입법성과

1장 머리말

국제상사계약(international commercial contract)은 당사자의 합의에 의하여 성립하게 되는데, 특히 당사자 자치가 넓게 인정되고 있는 국제상거래에 있어 당사자의 목적은 일반적으로 당사자들이 자치적으로 형성한 정형적 약관에 의하여 달성되고 있다.

그러나 상거래에 관한 오랜 경험과 전문적이고도 체계적인 지식을 토대로 만들어진 약관이라고 하더라도, 상거래의 이행과정에서 발생할 수 있을 문제를 일일이 상정하여 당사자의 권리 · 의무관계를 규정하는 것은 사실상 불가능한 일이며, 또한 당초 예견 가능했던 문제가 발생한 경우라 하더라도 그 해석에 있어 시간적 · 공간적 제한으로 인해 상호간 의견대립이 있을 수 있다.

이 경우 국제사법질서하에서는 당해 상거래와 관련이 있는 어느 당사자의 국내법에 의할 수밖에 없게 되는데, 이는 문제해결을 상거래에 관한 국제사법이 준거법에 의하게 됨을 의미한다. 따라서 당사자는 그들간의 상거래 관행상 합의로써 준거법을 계약에 지정하여 이를 국내법에 일임해 둘 수 있다.

그러나 국제상거래가 다변화되어 가는 현시점에서는 상대방 국가의 국제사법을 법적 문제가 생길 때마다 파악하여 당사자가 의도한 바 특정계약의 내용에 편입하는 일은 매우 번거롭고도 어려운 일이 아닐 수 없다. 뿐만 아니라 국제상사계약을 규율하는 각국의 법률은 서로 상당한 차이를 보이고 있으며, 심지어 같은 내용의 국제상사계약에 관한 법규정을 두고 있는 국가들도 그 해석에 있어서 큰 차이를 보이고 있는 경우가 많다.

이러한 상황에서 국제상거래의 특성을 충분히 반영한 통일법이 존재하면

상거래의 활성화와 분쟁의 공정한 해결을 도모할 수 있을 것인데, 이 같은 요청에 따라 국제사회는 국제물품매매에 있어서 상거래법상의 문제해결을 둘러 싼 혼란을 최소화하고, 상거래에 임한 당사자 공통의 이해를 촉진하기 위하여 여러 가지 노력을 하여 왔다.

이들 노력은 크게 두 가지 흐름으로 진행되어 왔는데, 그 하나는 국제상거래 당사자 공통의 이해와 국제적 관습의 확립을 위하여 각양의 표준계약서식을 통일하고 '상거래 약관'(trade terms)을 통일하는 등 당사자간의 자율적 규범을 확립하기 위한 노력이었고, 다른 하나는 국제매매에 관한 법통일화 작업이었다. 이 양자는 상호 영향을 미치면서 국제상거래의 발전과 더불어 국제상거래에 고유한 규범확립의 길을 개척하여 왔다.[1)]

그 가운데 법통일화 작업의 일환으로 가장 주목되었던 것은 각국의 국내법은 그대로 두고 국제상거래에 적용되는 법규범을 별도로 마련하여, 동 법규범에 가입한 국가간 상거래 또는 이를 채택한 당사자들 사이에 적용될 수 있도록 하자는 것이었다. 이는 각 법계 및 국가간 이해관계를 원만하게 조정할 수 있는 가장 현실적인 대안일 수 있었던 까닭에, 국제적 통일입법을 위한 노력이 지속적으로 전개될 수 있었다.

그 대표적 입법성과로서 국제상거래법위원회(UNCITRAL)에 의해 성안되고, 1980년 3월 비엔나에서 개최된 UN 외교회의에서 만장일치로 통과된 후, 1988년 1월 1일부로 발효된 CISG는 현재까지 국제상거래에 있어 물품매매에 관한 한 가장 성공한 선도적 입법례로 간주된다.

한편 사법통일국제협회(UNIDROIT)에 의해 공표된 PICC는 CISG와 같이 국제협약이나 초국가적 입법과 같은 구속력 있는 법규는 아니지만 법리적 일반원칙(general principle)으로서 입법취지를 표방하고, 제반 규정내용의 법적 합리성에 근거하고 있다. 그 결과 PICC는 CISG에 대한 '보충적 역

1) 오원석 역, 「UN통일매매법」 제2판, 삼영사, 2004. 169~178면 ; 양영환 · 서정두, 「국제무역법규」 제3판, 1998. 176~181면 ; 박영복, 「글로벌시대의 계약법」, 집문당, 2005. 23~25면 ; 강병창, 「국제통일매매법」, 형설출판사, 2000. 17~18면.

할'(gap-filling role)을 감당하고 있을 뿐만 아니라 국제사법상의 문제에 관한 판결 및 판정시에 있어 기준과 지침을 제공하고 있다.

요컨대 PICC는 국제상거래에 관한 국제입법과 국내입법의 모델을 제공할 수 있다는 점, 현존하는 국제상거래법규를 해석하는 수단이 될 수 있다는 점, 국제상사계약을 체결함에 있어 지침으로 이용될 수 있다는 점, 국제상사계약에 적용될 준거법을 확정하기 위하여 국내법의 대체규범으로 활용될 수 있다는 점에서 그 의의가 있다. 이는 후술하는 PECL의 의의와도 유사하다.

다른 한편 PECL은 유럽의 계약법상 일반원칙을 법전형식으로 구성하고 있으나, PICC와 마찬가지로 그 자체가 구속력 있는 법률은 아니고, 유럽 역내[EU] 회원국간 상거래를 용이하게 하기 위한 법적 기반제공에 목적을 두고 있다. 또한 부차적으로 계약법상의 법리적 기초와 통일적 해석, 각국 법원의 판결 · 판정시의 지침, 역내 법체계간 타협을 구할 수 있는 역할, 향후 유럽통일계약법전의 입법적 기반 등을 입법취지로 두고 있다.[2)]

결국 PECL은 유럽사법상의 일반원칙을 집약하고, 그 내용을 법전형식으로 제정하여 통일된 계약법원칙으로서의 위상을 제고함과 동시에, EU 역내 상거래를 직접적으로 규율하기 위한 향후 통일계약법전으로서의 기반을 제공하고 있다.[3)]

본 장에서는 이상의 국제계약법규범의 특징과 적용범위, 목적과 기능, 구성체계 및 입법성과 등을 개괄적으로 살펴봄으로써 본 연구의 비교법적 분석대상으로서의 의의와 가치를 명확히 제시하고자 한다.

---

2) Lando, "The Principles of European Contract Law : Part Ⅰ, Part Ⅱ", Pace Law, Pace Law School Institute of International Commercial Law, 2002. 11. 'Introduction'. CECL에 의한 PECL은 각각 제1부(Part Ⅰ : 1995), 2부(Part Ⅱ : 1998), 3부(Part Ⅲ : 2003)로 나뉘어 공표되었고, 공식적으로 Principles of European Contract Law, Part Ⅰ and Part Ⅱ, prepared by the Commision of European Contract Law, edited by Ole Lando and Hugh Beale, Kluwer Law International, 2000으로 발간된 바 있다. PECL의 당해조문은 제1부와 제2부의 경우 「www.lexmercatoria.org」에서 'The Principles of European Contract Law'(completed and revised version : 1998), 제3부는 「www.storme.be/PECL3fr.html」에 현시(display)되어 있다.

3) Lando, *Ibid.* ; 박영복, "현대계약법의 추이", 「외법논집」 제9집, 한국외국어대학교, 2000. 196면.

2장 국제물품매매계약에 관한 UN협약(CISG)

Ⅰ. CISG의 의의와 특징

CISG는 기본적으로 국제물품매매계약(contracts for the international sale of goods)에 관하여 국제적으로 통일된 관습을 성문화함으로써 국제상거래의 법률적인 장벽을 제거하는데 공헌하기 위한 국제적 협약(convention[4]))이다.[5]

CISG는 전문(preamble)[6]에서 명시하고 있는 바와 같이, CISG의 당사국들은 신국제경제질서의 확립과 관련, 평등과 상호 이익을 기초로 한 국제상거래의 발전이 국가간의 우호관계를 증진시키는데 중요한 요소임을 고려하여,

4) 일반적으로 협약(convention, concordat)에 준하는 여러 명칭을 구분하면 다음과 같다. 조약(treaty), 협정(agreement, arrangement), 협정(pact), 의정서(act, protocol), 선언(declaration), 규정(statute), 규약(covenant), 헌장(charter), 합의의사록(agreed minutes), 각서(memorandum), 교환공문(exchange of notes), 잠정협정(modus vivendi), 공동선언(joint declaration) 등이다.

5) CISG에 대한 법적 연구에 있어서 CISG의 명칭은 「국제물건매매계약에 관한 UN협약」, 「국제동산매매계약에 관한 UN협약」, 「비엔나(vienna)협약」등으로 사용되고도 있으나, 본 서에서는 CISG에 대한 계약당사자의 상무적 이해와 그 적용가능성을 강조하기 위한 취지에서 이하 「국제물품매매계약에 관한 UN협약」으로 통일하여 사용한다.

6) CISG Preamble. "THE STATES PARTIES TO THIS CONVENTION, BEARING IN MIND the broad objectives in the resolutions adopted by the sixth special session of the General Assembly of the United Nations on the establishment of a New International Economic Order, CONSIDERING that the development of international trade on the basis of equality and mutual benefit is an important element in promoting friendly relations among States, BEING OF THE OPINION that the adoption of uniform rules which govern contracts for the international sale of goods and take into account the different social, economic and legal systems would contribute to the removal of legal barriers in international trade and promote the development of international trade, HAVE DECREED as follows:"

국제물품매매의 계약을 규율하고, 상이한 사회적 · 경제적 및 법률적 제도를 고려하는 통일규칙의 채택이 국제상거래에서의 법률적인 장벽을 제거하는데 공헌하며, 또한 국제상거래의 발전을 증진시킬 것을 목적으로 제정된 것이다.

입법연혁을 살펴보면, 본래 CISG는 1964년 UNIDROIT에 의해 성안되어 최종 확정된 두 가지의 '헤이그협약'(Hague Convention)에 그 기초를 두고 있는데, 「국제물품매매에 관한 통일법」(Uniform Law for the International Sale of Goods ; 이하 'ULIS')과 「국제물품매매계약의 성립에 관한 통일법」(Uniform Law on the Formation of Goods ; 이하 'ULF')이 그것이다.[7)]

이 두 가지의 헤이그협약은 모두 그 적용범위가 너무 광범위하고, 또한 당시 이에 참여하지 않은 제3세계 국가와 사회주의 국가의 이익이 제대로 반영되지 않았다는 비판 때문에 그 실효성을 거둘 수가 없었다. 이후 1978년 UNCITRAL에 의해 동 협약은 전면 수정 · 보완되기에 이르러 총 21개국이 서명을 마친 1988년 1월 1일부터 발효되었다.

현재 CISG를 비준하여 국내법화 하고 있는 체약국(contracting state)은 본서 발간 기준으로 총 71개국이다.[8)] 우리나라는 2004년 2월 17일 UN에 CISG에의 가입서를 기탁하여, 2005년 3월 1일부터 국내법으로서 효력을 발생하게 되었다(CISG Art. 101(2)).[9)] 이에 따라 CISG는 국제물품매매에 관한한, 우리 민 · 상법에 우선하는 특별법 지위를 점한다.[10)] CISG의 주요 특징

---

7) 제정연혁에 관한 상세는 오원석 역, 전게서, 제1장 참조.

8) 체약국별 현황 · 가입일 · 효력발생일 등의 상세는 「www.unilex.info」 참조.

9) CISG Art. 101. "(1) A Contracting State may denounce this Convention, or Part II or Part III of the Convention, by a formal notification in writing addressed to the depositary. (2) The denunciation takes effect on the first day of the month following the expiration of twelve months after the notification is received by the depositary. Where a longer period for the denunciation to take effect is specified in the notification, the denunciation takes effect upon the expiration of such longer period after the notification is received by the depositary."

10) CISG의 의의와 해석원칙에 대한 상세는 최준선, "UN국제물품매매협약의 의의와 해석원칙", 「비교사법」 제11권 3호(통권26호), 2006.

은 다음과 같다.

첫째, 이전의 헤이그협약에서는 체약국의 법원은 당해 계약이나 당사자가 체약국과 관련이 없는 국제매매에도 이를 적용할 수 있도록 함으로써 적용 범위가 너무 광범위하다는 비판을 받아왔다. 이에 비하여 CISG는 당사자의 영업소(business place)가 모두 체약국내에 있거나 국제사법의 규정에 따라 어느 체약국의 법률이 적용되는 국제매매에만 이를 적용할 수 있도록 하였다.

둘째, 헤이그협약이 계약위반(breach of contract)의 형태를 인도의 시기 · 장소 등에 따라 세분하고, 그 구제수단도 상이하게 규정함으로써 이러한 부류에 속하지 않는 계약위반에 대하여는 오히려 복잡한 문제가 야기될 수 있다는 비판이 있었다. 이점을 고려하여 CISG는 계약위반의 유형을 세분하지 않고, 단순히 매도인에 의한 위반과 매수인에 의한 위반으로만 구분하고, 이와 관련한 상대방의 구제수단만을 규정하고 있다. 그리고 헤이그협약은 계약위반에 대하여 계약의 '자동적인 해제'(*ipso facto* avoidance)를 규정(ULIS Art. 25)[11]하고 있으나, CISG는 이를 인정하지 않고, 그것이 '중대한 계약위반'(fundamental breach of contract)에 해당하는 경우에만 계약을 해제할 수 있도록 하였다(CISG Art. 25).[12]

셋째, CISG는 그 해석에 있어서 CISG의 국제적인 성격과 적용상의 통일성의 증진을 위한 필요성을 강조할 뿐만 아니라 헤이그협약과는 달리, 국제상거래에 있어 신의칙의 준수에 대한 고려를 추가로 명시하고 있다.

---

11) ULIS Art. 25. "The buyer shall not be entitled to require performance of the contract by the seller, if it is in conformity with usage and reasonably possible for the buyer to purchase goods to replace those to which the contract relates. In this case the contract shall be ipso facto avoided as from the time when such purchase should be effected."

12) CISG Art. 25. "A breach of contract committed by one of the parties is fundamental if it results in such detriment to the other party as substantially to deprive him of what he is entitled to expect under the contract, unless the party in breach did not foresee and a reasonable person of the same kind in the same circumstances would not have foreseen such a result."

Ⅱ. CISG의 적용범위와 구성체계

CISG는 당사자들의 영업소(business place)[13]가 모두 체약국내에 있거나, 또는 당사자의 국가가 국제사법의 규칙에 따라 체약국의 법을 적용하는 경우에만 적용된다. 즉 매매계약이 CISG의 직접적인 적용을 받기 위해서는 다음의 요건이 충족되어야 한다.

첫째, 계약당사자가 상이한 국가에 영업소를 갖고 있어야 한다. 다만 영업소가 없을 경우에는 상이한 국가에 '일상의 거주지'(habitual residence)가 존재하여야 한다(CISG Art. 10(b)).[14] 즉 CISG는 계약당사자가 서로 다른 국가에 영업소 내지 거주지를 가짐으로써 국제성(internationality)을 갖춘 매매계약을 적용대상으로 하고 있다. 만약 당사자가 둘 이상의 영업소를 갖고 있는 경우에 영업소는 계약체결전이나 그 당시에 당사자들에게 알려졌거나 예견되었던 사정을 고려하여 그 계약 및 이행에 가장 밀접한 관계가 있는 장소가 영업소가 된다(CISG Art. 10(a)).[15]

둘째, 당사자가 상이한 국가에 영업소를 갖고 있어야 한다는 국제성은 계약의 체결전이나 그 당시에 당사자 사이의 계약 또는 당사자가 제시한 정보로부터 명확히 나타나 있어야 한다. 따라서 당사자는 상이한 국가에 영업소를 갖고 있어 당해 계약이 국제계약이라고 하는 사실을 알고 있어야 하는데, 이는 당초 국내계약으로 알고 있던 당사자가 예기치 못한 CISG의 적

---

13) 일반적으로 영업소(business place)라 함은 상인의 영업활동의 중심인 항구적이고 정규의 장소로서 영업에 관한 지휘 · 결정이 이루어지고, 그 활동의 결과가 보고 · 통일되는 장소적 구심점을 말한다(이균성 · 홍승인 · 김동훈, 「기업법강의」, 인텔에듀케이션, 2004. 116면). 그러나 계약당사자의 국적이나 상인자격 등은 CISG에서는 고려되지 않는다.

14) CISG Art. 10(b). "...if a party does not have a place of business, reference is to be made to his habitual residence."

15) CISG Art. 10(a). "if a party has more than one place of business, the place of business is that which has the closest relationship to the contract and its performance, having regard to the circumstances known to or contemplated by the parties at any time before or at the conclusion of the contract;"

용을 받는 일이 없도록 배려하기 위함이다.

셋째, CISG는 당사자가 상이한 국가에 영업소 내지 일상의 거주지를 갖고 있더라도 원칙적으로 이들 상이한 국가가 모두 CISG의 체약국일 경우에 한하여 적용된다. 구체적으로 계약의 성립에 관하여는 당해국들이 계약체결 시점에서 체약국일 경우, 또한 물품매매의 효력에 관해서는 당해국들이 계약체결 시점에 체약국일 경우에 한하여 적용된다(CISG Art. 100).[16] 이때 당사자는 당해국이 CISG의 체약국인지를 어느 시점에서 알았는지는 불문한다. 물론 당사자의 국가가 모두 체약국이 아니더라도 당사자들이 스스로 CISG를 적용받기로 상호 합의한 경우에는 당해 계약에 적용할 수 있을 것이다.

넷째, CISG는 당사자가 CISG 전체의 적용을 배제하거나, CISG 일부 규정에 대하여 그 효력을 감퇴시키거나, 변경시킬 수 있도록 하고 있다(CISG Art. 6).[17] 따라서 CISG는 당사자간에 협약 전체의 적용배제에 관한 합의 또는 계약과 관련이 있는 일부 규정에 대한 효력변경의 합의가 없어야 그 계약에 적용될 수 있다.[18]

CISG의 구성은 전문(preamble) 외에 총 4편으로 되어 있는데, 그 내용은 제1편은 적용범위(Art. 1~6)와 총칙(Art. 7~13), 제2편은 계약의 성립으로서 청약(Art. 14~17)과 승낙(Art. 18~22) 및 계약의 성립시기(Art. 23~24)에 관하여, 제3편은 당사자의 권리와 의무를 대칭적으로 편제하여 총칙(Art. 25~29)을 포함, 매도인의 의무와 매도인의 의무위반에 대한 매수인의 구제수단

16) CISG Art. 100. "(1) This Convention applies to the formation of a contract only when the proposal for concluding the contract is made on or after the date when the Convention enters into force in respect of the Contracting States referred to in subparagraph (1)(a) or the Contracting State referred to in subparagraph (1)(b) of article 1. (2) This Convention applies only to contracts concluded on or after the date when the Convention enters into force in respect of the Contracting States referred to in subparagraph (1)(a) or the Contracting State referred to in subparagraph (1)(b) of article 1."

17) CISG Art. 6. "The parties may exclude the application of this Convention or, subject to article 12, derogate from or vary the effect of any of its provisions.

18) 양영환 · 서정두, 전게서, 179~181면.

(Art. 30~52)과 매수인의 의무와 매수인의 의무위반에 대한 매도인의 구제수단(Art. 53~65) 및 위험의 이전(Art. 66~70)과 매도인과 매수인에게 공통적으로 적용되는 규정(Art. 71~88)에 관하여, 제4편은 계약의 발효에 필요한 절차 및 유보선언 등의 최종규정(Art. 89~101)으로 구성되어 있다.

3장 국제상사계약에 관한 일반원칙(PICC)

Ⅰ. PICC의 기능

사법통일국제협회(UNIDROIT)는 각국 국내법인 사법의 조화 · 조정 내지 국제적인 통일을 목적으로 1926년 로마에서 창설된 독립적인 정부간 기구로서, 앞서 본 1964년의 「ULIS」와 「ULF」는 UNIDROIT에 의한 대표적 입법 성과이다.[19)]

PICC는 이탈리아 로마대학의 Michael J. Bonell 교수를 의장으로 한 UNIDROIT 작업부(working group : WG)에 의하여 연차적으로 총 7개장 119개 조항의 예비초안이 작성되고, 1994년 2월 최종 검토를 마친 후, 미국 콜롬비아대학의 Farnsworth E. Allen 교수를 위원장으로 한 편집위원회(Editorial Committee) 감수를 거쳐, 1994년 5월 UNIDROIT 운영위원회의 공식적인 출판허가를 득함으로써 PICC(1994)로 발간되었다.

상기한 바와 같이 PICC는 그 자체가 구속력 있는 협약이 아니라 국제상사계약에 관한 일반원칙을 집적한 것으로, 미국법의 용어를 빌리자면 이른바 재기술(restatement)로서의 성격을 갖는다.

요컨대 PICC는 국제상사계약에 관한 각국의 국내법이나 국제법규의 해석에 있어서 보충적 기준 내지 표준이 될 수 있고, 당사자에게는 계약서 작성의 지침으로서 그리고 각국의 법원이나 중재기관에게는 이를 유연하게 적

19) UNIDROIT는 'International Institute for the Unification of Private Law'(*Institut International pour l'unification du Droit Privé*)의 약칭으로 본 서 발간 시까지 우리나라를 포함하여 61개국이 이에 참여하고 있다.

용하게 하여 국제상사계약에서 야기되는 분쟁의 해결책으로서 사용할 수 있다는 것이 특징이다.

공표된 이후 국제상사계약법의 법원의 하나로 자리매김하였던 PICC(1994)는 그간의 추가 · 개정작업을 거쳐 2004년 PICC(2004)로 새롭게 공표되었는데,[20] PICC (2004)는 PICC(1994)의 개정이라기보다는 새로운 내용을 추가한 것이 그 특색이다.[21]

PICC(2004)에서는 전통적 계약법에서는 취급하지 않았던, 이를테면 전자적 계약체결(electronic contracting), 대리인의 권한(authority of agents), 제3자의 권리(third party rights), 상계(set-off), 채권양도(assignment of rights) · 채무이전(transfer of obligation) · 계약의 이전(assignment of contract) 및 제소기간(limitation period) 등의 내용들을 추가하고 있다.

결국 PICC의 기능 내지 목적은 국제상사계약의 준거법으로서 적용할 수 있다는 점, 국제적 통일법 및 국내법의 해석 및 보충수단으로서 그 역할을 감당할 수 있다는 점, 계약법이나 특수한 거래에 관한 입법의 모델법(model law)으로서의 기능을 할 수 있다는 점에 있다.

Ⅱ. PICC의 적용범위와 구성체계

PICC는 국제상사계약(international commercial contract)에 적용되는데, CISG와는 달리 국제성(internationality)에 관한 명확한 정의가 없다. 그러나 PICC상 계약당사자가 서로 다른 국가에 영업소나 거주지를 두고 영업하는 경우는 말할 것도 없고, 계약의 모든 요소가 한 국가에 국한되는 경우를 제외하고, 계약내용에 국제적이라고 하는 요소가 조금이라도 있으면 그 적용이 가

20) PICC(2004) 한국어 공식판에 대한 해제는 오원석 · 최준선 · 허해관, 「UNIDROIT 국제상사계약원칙」, 법문사, 2006 참조.

21) 이하 본 연구에서의 인용조문은 PICC(2004)에 의한다.

능하다. 따라서 CISG에 비하여 그 적용범위가 넓다고 할 수 있다.

또한 PICC는 상사계약에만 적용되는데, 그 범위를 굳이 상사계약에 국한하고 있는 이유는 당해 적용범위에서 '소비자 거래'(consumer transactions)를 배제하기 위함이다. 그 이유는 대부분의 국가가 소비자 보호를 위한 개별적 강행법규를 두고 있기 때문이다.

여기서 상사계약이란 용어는 민사와 구별하거나 계약당사자가 상인임을 나타내기 위한 목적은 아니다. 따라서 상사의 의미는 가능한 광의로 해석하여야 한다. 예컨대 물품이나 서비스 거래는 말할 것도 없고, 투자나 지식서비스까지 동 범주에 속하는 것으로 보아야 할 것이다.[22]

PICC는 당사자가 이를 계약의 준거법으로 합의한 경우, 당사자가 자신들의 계약을 '법의 일반원칙'(general principles of law) 또는 '상관습법'(*lex mercatoria*) 등에 의하여 규율되기로 합의한 경우, 당사자들에 의한 '법의 선택'(choice of law)이 없는 경우 적용될 수 있다.[23]

PICC는 총 10장 184개의 조문으로 구성되어 있다. 각 장의 구성은 순서대로 제1장 총칙규정(Art. 1.1~1.12), 제2장 계약의 성립(Art. 2.1.1~2.1.22)과 대리인의 권한(Art. 2.2.1~2.2.10), 제3장 유효성(Art. 3.1~3.20), 제4장 해석(Art. 4.1~4.8), 제5장 계약내용(Art. 5.1.1~5.1.9)과 제3자의 권리(Art. 5.2.1~5.2.9), 제6장 이행총칙(Art. 6.1.1~6.1.7)과 장애(Art. 6.2.1~6.2.3), 제7장 불이행총칙(Art. 7.1.1~7.1.7)과 이행청구권(Art. 7.2.1~7.2.5) 및 계약해제(Art. 7.3.1~7.3.6)와 손해배상(Art. 7.4.1~7.4.13), 제8장 상계(Art. 8.1~8.5), 제9장 채권양도(Art. 9.1.1~9.1.15)와 채무이전(Art. 9.2.1~9.2.8) 및 계약의 이전(Art. 9.3.1~9.3.7), 제10장 제소기간(Art. 10.1~10.11) 등이다.

22) 오원석 · 심윤수, "UNIDROIT Principles 2004의 변경 · 신설내용의 개관", 「무역상무연구」 제25권, 한국무역상무학회, 2005. 42~44면.

23) 오원석 · 심윤수, 상게논문, 45~48면.

4장 유럽계약법원칙(PECL)

Ⅰ. PECL의 의의와 목적

20세기 후반, 지역적 차원에서 유럽이 하나로 통합되었다는 것(1994년)과, 경제적 차원에서 유럽 내 단일통화가 마련되어 단일경제권을 형성하였다는 것(1999년)은 국제경제관계에서 가장 주목할 만한 사실중 하나이다.

유럽 내 단일경제권의 합의는 결국 단일통화[EURO]의 통합 · 발행으로 명실공히 세계 최대 규모의 단일시장을 형성하고 그 완성을 보게 되었다. 이와 동시에 유럽 공동체 국가에 공통으로 적용되는 제정법을 정립하기 위한 법통일화 작업이 활발히 전개되었는데, 전개과정에 있어 회원국간 직접적 구속력을 갖는 규칙(regulation)과 지침(directive) 등의 공표는 그 작업을 더욱 촉진하는 계기가 되었다.

그러나 공표된 규칙과 지침 등이 단순히 각국의 국내법에 수용되어 조화되는 것보다는 하나의 실정법으로 통일하는 것이 보다 바람직하고, 이를 위하여 유럽 각국의 사법에 대한 법이론적 · 비교법적 · 법체계적 공동작업을 통해 새로운 유럽의 법문화 창출을 도모하여야 한다는 인식이 제고되었는데, 결국 1982년 유럽계약법위원회(CECL)[24]의 발족은 그 구심점을 마련하

24) 동 위원회는 위원장인 덴마크 Ole Lando교수의 이름을 본떠서 이른바 'Lando위원회'(Lando Commission)로 약칭된다. Lando위원회는 1980년 브뤼셀에서 개최된 사법통일 심포지움을 계기로 구성되어, 현재까지 EC위원회로부터 재정지원을 받아 UNIDROIT와 마찬가지로 정부간 조직으로서 활동하고 있다(www.ufsia.ac.be/~estorme/CECL.html ; Riedl, R., *The Work of the Lando-Commission from an Alternative Viewpoint*, Kluwer Law International, 2000, Issue 1).

게 된 계기가 되었다.

CECL은 개인자격으로 참가한 학자와 법률가 및 옵서버를 중심으로 구성되었다. 그렇지만 인적 구성면에서 UNIDROIT와 같이 전세계적이 아니라 현재 유럽 역내 회원국에 한정되어 있다는 차이점이 있다.[25] 따라서 PECL은 유럽 역내 계약법의 일반원칙이라는 법적 지위를 통하여 유럽 각국의 국내법을 초월하는 통일규칙으로서 의의를 찾을 수 있다.

이와 같은 지역적 · 경제적 상황하에서 유럽 역내 통일법 형성을 위한 노력이 자연스럽게 주창되었는데, 그 대표적 결실이 CECL에 의해 제정된 PECL이다.[26] PECL은 유럽의 계약법상 일반원칙을 법전형식으로 구성하고 있으나, PICC와 마찬가지로 그 자체가 구속력 있는 법규범은 아니고, 유럽 역내 회원국간 상거래를 용이하게 하기 위한 법적 기반제공을 주된 목적으로 하고 있다. 아울러 주된 목적에 더하여 계약법의 법리적 기초와 통일적 해석기준의 정립, 각국 법원 및 중재판정부의 판결 · 판정시의 지침제공, 역내 법체계간 타협을 구할 수 있는 역할의 도모, 향후 유럽통일계약법전의 입법기반 형성 등을 의도하고 있다.[27]

PECL의 제정목적과 특징을 대별하면, 우선 PECL은 장차 EU 역내 유럽계약법전 제정을 위한 법적 기반제공을 위해 마련되었다는 점, PECL은 EU 회원국의 계약법이 서로 조화를 이루도록 하기 위한 모델법(model law)으로서의 지위를 의도하고 있다는 점, PECL은 EU내부에서 서로 다른 법체계에 존재하는 공통의 법리를 확인하는 작업의 산물로서 마련되었다는 점, PECL은 국내법을 새로이 개선하고자 하는 입법자들에게 하나의 표본으로서 기능하고자 의도하고 있다는 점 등이다.

---

25) 참고로 Bonell, Lando 교수 등은 PICC 및 PECL의 작업부(WG)에 모두 참여하고 있다.

26) 유럽계약법원칙의 제정연혁에 대한 상세는 European Parliament Directorate General for Research, “Study of the systems of private law in the EU with regard to discrimination and the creation of a European Civil Code”, *Working Paper, Legal Affairs Series*, JURI 103 EN, 1999, 6, Ch. Ⅲ, pp.127~136.

27) Lando, *op. cit.*, ‘Introduction’.

결국 PECL은 PICC와 마찬가지로 계약법의 일반원칙 또는 EU 역내 상관습법 및 국제적으로 통용될 수 있는 계약법원칙이라고 할 수 있다.

Ⅱ. PECL의 적용범위와 구성체계

전술한 바와 같이 PECL은 EU 역내에서 회원국간 공통적으로 적용될 수 있는 계약법 원칙을 통일하여 제시한 것으로, 그 적용범위는 순수한 국내계약이나 상인과 소비자간 계약 등을 포함한 모든 계약에 적용된다. 따라서 계약관계에서의 급부장애 또는 불이행책임을 포괄하는 PICC와 유사한 체계로 구성되어 있으나,[28)] 그 적용범위를 국제물품매매로 한정하고 있는 CISG와는 근본적인 차이점이 있다. 그리고 PICC는 국제상사계약을 위한 일반적 규범 제시를 목적으로 하고 있음에 반하여, PECL은 EU회원국간 '역내 계약법의 일반규칙'(general rules of contract law in the EU)으로서 적용되는 것을 의도하고 있다(PECL Art. 1:101).[29)]

또한 이 같은 차이점은 관습과 관행의 구속력에 있어서도 동일한데, 이를테면 PICC에서는 당사자는 해당되는 국제무역의 당사자에게 널리 알려져 있고, 또한 국제무역에서 그 당사자에 의해 통상적으로 준수되고 있는 관습에 의하여 구속된다고 하여 지역적 또는 국내적 관습을 원칙적으로 배제하

28) PICC 전체 184개 조항 중 약 70여 개의 조문이 PECL과 공통한 조항이다. 해당 조문의 세부내용은 Bonell M. J., *An International Restatement of Contract Law : The UNIDROIT Principles of International Commercial Contract*, 2nd ed., 1997. pp.89~91을 참조.

29) PECL Art. 1:101(Application of the Principles). "(1) These Principles are intended to be applied as general rules of contract law in the European Communities. (2) These Principles will apply when the parties have agreed to incorporate them into their contract or that their contract is to be governed by them. (3) These Principles may be applied when the parties: (a) have agreed that their contract is to be governed by "general principles of law", the "lex mercatoria" or the like; or (b) have not chosen any system or rules of law to govern their contract. (4) These Principles may provide a solution to the issue raised where the system or rules of law applicable do not do so."

고 있으나(PICC Art. 1.9(2)), [30] PECL에서는 당사자들은 당사자들과 같은 상황하에서 일반적으로 적용되었을 것으로 보여지는 관습에 의하여 구속된다고 하여 이를 수용하고 있는 차이가 있다(PECL Art. 1:105(2)).[31] 따라서 적용범위에 있어 PICC는 보편적이고, PECL은 지역적이라고 할 수 있다.[32]

한편 CISG 및 PICC에서는 상거래의 의미를 명확히 규정하지는 않고 있으나, 적용범위의 한정에 의하여 간접적으로 상거래의 의미를 밝히고 있다.[33] 우선 CISG는 개인용 · 가족용 또는 가사용으로 구입되는 물품매매에 대하여는 적용되지 않는다(CISG Art. 2(a)).[34] 즉 CISG는 국제사법상 소비자 보호를 위한 법규를 침해하여서는 안된다고 하는 합의를 표방하고 있는데, 그 결과 강행적 국내법규나 공공정책을 집행하는 법규에 우선하지 않는다는 취지에서 소비용 거래를 적용범위에서 배제하고 있다.[35]

PICC에서는 상기한 바와 같이 전문(preamble)에서 동 원칙은 국제상사계약에만 적용되며, 제반 소비자 보호를 위한 소비자 거래와 구별되는 영역을 적용범위로 한다고 선언하고 있다.[36] 따라서 소비를 위한 목적에서의 소비

---

30) PICC Art. 1.9(Usages and practices). "(2) The parties are bound by a usage that is widely known to and regularly observed in international trade by parties in the particular trade concerned except where the application of such a usage would be unreasonable."

31) PECL Art. 1:105(Usages and Practices). "(1) The parties are bound by any usage to which they have agreed and by any practice they have established between themselves. (2) The parties are bound by a usage which would be considered generally applicable by persons in the same situation as the parties, except where the application of such usage would be unreasonable."

32) 심종석, "유럽계약법원칙(PECL)의 일반규정 및 계약의 성립에 관한 규정과 CISG, PICC 규정과의 비교 연구", 「국제상학」제19권 제1호, 2004. 10면.

33) 국제상거래에 있어 상거래(commerce)와 거래(transaction : 법률행위)의 개념구분에 따른 법적 실익과 적정성에 관하여는 심종석, "국제상거래에 있어 전자계약의 성립에 관한 연구", 성균관대학교 박사학위논문, 2002. 7~11면을 참조.

34) CISG Art. 2(a). "(a) of goods bought for personal, family or household use, unless the seller, at any time before or at the conclusion of the contract, neither knew nor ought to have known that the goods were bought for any such use;"

35) 심종석, 상게학위논문, 9~10면 참조.

36) PICC Preamble(Purpose of the Principles). "These Principles set forth general rules for international commercial contracts. They shall be applied when the parties have agreed

자 거래, 상거래 또는 직업적으로 활동하지 않는 일방 당사자를 포함하는 거래를 적용범위에서 제외하고 있는데, 결국 CISG의 규정취지를 그대로 계수하여 국제상거래를 적용범위로 특정하고 있다.

그러나 PECL은 상사계약 뿐만 아니라 상인과 소비자간의 일반계약에도 적용됨을 규정하고 있다. 따라서 당사자간 준거법으로 특정된 법체계 또는 합의에 따라 별도의 규정을 정하지 않음으로써 발생되는 문제에 대한 해결책을 제시하고 있다.

결국 국제사법통일에 있어 PECL과 PICC는 UNIDROIT 및 CECL 등의 비입법 기구에 의해 제정된 통일계약법규범으로서의 공통점이 있으나, 그 성립배경과 적용범위가 다른 까닭에, 양자가 실제로 국제상거래에 있어 경합하는 일은 없을 것으로 보인다.

왜냐하면 PECL은 주로 유럽 역내 회원국간 이용될 목적으로 제정된 것으로서 지역적 범위에 국한하여 적용되고, 반면에 PICC는 당사자간 국제상거래에 있어 적어도 일방의 당사자가 역외 비회원국인 경우 적용법규가 될 것이기 때문이다.[37)]

따라서 EU의 입법기관 내지 사법기관이 공동체법을 기초하거나 해석할 경우에는 PICC가 아닌 PECL을 기준으로 선택할 것이 자명할 것인 바, 이 점은 각 회원국의 의회와 분쟁해결을 위한 법원에 있어서도 동일할 것임을 시사한다.

PECL의 구성체계는 2차에 걸쳐 각각 제1부(Part Ⅰ : 1995)와 제2부(Part Ⅱ : 1998)로 나뉘어 공표되었다.[38)] 전자의 주된 내용은 일반원칙을 포함하여

---

that their contract be governed by them. They may be applied when the parties have agreed that their contract be governed by general principles of law, the lex mercatoria or the like. They may be applied when the parties have not chosen any law to govern their contract. They may be used to interpret or supplement international uniform law instruments. They may be used to interpret or supplement domestic law. They may serve as a model for national and international legislators."

37) Bonell, *op. cit.*, Ⅳ, 2 참조.

38) 이후 2003년에 추가로 Part Ⅲ.가 발표되었는데, 그 내용은 제10장(당사자들의 복수

급부의 이행방법과 장애에 관한 것으로 총 4장 59조로 되어 있는데, 순서에 따라 제1장 총칙, 제2장 계약의 조건과 이행, 제3장 불이행과 일반적 구제, 제4장 불이행에 대한 특수한 구제 등으로 구성되어 있다.

후자는 총 9장 131개 조문으로 이루어진 확정본(completed and revised version : 1998)이다. 이행과 불이행 책임에 관하여는 제1부(1995)의 것을 그대로 수용하고 있으나, 전자의 편제를 재구성하고 규정내용을 평이하게 재기술하여 객관적 이해를 도모하고 있는 특징이 있다.

그 구성은 제1장 일반규정(general provisions), 제2장 계약의 성립(formation), 제3장 대리인의 권한(authority agents), 제4장 유효성(validity), 제5장 해석(interpretation), 제6장 계약내용과 효력(contents and effects), 제7장 이행(performance), 제8장 불이행과 구제에 관한 총칙(non-performance and remedies in general), 제9장 불이행에 관한 특별한 구제(particular remedies for non-performance) 등으로 되어 있다.

특히 PECL의 각 규정에는 이유 · 목적 · 적용방법 및 여타의 법규범과의 관계를 설명하고 있는 해제(comment)와, EU회원국간 PECL의 개별규정이 어떻게 적용되고 있는지를 기술한 주해(note)의 부분이 조합되어 있다. 아울러 경우에 따라 규정적용의 구체적인 내용을 설명하고 있는 예시(illustration)가 첨부되어 있는데, 이 같은 구성체계는 재기술(restatement)이라고 하는 측면에서 PICC와 공통점이 있다.

성), 제11장(하자양도), 제12장(새로운 채무자의 대체와 계약의 이전), 제13장(상계처리), 제14장(시효), 제15장(불법행위), 제16장(조건), 제17장(이자지급) 등으로 구성되어 있다. 세부규정내용은 「www.storme.be/PECL3fr.html」 참조.

CHAPTER

2

계약내용의 해석과 신의칙의 준수

1장 머리말

Ⅰ. 계약내용의 해석

일반적으로 계약(contract)이라 함은 일정한 법률효과의 발생을 목적으로 하는 서로 대립된 복수 이상의 의사표시의 합치로 성립하는 법률행위를 말한다.[39] 따라서 계약이 확정적으로 완전한 법률효과를 발생하기 위해서는 '행위능력을 가진 당사자', '사회적 타당성이 있는 가능 · 적법한 목적', '내심의 효과의사와 표시행위가 일치한 흠이 없는 의사표시'가 충족되어야 한다.

계약에 기하여 당사자 각자가 본래 의도한 바 그대로 법적 유효성을 확보하기 위해서는 무엇보다도 의사표시로써 그 내용을 명확히 확정하여야 한다. 그 이유는 계약내용의 해석에 의하여 당사자의 의도가 명백하게 확정되어야 이로부터 당해 계약에 따른 법률효과가 발생할 수 있을 것인지, 나아가 효과가 발생되는 경우에도 어떠한 법률에 근거하여야 할 것인지를 구체화할 수 있기 때문이다.

결국 계약내용의 해석은 불완전하거나 불분명한 계약내용을 일정한 객관적 기준에 따라 명확하게 확정함으로써 당초 당사자가 의도한 계약의 목적을 온전히 달성하는데 그 의의가 있다.

39) 이균성 · 홍승인 · 김동훈, 전게서, 59면.

Ⅱ. 신의칙의 준수

사전적 의미에서 '신의성실'이라고 함은 '믿음과 의리를 저버리지 않고 정성스럽고 참되게 거짓없이 행동하는 것'으로 풀이된다. 신의성실의 이 같은 추상적 · 도의적 개념이 법률적 관점에서 존중되어 모든 법률행위는 신의성실에 부합되게 형성 · 유지 · 행사되어야 한다고 할 때, 이를 이른바 '신의성실의 원칙'(the principle of good faith : 이하 '신의칙')이라 일컫는다.[40]

연혁에 비추어 본래 신의칙은 채권법 영역을 규율하는 법원칙으로 출발하여 복잡다단한 사회적 유동성에 대응하면서 각 법분야에 널리 확산되는 과정을 통해 결국 사법영역 전반을 규율하는 일반원칙으로 발전하였다.

신의칙은 계약의 교섭단계로부터 성립 · 이행 · 종료기의 과정을 거치는 전과정에서 마땅히 인식되어야 할 일반원칙(general principle)으로서, 이를테면 신의칙은 채무불이행에 따른 귀책사유와 면책요건, 고의 · 과실에 기한 책임귀속 및 배상책임, 계약종료 후 또는 이전의 단계에 있어 조치의무 및 상환청구 등에서 계약상 해석의 기준이 된다.

신의칙은 '상거래의 안전과 경제질서의 유지를 위한 실천원리'로서 각종 법분야에서 널리 적용되어 왔으나, 그 개념이 명확하게 확립되어 있지 않아 신의칙의 적용여부 · 인정정도 · 보충적 해석범위 등의 기준이 상이하게 인정되어 왔다.

또한 신의칙은 법적 규제의 관점에서 계약단계별 '사실의 인정', '경제적 동향', '상관습법(*lex mercatoria*) 및 관행', '윤리적 관념', '상거래계의 규범체계' 등 종합적 사정의 충분한 검토와 고려가 있어야 하는 불특정성이 있다. 따라서 법적용의 흠결이 있는 경우 유추해석에 의하여 법적 문제점을 해결할 수도 있으나, 신의칙의 '보충적 해석기능'이 개입하게 되면 제한을

---

40) Gifis S. H., *Law Dictionary*, 4th ed., Barron's Educational Series, Inc., 1996. p.220.

받게 될 수 있음을 의미한다.

여기서 보충적 해석기능이란 계약내용에 흠결이 있는 경우 이를 보충하는 것으로, 당사자의 실제의사를 확정하는 것이 아니라 계약내용을 확정할 당시 및 보충적 해석 당시의 사정 · 신의칙 · 상거래 관행에 의하여 인정되는 당사자의 '가정적 의사'(Hypothetischer Wille), 이를테면 당사자가 법률행위 내용의 흠결을 알고 있었거나 알았더라면 보충하였을 의사를 확정하는 것이다. 그러므로 임의법규로 계약내용의 흠결을 규율할 수 있는 경우에는 문제되지 아니한다.[41)]

요컨대 신의칙은 법계 또는 각양의 법체계 내에서 고유한 적용기준에 따라 계약단계별 종합적 사실 · 범위 · 해석 · 사정 등이 고려되어 이에 상당하는 법률효과를 발생시키는 특성이 있다. 따라서 신의칙은 계약당사자간 행위의 준칙으로서 널리 인정되고 있는 일반원칙임에도 불구하고 법계 내지 법체계간 적용 · 인정기준이 서로 상이하다는 특성이 있는데, 이 때문에 신의칙은 대개 기속력 있는 판결 · 판정 및 소송절차로부터 그 판단기준이 유추된다는 특수성이 나타난다.

---

41) 법률행위 해석의 기준으로서의 신의칙의 자세한 기능에 관하여는 김준호, 「민법강의 : 이론과 사례」, 법문사, 2001, 47면 ; 양형우, "재산법과 신의성실의 원칙", 「연세법학연구」, 연세법학회, 2001, 24~32면.

2장 계약내용의 해석방법과 기준

Ⅰ. 계약내용의 해석방법

1. 계약내용 해석의 의의

계약내용의 해석은 '계약의 성립'(formation of contract)과 '유효성'(validity) 여부를 판단할 수 있는 선결요건으로서, 계약을 위한 의사표시의 존재 여부 및 그 정확한 의미는 당해 해석을 통해 가릴 수 있게 된다.

계약에 있어서 서로 대립하는 의사표시의 합치여부는 계약의 해석에 따라 명백히 판단된다. 나아가 계약이 성립되었더라도 그것이 법적으로 효력을 발휘하기 위해서는 목적적합성, 기타의 효력발생 요건을 갖추어야 하는데, 여기서도 계약해석이 중요한 의미를 가질 수 있다. 예컨대 외형상 의사와 표시의 불일치가 존재하고 있음에도 불구하고 계약의 해석을 통해 당해 의사표시가 일치하는 것으로 인정되면, 의사와 표시의 불일치는 처음부터 없었던 것으로 인정된다. 이를 단적으로 표현하고 있는 것이 "계약의 해석은 취소에 앞선다(Auslegung geht der Anfechtung vor)"라는 법언이다.

요컨대 계약의 해석은 표시행위의 객관적 의미를 밝히는 것으로, 계약해석의 원칙과 방법은 입법상 과제가 아니라, 주로 판결례와 학리해석에 의존해야 할 사항이라 할 수 있다. 그렇지만 현대계약법에서는 대체로 계약의 해석원칙 및 방법에 관해 명시적인 규정을 두고 있는 것이 일반적인 추세이다.

국제상사계약에 있어서도 계약의 해석은 계약당사자의 의사를 존중하여 그들이 의도한 바대로 법률효과를 발생시키는 것에 목적을 두고 있기 때문에 무엇보다도 당사자의 의도를 명확히 밝히는 것이 중요하다. 여기서 당사자의 의도를 밝히는 것은 계약당사자의 내심의 의사에 초점을 둔 것이 아니라 표시행위를 대상으로 이에 부여된 의미를 밝히는 것에 집중된다.

일례로 의사표시의 해석에 관하여 CISG에서는 당사자의 주관적 의도와 객관적 의도를 각각 해석의 기본적 접근방법으로 명시하고 있다. 우선 주관적 접근방법을 취하고 있는 조항으로서, 계약의 해석은 당사자 의도에 기초해야 하나, 상대방이 당사자의 의도를 알았거나 또는 알 수 있었던 것을 요건으로 한다(CISG Art. 81., 관련규정으로서 PICC Art. 4.21., PECL Art. 5:1011.,(2)). [42]

그러나 양당사자의 의도가 일치하는지의 여부를 입증하기란 현실적으로 매우 어렵다고 할 것인데, CISG는 이를 고려하여 객관적 접근방법도 명시하고 있다(CISG Art. 8(2)).[43] 그 내용은 상대방과 같은 부류의 합리적인 자가 동일한 사정하에서 이해했었을 바에 따라 해석되어야 한다는 것이다(관련규정으로서 PICC Art. 4.2(2) 및 PECL Art. 5:101(3)).[44]

---

42) CISG Art. 81.. "1. For the purposes of this Convention statements made by and other conduct of a party are to be interpreted according to his intent where the other party knew or could not have been unaware what that intent was." ; PICC Art. 4.2(Interpretation of statements and other conduct). "1. The statements and other conduct of a party shall be interpreted according to that party's intention if the other party knew or could not have been unaware of that intention." ; PECL Art. 5:101(General Rules of Interpretation). "1. A contract is to be interpreted according to the common intention of the parties even if this differs from the literal meaning of the words. (2) If it is established that one party intended the contract to have a particular meaning, and at the time of the conclusion of the contract the other party could not have been unaware of the first party's intention, the contract is to be interpreted in the way intended by the first party."

43) CISG Art. 8(2). "(2) If the preceding paragraph is not applicable, statements made by and other conduct of a party are to be interpreted according to the understanding that a reasonable person of the same kind as the other party would have had in the same circumstances."

44) PICC Art. 4.2(Interpretation of statements and other conduct). "(2) If the preceding

결국 계약내용 해석의 지향점은 상대방은 표의자의 표시행위를 기초로 하여 그 의사를 이해하게 되므로, 이 경우 표의자 또는 상대방만을 중심으로 한 해석은 이루어질 수 없고, 양당사자 모두에게 적용될 수 있는 객관적 · 규범적 의미를 탐구하는 해석에 두어야 함이 마땅할 것이다.[45)]

요컨대 계약의 해석은 표시행위를 통하여 나타내고자 한 표의자의 진의를 밝히는 것이지만, 보다 궁극적으로는 그러한 표의자의 진의 자체의 객관적 확인 뿐만 아니라 법적으로 유효하고도 가치있는 진의의 의미를 명정하고 구성하는데 주안점을 두어야 한다.

2. 계약내용 해석의 방법

계약내용 해석의 방법에는 '자연적 해석'(Natürliche Auslegung), '규범적 해석'(Normative Auslegung), '보충적 해석'(Ergänzende Auslegung)의 세 가지가 인정되고 있다.[46)]

계약내용 해석의 순서는 일차로 어떤 일정한 표시에 대하여 당사자가 사실상 일치하여 이해한 경우 그 본래의 의미대로 효력을 인정하는 '자연적 해석', 다음으로 그 일치여부가 확정되지 않은 경우 표시행위의 객관적 · 규범적 의미를 밝히는 '규범적 해석', 그 해석의 결과 법률행위에 흠이 발견되는 경우 최종적으로 '보충적 해석'에 의한다. 각 해석의 방법을 순서대로 상술하면 다음과 같다.

---

paragraph is not applicable, such statements and other conduct shall be interpreted according to the meaning that a reasonable person of the same kind as the other party would give to it in the same circumstances." ; PECL Art. 5:101(General Rules of Interpretation). "(3) If an intention cannot be established according to 1. or (2), the contract is to be interpreted according to the meaning that reasonable persons of the same kind as the parties would give to it in the same circumstances."

45) 김준호, 전게서, 222-223면.

46) 계약내용의 해석방법에 관한 상세는 백태승, "법률행위의 해석", 「고시연구」통권 제288호, 고시연구사, 1998 ; 김준호, 전게서, 220~226면.

첫째, 자연적 해석과 관련하여 계약의 해석은 표시행위에 내재된 의미를 객관적으로 밝히는 것이다. 그런데 한편으로 표시는 표의자의 의사를 외부에 표현하는 실질적 수단이므로, 설령 표시가 잘못되었다고 하더라도 그 표시의 의미에 대하여 당사자간 의사의 합치가 인정되는 경우에는 당초 당사자가 기대했던 목적은 달성된 것이기에, 그 의사에 기한 본래의 효과가 발생되도록 하여야 한다는 점에는 이론의 여지가 없다. 잘못된 표시행위는 계약에 해가 되지 않는다고 하는 '오표시 무해(*Falsa demonstratio*)의 원칙'[47]은 이를 대변할 수 있는 법언이다.

요컨대 자연적 해석은 어떠한 계약내용의 해석에 있어 표현된 문자 또는 언어의 문리적 의미에 구애됨이 없이 표의자의 실제의사를 중심으로 파악하는 방법으로, 특히 이러한 의사를 파악함에 있어서는 표의자의 표시행위뿐만 아니라 계약의 성립과 관련있는 일정한 사정이 적절히 고려되어야 한다. 따라서 계약상 사용된 문자의 의미는 당초 계약당사자가 의도한 목적과 계약체결 당시 제반사정을 참작하여 합리적(reasonable)[48]으로 해석되어야 하는 것이다.

둘째, 규범적 해석은 상기한 자연적 해석에 의해 계약내용을 확정하지 못한 경우에 행하여진다. 규범적 해석은 표의자의 내심의 효과의사와 표시행위에 대한 상대방의 이해가 일치하지 않을 경우 상대방의 표시행위에 대한

---

47) 구체적으로 '오표시 무해의 원칙'을 상술하면 다음과 같다. 표의자가 표시를 잘못하였음에도 상대방이 그 표시가 잘못되었음을 알고 나아가 표의자의 진의가 무엇인지도 알고 있는 경우에 그 법률행위를 어떻게 해석할 것인지 문제된다. 예컨대 미국산 자몽을 수입한 수입업자 갑이 을과 미국산 자몽을 판매하는 매매계약을 체결하면서 미국산 자몽을 제주산 밀감으로 표시한 경우 매수인 을도 매매목적물이 제주산 밀감이 아니라 미국산 자몽인 것을 알았다면 이것은 제주산 밀감에 대한 매매계약이 아니라 미국산 자몽에 대한 매매계약으로 보아야 한다는 것이다. 이와 같은 원칙이 잘못된 표시는 해가 되지 않는다는 오표시 무해의 원칙이다. 즉 표의자 및 상대방이 표시행위를 원래의 의미대로 이해하지 않고 이와 다른 의미로 이해한 때에는 법률행위는 표의자와 상대방이 실제로 이해한 의미대로 성립한다는 원칙을 오표시 무해의 원칙이라 한다. 오표시 무해의 원칙은 자연적 해석의 전형적인 적용례라 할 수 있다.

48) 이하 달리 언급한 바 없는 경우 'reasonable'은 기간과 관해서는 '상당한'으로, 기타 당사자의 용태에 관해서는 '합리적'으로 구분하여 사용한다.

신뢰를 존중하여 상대방과 같은 부류의 합리적인 자가 동일한 사정하에서 이해했을 바에 따라 계약내용을 확정하는 방법이다(CISG Art. 8(2) ; PICC Art. 4.2(2)).

규범적 해석은 상대방의 이해가능성을 고려하여 계약내용을 해석하는 것으로, 이 방법은 상대방의 신뢰의 보호에 법익을 둔 해석방법이라고 할 수 있다. 결국 규범적 해석은 표의자의 의사와 표시가 불일치하고, 이에 대한 특별한 해석기준이 없을 때 표의자와 상대방 가운데 누구의 이익을 더 보호하여야 할 것인가 하는 문제에 있어 표시행위의 수령자로서 상대방의 신뢰보호를 표의자의 이익에 우선시키고 있는 해석방법이다.[49]

한편 계약상 당사자가 명확히 정하지 않은 사항에 관해서는 예상치 못한 분쟁이 발생할 가능성이 높다. 이와 같이 계약의 내용에 흠결이 있을 경우에는 당해 흠결을 보충할 수 있는 법해석 방법이 필요하게 된다. 이 경우 계약내용의 보충방법으로는 우선 임의법규를 적용하여 해결하는 방법이 있으나, 만일 임의법규가 없는 경우에는 당사자가 계약내용의 흠결을 알았다면 정하였을 내용, 이른바 '가정적 의사'를 통해 보충하게 된다.

셋째, 보충적 해석은 계약내용의 공백을 보충하기 위한 해석방법이다. 즉 당사자가 계약내용을 정함에 있어 아무리 꼼꼼히 임했다고 하더라도 모든 계약내용을 빠짐없이 명정할 수는 없기 때문에 약정의 공백으로부터 법적 분쟁이 발생하는 경우에 비로소 행하여지게 된다.

요컨대 보충적 해석은 원천적으로 계약내용의 흠결을 전제하고 있다. 따라서 이 방법은 당사자의 실제 의사를 확정하는 것이 아니라, 이를테면 계약내용 확정 당시의 사정, 신의칙(good faith), 상거래의 관행(practice), 관습(usage)에 의하여 인정되고 있는 당사자의 가정적 의사를 확정하는 해석방법이라 할 수 있다.[50]

---

49) 김상용, "법률행위의 해석에 관한 비교 고찰", 「법학연구」제11권 제1호, 연세대학교 법학연구소, 2001. 113-116면.

50) 김상용, 상게논문, 116면 ; 김준호, 전게서, 225면 ; 심종석, "국제상사계약에 있어 신

Ⅱ. 계약내용의 해석기준

1. 당사자의 의도, 목적 및 제반사정

계약내용에 따라 당사자 의사를 해석함에 있어서는 그들 스스로가 당해 계약내용으로부터 성취하고자 의도하고 있는 일정한 목적과 계약체결 당시의 제반사정을 적절히 고려하여야 한다.

여기서 제반사정에 포함될 수 있는 사항으로는, 계약교섭단계(negotiating stage)에 있어 제시된 의향서(letter of intention) · 카탈로그(catalogue) · 설명서(description) 등과 같이 표의자의 표시행위에 부합할 수 있는 특정한 사실, 표시행위가 이루어진 시간과 장소, 그간의 상거래 관계에 있어서 연관된 특수한 사정, 상대방에 대한 당사자의 구별된 행동 또는 표시행위 등을 들 수 있다. 그리고 이 같은 제반사정을 참작하여 계약내용을 확정함에 있어서는 표시행위상의 일련의 표현이나 문언에 구애됨이 없어야 한다.[51)]

의칙의 적용기준과 법적 규제에 관한 비교 연구", 「통상법률」 통권 제56호, 법무부, 2004. 109면.

51) 참고로 미국계약법에서는 법해석시 일반적으로 '문언해석원칙'(plain meaning rule), '사회적 목적원칙'(social purpose rule)과 같은 언어사용과 관련된 원칙이 인정된다. 계약내용 해석에 대해서는 이러한 일반적 법해석 원칙 이외에 특별히 '구두증거배제원칙'(parol or extrinsic evidence rule)이 중요한 의미를 갖는데, 이는 최종적인 서면에 의한 계약은 계약체결 이전의 모든 약속 또는 동시에 존재하는 별개의 구두로 한 약속을 모두 포함시키는 것으로 간주하여 계약 당사자간에는 최종적인 서면계약만이 존재하는 것으로 간주하는 원칙을 의미한다(양명조, 「미국계약법」, 법문사, 1996. 87-91면). 구두증거배제원칙은 미국의 판례법에서 생성된 원칙이지만, 오늘날에는 명문의 법규정으로 삽입되었을 뿐만 아니라 계약 실무에서도 많이 이용되고 있는 계약규정 중의 하나가 되고 있다. 예컨대 미국 통일상법전(Uniform Commercial Code : 이하 'UCC') §2-202에서는 당사자들이 최종계약서에서 합의한 계약조건 또는 당사자들이 합의의 최종적 표시로 의도된 서면의 계약조건은 사전 합의의 증거나 당시의 구두합의 증거에 의해 부인되지 않는다고 하여 구두증거배제원칙을 수용하고 있다. UCC §2-202(Final Written Expression: Parol or Extrinsic Evidence). "Terms with respect to which the confirmatory memoranda of the parties agree or which are otherwise set forth in a writing intended by the parties as a final expression of their agreement with respect to such terms as are included therein may not be contradicted by evidence of any

국제계약법규범에서는 모두 당사자의 진술 또는 기타의 행위는 상대방이 그 의도가 무엇이었는지를 알았거나 또는 알 수 있었던 경우에는 그 당사자의 의도에 따라 해석되어야 한다고 명시하고 있다. 그리고 이 규정을 적용할 수 없는 경우에는 당사자의 진술 또는 기타의 행위는 상대방과 같은 부류의 합리적인 자가 동일한 사정하에서 이해했을 바에 따라 해석되어야 한다고 하여 당사자의 의도와 목적을 해석함에 있어서 제반사정의 특별한 고려를 강조하고 있다(CISG Art. 8, PICC Art. 4.1~4.2, PECL Art. 5:101).[52]

---

prior agreement or of a contemporaneous oral agreement but may be explained or supplemented (a) by course of dealing or usage of trade (Section 1-205) or by course of performance (Section 2-208); and (b) by evidence of consistent additional terms unless the court finds the writing to have been intended also as a complete and exclusive statement of the terms of the agreement."

52) CISG Art. 8. "1. For the purposes of this Convention statements made by and other conduct of a party are to be interpreted according to his intent where the other party knew or could not have been unaware what that intent was. (2) If the preceding paragraph is not applicable, statements made by and other conduct of a party are to be interpreted according to the understanding that a reasonable person of the same kind as the other party would have had in the same circumstances. (3) In determining the intent of a party or the understanding a reasonable person would have had, due consideration is to be given to all relevant circumstances of the case including the negotiations, any practices which the parties have established between themselves, usages and any subsequent conduct of the parties." ; PICC Art. 4.1(Intention of the parties). "1. A contract shall be interpreted according to the common intention of the parties. (2) If such an intention cannot be established, the contract shall be interpreted according to the meaning that reasonable persons of the same kind as the parties would give to it in the same circumstances.", 4.2(Interpretation of statements and other conduct). "1. The statements and other conduct of a party shall be interpreted according to that party's intention if the other party knew or could not have been unaware of that intention. (2) If the preceding paragraph is not applicable, such statements and other conduct shall be interpreted according to the meaning that a reasonable person of the same kind as the other party would give to it in the same circumstances." ; PECL Art. 5:101(General Rules of Interpretation). "1. A contract is to be interpreted according to the common intention of the parties even if this differs from the literal meaning of the words. (2) If it is established that one party intended the contract to have a particular meaning, and at the time of the conclusion of the contract the other party could not have been unaware of the first party's intention, the contract is to be interpreted in the way intended by the

2. 관행과 관습

국제상사계약에 있어 계약당사자는 사적자치의 원칙에 따라 상거래계에서 오랜 기간을 통해 형성된 관행(practice)과 관습(usage)의 유효성에 기하여 법적 구속력을 확보할 수 있다.

CISG에서도 당해 유효성을 명문으로 규정하고 있다. 그 내용은 계약당사자는 그들 스스로가 동의한 관행과 그들 사이에서 확립된 관습에 구속된다고 하고(관련규정으로서 PICC Art. 1.9, PECL Art. 1:105), 별도의 합의가 전제되지 않은 경우 당사자가 알았거나 또는 알았어야 했던 관행으로서 국제상거래에서 당해 상거래에 관련된 종류의 계약을 하는 자에게 널리 알려져 있고, 또한 통상적으로 준수되고 있는 관행은 당사자가 이를 그들의 계약 또는 계약의 성립에 묵시적으로 적용하는 것으로 본다고 하여 관행과 관습의 유효성을 인정하고 있다(CISG Art. 9).

동 규정에서 관행(practice)은 일정한 경우에는 어떤 행위가 계속될 것이라고 하는 기대를 갖게 하는 상행위의 과정에 의해 확립된 것으로, 당사자간 상거래 과정에 관하여 어느 정도 확립된 준칙을 의미하며, 관습(usage)은 합리적이고 적법한 일반적 관례(custom)로서 계약당사자가 그 존재를 인지하고 있으며, 당사자의 행위가 이에 의거하였다고 추정할 만큼의 확립 · 통일 · 일반화된 개념을 의미한다.[53)]

특히 CISG상의 관습은 '다수의 사람들'(a plurality of person)을 구속하기 위하여 '오랫동안 확립된'(long established) 것이거나 '고래'(ancient)의 것이어야 하는데,[54)] 유의하여야 할 사항으로 관습은 일반적으로 국제사법에 기초

---

first party. (3) If an intention cannot be established according to 1. or (2), the contract is to be interpreted according to the meaning that reasonable persons of the same kind as the parties would give to it in the same circumstances."

53) Honnold, J. O., *Uniform Law for International Sales under the 1980 United Nations Convention*, 3rd ed., Kluwer Law International, 1999. [117].

54) 오원석 역, 전게서, 172면.

를 두고 있는 제반 법원칙과는 관계가 없는 특정개념으로서 정립되어 있다고 하는 사실이다.

한편 계약내용에 비추어 당사자가 특정한 관행이나 관습에 관하여 언급하지 않은 경우 당해 계약과 관행 및 관례와의 관계가 문제될 수 있다. 사견으로 당사자간에 확립된 관행이 존재하는 경우 특별한 배제합의가 없는 때에는 당해 관행이 적용될 수 있도록 하여 계약당사자의 기대를 보호하는 것이 합리적이라고 생각된다. 아울러 당해 상거래계에 존재하는 특정의 관행에 대해서도 개별 계약에서 당사자간에 특별한 합의 또는 언급이 없다고 하더라도 그 법적 구속력을 인정하는 것이 타당할 것이다.

3. 신의칙

신의칙은 계약내용의 해석을 위해 위 제반 요소들을 판단함에 있어서 당연히 적용되어야 함은 물론이거니와, 당해 계약내용을 확정함에 있어 최종적으로 기능하는 해석원칙이 된다.

요컨대 신의칙은 당사자의 진의 · 이성적 사고 · 가정적 의사를 확정함에 있어 근간이 되는 법원칙으로서 의의를 찾을 수 있다.[55]

Ⅲ. 계약내용의 해석기준에 관한 비교

1. CISG

앞서 본 바와 같이 CISG는 계약내용의 해석에 관하여 자연적 해석의 방법을 규정하고 있다. CISG의 적용을 위하여 계약을 해석함에 있어서는 당사자의 진술 기타 행위 및 그 의도가 무엇이었는지를 상대방이 알았거나

55) 상세는 본 장 제3절에서 논하고자 한다.

또는 알 수 있었던 경우 그 당사자의 의도에 따라 해석되어야 한다는 것이다(CISG Art. 81.).[56] 동 규정은 계약당사자의 적극적 표시행위에 앞서 공통의 이해를 우선시하고 있는 통상의 자연적 해석방법을 상대방이 알 수 있었던 경우에까지 확대 · 인정하고 있는 특징이 있다.

그러나 양당사자의 의도가 일치한다고 하는 사실을 입증하기는 현실적으로 매우 어렵다고 할 것인데, 특히 당사자들이 분쟁에 돌입한 경우라면 더욱 그러할 것이다. 따라서 CISG는 그러한 의도를 추단할 수 없는 사항에 대하여 위 자연적 해석규정을 적용하는 것이 불가능한 경우 당사자의 진술 기타의 행위는 상대방과 같은 부류의 합리적인 자가 동일한 사정하에서 이해했을 바에 따라 해석하여야 한다고 하여, 규범적 해석을 가능케 하는 근거를 제공하고 있다(CISG Art. 8(2)).[57]

여기서 상대방과 같은 부류에 속하는 합리적인 자의 기준에 관한 객관적 해석상 문제에 대해서는 상대방이 반드시 전문적인 지식을 가지지 아니하는 경우에 자기의 의도가 충분히 상대방에게 전달되도록 노력해야 한다. 따라서 표의자의 의사표시에 대하여 상대방이 그 의도를 알았거나 알 수 있었던 것이 입증되지 않는 한, 설령 의사표시가 표의자의 의도와 다르게 표시되더라도 표시의 객관적 의미에 대한 상대방의 신뢰는 보호된다.

그렇지만 일방 당사자의 현실적 의사가 진술의 객관적인 의미와 불일치하는 경우나, 그 진술에 대한 상대방의 의사와 다른 경우의 귀속효과는 국내법상의 문제로 귀착된다.

한편 CISG상 규범적 해석에 있어 합리적인 자의 이해를 확정하기 위해서

---

56) CISG Art. 81.. "For the purposes of this Convention statements made by and other conduct of a party are to be interpreted according to his intent where the other party knew or could not have been unaware what that intent was."

57) CISG Art. 8(2). "If the preceding paragraph is not applicable, statements made by and other conduct of a party are to be interpreted according to the understanding that a reasonable person of the same kind as the other party would have had in the same circumstances."

는 ‘교섭’, ‘당사자간 확립되어 있는 관행’, ‘관습’, ‘당사자의 후속되는 모든 행위를 포함한 관련된 일체의 사항’이 적의 고려(due consideration)되어야 할 뿐만 아니라(CISG Art. 8(3)),[58] 국제상거래에 있어 신의의 준수를 증진할 필요도 고려되어야 한다(CISG Art. 71.).[59]

요컨대 계약의 해석에 있어 당사자의 의도의 존중과 객관적 해석을 명시하고 있는 CISG의 규정은 당사자의 진술 및 행위의 해석이라는 측면에서 의사주의와 표시주의를 절충하고 있는 규정(CISG Art. 8)이라는 점에 의의가 있다.

2. PICC

PICC는 계약내용의 해석에 관하여 자연적 · 규범적 · 보충적 해석을 모두 규정하고 있다. PICC는 자연적 해석에 관하여 계약은 당사자의 공통된 의사에 따라 해석되어야 한다고 하고, 그러한 의사가 확정될 수 없는 경우에는 CISG와 마찬가지로 당사자와 동일한 부류의 합리적인 자가 동일한 사정하에서 부여하였을 의도에 따라 해석되어야 한다고 명시하고 있다. 이는 계약의 규범적 해석을 수용하고 있는 규정이다(PICC Art. 4.1~4.2).[60]

---

58) CISG Art. 8(3). “In determining the intent of a party or the understanding a reasonable person would have had, due consideration is to be given to all relevant circumstances of the case including the negotiations, any practices which the parties have established between themselves, usages and any subsequent conduct of the parties.”

59) CISG Art. 71.. “In the interpretation of this Convention, regard is to be had to its international character and to the need to promote uniformity in its application and the observance of good faith in international trade.”

60) PICC Art. 4.1(Intention of the parties). “1. A contract shall be interpreted according to the common intention of the parties. (2) If such an intention cannot be established, the contract shall be interpreted according to the meaning that reasonable persons of the same kind as the parties would give to it in the same circumstances. ; PICC Art. 4.2(Interpretation of statements and other conduct). “1. The statements and other conduct of a party shall be interpreted according to that party's intention if the other party knew or could not have been unaware of that intention. (2) If the preceding paragraph is not

한편 당사자의 의사를 확정함에 있어 '당사자의 의사 및 진술' 그리고 기타 행위의 해석에 관련된 일체의 사정을 고려하여야 한다고 하고, 그 고려요소로서는 '당사자간 예비적인 협상', '당사자간 확립한 관행', '계약이 체결된 후 당사자의 행위', '당해 계약의 성질과 목적', '당해 상거래의 조건과 표현에 공통적으로 주어진 의도', '관습' 등을 예시하고 있다(PICC Art. 4.3).[61]

특히 PICC에서는 계약의 해석과 관련하여 CISG에 대한 보충성에 기하여 보다 구체적인 규정을 두고 있는데, 예컨대 조건과 표현은 그것이 나타나 있는 전체의 계약 또는 진술의 관점에서 해석되어야 하며(PICC Art. 4.4),[62] 당해 계약조건은 그 일부조건의 효력을 상실하게 하기 보다는 모든 조건에 그 효력이 부여되도록 해석되어야 한다고 하고 있다(PICC Art. 4.5).[63]

나아가 당사자 일방에 의해 제공된 계약조건이 불명확한 경우에는 그 당사자에게 불리하게 해석해야 한다는 이른바 '작성자 불이익 원칙'(*contra proferentem* rule)을 채용하고 있다(PICC Art. 4.6).[64] 아울러 계약이 동등한 권위를 갖는 복수 이상의 언어본(language versions)으로 작성되고, 그들 사이에 불일치(discrepancies)가 있는 경우 계약의 해석에는 원래 작성되었던 언

---

applicable, such statements and other conduct shall be interpreted according to the meaning that a reasonable person of the same kind as the other party would give to it in the same circumstances."

61) PICC Art. 4.3(Relevant circumstances). "In applying Articles 4.1 and 4.2, regard shall be had to all the circumstances, including (a) preliminary negotiations between the parties; (b) practices which the parties have established between themselves; (c) the conduct of the parties subsequent to the conclusion of the contract; (d) the nature and purpose of the contract; (e) the meaning commonly given to terms and expressions in the trade concerned; (f) usages."

62) PICC Art. 4.4(Reference to contract or statement as a whole). "Terms and expressions shall be interpreted in the light of the whole contract or statement in which they appear."

63) PICC Art. 4.5(All terms to be given effect). "Contract terms shall be interpreted so as to give effect to all the terms rather than to deprive some of them of effect."

64) PICC Art. 4.6(*Contra proferentem* rule). "If contract terms supplied by one party are unclear, an interpretation against that party is preferred."

어본에 따른 해석이 우선되어야 한다는 제약을 두고 있다(PICC Art. 4.7).[65]

PICC는 보충적 해석에 관한 기준으로서 계약의 당사자가 그들의 권리와 의무를 결정하는데 중요한 조건에 관하여 합의하지 아니한 경우 그 사정에 적절한 조건이 부여되어야 한다고 하고, 적절한 조건의 여부를 결정함에 있어서는 '당사자의 의사', '계약의 성질과 목적', '신의성실과 공정거래', '합리성' 등에 대한 적절한 고려를 요구하고 있다(PICC Art. 4.8).[66]

3. PECL

PECL은 계약해석의 원칙을 제5장에서 규정하고 있는데, 그 내용은 해석의 일반원칙으로서 계약은 당사자들의 공통된 의도에 따라 해석되어야 하며, 설령 그 의도가 문언상의 의미와 다른 경우에도 동일하다는 것이다(PECL Art. 5:1011.).[67]

아울러 당사자 일방이 특별한 의미를 가지고 계약을 의도하였음이 입증되고 계약체결시에 상대방이 이러한 의도를 알 수 있었던 경우에 계약은 그 당사자의 의도된 바에 따라 해석되어야 한다고 하고(PECL Art. 5:101(2)),[68] 당사자의 의도가 증명될 수 없는 경우 계약은 당사자와 동일한 유형의

---

65) PICC Art. 4.7(Linguistic discrepancies). "Where a contract is drawn up in two or more language versions which are equally authoritative there is, in case of discrepancy between the versions, a preference for the interpretation according to a version in which the contract was originally drawn up."

66) PICC Art. 4.8(Supplying an omitted term). "1. Where the parties to a contract have not agreed with respect to a term which is important for a determination of their rights and duties, a term which is appropriate in the circumstances shall be supplied. (2) In determining what is an appropriate term regard shall be had, among other factors, to (a) the intention of the parties; (b) the nature and purpose of the contract; (c) good faith and fair dealing; (d) reasonableness."

67) PECL Art. 5:101(General Rules of Interpretation). "1. A contract is to be interpreted according to the common intention of the parties even if this differs from the literal meaning of the words."

68) PECL Art. 5:101(2). "If it is established that one party intended the contract to have a

합리적인 자가 동일한 상황하에서 부여하였을 의미에 따라 해석되어야 한다고 하여(PECL Art. 5:101(3)),[69] 앞서 살핀 바 있는 CISG 및 PICC의 내용과 그 맥을 같이 하고 있다.

PECL에서 계약해석에 고려하여야 할 사정으로는 '예비적 교섭'(preliminary negotiations)을 포함하여 '계약이 체결된 상황', 계약이 체결된 후를 포함한 '당사자의 행태', '계약의 성질과 목적', '당사자들 사이에 유사한 조항에 대한 해석 및 당사자간 성립된 관행', '당해 계약조항과 표현에 상거래계에서 공통적으로 부여하는 의미 및 유사한 조항에 대해 이미 이루어진 해석', '관습', '신의성실 및 공정거래' 등을 요구하고 있다(PECL Art. 5:102).[70]

한편 '작성자 불이익 원칙'에 대해서는 CISG 및 PICC 등과 동일한 법적 시각을 보이고 있으나, 특히 개별적으로 합의된 계약내용은 그러하지 않은 것에 우선해야 하고, 각 계약조항은 그것이 속하는 계약내용의 전체에 비추어 해석하여야 하며, 계약의 조항을 적법하거나 또는 유효하게 하는 해석이 그렇지 아니한 해석에 우선한다고 하여 CISG 및 PICC에 비하여 보다 구체적인 내용을 담고 있다(PECL Art. 5:103).[71]

---

particular meaning, and at the time of the conclusion of the contract the other party could not have been unaware of the first party's intention, the contract is to be interpreted in the way intended by the first party."

69) PECL Art. 5:101(3). "If an intention cannot be established according to 1. or (2), the contract is to be interpreted according to the meaning that reasonable persons of the same kind as the parties would give to it in the same circumstances."

70) PECL Art. 5:102(Relevant Circumstances). "In interpreting the contract, regard shall be had, in particular, to: (a) the circumstances in which it was concluded, including the preliminary negotiations; (b) the conduct of the parties, even subsequent to the conclusion of the contract; (c) the nature and purpose of the contract; (d) the interpretation which has already been given to similar clauses by the parties and the practices they have established between themselves; (e) the meaning commonly given to terms and expressions in the branch of activity concerned and the interpretation similar clauses may already have received; (f) usages; and (g) good faith and fair dealing."

71) PECL Art. 5:103(*Contra Proferentem* Rule). "Where there is doubt about the meaning of a contract term not individually negotiated, an interpretation of the term against the party who supplied it is to be preferred."

언어상의 불일치에 대해서는 PICC와 동일한 시각에서 계약이 복수 이상의 언어본으로 작성되고, 그 중 어느 언어가 기준인지 정해지지 않은 경우 당해 각 언어본 사이에 불일치가 있는 때에는 계약이 최초로 작성된 언어본에 따른 해석이 우선한다(관련규정으로서 PICC Art. 4.7).

Ⅳ. 계약내용의 해석에 관한 적용사례[72]

1. 「US Court of Appeals for the Fifth Circuit : USA」, 『02-20166』

① 사건명

「US Court of Appeals for the Fifth Circuit : USA」, 『02-20166』, "*BP Oil International v. Empresa Estatal Petroleos de Ecuador*", 2003.

② 쟁점

계약내용 해석상 관행과 관습의 구속력이 인정될 수 있는지 여부

③ 적용법규

CISG Art. 6, Art. 71., Art. 9(2).

④ 사실관계

매도인 회사인 'BP'와 매수인 회사인 'Empresa'는 계약내용에 명시적으로 인도조건 'CFR Ecuador', 매수인의 영업소(business place)가 소재한 국가인 에콰도르법의 준거법(applicable law) 적용, 계약의 목적물인 가솔린에는 상

72) 이하 '적용사례'라고 함은 문맥상 달리 표현되지 않는 한, 판례 및 판정례를 포함하는 의미로 사용한다. 본 서에서 인용하고 있는 적용사례 출처는 「www.unilex.info」에 등록된 CISG 및 PICC 조문별 사례(case)로서, CISG 적용사례는 「www.unilex. info/dynasite.cfm?dssid=2376&dsmid=14315」, PICC 적용사례는 「www.unilex.info/dynasite. cfm?dssid=2377&dsmid=14311」를 참조하였다.

호 합의한 대로 최대한의 수지물(gum contents)이 포함되어 있을 것 등을 주요 내용으로 가솔린에 대한 매매계약을 체결하였다.

매도인 국가에서의 수출통관 후, 양당사자가 합의한 바에 따라 가솔린 선적전에 매수인에 의해 지명된 검수인(inspector)이 가솔린의 검수를 시행하였는데, 이때 검수인은 가솔린에 포함된 수지물이 계약당사자가 당초 합의한 기준과 다름없이 적합함을 증명하였다.

그러나 가솔린이 에콰도르에 도착한 후, 매수인은 자신의 계산으로 재차 가솔린에 포함된 수지물의 함량을 임의로 검수하게 되었는데, 당시 뜻밖에도 본인의 대리인이었던 적출지의 검수인 증명과는 달리, 그 기준을 과도하게 초과한 사실을 발견하게 되었다.

당해 사실을 이유로 매수인은 가솔린의 인수를 거절하였고, 이 사실을 통지받은 매도인은 결국 매도인국 법원에 소를 제기하였다.

⑤ **판결요지**

매도인의 제소에 대하여 법원은 이 사건에는 에콰도르법, 곧 에콰도르가 국내법으로 수용한 CISG가 적용된다는 내용을 포함하여 다음과 같은 판결을 내렸다.

이 사건에 있어서 계약당사자는 그들의 영업소가 서로 다른 국가에 소재하고 있을 뿐만 아니라(CISG Art. 11) 그들 국가가 모두 CISG의 체약국(contracting state)이며, 계약내용에 CISG상의 '규정배제 또는 변경에 해당하는 합의'(CISG Art. 6)가 존재하지 않으므로 본 사건에는 CISG가 적용된다.

CISG의 해석원칙(CISG Art. 71)을 적용할 경우 당사자가 합의한 'CFR 조건'은 당해 상거래에 있어 널리 알려져 있고, 또한 통상적으로 준수되고 있는 관행으로 볼 수 있다(CISG Art. 9(2)).

그렇다면 'CFR 조건'에 있어 '위험의 분기점'(critical point ; C/P)은 선적항에서 물품이 본선난간(ship's rail)을 통과하는 시점에서 매도인으로부터 매수인에게 이전되므로, 매도인은 매수인이 지명한 검수인의 증명에 따라 적합한 물품을 인도해야 할 의무를 이행한 것이다(CISG Art. 361.).

만약 선적 전에 물품의 계약부적합이 있었다면 매수인의 대리인으로서 검수인은 이를 발견하였어야 했다. 매수인에게 위험이 이전되기 전이라도 매도인이 가솔린에 결함이 있었다고 하는 사실을 알았거나 또는 모를 수 없었다면 선적 전 물품의 검수에도 불구하고 매도인의 악의에 의거하여 계약위반 사유를 구성할 수 있을 것이나(CISG Art. 40), 이에 대한 매수인의 입증이 없었기에 매수인의 주장을 기각한다.

⑥ 논점 및 평가

이 사건은 계약내용의 해석에 기하여 당해 계약에 대한 상거래의 관행과 관습의 구속력을 인정한 판결례이다.

판시요지는 계약당사자는 상호 합의한 관행과 확립된 관습에 구속된다고 하는 사실, 국제상거래에서 널리 알려져 있고 또한 통상적으로 준수되고 있는 관행은 계약에 적용된다고 하는 사실, 신의칙이 불성실(bad faith)한 행위를 배제하는데 기능하여야 한다는 사실 등이다.

2. 「Juzgado Nacional de Primera Instancia en lo Comercial No. 10 : Argentina」, 『56.179』

① Cases

「Juzgado Nacional de Primera Instancia en lo Comercial No. 10 : Argentina」, 『56.179』

"Bermatex s.r.l. v. Valentin Rius Clapers S.A. v. Sbrojovka Vsetin S.A.", 1994

② Keyword

Interest Rate Determined According to International Trade Usages (CISG Art. 9)

③ Abstract

In judicial proceedings for composition before bankruptcy, the Court was called to decide on the recognizability of credits for interest on the payment of price deriving from two international sales contracts concluded by the same Argentinian buyer with, respectively, a Spanish seller and a Czech seller.

The Court firstly held that both contracts were governed by CISG, as in both cases the parties had their place of business in different contracting States.

With respect to interest accruing on the credit deriving from the performance of the first sales contract, the Court gave recognizance to the credit for interest at the rate of 24%, that is corresponding to the rate agreed upon by the parties. The Court held this on the ground that CISG, as envisaged by its Art. 6, grants the parties with the widest possibility of determining the contents of their contract.

With respect to interest accruing on the credit deriving from the performance of the second sales contract, the Court determined interest at the rate of 12%, as a rate generally recognized in international trade.

In the Court reasoning, since CISG does not determine the interest rate, reference should be made to international trade usages 'which are assigned by CISG itself a hierarchical position higher than the very same CISG provisions (Art. 9 CISG).

3. 「Corte di Appello di Genova : Italy」, 『211』

① Cases

「Corte di Appello di Genova : Italy」, 『211』,
"Marc Rich & Co. A.G. v. Iritecna S.p.A.", 1995

② Keyword

FOB Clause : Applicability to Sales Contract as International Trade Usage Binding under CISG Art. 9.

③ Abstract

In 1987 an Italian seller and a Swiss buyer concluded a contract for the sale of raw oil. The contract contained a FOB clause as well as an express reference to the NIOC standard terms. After loading the oil onto the tanker ship, the buyer discovered that during loading operations the oil had been contaminated with water, and brought an action against the seller in order to recover damages.

Although the contract was not governed by the Convention, the Court made an express reference to CISG and held that the FOB clause's scheme was binding as an international trade usage under Art. 9 CISG, as well as under the NIOC standard terms referred to in the contract.

Without making any further reference to CISG, the Court decided the dispute on the grounds that, under the FOB clause and the NIOC standard terms, the seller performs its obligation of delivery when the oil enters the ship's tanks, thereby bearing the risk of any loss of or damage to the goods that may have occurred before that moment.

4. 「Gerechtshof's Hertogenbosch : Netherlands」, 『456/95/He』

① Cases

「Gerechtshof's Hertogenbosch : Netherlands」, 『456/95/He』, "E.H.T.M. Peters v. Kulmbacher Spinnerei & Co. Produktions KG", 1996

② Keyword

Formation of Contract : Incorporation of Standard Terms : Relevance of Usage of The Particular Trade Concerned and Practices Established between Parties (CISG Art. 9)

③ Abstract

A Dutch buyer ordered yarn from a German seller. The seller replied by fax and later sent a formal confirmation of order which referred to the standard terms of the German Association of yarn traders. The standard terms, inter alia, provided that the interest rate in case of late payment was to be 4% over the discount rate of the Deutsche Bundesbank. After delivery the seller commenced an action for payment of the purchase price and interest according to its standard terms.

The Court observed that there was no significant difference between CISG (inter alia Art. 9 CISG) and German and Dutch domestic law with regard to the question as to whether the seller's standard terms had become part of the contract.

Without stating which law it was applying, the Court found that the standard terms had become part of the contract, though there was no evidence of the buyer having received the confirmation of order referring to them. In reaching this conclusion the Court took into account that standard terms are regularly used in the particular trade concerned. Owing to its experience as a businessman in the trade concerned, the buyer could not have been unaware of the widespread use of the standard terms referred to by the seller, nor of the specific provisions on interest, which were not of such a character that the buyer could not have expected them. This all the more so since the buyer had already concluded contracts with the same seller in the past.

The seller was thus awarded the purchase price and interest at the rate fixed by the standard terms.

5. 「The Maritime & Commercial Court of Copenhagen : Netherlands」『H-0126-98』

① 사건명

「The Maritime & Commercial Court of Copenhagen : Netherlands」『H-0126-98』, "*Dr. S Serguuev Handelsagentur v. DAT-SCHAUB A/S*", 2002.

② 쟁점

계약상 요구되어진 표기사항이 누락되었음에도 불구하고 실제 인도된 물품이 계약에 특정된 물품과 다름이 없는 경우에 표기사항의 누락이 계약부적합 사유를 구성하는지 여부

③ 적용법규

CISG Art. 8, Art. 9.

④ 참조조문

PICC Art. 1.9, Art. 4.1, Art. 4.2.

PECL Art. 1:105, Art. 5:101, Art. 5:102.

⑤ 사실관계

러시아에 영업소를 둔 매수인은 덴마크에 영업소를 둔 매도인으로부터 '생선'을 주문하였다. 당사자는 이전에 수차례 계약을 체결한 사실이 있으나, 본 건 생선의 매매와 관련해서는 지금까지 단 한 번의 계약을 체결하였다.

본 건 계약에는 매수인의 요청에 따라 매도인이 제시하여야 할 물품명세

(description)가 포함되어 있었는데, 그 내용은 라틴어로 표기되어야 할 생선명 · 크기 · 포장 · 용기의 종류 · 어획일자 등이었다.

매도인은 라틴어로 표기되어야 할 생선명만을 생략한 채, 여타 주문내용을 재차 확인 후 통지하였고, 그 결과 송장(invoice)에는 생선의 라틴어 명이 누락된 채 나머지 명세만이 기재되었다.

물품이 인도된 후, 매수인은 즉시 매도인에게 라틴어 표기에 의한 생선명 누락을 사유로 계약부적합을 통지하였다. 당해 통지에도 불구하고 이후 양당사자는 오랜 기간 해결의 합의를 도출하지 못하였고, 그 동안 생선은 매수인의 비용으로 보관되었다.

물품수령 후, 수개월 뒤에 매수인은 본 건 이외의 사안으로 생선의 어획시기가 계약에서 합의한 약정과는 다르다는 사실을 발견하고, 그 내용을 매도인에게 통지하게 되었다. 이로부터 양당사자는 생선 어획시기의 확인을 위해 전문가 감정을 시행하기로 합의하였다.

전문가의 감정에 따라 매수인은 생선명이 약정된 것과 다르다는 사유로 매도인의 책임을 물어 손해배상을 청구하였는데, 그 내용은 생선포장의 표기사항에 비추어 볼 때, 인도된 생선이 약정된 시기보다 이른 시기에 어획되었다고 하는 사실과, 또한 그 품질에도 하자가 있었다는 사실 등이었다.

이에 대하여 매도인은 매수인의 주장을 부인하면서 매수인을 상대로 그간 미지급된 대금지급을 구하는 반소를 제기하였다.

⑥ 판결요지

본 사건에 대한 법원의 판단은 다음과 같다. 양당사자간 다툼이 없는 사실로서 당해 상거래에서의 관행은 생선명을 라틴어로 기재하는 것이 상례이다.

매수인에 의한 생선의 주문에 비추어, 종국적으로 인도된 생선은 다만 표기사항에 누락이 있을 따름이지 실제 물품은 계약상 특정한 생선과 다름이 없다. 따라서 매도인이 표기사항을 누락시킨 것은 분명하지만 계약상 라틴명에 적합한 생선을 인도하였다면 계약에 부적합한 물품을 인도한 것으로는 볼 수 없다.

어획시기와 품질에 관하여, 매수인이 물품의 수령시점에서 생선이라고 하는 물품의 특성상 포장 및 생선 그 자체를 쉽게 검사할 수 있었으며, 어획시기를 수령시점에서 즉시 확인할 수 있었음에도 불구하고 실행가능한 단기간 내에 생선을 검사하지 않은 사실이 존재한다.

이와 같은 사실을 종합하여 볼 때, 매수인이 매도인에게 생선의 어획시기와 품질에 관하여 즉시 통지하지 않은 귀책사유를 구성하기에 충분하다. 따라서 상기 매수인의 청구를 기각한다.

⑦ 논점 및 평가

이 사건에 대한 판결의 의미는 어떤 물품의 표시에 관하여 양당사자가 계약내용에 비추어 사실상 일치하여 이해한 경우 본래의 의미대로 그 효력을 인정하여야 한다는 계약내용의 해석에 있어 이른바 '자연적 해석'의 기준이 반영된 판결이라고 하는 점이다.[73)]

또한 계약당사자가 신의칙에 기하여 그들 스스로가 기대하였던 바, 물품의 성질에 별다른 하자가 존재하지 않는다면, 매수인의 주장은 배척되어야 하는 것이 타당할 것이다.

그러나 당사자간 당초 약정한 계약내용에 이를테면 물품명세에 수출 · 입 통관상의 규제와 같이 매수인의 이해에 직결되는 사안이 결부된 경우에 매

---

73) 계약내용의 자연적 해석에 관한 대표적 사례는 독일의 「RGZ 99, 147, (1920. 06. 08.)」 사례를 들 수 있다. 동 판결의 골자를 살펴보면, 'Haakjöringsköd'는 노르웨이어로 '상어고기'를 의미하는데, 계약당사자는 이것이 '고래고기'를 뜻하는 말로 상호 잘못 이해하고 매매계약을 체결하면서 계약상 'Haakjöringsköd'으로 표기하였는 바, 법원은 착오에 의한 취소를 배척하였다. 동 판결의 취지는 양당사자는 '고래고기'에 대한 계약체결을 의도했으나, 당해 계약상의 의사를 표시함에 있어서 착오로 그들의 진의에 부합하지 않는 명칭인 'Haakjöringsköd'가 사용되었다고 하더라도, 그들 사이의 법률관계는 바로 그들의 의사에 부합하는 명칭인 '고래고기'를 사용한 경우와 다름없다는 것으로 요약된다.

도인의 계약부적합에 대한 책임을 물을 수 있음은 별론이라고 하겠다.

이상의 판결요지는 계약내용 해석에 관한 일반원칙 규정(CISG Art. 8 ; PICC Art. 4.1~4.2 ; PECL Art. 5:101~5:102)과 관행 · 관습의 유효성 규정(CISG Art. 9 ; PICC Art. 1.9 ; PECL Art. 1:105)의 취지에 비추어 합당하다고 생각된다.

6. 「Landgericht Oldenburg : Germany」, 『12O2943/94』

① 사건명

「Landgericht Oldenburg : Germany」, 『12O2943/94』, “*Unknown*”, 1996.

② 쟁점

물품인도시 수량이 부족한 경우 이에 대한 손해배상청구가 동일한 상거래계의 합리적 판단기준에 비추어 적정한지 여부

③ 적용법규

CISG Art. 8(2), Art. 78.

④ 사실관계

네델란드에 영업소를 둔 매수인은 독일에 영업소를 둔 매도인에게 트럭 3대분의 계란을 주문하였다. 주문내용에는 매수인은 매도인으로부터 계란을 수령함에 있어 운송을 위한 3대의 트럭을 매도인에게 보낼 것이라는 합의를 포함하고 있었다.

운송중 매도인은 트럭 3대 모두 ‘최대적재량’(full load capacity of the trucks)에 못 미치는 양의 계란을 적재하였다. 그 사실을 안 매수인은 당초 계약상 합의한 것보다 부족한 양의 계란을 수령하였다고 하면서, 부족수량에 대한 계란을 다른 공급자로부터 매수하게 됨에 따라 발생한 손해를 계

약상 정한 대금에서 공제하겠다고 주장하였다. 이에 대하여 매도인은 판매대금의 완전지급을 구하는 소를 제기하였다.

⑤ **판결요지**

인도된 계란의 수량이 당사자가 합의한 수량에 적합한지 여부에 관하여, 계약의 성립과정에서 일방 당사자의 진술이나 행위는 상대방이 합리적으로 이해하였거나 이해하였을 것을 기준으로 해석하여야 한다.

이 사건의 모든 사정을 종합적으로 고려할 때, 매수인의 주문이 트럭 3대분의 계란이라는 명확하지 않은 주문이라고 하더라도, 국제상거래에 있어 트럭을 운송수단으로 하여 계약을 이행함에 있어 통상의 상인이라면 최대적재량보다 적은 수량을 적재하지는 않았을 것이다. 이는 동일한 부류의 합리적인 자의 이해에 있어서도 결코 반함이 없을 것이다.

따라서 매도인은 매수인이 트럭의 최대적재량에 해당하는 수량을 주문한 것으로 이해했을 것이라는 판단과, 동 부류의 합리적 기준에 의하여 매수인의 대체거래로 인한 손해배상청구는 마땅하다.

⑥ **논점 및 평가**

이 사건의 판시취지는 계약당사자의 진술이나 행위의 해석기준과 관련하여, 동일 상거래에서의 동일한 부류의 합리적인 자의 판단기준을 존중하여 이를 당해 판결에 적용한 전형적 사례라고 할 수 있다.

7. 「Cour d'Appel de Grenoble, Chambre Commerciale : France」, 『213』

① Cases

「Cour d'Appel de Grenoble, Chambre Commerciale : France」, 『213』, "*Entreprise Alain VEYRON v. Societe E. AMBROSIO*", 1995

② Keyword

Application of CISG : Parties with Places of Business in Contracting States (CISG Art. 11.(A)).

Determination of Price : Reference to Market Price : Excluded Different Agreement between The Parties (CISG Art. 55).

Interpretation of Conduct : Understanding of Reasonable Person (CISG Art. 8(2),(3)).

③ Abstract

An Italian seller and a French buyer concluded a contract which provided that the French buyer became the seller's sole agent in France as well as sole importer of the sweets produced by the seller. To that purpose, the buyer was obliged to purchase the goods and guarantee payment of 50% of their value.

After reselling the goods, the buyer did not pay to the seller the price obtained. The seller declared the contract ended and commenced an action for payment of the price.

The buyer alleged that the seller did not give the notice required by usage to end the contract and claimed damages. The buyer also claimed that the price to be paid was lower than that asked by the seller as, in cases where price is not determined, parties are considered, in the absence of any indication to the contrary, to have impliedly made reference to the market price (Art. 55 CISG). The buyer alleged that the seller had successively sold the same goods at a lower price to another French company.

The Court held that the contract concluded between the parties was partly a distributorship agreement and partly a sales transaction. As to the sales transaction, it was governed by CISG, as the parties had their places of business in contracting States (France and Italy) (Art. 11.(a) CISG).

The Court observed that the contract expressly granted the seller the right to end the contract. Such a clause was not forbidden under CISG as the parties are free to establish that, in case of successive sales transactions, the seller can interrupt the relationship at any time provided it does not hinder the execution of a previous order.

The Court held that the buyer's reference to Art. 55 CISG was irrelevant, as Art. 55 may be excluded by a different agreement between the parties. In the case at hand, the buyer had taken delivery of the goods without contesting the price indicated by the seller; such conduct was to be interpreted as acceptance of the price, according to Art. 8(2) and (3) CISG. The Court therefore ordered the buyer to pay the price requested by the seller.

8. 「Hoge Raad : Netherlands」, 『16.436』

① Cases

「Hoge Raad : Netherlands」, 『16.436』,

"J.T. Schuermans v. Boomsma Distilleerderij / Wijnkoperij BV", 1997

② Keyword

Formal Requirements for Offer : Declaration under 96 and 12 CISG : Need of Written Form to Be Determined by The Applicable Domestic Law Including CISG (CISG Art. 11) If The Law of A Contracting State Is Applicable.

Formation of Contract : Existence of An Offer (CISG Art. 14) : Interpretation of Party's Conduct and Statements (CISG Art. 81.,(2),(3)).

③ Abstract

The plaintiff, a Belgian tradesman with place of business in the Russian

Federation, commenced an action against a Dutch producer of wodka, alleging that the producer owed him delivery of a certain quantity of wodka whose price had already been paid by the Belgian tradesman. According to the Belgian tradesman, though no formal conclusion of a contract had taken place, by accepting payment the Dutch producer had created the legitimate expectation that a contractual relationship had arisen.

The producer denied that a contract had ever been concluded with the Belgian tradesman. It alleged that the Belgian tradesman had acted as an intermediary for another Russian company, which was mentioned in the payment documents. The producer had an ongoing business relationship with the other company. Payment by the Belgian intermediary came shortly after the producer had received a fax from the other company, in which wodka was ordered and transfer of a certain sum of money as price thereof was announced. This procedure constituted standard practice between the producer and the other company.

At first instance (Rb. Leeuvarden, 11-08-1994) the Court applied CISG and held that no contract had been concluded between the Belgian tradesman and the Dutch producer, since payment by the Belgian tradesman was no offer in the sense of Art. 14 CISG. The appellate Court (Hof Leeuvarden, 05-06-1996) reached the same conclusion, though observing that the Belgian tradesman had its place of business in the Russian Federation, which is bound by a declaration pursuant to Arts. 96 and 12 CISG. Accordingly, the CISG provisions allowing an offer to be made in any form other than in writing do not apply, and the question should be solved under the applicable domestic law. Eventually, however, the question was decided all the same according to CISG because the private international law rules of the forum lead to the law of The Netherlands, a contracting State (Art. 11.(b) CISG).

The Supreme Court confirmed the lower Court's findings. It held that under Art. 81. CISG, the Dutch producer neither new nor could have been aware of the fact that the Belgian tradesman meant its payment as an offer, especially considering that the payment documents referred to the other company and had come shortly after the other company's fax. Nor would it have been in accordance with the understanding of a reasonable person of the same kind as the producer and in the same circumstances to interpret the said payment as an offer (Art. 8(2) CISG). The producer did not have previous business contacts with the Belgian tradesman, while it did have past contacts with the other company all following the same pattern (fax ordering wodka and announcing payment, actual payment from various places and agents and subsequent delivery of the wodka by the producer).

9. 「Court of Appeal : New Zealand」, 『2000 NZCA 350』

① Cases

「Court of Appeal : New Zealand」, 『2000 NZCA 350』,

"*Hideo Yoshimoto v. Canterbury Golf International Ltd*", 2000

② Keyword

Contract for Sale of Shares : Reference to CISG And The PICC Described as A "Restatement of The Commercial Contract Law of The World [which] Refines And Expands The Principles Contained in [CISG]".

Contract Interpretation : Liberal Interpretation (CISG Art. 8, PICC Art. 4.1~4.3) : Permissible under New Zealand Law But Not English Law.

③ Abstract

A New Zealand corporation entered into a contract with a Japanese businessman, owner of all the shares of a business for planned development of a golf course in New Zealand, for the purchase of all these shares. The contract contained a clause according to which the payment of the last installment of the price was subject to the condition precedent that the purchaser obtains "all necessary authorizations or resource consents" for the development within a given period of time.

A dispute arose when the New Zealand corporation refused to pay the last installment on the ground that not all authorizations to which the contract clause referred had been obtained. The Japanese seller insisted on a literal interpretation of the contract clause and maintained that the condition precedent envisaged therein had been fulfilled.

The Court admitted that a liberal interpretation, taking into account the parties' intention, the context of the clause and its commercial objective, would lead to a decision in favour of the New Zealand buyer. It also conceded that such a liberal interpretation would be in accordance with Article 8 of the United Nations Convention on International Contracts for the Sale of Goods (CISG), in force in New Zealand, as well as with Arts. 4.1 to 4.3 of the UNIDROIT Principles which it described as a "document which is in the nature of a restatement of the commercial contract law of the world [and which] refines and expands the principles contained in the United Nations Convention". However, while admitting that it would be desirable for the courts in New Zealand to bring the law in line with these international instruments, it ultimately opted for a literal interpretation of the contract clause on the ground that the Privy Council in London would not permit it to do otherwise, given that England had not yet adopted CISG and English common law was against liberal interpretations of contracts.

10. 「ICC International Court of Arbitration」, 『9651』

① 사건명

「ICC International Court of Arbitration」, 『9651』, "*Unknown*", 2000.

② 쟁점

계약교섭과정에 있어 사기적 부실표시가 개입된 경우 계약의 무효를 주장할 수 있는지 여부

③ 적용법규

PICC Art. 2.1.15(2), Art. 3.8, Art. 3.9, Art. 4.1, Art. 4.2.

④ 사실관계

독일에 영업소를 둔 신청인은 인도에 영업소를 둔 피신청인과 산업설비의 운송과 설치에 대한 각각의 독립된 계약을 체결하였다. 계약의 이행과정에서 신청인은 산업설비를 인도하였으나, 피신청인은 설비에 결함이 있다고 주장하였다. 피신청인은 설비의 반송을 신청인에게 통지하였고, 이에 대하여 신청인은 중재판정부에 중재를 신청하였다.

피신청인은 중재신청의 사유로서 계약교섭과정에 있어 신청인의 사기적 부실표시가 개입되었고, 신청인이 산업설비의 인도를 지연한 점과 인도된 설비의 결함을 들어 당해 계약은 무효라고 주장하였다.

한편 계약서에는 '법과 중재'라는 표제의 규정을 포함하고 있었는데, 그 내용은 "이 계약에는 스위스법을 적용한다" 그리고 "이 계약과 관련하여 발생하는 모든 분쟁은 최종적으로 중재에 의하여 해결한다"고 명시하고 있었다.

신청인은 위의 계약조항을 근거로 당연히 스위스법을 적용하여야 한다고 주장하는 반면에, 피신청인은 계약교섭중의 사기적 부실표시에 관하여는 계약교섭지[행위지]의 법을 적용하여야 함이 마땅하고, 이는 정의와 공평 및 도덕적 관점에서도 타당하다고 하여, 이 사건에 스위스법을 적용하는 것은 부당하다고 주장하였다.

결국 양당사자간 다툼의 소지는 사기적 부실표시와 이를 해결하기 위한 준거법에 있었다.

⑤ 판정요지

계약내용에 포함되어 있는 준거법 조항의 해석에 관하여, 당사자간에 공통된 의사가 확립되어 있지 않은 경우 계약조건의 해석은 당사자와 같은 부류에 속하는 합리적인 자가 동일한 상황하에서 당해 계약에 부여하였을 의미에 따라 해석되어야 한다(PICC Art. 4.1~4.2).

또한 계약체결과정 또는 계약성립 이후의 시점 여하를 불문하고, 계약내용과 관련되어 발생한 모든 분쟁은 계약에 명시되어 있는 적용법에 의함이 마땅하다. 이는 달리 합리적인 상인이 판단할 경우에 있어서도 그 결과는 같다고 할 것인 바, 본 사건에는 스위스법을 적용하여야 한다.

사기적 부실표시에 대한 양당사자의 다툼에 관하여, 당사자가 불성실한 의도로 교섭에 임하거나 또는 교섭을 결렬시킨 경우 상대방이 입은 손해를 배상하여야 한다는 규정(PICC Art. 2.1.15(2))과, 사기에 의한 계약체결의 경우 이를 취소할 수 있는 규정(PICC Art. 3.8) 및 부당한 강박에 의한 계약취소의 규정(PICC Art. 3.9)을 적용할 수 있다.

⑥ 논점 및 평가

이 사건은 준거법의 확정에 관하여, 이른바 규범적 해석의 방법에 따라 신청인의 주장을 인용하면서, 이 사건의 또 다른 쟁점인 사기적 부실표시의 인정 및 그에 대한 구제방법의 부여에 관하여는 피신청인의 처지를 배려하고 있다.

이 사건의 판정은 PICC의 규정취지에 비추어 법리적으로도 무리가 없으며, 양당사자의 입장을 적절히 조화시키고 있는 까닭에, 형평의 이념에도 부합한다고 생각한다.

3장 신의칙의 적용기준

Ⅰ. 신의칙의 개념과 특성

1. 신의칙의 개념과 법적 기능

연혁으로 보아 '신의칙'은 로마법(*ius gentium*)상 확립되어 있는 '신의'(*bona fides*)의 개념으로부터 발현되었다. 여기서 신의는 '법률관계에서 약속을 정직하게 준수하고 합의에 의한 의무를 성실히 이행하는 것'으로서 타인의 행위, 곧 채무의 이행에 관한 계약법상 신의와 동일한 개념으로 해석된다.[74]

특히 로마법상 신의칙을 적용함에 있어서는 계약 또는 법의 해석에 있어 특정문구 또는 규정에 구애되지 않고, 객관적 사정과 합의의 내용을 고려하여 이에 상당한 적정한 기준이 적용되었는데, 로마인은 이 과정에서 통상 "합의는 반드시 지켜져야 한다(*pacta sunt servanda*)"는 원칙하에서 신의칙 존재의 법적 당위성을 확보하였다. 다만 이 같은 신의칙은 이민족간 상거래에 관한 특정영역에서 적용되었다.

이후 로마법상 신의칙의 개념은 근세 대륙법체계에 계수되어 성문화되는 과정을 거쳐,[75] 널리 '상호협력과 관용'(co-operation and tolerance)이라는 인식하에서 계약법분야를 비롯한 사법 전반을 지배하는 최고원리로 자리잡게 되었다.

---

74) Klein J., "Good Faith in International Transactions", *Liverpool Law Review*, 1993. Ch. I . A.
75) 'Code civil des Français', Art. 1134, (3). : "Elles doivent être exécutées de *bonne foi*."의 규정이 최초의 입법례로 알려지고 있다.

그러나 신의칙은 여러 법계 및 각종 법체계하에서 대개 계약법상 준수되어야 할 일반원칙(general principle) 또는 근본원칙(fundamental principle)으로서, 불성실(bad faith)한 행위를 배제하는 기능을 하는 것으로 이해되고는 있으나,[76] 객관적이고 구체적인 개념이 명확히 확립되어 있지 않은 까닭에, 서로 다른 법계 또는 법체계상 인식정도 · 접근방법 · 적용기준 등이 상이한 특성이 있다.

신의칙은 부당가능성(unconscionability)에 대립하는 개념으로서, 경우에 따라 공정성(fairness), 공정행위(fair conduct), 합리성(reasonableness), 공정거래에 있어 합리적 기준(reasonable standards), 공동일치의 정신(a spirit of solidarity), 공평한 행동(decent behavior), 사실상의 정직(honesty in fact), 양심과 선의(white heart, empty head)[77] 등과 같은 추상적 · 포괄적 개념과 동일시되기도 한다.

그렇지만 어느 경우에나 신의칙은 '계약당사자간 합의의 정신을 존중하고 증진하기 위한 기대를 보호하는 것'에 본질적 의의가 있다. 따라서 계약당사자는 계약체결을 위한 합의과정에서 고려할 수 없었거나, 또는 예견치 못했던 장래의 수많은 우연적 분쟁의 소지를 신의칙의 적용을 통해 해소할 수 있다고 하는 기대를 통하여 상당한 경비를 절감할 수 있는데, 이는 경제적 관점에서 찾아볼 수 있는 신의칙의 특성이다.

결국 신의칙은 '계약당사자간 권리의 행사와 의무의 이행에 있어 상호간 이해를 결합하거나 보장할 수 있는 기준'이라는 점에서 그 정체성을 확인할 수 있다.[78]

---

76) Lücke H. K., "Good Faith and Contractual Performance", *Essays on Contract*, The Law Book Company Ltd., 1987. p.160.

77) Klein, *op. cit.*, pp.116~117.

78) Sim D., "The Scope and Application of Good Faith in the Vienna Convention on Contracts for the International Sale of Goods", *Pace Law*, Pace Law School Institute of International Commercial Law, 2001. Ⅱ. A.

2. 신의칙의 기능과 제한

(1) 영미법계에서의 신의칙

영미법계에서는 신의칙의 해석기준을 당사자간 계약관계에서의 책임귀속에 따른 '경제적 중요성'(economic consequences)에 주안점을 두고 이를 적극적으로 반영하고 있다. 아울러 신의칙에 기한 법적 규제에 있어 '도덕적 의무의 최소범위'(a minimum range of moral duties)를 반영하고 있기도 한데, 이는 공평(equity)과 정의(justice)의 차원에서 형평법의 보충기능을 통하여 보통법의 미비점을 보완한다는 법체계상의 특성을 신의칙에 관하여도 적용하여 합리적인 신의칙 기준을 형성하기 위한 법적 의도에 기인한다.[79)]

한편 미국에서는 신의칙의 기준을 공정거래(fair dealing)를 위한 '사실상의 정직'(honesty in fact)이라는 포괄적인 개념하에 포섭하여 두고, 이를 계약이행과 연계시켜 적용하고 있다.[80)] 예컨대 UCC에서는 신의칙을 '실제로 관련된 행위 또는 상거래에서의 정직'이라고 명시하고 있다(UCC §1-201(20)).[81)]

그러나 매매에 있어 상인(merchant)에게 적용되는 신의칙은 사실상의 정직과 나아가 공정한 거래라는 합리적인 상거래 기준의 준수를 의미한다고 규정하여(UCC §2-1031.(b)),[82)] 보다 구체적 · 직접적인 적용기준을 제시하고

---

79) Klein, *op. cit.*, p.117.

80) Farnsworth E. A., "Duties of Good Faith and Fair Dealing un der the UNIDROIT Principles, Relevant International Conventions and National Laws", *3 Tulane Journal of International and Comparative Law*, 1995. Ⅴ.

81) UCC §1-201(General Definitions). "(20) Good faith except as otherwise provided in Article 5, means honesty in fact and the observance of reasonable commercial standards of fair dealing."

82) UCC §2-103(Definitions and Index of Definitions). "1. In this Article unless the context otherwise requires (b) Conspicuous with reference to a term, means so written, displayed, or presented that a reasonable person against which it is to operate ought to have noticed it. A term in an electronic record intended to evoke a response by an electronic agent is conspicuous if it is presented in a form that would enable a reasonably configured electronic agent to take it into account or react to it without review of the record by an

있다. 따라서 '상인간 계약'과 '상인과 소비자간 계약'에 대해서는 서로 다른 법원칙이 적용되고(UCC §2-104(3)), 그 기준은 상인의 정의에 의하여 보충된다(UCC §2-1041.).[83]

UCC상의 신의칙에 연관되는 개별규정으로는 계약의 이행에 있어 신의칙의 준수를 강조하고 있는 강행규정을 들 수 있다. 이를테면 당사자는 본 법에 별도의 규정이 없는 한 본 법의 제반 규정취지를 합의에 의해 변경할 수 있으나, UCC에서 규정하고 있는 신의칙, 합리성(reasonableness), 성실(diligence) 및 주의(care)의 의무는 합의를 통해서도 배제하여서는 아니되며, 동시에 당사자의 합의에 의해 이들 의무의 이행기준을 구체적으로 정할 수 있으나, 그 기준이 명백하게 불합리한 것이어서는 안된다고 명시하고 있다(UCC §1-102(3)).

(2) 대륙법계에서의 신의칙

대륙법계에 있어 신의칙은 상기한 바와 같이 프랑스 민법 제1134조를 통

---

individual. Whether a term is "conspicuous" or not is a decision for the court. Conspicuous terms include the following: (i) for a person: (A) a heading in capitals equal to or greater in size than the surrounding text, or in contrasting type, font, or color to the surrounding text of the same or lesser size; and (B) language in the body of a record or display in larger type than the surrounding text, or in contrasting type, font, or color to the surrounding text of the same size, or set off from surrounding text of the same size by symbols or other marks that call attention to the language; and (ii) for a person or an electronic agent, a term that is so placed in a record or display that the person or electronic agent may not proceed without taking action with respect to the particular term."

83) UCC §2-103(Definitions: Merchant, Between Merchants, Financing Agency). "1. Merchant means a person that deals in goods of the kind or otherwise holds itself out by occupation as having knowledge or skill peculiar to the practices or goods involved in the transaction or to which the knowledge or skill may be attributed by the person's employment of an agent or broker or other intermediary that holds itself out by occupation as having the knowledge or skill. (3) Between Merchants means in any transaction with respect to which both parties are chargeable with the knowledge or skill of merchants."

해 최초로 성문화 되었다.[84] 동 규정은 계약자유(freedom of contract[85]))의 원칙하에서도 계약당사자의 의사표시는 사실상 극히 불충분하고 불명확한 것이므로, 채권자가 신의에 좇아 이행될 것이라고 기대하고 있는 이익을 보호하기 위하여 주로 채무의 내용 내지 이행방법 등에 관해 신의칙을 법률상 표준으로 선언하고 있다.

독일 민법에서도 계약은 거래의 관행을 고려하여 신의성실의 요구에 좇아 해석되어야 하며(BGB §157),[86] 나아가 채무자는 거래의 관행을 고려하여 신의성실에 좇아 급부할 의무를 진다고 하여(BGB §242),[87] 신의칙을 계약내용의 해석과 채무이행의 기본원칙으로 규정하고 있다. 이후 신의칙은 채권자에게도 적용되는 과정을 통해 채권법 이외의 영역에서도 모든 권리와 의무의 이행에 관하여 적용되어 그 범위가 확대되었다.

스위스 민법에서는 모든 사람은 권리의 행사와 의무의 이행에 있어서 신의성실에 따라 행동하여야 한다고 규정하고 있다(ZGB Art. 2).[88] 이는 신의칙을 의무이행을 포함하여 권리행사에도 적용한다고 하는 취지로 파악할 수 있는데, 결국 신의칙을 채권법 뿐만 아니라 사회전반의 권리의무에 공통된 원칙으로서 최대한 확대 · 수용하고 있다.[89]

84) 'Code civil des Français', Art. 1134, (3). : "Elles doivent être exécutées de *bonne foi.*"

85) PICC와 PECL은 계약자유(freedom of contract)에 관한 명시적인 규정을 두고 있다(PICC Art. 1.1, PECL Art. 1:102). 양 규정 모두 당사자는 계약의 체결과 그 내용의 결정에 있어 자유를 갖는다고 규정하고 있으나, PECL은 이에 덧붙여 다만 신의성실과 공정거래의 요구와 이 원칙에 의하여 정하여진 강행규정에 따라야 한다고 하고, 당사자들은 이 원칙의 어떠한 규정도 배척하거나 원칙이 달리 정하지 않는 한, 규정의 효과를 배제하거나 변경할 수 있다고 명시하고 있는 차이가 있다.

86) 'Bürgerliches Gesetzbuch'(BGB), §157. : "Verträge sind so auszulegen, wie *Treu und Glauben* mit Rücksicht auf die Verkehrssitte es erfordern."

87) BGB, §242. : "Der Schuldner ist verpflichtet, die Leistung so zu bewirken, wie *Treu und Glauben* mit Rücksicht auf die Verkehrssitte es erfordern."

88) 'Schweizerisches Zivilgesetzbuch'(ZGB), Art. 2(Handeln nach *Treu und Glauben*). : "Jedermann hat in der Ausübung seiner Rechte und in der Erfüllung seiner Pflichten nach *Treu und Glauben* zu handeln."

89) Sim, *op. cit.*, Ⅱ. B. 1.

우리나라 민법의 경우에도 제2조 제1항에서 권리의 행사와 의무의 이행은 신의에 좇아 성실히 하여야 한다고 하여 신의칙을 일반원칙으로 선언하고 있다. 이 또한 윤리적 · 도덕적 규범으로서의 신의칙을 수용한 것이다. 동조항은 어떠한 경우에 신의칙이 적용되는가에 대한 구체적 기준을 정하고 있지 않으므로, 신의칙에 관한 동조항은 민법 전반에 관한 일반조항의 성격을 지닌다.[90)]

(3) 신의칙 적용범위의 차이와 제한

계약법상 신의칙은 사실적 · 지속적 계약관계에서 당사자간 물품의 제공과 대금의 지급이라는 대가적 목적을 달성하기 위하여 협력해야 할 상호의무를 지배하는 이념으로서, 채무의 내용 및 이행의 방법을 정하거나 또는 채권의 내용 및 행사의 방법을 규율하는 일반원칙으로서 기능한다. 그렇지만 앞서 언급한 바와 같이 신의칙의 불특정성에 연유하여 개념상 법계간 해석기준 및 제한범위가 상이한데, 이를 구분하면 다음과 같다.

우선 영미법계에서는 원칙적으로 계약자유의 원칙 및 신의칙에 기하여 계약체결을 위한 교섭상의 자유와 계약교섭과정에 있어 당사자 임의로 아무런 법적 책임을 지지 않고 당해 교섭을 파기할 수도 있는 자유를 동시에 보장하고 있다.[91)]

그렇지만 제한적으로 계약교섭상의 책임을 인정하고 있는 경우는 계약교섭과정에 있어 일방이 타방으로부터 이득을 얻은 경우 계약체결상의 책임으로서 '부당이득에 대한 반환책임'(liability for unjust enrichment), 사기적 부실표시를 하였을 경우 '부실표시에 대한 책임'(liability of misrepresentation),

---

90) 김준호, 전게서, 45면.

91) Farnsworth, *Farnsworth on Contracts*, 2nd ed., 1998, pp.345~394 ; Lando, O. · Beale H., *Principles of European Contract Law, Part I, Part II, prepared by the Commission of European Contract Law*, Kluwer Law International, 2000. ('Lando · Hugh(2000)'). p.192 ; 김상용, 「비교계약법」, 법영사, 2002. 98~100면.

계약교섭에 임한 일방이 타방에게 특정한 약속을 한 경우 '특정약속에 대한 책임'(liability of specific promise) 등이다.

결국 영미법에서는 계약교섭이 시작되었다고 하더라도 이상의 요건에 해당하지 않는 경우 계약교섭의 파기에 따른 특별한 의무 또는 책임이 발생하지 않음이 원칙이다.

한편 대륙법계에서는 계약체결을 의도하고 계약교섭에 임하였음에도 정당한 사유없이 교섭을 파기한 경우에는 '신의칙 위반'(breach of good faith)으로 간주되어 상당한 계약체결상의 과실책임을 인정하고 있다.[92] 따라서 대륙법계에서는 영미법계에 비하여 신의칙에 기한 당사자의 의무를 폭 넓게 인정하고 있다는 차이점이 있다.

요컨대 법계간 신의칙의 적용범위에 있어 구별할 수 있는 차이점은 계약체결을 위한 교섭단계(the negotiation stage)를 포함하는지의 여부, 이를테면 당사자가 아무런 책임을 지지 않고 계약교섭과정을 임의로 파기할 수 있는지의 여부가 그 핵심이라 할 수 있다.[93]

한편 계약교섭단계에 신의칙이 적용될 수 있는 공통적 사례를 열거하면, 고의 · 과실에 기하여 타방에게 손해를 발생시킨 경우, 계약교섭단계에서 획득한 상대방 신원 · 자격 · 상거래 정보 등에 관한 비밀유지의무위반(breach of confidentiality)에 기하여 손해가 발생한 경우, 이로부터 일정한 이익을 침탈하거나 향유한 경우 등이다. 이상의 각 경우는 계약체결이라는 공동의 목적을 향하여 상호 협력하여야 할 의무의 위반, 즉 신의칙 위반으로

---

92) 계약체결상의 과실책임이란 계약체결을 위한 교섭단계 또는 계약성립과정에 있어서 당사자의 일방이 자기의 책임있는 사유로 인해 상대방에게 손해를 입힌 경우 상대방에 대하여 부담해야 하는 손해배상책임을 포괄적으로 지칭한다(이하 제4장에서 상술한다). 1861년 독일 Rudolf von Jhering이 발표한 "계약체결상의 과실 또는 무효 혹은 완성될 수 없는 계약에 있어서 손해"(*Culpa in Contrahendo*, oder Schadenersatz bei nichtigen oder nicht zur Perfektion gelangten Verträgen : *fault in negotiating*, or Damages for Void or Unperfected Contracts)라는 논문에서 최초로 주창되었다(Farnsworth, *op. cit.*, Ch. Ⅳ. A.).

93) Klein, *op. cit.*, Ch. Ⅰ. C.

간주되어 그 행위자에게 상당한 과실책임이 인정된다.[94)]

계약당사자간 계약교섭단계에 진입하게 되면 동시에 양당사자는 필연적으로 상호 신뢰관계를 형성하게 된다. 가령 상호 손해를 방지하여야 할 의무와 계약체결을 기대하고 있는 상대방의 의사결정에 참고될 수 있는 정보를 제공 · 설명 · 통지해야 하는 협력의무가 발생하는데, 이들 의무는 신의칙의 적용을 통하여 달성하고자 하는 당사자간 신뢰관계의 요체라 할 수 있다.

따라서 각 의무의 위반으로 상대방에게 손해가 발생하게 되는 경우에는 당해 계약에 무효나 취소의 법률효과가 발생하더라도 상거래 안전과 경제질서 유지를 위한 신의칙의 기능적 차원에서 상당한 신뢰이익의 배상책임이 인정된다.

이 경우 신뢰이익은 계약이 유효하다고 믿었기 때문에 입은 손해를 의미하는데, 예컨대 계약의 이행을 위한 준비로 지출된 조사비용, 대금의 차용, 운송수단의 준비에 소요된 비용, 제3자로부터 보다 유리한 매수제의를 거절한 경우 기회비용, 매매목적물에 하자가 없다고 믿고 일정한 대금을 지급하기로 약정한 경우 등이 해당될 수 있다.

Ⅱ. 신의칙의 적용기준에 관한 비교

1. CISG

CISG는 영업소(place of business)가 서로 다른 국가에 소재하는 당사자간 국제물품매매계약에 적용되는데(CISG Art. 11.,(2)), 그럼에도 국제계약(international contracts)의 당사자간 신의칙에 관하여 특별한 의무를 명시한

94) Honnold, *op. cit.*, 1999. pp.62~70 ; 오원석 역, 전게서, 85~92면.

규정은 두고 있지 않다.[95)]

그 이유는 법계간 신의칙에 대한 법리적 시각차로부터 비롯된 타협의 결과라고 하는데, 이를테면 신의칙의 적용이라는 명분하에 CISG의 정신에 반하는 국제사법이 개입하는 것을 원천적으로 차단하기 위해서라고 한다.[96)]

CISG는 신의칙에 관한 명시적 규정을 두지 않고 있어 신의칙의 유효한 해석 및 적용기준을 제시하고 있지 못한 한계가 있다. 그렇지만 CISG의 해석에 있어서 CISG의 국제적인 성격과 또한 그 적용상의 통일성 및 국제거래에 있어 신의의 준수를 증진할 필요성을 고려하여야 함을 규정(CISG Art. 71.)하고 있을 따름이다. 따라서 CISG상 신의칙은 CISG를 해석함에 있어서만 고려되는 원칙이라고 할 수 있다.[97)] 결국 해석의 도구로서 신의칙은 그 목적이 오직 CISG의 통일성을 증진하는데 있고, 달리 순수하게 지역적 정의나 개념의 사용은 배제되어 있다.[98)]

CISG 해석규정에 있어 신의의 준수를 증진할 수 있도록 CISG를 해석한다는 의미는 CISG가 기초하고 있는 일반원칙의 적용과 관련되는데, 이는 CISG에 의하여 규율되는 사항에 관한 문제로서 CISG에서 명시적으로 해결되지 아니하는 문제는 CISG가 기초하고 있는 일반원칙(general principles)에 따라 해결되어야 하며, 만약 그러한 원칙이 없는 경우에는 국제사법의 규칙에 의해 적용되는 법에 따라 해결되어야 한다는 규정(CISG Art. 7(2))에 의해 보충된다.[99)]

---

95) Farnsworth, *op. cit.*, Ⅴ.

96) Farnsworth, *Ibid.*, Ⅲ. C.

97) Keily T., "Good Faith and the Vienna Convention on Contracts for the International Sales of Goods", *Vindobona Journal on International Law Arbitration* (I), Pace Essay Submission, 1999. pp.8~9.

98) Keily, *Ibid.*, pp.15~40 ; Felemegas J., "Comparative Editorial Remarks on the Concept of Good Faith in the CISG and PECL", *Pace Law Review*, 2001. Ⅱ.

99) CISG에서 신의칙이 적용될 수 있는 경우로써 Winship 교수의 견해를 참고하면, 판사들에게 신의칙의 증진을 촉진할 수 있도록 CISG를 해석할 것을 요구하는 경우, CISG와 계약서에서 모두 침묵하고 있는 경우로써 CISG Art. 7(2)에 따라 본 협약의 법률공백을 보충할 경우, 당사자가 계약조건에 합의했을 경우 등을 제시하고 있다

CISG상의 신의칙은 CISG가 채용한 규칙 및 조항의 해석에 있어서만 적용되고, 달리 CISG의 대상으로 되는 국제물품매매계약의 본질을 해석하는데 있어서 적용되는 원칙은 아니다. 왜냐하면 CISG는 계약내용의 확정, 계약조항의 해석, 채무내용의 확정에 있어 신의칙은 기능하지 않는다는 원칙을 수용하고 있기 때문이다.[100)]

그러나 CISG상 신의칙은 여타 제반 규정의 입법적 기초가 되었거나, CISG 내에 적절히 반영되어 당해 규정의 의의 또는 취지를 보충하고 있다.[101)] 예컨대 신의칙은 합리성(reasonableness), 공정거래(fair dealing) 등과 같이 동일시할 수 있는 개념을 통해 반영되고 있는데, 특히 신의칙에 의제되고 있는 합리성(reasonableness)은 여러 규정에서 다양하게 언급되면서 CISG 내에 수용되어 있다.[102)]

신의칙에 상당하는 합리성의 개념에 관한 각종 견해를 살펴보면 논자에

(Winship P., "Commentary on Professor Kastely's Rhetorical Analysis (Symposium Reflections)", *8 Northwestern J. Int'l L. & Bus.* ; Pace Law School(*CISG Database*), 1988. p.623, pp.630~ 635 ; 오원석 역, 전게서, 115면).

100) Honnold, *op. cit.*, pp.100~101 ; 오원석 역, 상게서, 115면.

101) CISG에서 인식하고 있는 신의칙은 동 협약내의 많은 규정에서 입법기반으로 제공되었거나 참고되었다(Secretariat Commentary on the CISG, *CISG W3 database*, Pace University School of Law). 예컨대 CISG Art. 7을 포함 Art. 16(2)(b), Art. 21(2), Art. 29(2), Art. 37, Art. 38, Art. 30, Art. 49(2), Art. 64(2), Art. 82, Art. 85, Art. 88 등.「www.cisg.law.pace. edu/cisg/text/secomm/secomm-07.html」.

102) 합리성(reasonableness)을 포함한 규정례는 'reasonable reliance'(Art. 16(2)(b)) ; 'reasonable time'(Art. 18(2), Art. 33(c), Art. 391., Art. 431., Art. 46(2)~(3), Art. 471., Art. 48(2), Art. 49(2), Art. 631., Art. 64(2)(b), Art. 651., Art. 65(2), Art. 73(2), Art. 75, Art. 79(4)) ; 'unreasonable inconvenience or expense'(Art. 34, Art. 37, Art. 86(2)) ; 'unreasonable delay'(Art. 881.) ; 'reasonable substitute'(Art. 76(2)) ; 'reasonable manner'(Art. 75) ; 'reasonable expectations'(Art. 791.) ; 'reasonable steps'(Art. 85) ; 'reasonable measure to sell'(Art. 88(2)) ; 'reasonable time for notice'(Art. 72) ; 'unreasonable reliance'(Art. 35(2)(b)) ; 'reasonable opportunity for examination'(Art. 38(3)) ; 'unreasonable expense' (Art. 88(2)) ; 'reasonable person'(Art. 8(2), Art. 25) ; 'unreasonable delay, inconvenience or expense'(Art. 481.) ; 'reasonable excuse'(Art. 44) ; 'reasonable notice'(Art. 72(2), Art. 881.) ; 'reasonable steps in the circumstances'(Art. 77, Art. 861.) ; 'reasonable expense' (Art. 85, Art. 861., Art. 87, Art. 88(2)~(3)) 등이다.

따라 합리성을, 'CISG의 일반원칙과 관련하여 그들 스스로가 합리적인 자의 기준에 따라 행동하는 당사자간의 규칙',[103] '분별력 있고 공정하게 행동하는 당사자의 윤리적 기준',[104] '합리성의 적용기준은 당해 처지하에서 상당한 주의의무(due diligence)에 따라 행동하여야 하는 것으로 동 CISG 내에 기초하고 있거나 적어도 현재 적용되는 여타 실정의 법체계하에서의 기준',[105] '당해 국제상거래에서 통상적이고도 수용 가능한 것을 결정함에 있어서의 판단기준', [106] '당사자간 확립된 관행과 관습에 대한 구속력의 접근방식에 기초한 계약적 의무의 기준(CISG Art. 9)'[107] 등으로 설명하고 있다.

2. PICC

PICC는 CISG와 같이 국제협약이나 초국가적 입법과 같은 구속력 있는 법규는 아니지만 법리적 일반원칙(general principle)으로서의 입법취지를 표방하고 제반 규정내용의 법적 합리성에 근거하고 있다. 이로부터 PICC는 CISG 등에 보충적 역할을 담당하고 있을 뿐만 아니라 국제사법에 기한 판결 및 판정시 그 기준과 지침을 제공하고 있다.[108]

---

103) Schlechtriem P., *Uniform Sales Law : The UN Convention on Contracts for the International Sales of Goods*, Vienna Manz, 1986. n.41.

104) Frans J. A. · van der Velden, "The Law of International Sales : The Hague Convention 1964 and the UNCITRAL Uniform Sales Code 1980", (Some Main Items Compared, Voskuil & Wade eds.), *Hague-Zagreb Essay 4 on the Law of International Trade*, Hague Nijhoff, 1983. p.52, n.2.

105) Bonell, *Article 7 : Interpretation, Gap-filling, in Bianca-Bonell Commentary*, Milan Giuffre, 1987. pp.81~82.

106) Honnold, *op. cit.*, p.101.

107) Honnold, *Ibid.*

108) UNIDROIT, *Text of the Unidroit Principle of International Commercial Contracts : Black Letter Rules & Comments*, 'Introduction' ; Bonell, "The UNIDROIT Principles of International Commercial Contracts and the Principles of European Contract Law : Similar Rules for the Same Purposes?", *Uniform Law Review*, 1996, pp.229~246 ; 오원석, "국제상사계약에서 UNIDROIT 원칙의 실무상 적용가능성에 관한 연구", 「무역학회지」, 제24권 제1호, 한국무역학회, 1999. 166면 ; PICC의 제정연혁 및 입법취지

PICC에서는 '신의성실 및 공정거래'(good faith and fair dealing)에 관하여 각 당사자는 국제상거래에 있어 신의성실과 공정거래의 원칙에 따라 행동하여야 하며(PICC Art. 1.71.),[109] 당사자는 이 의무를 배제하거나 제한할 수 없다고 하고 있다(PICC Art. 1.7(2)).[110]

동 규정의 취지는 신의칙이란 각국 국제사법이 통상적으로 수용할 수 있는 기준에 의해 기능하는 원칙이 아니라, 국제상거래라는 특수한 환경하에서 일반적으로 받아들여질 수 있는 광범위한 범위에서의 일반원칙을 의미하는데, 이는 전문(preamble)에서 명시하고 있는 바와 같이 '국제상사계약에 관한 일반원칙', '계약상 법률의 일반원칙'이라는 선언에 의해 뒷받침되고 있다.[111]

PICC에서 '불성실한 교섭'(negotiations in bad faith)과 관련하여 당사자는 자유로이 교섭할 수 있으며, 합의에 이르지 못한 것에 대해 책임을 지지 않는다(PICC Art. 2.1.151.).[112] 그렇지만 당사자가 불성실하게 교섭하거나 또는 교섭을 파기한 경우에는 상대방이 입은 손해에 대하여 책임을 부담해야 한다(PICC Art. 2.1.15(2)). [113] 여기서 불성실(bad faith)은 '상대방과 합의하지 아니할 의사를 가지고 교섭을 개시하거나 계속하는 것'으로 정의된다(PICC Art. 1.7).[114]

에 관하여는 Bonell, *An International Restatement of Contract Law : The UNIDROIT Principles of International Commercial Contracts*, Transnational Juris, 1994. pp.17~24.

109) PICC Art. 1.7(Good faith and fair dealing). "1. Each party must act in accordance with good faith and fair dealing in international trade."

110) PICC Art. 1.7. "(2) The parties may not exclude or limit this duty."

111) '*...set forth general rules for international commercial contracts.', '**...their contracts be governed by general principles of law...' ; UNIDROIT, *op. cit.*, The Complete Version of Principles, Art. 1.7(Comment 1~2).

112) PICC Art. 2.1.15(Negotiations in bad faith). "1. A party is free to negotiate and is not liable for failure to reach an agreement."

113) PICC Art. 2.1.15. "(2) However, a party who negotiates or breaks off negotiations in bad faith is liable for the losses caused to the other party."

114) PICC Art. 1.7(Good faith and fair dealing). "1. Each party must act in accordance with good faith and fair dealing in international trade. (2) The parties may not exclude or

PICC상 신의칙과 공정거래는 직 · 간접적으로 제반 규정에서 가장 근본적인 원칙으로 수용되고 있으며,[115] 계약교섭단계를 포함한 계약의 전과정에 있어 계약당사자가 준수하여야 할 기본원칙이 되고 있다.[116]

그 구체적인 내용으로서 계약당사자가 그들의 권리 · 의무의 확정에 있어서 중요한 조항에 관하여 합의하지 않은 경우 적절한 조건의 보충요소로 신의성실과 공정거래의 원칙을 제시하고 있다(PICC Art. 4.81.,(2)(c)).[117] 나아가 당사자간 계약에 있어 '현저한 불균형'(gross disparity)이 개입된 경우 당해 계약 또는 계약조건을 취소할 수 있도록 하고 있다(PICC Art. 3.101.).[118] 이 경우 취소의 권리를 갖는 당사자의 요청에 따라 법원은 공정거래의 합리적인 상관습에 부합되도록 당해 계약 또는 조건을 변경할 수 있다(PICC Art. 3.10(2)).[119]

---

limit this duty."

115) 직 · 간접적으로 신의칙이 수용된 조항은 Art. 2.1.4(2)(b), Art. 2.1.15, Art. 2.1.16, Art. 2.1.18, Art. 2.1.20, Art. 3.5, Art. 3.8, Art. 3.10, Art. 4.1(2), Art. 4.2(2), Art. 4.6, Art. 4.8, Art. 5.1.2, Art. 5.1.3, Art. 6.1.3, Art. 6.1.5, Art. 6.1.16(2), Art. 6.1.171., Art. 6.2.3(3)~(4), Art. 7.1.2, Art. 7.1.6, Art. 7.1.7, Art. 7.2.2(b)~(c), Art. 7.4.8, Art. 7.4.13 등이다.

116) Farnsworth, *op. cit.*, Ⅱ.

117) PICC Art. 4.8(Supplying an omitted term). "1. Where the parties to a contract have not agreed with respect to a term which is important for a determination of their rights and duties, a term which is appropriate in the circumstances shall be supplied. (2) In determining what is an appropriate term regard shall be had, among other factors, to (c) good faith and fair dealing;"

118) PICC Art. 3.10(Gross disparity). "1. A party may avoid the contract or an individual term of it if, at the time of the conclusion of the contract, the contract or term unjustifiably gave the other party an excessive advantage. Regard is to be had, among other factors, to (a) the fact that the other party has taken unfair advantage of the first party's dependence, economic distress or urgent needs, or of its improvidence, ignorance, inexperience or lack of bargaining skill, and (b) the nature and purpose of the contract."

119) PICC Art. 3.10. "(2) Upon the request of the party entitled to avoidance, a court may adapt the contract or term in order to make it accord with reasonable commercial standards of fair dealing." ; 동 조항은 계약의 목적을 고려할 때, 그 결과가 '중대한 불공정'(grossly unfair)에 해당하는 경우 면책요건을 주장할 수 없도록 규정하고 있는 Art. 7.1.6과 연관되는 조항이다.

PICC상의 신의칙에 관한 규정은 대륙법계의 시각을 반영하여 신의성실과 공정거래에 대한 일반적인 의무를 계약의 이행단계에서 뿐만 아니라 계약 교섭단계에도 적용하고 있다.

요컨대 PICC는 CISG에 있어 법계간 견해의 차이에 따라 누락된 신의칙의 적용범위와 기준을 보다 확대하여 CISG를 보충하고 있음과 동시에, 신의칙의 개념을 보다 구체화하고 있다.[120)]

3. PECL

PECL은 동 원칙의 해석과 보충시 그 목적에 상응하게 해석되고 전개되어야 하며, 특히 신의성실 및 공정거래 그리고 계약관계의 명확성과 적용에 있어 통일성 제고의 필요성이 고려되어야 한다(PECL Art. 1:1061.).[121)]

PECL의 해석 및 보충규정은 CISG과 유사한 내용을 담고 있음에 반하여 (CISG Art. 7),[122)] PECL은 신의칙의 의무를 강행규정으로 두고 있다(PECL Art. 1:201).[123)] 이를테면 PECL에서 '신의성실 및 공정거래'(good faith and fair dealing)는 권리의 행사나 의무의 이행에 있어 각 당사자는 신의성실과 공정거래의 원칙에 따라 행동하여야 하며(PECL Art. 1:2011.), 당사자들은

---

120) Keily, *op. cit.*, 5, d1. ; Farnsworth, *op. cit.*, Ⅴ ; Magnus U., "Remarks on Good Faith", *Pace Law*, Pace International Law Review, Vol. Ⅹ, 1998. pp.89~90.

121) PECL Art. 1:106(Interpretation and Supplementation). "1. These Principles should be interpreted and developed in accordance with their purposes. In particular, regard should be had to the need to promote good faith and fair dealing, certainty in contractual relationships and uniformity of application."

122) CISG Art. 7. "1. In the interpretation of this Convention, regard is to be had to its international character and to the need to promote uniformity in its application and the observance of good faith in international trade. (2) Questions concerning matters governed by this Convention which are not expressly settled in it are to be settled in conformity with the general principles on which it is based or, in the absence of such principles, in conformity with the law applicable by virtue of the rules of private international law."

123) PECL Art. 1:201(Good Faith and Fair Dealing). "1. Each party must act in accordance with good faith and fair dealing. (2) The parties may not exclude or limit this duty."

이 의무를 배제하거나 제한할 수 없다고 선언하고 있다(PECL Art. 1:201(2)).

동 규정은 신의칙을 PECL의 일반원칙으로서 언급하고 있을 뿐만 아니라 계약의 성립 · 이행 · 종료의 계약관계 전반에서 요구되는 당사자간 기본적 의무라는 점을 명확히 하고 있다.[124] 다만 동 조항은 유효한 계약의 존재를 전제하고 있어, 계약 그 자체가 불공정하여 무효가 되는 경우에는 적용되지 않는다.[125]

PECL에서 신의칙의 의미는 주관적 개념으로서 '의식에 있어서 정직과 공평성'을 의미하는데, 예컨대 구제수단을 행사함에 있어 자신에게 아무런 이익이 주어지지 않은 상황에서 상대방을 해할 목적인 경우에는 허용되지 않는다. 이 경우 공정거래는 '객관적으로 판단하는 사실상의 공정성 준수'를 의미한다.[126]

PECL은 신의칙의 유사개념으로서 CISG 및 PICC가 규정하고 있지 않은 합리성(reasonableness)에 관한 명시적인 규정을 두고 있다. 이를테면 PECL에서의 합리성은 신의를 가지고 행위하는 자가 동일한 상황하에서 합리적이라고 볼 수 있는 바에 의하여 판단되는 것으로, 특히 무엇이 합리적인가를 평가함에 있어서는 계약의 성질과 목적 · 구체적 제반사정 그리고 거래나 해당 직업의 관행과 관례가 고려된다(PECL Art. 1:302).[127] 따라서 동 규정은 제반규정에서 언급되고 있는 합리성과 관련된 개념을 해석함에 있어서 명확한 기준이 되고 있다.

PECL은 CISG 및 PICC에 비하여 계약교섭단계에서의 법규제가 보다 구

---

124) Felemegas, *op. cit.*, Ⅱ ; The PECL Official Comment to Article 1:201.

125) Lando · Beale, *The principles of European Contract Law* : *Part Ⅰ.* : *Performance, Non-performance and Remedies*, 1995. Kluwer Law International, (Art. 1.106 Comment E).

126) Lando, · Beale(2000), *Ibid.*, (Art. 1.106 Comment D).

127) PECL Art. 1:302(Reasonableness). "Under these Principles reasonableness is to be judged by what persons acting in good faith and in the same situation as the parties would consider to be reasonable. In particular, in assessing what is reasonable the nature and purpose of the contract, the circumstances of the case, and the usages and practices of the trades or professions involved should be taken into account."

체적이고 충실하다. 이를테면 당사자들은 교섭의 자유를 가지나 합의에 이르지 못한 것에 대해 책임을 지지 아니한다고 하고(PECL Art. 2:3011.), 동시에 신의성실 및 공정거래에 반하여 교섭하거나 교섭을 중단한 당사자는 상대방이 입은 손해에 대하여 책임을 진다고 명시하고 있다(PECL Art. 2:301(2)). 그리고 신의성실 및 공정거래에 반하는 경우를 '당사자가 상대방과 합의에 이를 진정한 의도없이 교섭을 개시하거나 계속하는 경우'로 두고 있다(PECL Art. 2:301(3)).[128)]

PECL은 계약체결상 일방에 의해 행하여진 진술(statement)을 판단함에 있어 특정기준을 제시하고 있기도 한데, 그 내용은 상대방이 당해 사정하에서 상대방에 대한 진술의 현저한 중요성, 당사자가 당해 진술을 거래과정에서 행하였는지 여부, 양당사자의 상대적 전문지식 등을 고려할 때 계약상 의무를 발생시키는 것으로 합리적으로 이해한 경우에는 계약조항으로 인정됨과 동시에 계약상 의무를 발생시키는 것으로 간주하고 있다(PECL Art. 6:1011.).[129)]

한편 당사자 일방이 '직업적 공급자'(professional supplier)로서 용역이나 물품 기타 재산의 이용에 관한 정보를 그것의 판매활동이나 선전을 꾀하는 과정에서, 또는 다른 방식으로 계약을 체결하기 전에 제공하는 경우에는 그 진술은 계약상 의무를 발생시키는 것으로 간주된다. 그렇지만 상대방이 그

---

128) PECL Art. 2:301(Negotiations Contrary to Good Faith). "1. A party is free to negotiate and is not liable for failure to reach an agreement. (2) However, a party who has negotiated or broken off negotiations contrary to good faith and fair dealing is liable for the losses caused to the other party. (3) It is contrary to good faith and fair dealing, in particular, for a party to enter into or continue negotiations with no real intention of reaching an agreement with the other party."

129) PECL Art. 6:101(Statements giving rise to contractual obligation). "1. A statement made by one party before or when the contract is concluded is to be treated as giving rise to a contractual obligation if that is how the other party reasonably understood it in the circumstances, taking into account: (a) the apparent importance of the statement to the other party; (b) whether the party was making the statement in the course of business; and (c) the relative expertise of the parties."

진술이 정확하지 않다는 것을 알았거나 모를 수 없었던 사실이 증명된 경우에는 당해 의무가 발생하지 않는다(PECL Art. 6:101(2)).[130]

PECL은 PICC에서와 같이 계약교섭단계에 있어 양당사자에게 비밀유지의무(duty of confidentiality)를 부과하고 있는데(PICC Art. 2.1.16),[131] 이를테면 계약교섭의 과정에서 당사자 일방에 의해 비밀정보가 제공되었다면 계약체결 여부에 관계없이 상대방은 그 정보를 누설하거나 자신의 목적을 위하여 그 정보를 이용하지 아니할 의무를 부담함과 동시에, 이 의무를 위반한 경우 구제수단에는 발생한 손해의 배상 및 상대방이 얻은 이익의 반환이 포함된다(PECL Art. 2:302).[132] 이 경우 PECL상의 비밀유지위반(breach of confidentiality)은 계약교섭의 결과로서 계약체결에 이르렀는지 여부에 관계가 없고, 또한 손해배상의 범위는 신뢰이익의 손해를 그 범위로 하며 이행이익의 손해를 초과하지 못한다는 제한이 있다.[133]

---

130) PECL Art. 6:101. "(2) If one of the parties is a professional supplier who gives information about the quality or use of services or goods or other property when marketing or advertising them or otherwise before the contract for them is concluded, the statement is to be treated as giving rise to a contractual obligation unless it is shown that the other party knew or could not have been unaware that the statement was incorrect."

131) PICC Art. 2.1.16(Duty of confidentiality). "Where information is given as confidential by one party in the course of negotiations, the other party is under a duty not to disclose that information or to use it improperly for its own purposes, whether or not a contract is subsequently concluded. Where appropriate, the remedy for breach of that duty may include compensation based on the benefit received by the other party."

132) PECL Art. 2:302(Breach of Confidentiality). "If confidential information is given by one party in the course of negotiations, the other party is under a duty not to disclose that information or use it for its own purposes whether or not a contract is subsequently concluded. The remedy for breach of this duty may include compensation for loss suffered and restitution of the benefit received by the other party."

133) 한편 PECL은 기대이익의 상실로 인한 손해배상을 인정하고, 나아가 계약해제 후에도 중재조항 등이 효력을 유지하도록 하기 위하여 해제의 소급효를 부정하고 있다(Lando · Beale(2000), *op. cit.,* p.191, p.420). '신뢰이익'과 '이행이익'의 요건과 효과에 대한 상세는 박영복, "계약법 영역에서의 세계적 추이에 비추어 본 우리의 손해배상법", 「비교사법」 제7권 2호(통권13호), 한국비교사법학회, 2000. 531~533면을 참조.

PECL은 신의칙에 기한 협력의무(duty to co-operate)와 관련하여 각 당사자는 상대방에 대하여 계약의 완전한 실현을 위한 협력의무를 진다고 선언하고 있다(PECL Art. 1:202).[134] 이 경우 협력의무에는 상대방에 의한 의무의 이행을 수용하고 계약에서 약속된 이행으로부터 기대이익을 상대방에게 취득하게 하는 동시이행의 대가적 의무를 포함한다. 당해 의무는 이미 EU회원국의 국내법상으로도 대부분 인정되고 있다.[135]

Ⅲ. 신의칙의 준수에 관한 적용사례

1. 「The Arbitral Tribunal of Mexico (COMPROMEX)」, 『M/115/97』

① **사건명**

「The Arbitral Tribunal of Mexico (COMPROMEX)」, 『M/115/97』, "*Dulces Luisi, S.A. de C.V. v. Seoul International Co., Ltd.*", 1998.

② **쟁점**

매수인의 불성실(bad faith)한 행위에 기한 상호협력의무(duty to co-operate)의 위반이 매도인의 실질적 기대를 박탈한 사유를 구성했는지 여부

③ **적용법규**

CISG Art. 71..

④ **사실관계**

매도인 'Dulces'와 매수인 'Seoul'은 사탕(sweets)을 계약의 목적물로 하여

134) PECL Art. 1:202(Duty to Co-operate). "Each party owes to the other a duty to co-operate in order to give full effect to the contract."

135) Lando, · Beale(2000), *Ibid.,* (Art. 1.107. Notes 1~2).

매매대금이 미화 1,027,222달러에 달하는 매매계약을 체결하였다.

양당사자간에는 이 계약에 앞서 물품의 종류가 동일한 2가지의 매매계약이 체결되었는데, 전자의 계약금액은 미화 25,849달러, 후자의 계약금액은 미화 167,563달러에 해당한다.

모든 계약의 지급방식은 매도인을 수익자(beneficiary)로 하여 매수인에 의해 개설된 화환신용장(documentary L/C) 방식이었다.

매도인은 미화 1,027,222달러에 상당하는 3번째 계약이 체결된 이후, 매수인으로부터 신용장이 도래하기 전에 계약조건에 따라 물품생산을 시작하였다.

생산과정에서 매수인은 매도인에게 유선상으로 물품의 상표에 생산일(production date)을 기준으로 유효기일(expiry date)을 2년으로 표기(printing)하여 줄 것을 요청하였고, 매도인은 이를 승낙하여 상표에 표기하고 물품을 생산하였다.

신용장 통지가 있은 후, 매도인은 신용장의 문면상 계약조건과 근본적으로 불일치(discrepancy)하는 사항을 발견하고, 이를 매수인에게 조회하게 되었는데, 그 내용은 물품의 유효기일과 관련된 사항으로서, 신용장상에 유효기간이 생산일로부터 2년이 아닌 1년으로 요구되어져 있다는 사실이었다.

이 같은 신용장상의 불일치는 유선상으로 합의한 2년으로의 변경은 반영되지 않은 상황에서, 그 이전에 한국에서 수입통관상 규제가 당해 물품의 경우에는 1년이라고 하는 매수인의 통지사실을 근거로 당초 매도인이 발행한 견적서를 수정하지 않고 그대로 반영한 결과였다.

그리하여 매수인은 화환취결(negotiation)시 신용장상의 불일치에 의거하여 대금지급을 거절하였는데, 그럼에도 불구하고 매도인은 이 문제를 유선상으로 합의한 바에 따라 매수인이 신의에 따라 적절하게 해결할 것이라는 기대를 갖고 있었다.

그러나 매도인의 기대에도 불구하고 매수인은 지급거절 의사를 재차 분명히 하였는데, 그 이유는 한국에서 당해 물품의 수입통관을 하기 위해 피할 수 없는 추가 관세와 금융비용 및 한국세관에 뇌물공여 등에 소요되는 필요외적 경비가 부담이 되었음에 있었다고 하면서, 신용장상의 불일치는 외견상의 거절사유에 불과한 것이라고 하였다.

한편 매도인은 이 과정에서 한국에서 수입통관상의 규제가 1년이라고 하는 사실이 존재하지 않는다는 것을 발견하고, 매수인의 불성실에 기하여 매도인 소재국가의 중재판정부에 중재를 신청하였다.

⑤ **판정요지**

중재판정부는 이 사건에 CISG를 적용하여 매수인의 불법행위로 판정하였다(CISG Art. 71.).

판정이유로 제시한 것은 매도인이 당해 계약으로부터 얻었을 기대이익을 실질적으로 박탈하기 위한 매수인의 '중대한 불법행위'의 개입, 물품대금의 지급에 관한 아무런 의사도 없는 매수인의 계약이행의 거절, 계약체결의 의도없이 계약교섭과정을 통해 단지 대량구매로 매도인을 현혹한 사실 등이었다.

⑥ **논점 및 평가**

이 사건은 매수인의 불성실(bad faith)한 행위 및 상호협력의무(duty to co-operate) 위반의 결과로 매도인에게 상당한 손해를 발생하게 하여 신의칙에 기한 매도인의 기대를 실질적으로 박탈하였음을 인정한 판정례로서, 국제상거래에 있어 일반원칙으로 요구되는 신의칙 위반의 전형적인 사례에 대한 합당한 판정이라고 판단된다.

2. 「Cour d'Appel de Grenoble, Chambre Commerciale : France」, 『53』

① **Cases**

「Cour d'Appel de Grenoble, Chambre Commerciale : France」, 『53』, "*SARL Bri Production Bonaventure v. Societe Pan African Export*", 1995

② Keyword

Application of CISG : Parties Situated in Contracting States (CISG Art. 11.(A)).

Interpretation of Statements And Conduct : According to Party's Own Intent Where Other Party Knew of Such Intent (CISG Art. 81.).

Fundamental Breach by Buyer (CISG Art. 25) : Breach in Respect of Final Destination of Goods.

Sale of Goods by Installments : Failure to Perform in Respect of Any Installment : Probability of Future Breach of Contract : Right to Declare The Contract Avoided (CISG Art. 73(2)).

Good Faith in International Trade (CISG ART. 71.).

③ Abstract

A French seller and a US buyer concluded in 1991 a contract for the sale by installments of clothes, which the buyer upon request of the seller declared it intended to resell to a distributor in South America. After the delivery of a first installment of the goods, the buyer refused to provide the required documentary evidence that the goods had actually been delivered to the distributor in South America. The seller, after having been informed that the goods were actually sold to a distributor in Spain, refused to deliver the other installments. The buyer claimed damages for breach of contract. The seller, on its part, claimed damages on the ground that the sale of its products in Spain had been seriously hampered by the parallel distribution made by the final customer of the buyer.

The Court decided that the contract was governed by CISG (Art. 11.(a) CISG).

The Court held that the fact that the goods were to be delivered in South

America was of essential importance for the seller, as shown by a number of statements to this effect made by the seller in the course of the negotiations. Since the buyer knew of the actual intention of the seller, the latter's statements were to be interpreted accordingly (Art. 81. CISG).

The buyer's breach of the contract in respect of the final destination of the goods was considered a fundamental breach under Art. 25 CISG, which entitled the seller to declare the contract avoided. This all the more so since according to Art. 73(2) CISG, in case of a contract for delivery of goods by installments, the seller may declare the contract avoided for the future provided that it does so within a reasonable time and that the buyer's failure to perform its obligations gives the seller grounds to conclude that a fundamental breach will occur with respect to future installments.

Moreover, the Court held that the conduct of the buyer as a whole was contrary to the principle of good faith in the international trade as referred to in Art. 7 CISG. Its conduct was further aggravated by commencing a lawsuit against the seller, which the Court considered an 'abus de procedure'.

3. 「Tribunale di Padova Sez. Este : Italy」, 『Unknown』

① Cases

「Tribunale di Padova Sez. Este : Italy」, 『Unknown』, "*SO.M.AGRI s.a.s. v. Erzeugerorganisation Marchfeld- gemuese Gmbh & Co. KG*", 2004.

② Keyword

Uniform Interpretation And Application of CISG(CISG Art. 71.) : Relevance of International Case Law

Good Faith as A General Principle And as An Aid in Interpreting The

Convention (CISG Art. 71.).

Application of CISG : Implied Exclusion : Reference by Parties in Pleadings to Domestic Law Not Sufficient.

Application of CISG : ART. 1(2) CISG Not Applicable

Scope of CISG : Definition of "Sale" (CISG Art. 30, 53).

Payment of Price : Time : If No Express Provision in Contract, upon Delivery of Goods (CISG Art. 581.).

Payment of The Price : No Need for Formal Request by Seller (CISG Art. 59).

Additional Period of Time Fixed by The Seller (CISG Art. 631.) : Not Necessary.

Set off : Matter Excluded by CISG : Recourse to Domestic Law.

③ Abstract

An Austrian seller and an Italian buyer entered into a contract for the sale of winter potatoes. As the buyer did not pay the purchase price, the seller obtained from the Tribunale di Padova an injunction for payment plus expenses and interest, which the buyer challenged before the same court. The buyer also requested set-off against the seller's claim.

In its judgement the Court relied for each issue on a number of decisions on CISG that had already been rendered by foreign courts and arbitral tribunals, in order to promote uniformity in the interpretation and application of CISG (Art. 71. CISG).

The Court first of all stated that the direct application of uniform law prevails over recourse to private international law: therefore it held that the contract was governed by CISG as the two parties were situated in different Contracting States, and Art. 1(2) CISG was not applicable.

The Court further held that even if CISG does not contain an explicit definition of "sale", the concept should be determined in an autonomous way, without referring to national law. Therefore, making reference to Arts. 30 and 53 CISG, the Court considered that also the substantive requirements for the application of the Convention were met, i.e. that the contract was a sales contract of an international character.

Moreover the parties had not excluded the application of the Convention: according to the Court, while the parties are free to exclude the application of CISG either expressly or impliedly, the mere reference to domestic law in the parties' pleadings is not in itself sufficient to exclude CISG. To this effect parties must first of all be aware that CISG would be applicable and moreover intend to exclude it.

As to the merits, the Court rejected the buyer's opposition holding that since the parties had concluded the contract orally, as permitted by Art. 11 CISG, and had not fixed a specific time for payment, Art. 58 CISG applied. Therefore the buyer should have paid the price when the seller placed the goods at its disposal. Furthermore, according to Art. 59 CISG, the buyer should have paid the price without the seller having to make any request or comply with any formality.

The Court held that the seller could fix an additional period of time as set out in Art. 63 CISG, but it also considered that this is only a possibility for the performing party, not an obligation: the seller is entitled to choose between fixing such an additional period of time (and until the expiration of this period it can neither terminate the contract nor resort to any remedy for breach of contract) or commencing a legal action for payment. In the case at hand, though the seller had waited six months after delivery before asking for the injunction of payment, the Court held that it had not violated the principle of good faith and fair dealing, considered a general principle and a precious means of interpreting the Convention (Art. 71.CISG).

As far as the set-off claim is concerned, the Court held that this matter is not covered by CISG. By virtue of the private international law rules set forth in the Hague Convention of 1955, the Court applied Austrian law, under which the set-off claim was denied.

4. 「Federal Court of Australia」, 『NG7331997』

① 사건명

「Federal Court of Australia」, 『NG7331997』

"*GEC Marconi Systems Pty Ltd. v. BHP Information Tech. Ltd.*", 2003.

② 쟁점

공정거래의무에 관한 합리적 기준의 적정성 여부

③ 적용법규

CISG Art. 7.

④ 참조조문

PICC Art. 1.7, Art. 2.1.18.

PECL Art. 1:201.

UCC §1-102(3).

⑤ 사실관계

호주정부와 소프트웨어 회사인 'BHP' 및 'GEC'는 호주정부의 외교통신망 구축을 계약의 목적으로 소프트웨어 개발과 시스템 통합에 관하여 확정된 금액으로 연속적 계약을 체결하였다. 호주정부와 'BHP'간 체결된 계약이 주계약(head contract)이고 'BHP'와 'GEC'간 체결된 계약이 종속계약(sub-contract)이었다.

계약의 목적에 충당될 소프트웨어에는 시스템을 통합함에 있어 '정보보안에 관한 특정부분'(special boundary security : STUBS)이 반영되어야 하는데, STUBS는 호주정부가 'BHP'에게, 'BHP'는 다시 'GEC'에게 제공하는 과정을 거쳐, 결국 'GEC'에 의해 개발된 소프트웨어에 장착되어 최종적으로 당해 시스템에 통합될 것이었다.

시스템 통합을 위하여 'GEC'와 'BHP'는 그들 각자의 의무를 성공적으로 수행하기 위하여 특별한 일정계획을 마련하고 합의하였는데, 그 합의의 내용은 총 5단계의 성공적 개발단계로 구분되었고, 각 단계로의 진전에 따라 이행성과에 대한 대금지급이 예정되었다.

이 사건에 있어 다툼의 소지는 'BHP'가 자신에게 속한 의무를 이행하지 않으므로 종속계약을 해제한다고 하는 'GEC'의 일방적인 통지에 있었다. 'GEC'는 당해 통지에서 'BHP'가 STUBS를 제공하지 않았을 뿐만 아니라 4단계에서의 이행성과에 따른 대금을 지급하지 않았다고 주장하였다.

'BHP'는 'GEC'의 주장을 부정하지 않았으나, STUBS는 다른 소프트웨어에 의하여 대체되어 제공될 것이라는 사실을 'GEC'와 사전에 합의하고 'BHP' 자신의 STUBS 제공에 대한 의무를 계약내용에서 삭제하였다고 주장하였다. 따라서 변경된 계약내용을 근거로 'GEC'는 대금지급을 요구할 권리가 없다고 항변하였다. 그 결과 'GEC'에 의한 소송에는 연속적 계약이 원인이 되어 관계당사자간의 교차된 분쟁이 발생하였다.[136)]

한편 종속계약이 유효하게 변경되었다고 하는 'BHP'의 주장과 관련하여, 'GEC'는 종속계약에는 구두변경금지(no oral modification) 규정이 존재하여

136) 주계약과 종속계약은 국내계약이며 따라서 호주 국내법이 적용된다. 그럼에도 불구하고 법원은 판결에서 유사한 판정례를 포함하여 PICC, PECL, 영미법 등을 언급하였다.

구두 또는 묵시적인 합의변경을 금지하고 있다고 항변하였다. 이에 대하여 'BHP'는 자신이 구두변경금지 규정을 위반한 것이 아니라 이는 STUBS가 다른 소프트웨어에 의하여 대체되어졌기 때문이라고 하면서 'GEC' 또한 이 사실을 알고 있었다고 주장하였다.

⑥ **판결요지**

법원은 'GEC'의 주장을 배척하고, 'BHP'의 주장을 인정하였다. 법원은 그러한 인정의 근거로 서면에 의한 계약에 있어 어떠한 변경 또는 합의에 의한 계약의 종료를 서면으로 할 것을 요구하는 계약은 그 이외의 방법으로 변경되거나 종료될 수 없으나, 당사자 일방은 상대방이 그 행위를 신뢰하여 행동한 범위내에서 그러한 조항을 원용하여 자신의 행위에 의해 배제시킬 수 있다고 하는 규정(PICC, Art. 2.1.18)을 언급하였다.

한편 4단계에서 이행성과에 대한 대금이 없었다고 하는 'GEC'의 주장에 대하여 'BHP'는 종속계약에 있어 '완전한 의무'(entire obligation ; 각 단계별 의무의 완전한 이행)에 관한 조항을 포함하고 있기 때문에, 이 규정에 의거 'GEC'가 5단계 의무를 이행하지 못한 것은 4단계에서의 시스템 통합을 완수하지 못한 결과이고, 따라서 'GEC'는 종속계약의 완전한 의무조항에 따라 4단계의 지급을 요구할 수 없다고 항변하고 있으나, 법원은 이 같은 'BHP'의 주장을 배척하였다.

법원은 양당사자가 소프트웨어의 개발과 시스템 통합에 관하여 의무이행의 기간과 단계별 분할지급을 합의하고 계약을 체결하였으나, 여기서 분할지급은 이행의 완전한 성취를 조건으로 하지 않는다고 판단하였다.

한편 종속계약에 포함된 이른바 완전한 의무조항의 해석에 관하여 법원은 호주 국내법을 포함, 미국 UCC상 신의칙의 준수를 강조하고 있는 강행규정(UCC §1-102(3))과 신의성실과 공정거래에 관한 PICC 및 PECL 규정(PICC Art. 1.7, PECL Art. 1:201)을 언급하였다.[137)]

⑦ **논점 및 평가**

이 판결은 모든 계약에는 묵시적으로 신의칙 및 공정거래의 의무가 적용되는데, 당해 계약에 포함된 완전한 의무라고 하는 조항은 합리적 기준에 의해서도 그 의미가 불분명할 뿐만 아니라 신의칙의 묵시적 적용을 배제하는 것으로는 볼 수 없다는 것이 핵심이다.

5. 「Australian Supreme Court of New South Wales」, 『996』

① **사건명**

「Australian Supreme Court of New South Wales」, 『996』,
"Aiton v. Transfield", 1999.

② **쟁점**

신의칙에 기한 분쟁해결의 합의를 강제할 수 있는지 여부

③ **적용법규**

PICC Art. 1.7.

④ **참조조문**

PECL Art. 1:201.

⑤ **사실관계**

이 사건의 계약당사자는 건축공사 프로젝트 합의에 관한 수 개의 계약을 근거로 소송에 임하였다. 당사자간 다툼의 소지는 "당해 계약으로부터 발생한 모든 분쟁에 대해서는 양당사자가 중재 또는 소송에 임하기 전에 우선

137) 그 배경에는 계약의 목적상 GEC는 시스템 통합에 관한 최종 성공여부를 결정지을 수 있는 계약상 실질적인 주체라고 인정하고 있다.

신의칙과 상당한 주의로써 이를 해결하여야 한다.”는 계약서상 합의규정의 해석으로부터 비롯되었다.

피고는 항변사유로서 당사자간에 분쟁(원고의 소송사유)이 발생하였을 당시, 이 문제를 원만히 해결하기 위하여 원고에게 거듭 협상을 제의하였으나(그 내용은 상호 이해의 재조정 및 합의에 필요한 일정기간의 확보 등이었다), 원고는 분쟁이 발생한 상황에서 이를 해결하려는 노력을 게을리하고, 그 자신의 권리주장에만 급급하여 즉시 법적 소송을 제기하였다는 것이다.

⑥ **판결요지**

법원은 피고가 신의칙 규정에 의거하여 그 권리를 박탈당하였다고 주장하는 바를 인정하였을 뿐만 아니라 신의칙에 관한 사전의 합의는 강제력이 있다고 판결하였다.

나아가 설령 계약내용에 명시적으로 신의칙에 관한 의무이행의 합의규정을 두지 않았다고 하더라도 신의칙은 어떠한 분쟁을 해결함에 있어서도 묵시적으로 적용됨이 당연하고, 따라서 이 사건에도 예외없이 적용될 수 있다고 판시하였다. 또한 법원은 신의칙과 공정거래 및 계약당사자간 상호협력과 관용의 중요성을 강조하는 취지에서 일부 규정례를 언급하였는데, 그 중 대표적인 것이 PICC Art. 1.7이었다.

⑦ **논점 및 평가**

이 사건에서는 계약에 명시된 신의칙 준수에 관한 당사자의 합의를 강제할 수 있는지의 여부가 핵심이다. 동 판례는 신의칙과 공정거래 및 계약당사자간 상호 협력과 관용을 국제상거래에서의 핵심적 원칙 내지 의무의 하나로 명시하고 있는 PICC Art. 1.7을 적용한 전형적인 사례이다.

6. 「ICC Court of Arbitration : Paris」, 『8611/HV/JK』

① 사건명

「ICC Court of Arbitration : Paris」, 『8611/HV/JK』, "*W. v. R.*", 1997.

② 쟁점

CISG에 있어서의 신의칙이 당사자의 권리 · 의무의 근거로 적용될 수 있는지 여부

③ 적용법규

CISG Art. 71., Art. 9, Art. 78.

④ 사실관계

독일에 영업소를 둔 매도인과 스페인에 영업소를 둔 매수인은 독일에서 생산된 산업기계부품의 스페인 국내판매를 목적으로 독점판매계약을 체결하였다. 당해 계약에는 종속된 부속계약이 양당사자의 합의하에 작성되어 첨부되어 있었다.

계약체결이 있은 후, 4년 뒤 매도인은 매수인에게 매수인의 현재의 처지를 고려할 때, 향후의 산업기계부품의 판매가 저조할 것으로 판단된다고 하면서 스페인 내 다른 회사에게 매수인의 독점판매권을 즉시 양도해 줄 것을 요구하였다.

매도인의 요구에 대하여 매수인은 현재 진행중에 있는 일부 산업기계부품의 인도대금을 지급거절하고, 매도인의 이 같은 요구에 대하여 중재판정부에 중재를 신청하였다.

매수인의 신청사유는 독점판매계약에 관한 합의를 매도인이 위반하였다고 하는 사실, 기계부품의 인도가 적기에 이루어지지 않았을 뿐만 아니라 인도된 부품에도 하자가 있었다고 하는 사실 등이었다. 아울러 매수인은 당

해 독점판매계약에 관해서는 CISG가 적용될 수 없다고 주장하였다.

⑤ **판정요지**

CISG를 해석함에 있어서는 CISG의 국제적인 성격과 그 적용에 통일을 증진하고 국제상거래에서 신의의 준수를 증진할 필요가 고려되어야 한다고 규정(CISG Art. 71.)하고 있는 바, 동 규정에 있어서 신의칙은 CISG의 해석에 있어서만 적용되고, 계약의 이행과 관련된 당사자의 권리 · 의무의 근거로 원용하여서는 안된다.

따라서 매도인이 소재한 국가인 독일의 국내법에서는 기계의 대량생산자는 일반적으로 신의칙에 따라 보충부품을 생산하여 이를 공급하여야 할 것이나, CISG가 적용되는 경우에는 신의칙으로부터 당사자의 2차적인 부수의무가 발생되지 아니한다. 따라서 이는 양당사자가 합의한 준거법 조항에 따라 독일 국내법에 따라 판단하여야 한다.

⑥ **논점 및 평가**

CISG는 그 해석에 있어서 국제상거래에 있어서의 신의칙의 준수 등을 고려하여야 한다고 규정(CISG Art. 71.)하고 있다. 그런데 신의칙이 CISG의 해석에만 적용되는 것인지, 아니면 계약의 해석이나 계약의 이행 등에도 적용되는 것인지는 다툼이 있을 수 있다.

이 사건과 같이 신의칙이 CISG의 해석에만 적용된다는 입장을 취한 판정례도 있는 반면에, 계약의 해석에 있어서도 적용된다는 판례[138] 및 계약의 이행에 있어서도 적용된다는 입장을 취한 판정례도 있다.[139]

본 판정례는 신의칙은 CISG 해석에만 적용되고 당사자의 권리 · 의무의 근거로 원용될 수 없다고 한 사례인 점에서 그 의의를 찾을 수 있다.[140]

---

138) 「U.S. Court of Appeals, 11th Circuit : USA」, 『97-4250』,"*MCC-Marble Ceramic Center Inc. v. Ceramica Nuova D'Agostino S.p.A.*", 1998.

139) 「Hungarian Chamber of Commerce and Industry Court of Arbitration」, 『VB/94124』, "*Unknown*", 1995.

7. 「Arrondissementsrechtbank Zwolle : Netherlands」, 『HA ZA 95-640』

① Cases

「Arrondissementsrechtbank Zwolle : Netherlands」, 『HA ZA 95-640 』, "*CME Cooperative Maritime Etaploise S.A.C.V v. Bos Fishproducts Urk BV*", 1997

② Keyword

Lack of Conformity of The Goods : Time of Notice (CISG Art. 39) : Buyer's Duty to Discover Defects by Examining Goods as Soon as Practicable under The Circumstances (CISG Art. 38) : Proper And Timely Examination in Case of Perishable Goods to Be Transformed by Buyer

CISG (Art. 71. And PICC Art. 7.1.) as Aid in Interpreting Provisions on Good Faith in Domestic Law.

③ Abstract

A French seller delivered fish to a Dutch buyer which transformed it into fish filets and sold them inter alia to customers in England and Austria. Following customers' complaints over the quality of the product the buyer refused to pay part of the price and claimed set-off with damages. The seller commenced an action to obtain full payment.

The Court held that the buyer had lost the right to rely on a lack of conformity of the goods because it did not give notice to the seller within a reasonable time after it ought to have discovered the lack of conformity (Art.

140) 유사한 사례는 다음과 같다. 「Arrondissementsrechtbank Zwolle : Netherlands」, 『HA ZA 95-640 』,"*CME Cooperative Maritime Etaploise S.A.C.V v. Bos Fishproducts Urk BV*", 1997 ; 「U.S District Court, S.D., New York : USA」, 『98 Civ. 861, 99 Civ. 3607』, "*Geneva Pharmaceuticals Technology Corp. v. Barr Laboratories, Inc., et al.*", 2002.

39 CISG). In the case at hand the buyer should have discovered the defects by examining all the goods as soon as practicable (Art. 38 CISG) which under the circumstances was at the time of delivery or shortly afterwards.

In reaching this conclusion the Court took into account several factors. Firstly, the seller's standard terms, applicable to the contract, provided for short terms for notice of defects in frozen products, thereby also abiding to a usage in the fish market (Art. 9(2) CISG)). Secondly, a very short term for examination of the goods was necessary in view of the nature of the goods (perishable food products) and of the fact that the goods had to be transformed by the buyer, thus making it impossible for the seller to ascertain whether the goods sold were really defective.

Moreover, the Court observed that the buyer had both the opportunity and the duty to examine all the fish and not only a sample of it well before selling the products on to customers, since it could do so at the latest when it started processing each single fish unit into fish filets, and it could be expected to do so having already discovered and duly notified a lack of conformity in another type of fish delivered by the seller.

Finally, in order to confirm the given interpretation of Arts. 38 and 39 CISG, the Court referred to the duty of good faith and cooperation between the parties which is provided for by French law (the domestic law otherwise applicable to the contract). In this respect the Court observed - in agreement with scholarly writing - that the French notion of good faith is generally understood in a subjective way, and that it does not (yet) go far enough as international conventions (i.e. Art. 71. CISG) or as the UNIDROIT Principles for international commercial contracts. In the Court's opinion, the objective notion of the duty of good faith in the said international instruments gives more weight to the conclusion that in the case at hand the buyer should have examined the fish and discovered the defects before selling its products to foreign customers.

8. 「US District Court, S.D. : NY」, 『98 Civ. 861, 99 Civ. 3607』

① Cases

「U.S District Court, S.D. : New York, USA」, 『98 Civ. 861, 99 Civ. 3607』, "Geneva Pharmaceuticals Technology Corp. v. Barr Laboratories, Inc., et al." 2002.

② Keyword

Contract Formation And Interpretation : Liberal Approach by CISG in Application of General Principle of Good Faith in International Trade (ART.7 1.).

Usages And Practices : Industry Practice Authomatically Incorporated into Any Agreement unless Explicitly Excluded (ART. 9).

Contract for Future Supply of "Commercial Quantities" of Goods : Sufficiently Definite (CISG Art. 14).

Acceptance : Provision of Reference Letter to Government Agency May Constitute Assent to Contract (CISG Art. 18(3)).

Irrevocable Offer According to Art. 16(2)(B) : Promissory Estoppel Doctrine under US Law : Differences.

Claim Based on Promissory Estoppel Doctrine under US Law to Deny Existence of Firm Offer : Preempted.

Scope of CISG : Matters Excluded : Consideration : Question of Validity to Be Decided under Domestic Law (CISG Art. 4(A)).

Scope of CISG : Tort Claims Generally Not Preempted under Convention.

③ Abstract

Canadian Defendant manufactured a chemical ingredient (clathrate) for use in the production of an anticoagulant medication (warfarin sodium). In 1994 Defendant supplied Plaintiff, a U.S. company, with samples of the ingredient and confirmed that it would support Plaintiff's application for approval by the Food and Drug Administration (FDA) as the supplier of the ingredient for the manufacture of the drug. In 1995, Defendant issued a letter to the FDA confirming it would serve as a supplier of clathrate to the Plaintiff. Later in 1995, Defendant executed a confidential contract for the exclusive supply of commercial quantities of clathrate to a third company that would be violated if Defendant were to proceed with sales of commercial quantities to Plaintiff. When Plaintiff received approval for the manufacture of the drug in 1997, it submitted a purchase order to Defendant for the purchase of commercial quantities of clathrate, which was refused by Defendant.

Plaintiff claims that, under CISG, it has a contract with the Defendant for the sale of commercial quantities of clathrate and that Defendant breached that contract by refusing to supply the ingredient after the drug was approved. Plaintiff argues that according to industry practice supplying sufficient quantities of clathrate to support an FDA application creates a contract for future supply. Plaintiff also claims that Defendant should be liable under the doctrine of promissory estoppel under the law of the State of New York. Plaintiff contends that a claim of promissory estoppel based on the otherwise applicable domestic law is not preempted by and does not conflict with CISG.

As to the applicable law, the Court held that the claim should be decided in accordance with CISG because the alleged sales contract involves international trade in goods.

As to the merits of the case, the Court held that in accordance with the general principle of good faith in international trade stated in Art. 71. CISG the Convention embodied a liberal approach to contract formation and interpretation and a strong preference for enforcing obligations and representations customarily relied upon by others in the industry. Indeed, as stated in Art. 9 CISG, usages and practices of the industry are automatically incorporated into any agreement, unless explicitly excluded. Thus the Court agreed with Plaintiff's argument that industry practice should be analyzed at trial in order to determine whether a contract existed.

The Court analyzed the elements of offer, acceptance, validity, and performance relevant to the question of contract formation under CISG. The Court found that the contract for future supply of "commercial quantities" of goods was sufficiently definite under Art. 14 of CISG. On the topic of acceptance, the Court found that under Art. 18(3) the provision of the reference letter to the FDA could qualify as an act indicating assent to a contract. Whether Defendant's acts actually indicated assent to a contract would be analyzed at trial on the basis of industry custom.

The Court analyzed Defendant's argument that consideration was lacking as a question of validity. The Court found that validity of the contract, pursuant to Art. 4(a) is to be decided under domestic law determined by the application of traditional conflict of laws analysis. On the basis of the Court's conflict of laws doctrine, the Court found that New Jersey law should apply. Applying New Jersey law, the Court found that consideration was sufficient on the basis of the alleged facts. The Court also rejected Defendant's argument that, in any event, Plaintiff failed to perform under the alleged contract by failing to give commercially reasonable notice for its purchase order. The Court stated that under Art. 60(a) of CISG failure to give commercially reasonable notice by Plaintiff does not entitle Defendant to terminate the contract.

As to state law contract claims, the Court held that CISG preempted such claims, as the availability of independent state contract law causes of action would frustrate the goals of uniformity and certainty embraced by the CISG. Parties would be subjected to different states' laws and the very same ambiguities regarding international contracts that the CISG was designed to avoid. As a consequence, parties to international contracts would be unable to predict the applicable law, and the fundamental purpose of the CISG

would be undermined.

Concerning the possibility of a claim based on the U.S. doctrine of promissory estoppel, the Court first of all noted that such doctrine differed from Art. 16 (2)(b) of CISG, in so far that the latter provision did not expressly require that the offeree's reliance must have been foreseeable to the offeror and does not expressly require that the offeree's reliance be detrimental. Consequently a claim based on the doctrine of promissory estoppel in order to deny the existence of a firm offer was preempted by the Convention.

As to tort claims, the Court held that they were in general not preempted by CISG, but a tort claim which is actually a contract claim, or that bridges the gap between contract and tort law, may be preempted.

CHAPTER

3

계약의 성립과 사정변경의 원칙

1장 머리말

Ⅰ. 계약체결상의 과실책임

일반적으로 '계약체결상의 과실'(*culpa in contrahendo* ; fault in negotiating)이라 함은 계약체결을 의도하고 있는 당사자간 접촉개시로부터 계약체결시까지를 전범위로 하는 교섭단계(negotiation stage)에서 발생하는 과실을 의미하는데,[141] 이 때 당사자 일방의 손해에 대하여 과실있는 당사자가 부담하여야 할 배상책임을 포괄적으로 '계약체결상의 과실책임'이라 일컫는다.[142]

그런데 계약체결을 위한 교섭단계에서 당사자 일방이 교섭에 성실히 임하지 않은 결과, 상호협력의무와 주의의무 등의 위반으로 인하여 상대방에게 손해를 야기한 경우 어떠한 법적 근거로 그 책임을 물을 수 있느냐가 문제될 수 있다.

이 문제의 논점은 계약체결을 위한 교섭단계에서 양당사자의 지위는 계약의 성립에 따른 구속적 법률관계를 형성하고 있지 않음에도 불구하고, 만약 교섭과정에서 당사자 일방의 불성실한 교섭 등으로 인하여 상대방에게 예상하지 못한 손해가 발생한 경우 그 일방의 당사자에게 계약상 채무불이행 또는 불법행위책임을 물을 수 있는지, 만약 그것이 가능하다면 어떠한 귀책사유로 그 책임을 근거지울 것인지에 있다. 이러한 문제가 생기게 된 이유는 서로 다른 법계 또는 국제계약법규범의 적용상 법통일화 및 합목적성 차원에서의 시각차에서 비롯된 것이다.

---

141) Klein, *op. cit.*, Ch. Ⅰ. C.

142) Farnsworth, *Farnsworth on Contracts*, 2nd ed., Aspen Publishers, 1998. Ch. Ⅳ. A.

현대계약법의 추이에 있어서는 계약이 유효하게 성립되기 이전, 즉 계약당사자간 법률관계가 형성되지 않은 시점에서도 일정한 경우 계약체결상의 과실책임을 인정하는 추세로 나아가고 있다.[143]

이하 계약체결을 위한 교섭단계에서 상호협력의무와 주의의무 위반에 따른 과실책임의 법적 기준에 관하여 국제계약법규범의 규정례를 법통일화의 시각에서 비교법적 고찰을 통해 그 근거 및 시사점을 살펴보고자 한다.

Ⅱ. 계약의 성립요건

영미법상 계약이란 채권 · 채무관계, 즉 대가관계를 창설한 당사자간 합의(agreement)를 의미한다.[144] 예컨대 미국 UCC상의 합의는 당사자간의 진술 중에 또는 계약교섭과정 또는 거래의 관행 내지는 이행과정을 포함한 일련의 사정하에서 묵시적으로 사실상 제시된 당사자 상호간 상거래를 의미한다(UCC §1-201(3) 및 §1-205 등).[145] 한편 영국 물품매매법(Sale of Goods Act : 이하 'SGA')에서는 물품의 소유권 이전이 장래에 이행되거나

143) 박영복, 전게논문, 참조.

144) 계약은 당사자간 합의를 기초로 하는 것이나, 일정한 경우 당사자간 합의와 관계없이 법에 의해 계약상 유사한 법률관계가 성립된다. 이를 총칭하여 준계약(quasi-contract) 또는 '법에 의하여 묵시(또는 의제)된 계약'(contract implied in law)이라고 한다. 이는 대체적으로 우리나라에서 통칭하는 부당이득에 해당되는 것이나, 미국에서는 준계약을 부당이득(unjust enrichment)의 원상회복(restitution)이라 보고, 준계약 이외에 원상회복을 실현하기 위한 많은 법칙들을 집약하는 일련의 법제도로써 원상회복에 관한 법을 확립하고 있다(Emanuel, S., *et al.*, *CONTRACTS*, Emanuel Law Outline, Inc., 1993. pp.263~269).

145) UCC § 1-201(General Definitions). "(20) "Good faith," except as otherwise provided in Article 5, means honesty in fact and the observance of reasonable commercial standards of fair dealing." ; § 1-205(Reasonable time; Seasonableness). "(a) Whether a time for taking an action required by [the Uniform Commercial Code] is reasonable depends on the nature, purpose, and circumstances of the action. (b) An action is taken seasonably if it is taken at or within the time agreed or, if no time is agreed, at or within a reasonable time." ;

또는 계약 이후에 충족되어야 할 일정한 조건을 전제로 한 경우를 '매매의 합의'(agreement to sell)라고 칭하고(SGA Art. 2(5)), 매매의 합의에 대한 부가조건으로 물품의 소유권이 이전되는데 필요한 시간이 경과되거나 또는 그 조건이 충족된 당시를 매매로 두고 있다(SGA Art. 2(6)).[146)]

그러나 이들 규정하에서 당사자간 합의, 즉 의사의 합치가 전제되었다고 하더라도 '계약의 성립'(formation of contract)에 따른 법률효과는 발생하지 않는다. 왜냐하면 영미법상 합의가 법에 의하여 강제될 수 있기 위해서는 그 합의가 약인(consideration)[147)]을 수반한 것이거나 또는 서면(writing)에 의한 것이어야 하기 때문이다.

한편 PECL에서는 계약체결의 요건으로서 계약은 당사자들이 법적으로 구속될 의도로 충분한 합의에 도달한 경우에는 다른 요건을 충족할 필요 없이 체결된다고 하고(PECL Art. 2:1011.), 형식적 요건으로서 계약은 서면으로 체결 또는 입증될 필요가 없고, 또한 형식에 관한 다른 요건에 종속되지 않으며, 증인을 포함하여 어떠한 수단에 의해서건 증명될 수 있다는 불요식성을 수용하고 있다(PECL Art. 2:101(2)).[148)]

---

146) SGA Art. 2(Contract of sale). "(5) Where under a contract of sale the transfer of the property in the goods is to take place at a future time or subject to some condition later to be fulfilled the contract is called an agreement to sell. (6) An agreement to sell becomes a sale when the time elapses or the conditions are fulfilled subject to which the property in the goods is to be transferred."

147) 약인(consideration)이라 함은 약속에 관하여 약속자(promisor)에게 발생하는 이익 또는 수약자(promisee)가 부담하는 손실(detriment)을 의미한다. 약인은 약속과 동등한 가치를 지닐 필요성은 없으나, 법률상으로 보아 가치가 있는 것, 즉 실제적인 것이어야 하고 계약성립시를 기준으로 하여 볼 때, 현재의 작위(act) 또는 부작위(forbearance)이든 장래의 작위 또는 부작위이든 무관하나 과거의 것은 약인이 될 수 없다. 또한 약인은 적법하여야 한다. 따라서 불법적 약인에 의해서 이루어진 약속은 무효이다. 아울러 약인은 수약자에 의해 제공되어야 한다는 요건을 갖추어야 한다(Schaber. A. D., · Rohwer, C. D., *Contract*, 3rd, West Wadsworth, 1999. pp.2~4 ; 박영식. 전게논문, 146면). 현재에는 일반적으로 약속에 대한 대가(price)라고 통칭된다.

148) PECL Art. 2:101(Conditions for the Conclusion of a Contract). "1. A contract is concluded if: (a) the parties intend to be legally bound, and (b) they reach a sufficient agreement without any further requirement. (2) A contract need not be concluded or

PICC의 관련규정을 PECL의 경우와 비교하여 보면, 그 형식의 불요식에 관한 내용은 다르지 않으나(PICC Art. 1.2),[149] PICC의 경우 청약과 승낙에 의한 합의의 구속력을 부가하고 있는 차이점이 있다(PICC Art. 2.1.1~2.1.2).[150]

또한 PECL에서는 '충분한 합의'(sufficient agreement)에 대한 요건을 보다 세부적으로 명시하고 있는데, 즉 계약에 의도된 내용이 당사자간 충분히 확정되어 계약이 실행될 수 있거나, 이 원칙에 의하여 정해질 수 있는 때로 하고 있다(PECL Art. 2:1031.). 그렇지만 당사자 일방이 당사자간 특정한 사항에 관해 합의하지 아니하고 계약을 체결하기를 거절하는 경우, 곧 그 사항에 관하여 합의에 이르지 못한 경우 계약은 성립하지 아니한다(PECL Art. 2:103(2)).[151]

PICC는 표준약관(standard terms)의 계약편입을 '의외의 약관'(surprising terms), '약관의 충돌'(battle of forms)의 경우를 제외하고, 계약의 성립에 관한 일반규정에 위임하고 있다(PICC Art. 2.1.19~2.1.20, Art. 2.1.22 등).[152]

---

evidenced in writing nor is it subject to any other requirement as to form. The contract may be proved by any means, including witnesses."

149) PICC Art. 1.2(No form required). "Nothing in these Principles requires a contract, statement or any other act to be made in or evidenced by a particular form. It may be proved by any means, including witnesses."

150) PICC Art. 2.1.1(Manner of formation). "A contract may be concluded either by the acceptance of an offer or by conduct of the parties that is sufficient to show agreement." ; Art. 2.1.2(Definition of offer). "A proposal for concluding a contract constitutes an offer if it is sufficiently definite and indicates the intention of the offeror to be bound in case of acceptance."

151) PECL Art. 2:103(Sufficient Agreement). "1. There is sufficient agreement if the terms: (a) have been sufficiently defined by the parties so that the contract can be enforced, or (b) can be determined under these Principles. (2) However, if one of the parties refuses to conclude a contract unless the parties have agreed on some specific matter, there is no contract unless agreement on that matter has been reached."

152) PICC Art. 2.1.19(Contracting under standard terms). "1. Where one party or both parties use standard terms in concluding a contract, the general rules on formation apply, subject to Articles 2.1.20 - 2.1.22. (2) Standard terms are provisions which are prepared in advance for general and repeated use by one party and which are actually used without

반면에 PECL에서는 일반조건(general conditions)을 편입시키고자 의도한 당사자가 계약체결전 또는 체결 당시에 상대방이 이에 주의를 기울이도록 하기 위한 '합리적 조치'(reasonable steps)를 취한 경우에만, 상대방이 이를 알지 못한 경우에도 이를 상대방에 대해 원용할 수 있다(PECL Art. 2:104 1.). 아울러 계약서에 단순히 일반조건의 존재를 지적하는 것만으로는 비록 상대방이 서명하였어도 그로 하여금 이에 주의하도록 하기 위한 합리적 조치가 취해졌다고는 할 수 없다는 단서를 두고 있다(PECL Art. 2:104(2)).[153)]

Ⅲ. 사정변경의 원칙

'사정변경의 원칙'(*clausula rebus sic stantibus* ; change of circumstances)이란 법률행위 특히 계약의 성립 당시에 있었던 환경 또는 그 행위를 하게 된 사정이 당초에 정한 계약내용에 비추어 현저히 변경되어, 당해 법률행위의 효과 내지 계약의 내용을 그대로 유지 · 강제하는 것이 신의성실의 원칙

---

negotiation with the other party." ; Art. 2.1.20(Surprising terms). "1. No term contained in standard terms which is of such a character that the other party could not reasonably have expected it, is effective unless it has been expressly accepted by that party. (2) In determining whether a term is of such a character regard shall be had to its content, language and presentation." ; Art. 2.1.22(Battle of forms). "Where both parties use standard terms and reach agreement except on those terms, a contract is concluded on the basis of the agreed terms and of any standard terms which are common in substance unless one party clearly indicates in advance, or later and without undue delay informs the other party, that it does not intend to be bound by such a contract."

153) PECL Art. 2:104(Terms not individually negotiated). "1. Contract terms which have not been individually negotiated may be invoked against a party who did not know of them only if the party invoking them took reasonable steps to bring them to the other party's attention before or when the contract was concluded. (2) Terms are not brought appropriately to a party's attention by a mere reference to them in a contract document, even if that party signs the document. ; 용어사용에 있어 PICC는 표준약관(standard terms), PECL은 일반조건(general conditions)으로 달리 표현하고 있으나, 규정내용은 용어의 차이를 불문하고 동일하다.

에 반하는 부당한 결과를 발생시킬 경우 계약의 법률효과를 새로운 사정에 적합할 수 있도록 변경하거나 또는 부정하여야 한다는 법리를 말한다. 즉 사정변경의 원칙은 신의칙의 구체적 적용의 단편으로서 법률행위 중에서도 특별히 계속적 계약에 주로 적용되고 있는 사법상의 법원칙이다.

그렇지만 사정변경의 원칙은 각국의 실정법 및 국제계약법규범하에서 널리 인정되고 있음에도 불구하고 그 법적 근거 및 적용기준은 일정하지 않은데, 이를테면 명문의 규정으로 이 원칙을 선언하고 있는 경우도 있고, 우리나라와 같이 판례를 통하여 그 인정범위를 정하고 있는 경우도 있다.

이하 국제계약법규범을 중심으로 사정변경의 원칙에 대한 법적 기준과 법규제에 따른 법리적 시사점 및 상무적 유의점을 중심으로 살펴보고자 한다.

2장 계약체결상의 과실책임

Ⅰ. 계약체결상의 과실책임에 관한 법리 비교

1. 영미법계의 처지

전통적으로 영미법에서는 계약교섭단계에서 '교섭의 자유'(free from negotiation)를 폭넓게 인정하고 있다. 즉 계약체결의 자유와 계약을 체결하지 않을 자유를 동시에 보장하고 있는데, 그 배경에는 계약교섭단계에서의 협상은 다분히 사행적(aleatory)[154]이라고 하는 관념이 깔려 있다.

이는 계약체결을 위한 교섭의 당사자가 당해 계약의 체결로부터 예상되는 이익을 기대하고 있다면, 동시에 상대방과의 계약체결을 위한 교섭의 중단으로부터 발생될 수 있는 손해에 대해서도 당연히 그 위험을 감수하여야 한다는 형평의 논리가 반영된 결과이다.[155]

이 경우 기대이익에 반하여 감수하여야 할 상당한 위험에는 계약체결을 위한 교섭단계에서의 비용지출과 교섭의 장기진행에 따른 손실비용 및 교섭의 파기로 인하여 상실된 기대이익 등이 포함된다. 이를테면 계약체결을

154) 사행적(aleatory)이라고 하는 의미는 '불특정한 사실 또는 장래의 우연한 가능성에 그 이해를 두는 것'(depending on an uncertain event or contingency as to both profit and loss)을 말한다(Merriam-Webster Incorporated, *Merriam-Webster's Dictionary of Law*, 1996).

155) 계약체결상의 과실책임의 법적 성질에 관한 상세는 윤달원, "계약체결상의 과실책임", 연세법학연구」, 제4권, 연세법학회, 1997 및 윤형렬, "계약체결상 과실책임의 책임체계적 위상", 「연세법학연구」 제5권, 연세법학회, 1998 등을 참조.

위한 준비과정에서 지출된 비용 · 선급금의 차용 · 운송수단의 조달에 소요된 비용 · 당해 교섭을 위하여 또 다른 교섭제의를 거절한 경우의 기회비용 · 일정한 대금을 선지급(advanced payment)한 경우 등을 예시할 수 있다.

결국 영미법적 시각에서 계약체결을 위한 교섭은 일종의 도박이라고도 볼 수 있는데, 이는 계약체결을 위한 교섭단계에서 지출되는 비용은 단지 장래에 예상되는 기대이익을 보전하기 위한 목적에서 계약당사자가 그 자신의 위험과 계산하에서 투자하는 대가로 볼 수 있다고 하는 전통적인 시각으로부터 비롯된 결과이다.[156]

이와 같은 영미법의 전통적 시각은 만약 계약체결을 위한 교섭단계에서 예컨대 공정교섭(fair dealing), 신의칙(good faith), 사실상의 정직(honesty in fact) 등에 관련한 별단의 의무를 부과하는 경우에는 계약당사자간 교섭의 자유를 제한하는 뜻밖의 결과를 초래할 수 있다고 하는 점에서 중요성이 부각된다.

여기서 뜻밖의 결과에 해당될 수 있는 경우에는 계약당사자가 교섭에 임하는 것을 처음부터 주저하게 되거나, 그 결과 계약자유의 원칙에 따른 목적에 반하여 자유롭고 능동적인 상거래 활동을 위축시킬 수 있는 개연성이 충분하고, 교섭단계에 있어 계약당사자간 권리의 행사와 의무의 이행에 결부된 사소한 이해마저도 첨예하게 대립시킬 수 있는 여지를 남겨두어 이로부터 계약체결전 예상하지 못한 장애를 발생시킬 수 있는 것이다.

그럼에도 불구하고 앞서 논한 바와 같이 계약의 교섭단계에 있어서도 계약당사자가 성실하게 교섭에 임하여야 한다는 현대계약법의 기본적인 사상은 이를테면 미국 판례법을 통해서도 이른바 '계약체결상의 책임'(pre-contractual liability)으로 수용되어 있는데, 이는 '신의칙에 기반한 교섭의무'(duty to bar- gain in good faith)를 강화하는 방향으로 나아가고 있음

156) Farnsworth, "Precontractual Liability and Preliminary Agreements : Fair Dealing and Failed Negotiation", *87 Columbia Law Review*(www.columbialawreview.org), 217, 1987. p.221~p225.

을 시사한다.[157)]

한편 계약체결상의 과실책임이 인정되는 경우는 계약교섭과정에 있어 일방이 타방으로부터 부당이득을 얻은 경우 부당이득반환책임(liability for unjust enrichment),[158)] 사기적 부실표시를 하였을 경우 부실표시책임(liability of misrepresentation),[159)] 계약교섭에 임한 일방이 타방에게 특정한 약속을 한 경우 특정약속이행책임(liability of specific promise),[160)] 계약교섭상의 합의(agreement to negotiate)[161)]가 전제된 경우 등이다.[162)]

따라서 영미법에서는 계약교섭이 시작되었다고 하더라도 이상의 요건에 해당하지 않은 경우 계약체결상의 과실에 대한 별단의 책임 또는 의무가 발생하지 않음이 원칙이며, 설령 이 같은 요건이 계약교섭과정에 결부되어 있는 상황이라고 하더라도 이후 계약이 유효하게 체결되었다면 당해 교섭과정에 결부된 위 요건으로 인한 법률효과는 문제되지 아니한다.[163)]

---

157) Farnsworth, *Ibid.*

158) '부당이득의 형성'은 계약교섭에 임한 경우 계약당사자 일방이 교섭 중에 개시된 아이디어나 서비스로 이득을 얻으면서 당초 계약체결을 거부하는 경우 문제시 된다. 계약교섭의 당사자가 교섭 중에 얻은 이익을 부당하게 사용하는 것은 허용되지 않으며, 그러한 부당이득에 대한 구제수단은 피해당사자의 원상회복의무를 한도로 책임이 부과된다.

159) 부실표시는 '사실과 일치하지 않는 적극적 진술(assertion)'로서, 곧 상대방으로 하여금 계약체결을 유도하는 진실되지 않은 표시 · 설명을 말한다. 강학상 부실표시는 '사기적 부실표시'를 포함하여 '과실적 부실표시'(negligent misrepresentation), 형평법상 '선의의 부실표시'(innocent misrepresentation)로 분류되고 있다(Farnsworth, *op. cit.*).

160) 계약체결상 책임의 보다 일반적 근거로서 상대방을 교섭에 관여시킨 계약당사자 일방의 약속을 말한다. 곧 교섭당사자는 상대방이 교섭 중 행한 약속을 신뢰하고 있는데, 이를 아무런 손실없이 파기할 수 없다고 하는 법인식을 배경으로 한다(Farnsworth, *Ibid.*).

161) 소위 '예비적 합의'(preliminary negotiation)라 일컫기도 하는데, 이는 '미결정조항을 갖고 있는 합의'(agreement with open terms)와 '교섭하기로 한 합의'(agreement to negotiate)로 대별된다(Farnsworth, *Ibid.*).

162) Farnsworth, *Farnsworth on Contracts*, 2nd ed., 1998. pp.349~363. 이상 각 요건별 세부설명 및 주요 판례평석에 대하여는 박영복, "계약교섭과 교섭자의 책임에 대한 미국법상의 논의", 「외법논집」제12집, 한국외국어대학교, 2002.

163) Farnsworth, *Ibid.*

2. 대륙법계의 처지

대륙법에서는 계약체결을 위한 교섭단계에서 신의칙에 기한 '공정거래(fair dealing)의 도모', '합리적 기준(reasonable standards)의 준수', '공정한 교섭(fair negotiating)의 의무' 등을 인정한다.

이는 앞서 본 바와 같이 연혁적으로 로마법시대부터 확립되어 있는 신의(*bona fide*)의 개념에 기초하고 있다. 따라서 대륙법계에서는 계약체결을 의도하고 계약교섭에 임하였음에도 불구하고, 정당한 사유없이 또는 상기한 교섭상의 요구조건을 위반하여 계약체결을 위한 당해 교섭을 파기한 경우에는 신의칙 위반으로 간주되어 계약체결상의 과실책임이 인정된다. 결국 영미법계와 비교하여 대륙법계에서는 신의칙을 폭넓게 적용하고 있어 계약체결상의 과실책임을 보다 널리 인정하고 있는 차이점이 있다.

영미법과 대륙법의 법계간 계약체결상의 과실책임에 관한 취급의 차이를 가져오는 것은 표면상 신의칙의 의무가 교섭단계에서 당연히 준수되어야 하는지의 여부, 그리고 당사자 임의로 아무런 책임도 지지 않고 계약체결을 위한 교섭단계에서 당해 교섭을 파기할 수 있는지의 여부가 그 핵심이라고 할 수 있다.[164)]

그렇지만 양법계의 공통한 시각은 계약체결을 위한 교섭단계에 있어 고의 · 과실로 상대방에게 손해를 발생시킨 경우, 계약교섭단계에서 획득한 상대방에 대한 상거래 정보를 부당하게 악용한 결과 비밀유지의무위반(breach of confidentiality)[165)]으로 인해 상대방에게 손해를 발생케 한 경우,

---

164) Klein, *op. cit.,* Ch. I . C.

165) PICC에서는 비밀유지의무(duty of confidentiality) 규정(PICC Art. 2.1.16)을 두고 있는데, 그 내용은 계약교섭중 당사자 일방에 의하여 정보가 비밀로 제공된 경우에는 상대방은 이후 계약의 체결여부를 불문하고 그 정보를 공개하거나 또는 자신의 목적을 위하여 이를 부당하게 사용하지 아니할 의무를 진다. 적절한 경우에는 당해 의무의 위반에 대한 구제에는 상대방이 얻은 이익을 기초로 한 배상액이 인정될 수 있는 것으로 규정하고 있다. 한편 PECL에서는 비밀성침해(breach of confidentiality) 규정(PECL Art. 2:302)을 두고 있는데, 곧 계약교섭과정에서 당사자 일방에 의하여 비

이로부터 일정한 이익을 편취하거나 향유한 경우에는 계약체결상의 과실책임이 인정된다고 하는 점이다. 이 경우 구제수단은 발생한 손해의 배상 및 상대방으로부터 얻은 이익의 반환을 포함한다.

결론적으로 양법계간에는 계약체결상의 과실책임에 대한 법적 취급에 있어서 '계약체결을 위한 교섭의 자유'와 '신의칙의 준수'를 법익으로 하여 그 적용범위와 효과에 따라 구별되는 차이점이 존재하지만, 대륙법계에 있어서 계약당사자간 신의칙에 기한 상호협력의무의 준수를 요구하는 점과 영미법계에 있어 계약체결상의 책임에 관한 요건을 살펴보건대, 서로 다른 법적 시각에서나마 공통한 적용기준과 목적을 견지하고 있다고 생각된다.

Ⅱ. 계약체결상의 과실책임에 대한 비교

1. CISG

CISG에서는 계약체결을 위한 교섭단계에서 발생할 수 있는 여러 가지 문제를 해결할 수 있는 명시적인 규정이 존재하지 않는다. 그 이유는 CISG의 제정시 계약체결상의 과실책임에 관한 입법논의가 있었음에도 동 사안은 국제상사계약의 법통일화를 지향하고 있는 국제협약으로서 CISG의 적용상 장애가 될 수 있을 뿐만 아니라 계약체결을 위한 교섭과정에 있어 법계간의 또는 국제사법 법규상의 시각차로부터 예상치 못한 문제를 초래할 수 있다고 하는 이유로 지지를 얻지 못했기 때문이었다.[166]

밀정보가 제공되었다면 계약체결 여부에 관계없이 상대방은 그 정보를 누설하거나 자신의 목적을 위해 그 정보를 이용하지 아니할 의무를 부담하여야 한다. 만약 이 의무를 위반한 경우의 구제수단은 발생한 손해의 배상 및 상대방이 얻은 이익의 반환을 포함한다.

166) Honnold, *op. cit.*, p.95 ; 오원석 역, 전게서, 85~92면 ; Schlechtriem, P., *Einheitliches UN-Kaufrecht*, 1981. S.45.

이에 따라 현실적으로 CISG를 원용하여 국제상사계약에 임하는 당사자에게 있어 신의칙 및 계약체결상의 과실책임에 관한 법적 요건이 문제가 되는 경우에는 특정한 국제사법에 의한 규율문제가 중요시 된다.

한편 CISG에서는 CISG의 해석에 있어서 CISG의 국제적 성격과 또한 그 적용상의 통일성 및 국제상거래에 있어 신의의 준수를 증진할 필요성을 고려하여야 한다고 명시하고 있는데(CISG Art. 71.), 이 규정은 CISG의 해석에 관한 일반원칙으로서 뿐만 아니라 계약체결상의 과실책임을 규율할 수 있는 보충규정으로서의 역할을 한다(CISG Art. 7(2)).[167]

동 보충규정의 내용은 CISG에 의해 규율되는 사항에 관한 문제로서 CISG에서 명시적으로 해결되지 아니하는 문제는 CISG가 기초하고 있는 일반원칙에 따라 해결되어야 하며, 만약 그러한 원칙이 없는 경우에는 국제사법의 규칙에 의하여 적용되는 법에 따라 해결되어야 한다는 것이다.

이와 같이 CISG는 계약체결상의 과실책임에 관한 명시적인 규정을 두고 있지는 않으나, CISG에서 인식하고 있는 신의칙은 CISG 내에 적절히 반영되어 CISG의 의의 또는 취지를 보충하고 있는데, 이를테면 앞서 본 바와 같이 합리성(reasonableness), 공정거래(fair dealing) 등과 같이 신의칙에 내재될 수 있는 개념을 통해 구현되고 있음을 유의하여야 한다.[168] 특히 신의칙에 준한 합리성은 CISG의 여러 규정에서 명시적으로 다양하게 언급되고 있음은 앞서 살핀 바와 같다.

결국 CISG는 계약체결상의 과실책임에 대한 규정을 두고 있지는 않지만, 그 해석에 관한 일반원칙과 CISG 내의 여러 규정에서 다양하게 나타나고

---

167) CISG Art. 7. "1. In the interpretation of this Convention, regard is to be had to its international character and to the need to promote uniformity in its application and the observance of good faith in international trade. (2) Questions concerning matters governed by this Convention which are not expressly settled in it are to be settled in conformity with the general principles on which it is based or, in the absence of such principles, in conformity with the law applicable by virtue of the rules of private international law."

168) Honnold, *op. cit.*, pp.100~101 ; 오원석 역, 상게서, 115면.

있는, 이를테면 신의칙에 상당한 합리성과 같은 유사개념을 통해 실질적으로 계약체결을 위한 교섭단계에 있어 책임귀속의 문제를 해결할 수 있는 방편을 제시하고 있다.

2. PICC

PICC의 제정목적을 보면 CISG 등에 그 규정해석 및 법적 효과에 대한 보충적 역할 뿐만 아니라 국제사법에 관한 판결 · 판정시 기준과 지침을 제공하는 것으로 되어 있는데,[169] 이에 걸맞게 PICC는 계약체결상의 과실책임에 관한 명문의 규정을 두고 있다.

이를테면 '불성실한 교섭'(negotiations in bad faith)에 관한 규정이 그것인데, 동 규정에서는 계약체결을 위하여 당사자는 자유로이 교섭할 수 있고 합의에 이르지 못한 것에 대해 책임지지 않는다고 하고(PICC Art. 2.1.151.), 그렇지만 불성실하게 교섭을 행하거나 교섭을 불성실하게 파기한 당사자는 상대방이 입은 손실에 대하여 책임을 부담해야 한다고 규정하고 있다(PICC Art. 2.1.15(2)). 여기서 불성실(bad faith)은 상대방과 합의하지 아니할 의사를 가지고 교섭을 시작하거나 교섭을 계속하는 것을 말한다(PICC Art. 2.1.15(3)).[170]

한편 계약체결을 위한 교섭과정에서 '현저한 불균형'(gross disparity)이 개입된 경우 원칙적으로 당해 계약이나 계약의 개별조항을 취소할 수 있는데,[171] 그럼에도 가급적 계약을 원만히 유지 · 이행할 수 있도록 배려하려는

169) Bonell, *An International Restatement of Contract Law*, Transnational Publishers, Inc., 1997. Ch. 2~4.

170) CISG Art. 2.1.15(Negotiations in bad faith). "1. A party is free to negotiate and is not liable for failure to reach an agreement. (2) However, a party who negotiates or breaks off negotiations in bad faith is liable for the losses caused to the other party. (3) It is bad faith, in particular, for a party to enter into or continue negotiations when intending not to reach an agreement with the other party."

171) 다만 고려되어야 하는 요건으로서 상대방에 대한 종속상태 · 경제적 궁핍 · 긴급한

취지에서 취소권이 있는 당사자의 요청에 의하여 법원이 공정거래에 대한 합리적인 상거래 기준에 부합되도록 계약 또는 계약의 개별조항을 변경할 수 있다는 규정을 두고 있다(PICC Art. 3.10).[172)]

다른 한편 PICC는 계약과정에서 생략된 조항을 보충할 수 있는 근거 또한 마련하고 있다. 즉 계약당사자가 쌍방의 권리 · 의무의 확정에 있어서 중요한 조항에 대해 합의하지 않은 경우 그 상황하에서 적절한 조항이 보충되어야 한다고 하고(PICC Art. 4.81.), 적절한 조항인지를 결정할 때의 고려사항으로서 '계약당사자의 의사'(intention of the parties), '계약의 성질 및 목적'(nature and purpose of the contract), '신의성실 및 공정거래'(good faith and fair dealing), '합리성'(reasonableness) 등을 제시하고 있다(PICC Art. 4.8(2)(a)~ (d)).[173)]

필요 · 당사자의 경솔 · 무지 · 무경험 · 교섭기술의 결여로부터 상대방이 이를 부당하게 이용한 사실 · 당해 계약의 성질 및 목적 등을 두고 있다(PICC Art. 3.101.(a),(b)).

172) PICC Art. 3.10(Gross disparity). "1. A party may avoid the contract or an individual term of it if, at the time of the conclusion of the contract, the contract or term unjustifiably gave the other party an excessive advantage. Regard is to be had, among other factors, to (a) the fact that the other party has taken unfair advantage of the first party's dependence, economic distress or urgent needs, or of its improvidence, ignorance, inexperience or lack of bargaining skill, and (b) the nature and purpose of the contract. (2) Upon the request of the party entitled to avoidance, a court may adapt the contract or term in order to make it accord with reasonable commercial standards of fair dealing. (3) A court may also adapt the contract or term upon the request of the party receiving notice of avoidance, provided that that party informs the other party of its request promptly after receiving such notice and before the other party has reasonably acted in reliance on it. The provisions of Article 3.13(2) apply accordingly."

173) PICC Art. 4.8(Supplying an omitted term). "1. Where the parties to a contract have not agreed with respect to a term which is important for a determination of their rights and duties, a term which is appropriate in the circumstances shall be supplied. (2) In determining what is an appropriate term regard shall be had, among other factors, to (a) the intention of the parties; (b) the nature and purpose of the contract; (c) good faith and fair dealing; (d) reasonableness."

3. PECL

PECL은 계약체결을 위한 교섭단계에서의 법규제가 CISG 및 PICC와 비교할 경우 보다 구체적이고 충실하다. 우선 PECL은 계약체결을 위한 '교섭상 책임'(liability for negotiation)에 관한 규정으로서 '신의성실에 반하는 교섭'(negotiation contrary to good faith)에 대한 규정을 두고 있는데, 이는 앞서 살핀 바 있는 PICC의 '불성실한 교섭'에 관한 규정과 유사하다(PECL Art. 2:301).[174)]

또한 PECL은 계약체결을 위한 교섭단계에서 계약상의 채무를 발생시키는 보다 구체적인 내용으로서, 교섭단계에서 당사자 일방에 의하여 행하여진 진술(statement)은 상대방이 당해 사정하에서 계약상 의무를 발생시키는 것으로 합리적으로 이해한 경우에는 계약상 의무가 발생한 것으로 본다고 명시하고 있다(PECL Art. 6:1011.).

이 경우 '상대방에 대한 당해 진술의 현저한 중요성'(the apparent importance of the statement to the other party), '그 당사자가 진술을 상거래 과정에서 행하였는지 여부'(whether the party was making the statement in the course of business), '양당사자의 전문지식의 상대성'(the relative expertise of the parties) 등의 사정을 고려하여야 한다(PECL Art. 6:1011.(a)~(c)).

아울러 계약당사자 일방이 '직업적 공급자'(professional supplier)로서 용역이나 물품 기타 재산의 질이나 이용에 관한 정보를 판매활동이나 선전을 행하는 과정에서, 또는 다른 방식으로 계약을 체결하기 전에 제공하는 경우 그 진술은 계약상 의무를 발생시키는 것이 된다고 하고, 다만 상대방이 그

174) PECL Art. 2:301(Negotiations Contrary to Good Faith). "1. A party is free to negotiate and is not liable for failure to reach an agreement. (2) However, a party who has negotiated or broken off negotiations contrary to good faith and fair dealing is liable for the losses caused to the other party. (3) It is contrary to good faith and fair dealing, in particular, for a party to enter into or continue negotiations with no real intention of reaching an agreement with the other party."

진술이 정확하지 않다는 것을 '알았거나 모를 수 없었다'(could not have been unaware)는 사실이 증명된 경우에는 그러하지 않다고 규정하고 있다(PECL Art. 6:101(2)).175)

상기한 내용을 여타 국제계약법규범과 비교하여 정리해 보면, CISG의 경우 신의칙은 CISG의 국제적인 성격과 그 적용상의 통일성의 증진을 위한 필요성을 고려하여 CISG가 채용한 규칙 및 조항의 해석에만 적용되는 것으로 하고 있으나(CISG Art. 7), PICC는 신의칙 및 공정거래에 관한 규정과 계약교섭단계에 있어 현저한 불균형에 대한 취소권을 인정하여 CISG에 비하여 보다 구체적으로 규정하고 있다(PICC Art. 1.71., Art. 3.10, Art. 4.8, Art. 5.1.2 등).176)

PECL은 이보다 한 걸음 더 나아가 신의칙 및 공정거래에 관한 규정을 강행규정으로 두고 있을 뿐만 아니라 상호협력의무와 주의의무 및 합리성에 관한 규정까지도 마련하여 CISG 및 PICC에 비하여 더욱 구체적이고 충실한 규정을 두고 있다(PECL Art. 1:201~1.202, Art. 1.302).177)

---

175) PECL Art. 6:101(Statements giving rise to contractual obligation). "1. A statement made by one party before or when the contract is concluded is to be treated as giving rise to a contractual obligation if that is how the other party reasonably understood it in the circumstances, taking into account: (a) the apparent importance of the statement to the other party; (b) whether the party was making the statement in the course of business; and (c) the relative expertise of the parties. (2) If one of the parties is a professional supplier who gives information about the quality or use of services or goods or other property when marketing or advertising them or otherwise before the contract for them is concluded, the statement is to be treated as giving rise to a contractual obligation unless it is shown that the other party knew or could not have been unaware that the statement was incorrect."

176) Bonell, *op. cit.*, Ch. 4~5.

177) PECL Art. 1:201(Good Faith and Fair Dealing). "1. Each party must act in accordance with good faith and fair dealing. (2) The parties may not exclude or limit this duty." ; Art. 1:202(Duty to Co-operate). "Each party owes to the other a duty to co-operate in order to give full effect to the contract." ; Art. 1:302(Reasonableness). "Under these Principles reasonableness is to be judged by what persons acting in good faith and in the same situation as the parties would consider to be reasonable. In particular, in assessing what is reasonable the nature and purpose of the contract, the circumstances of

결론적으로 CISG는 계약체결상의 과실책임을 규율할 수 있는 명시적인 규정을 두고 있지는 않으나, 신의칙에 상당한 유사개념을 CISG 내에 반영하여 이를 해결할 수 있는 여지를 남겨두고 있고, PICC는 계약체결을 위한 교섭상 비밀유지의무와 불성실한 교섭으로 인한 책임귀속을 명시적으로 규정하여 CISG를 보충하고 있으며(PICC Art. 2.1.15, Art. 2.1.16),[178] PECL은 PICC의 규정을 그대로 계수하고는 있으나, 신의칙에 반하는 교섭에 대한 손해배상책임 뿐만 아니라 교섭과정에서 계약상 채무를 발생시킬 수 있는 보다 구체적인 규정을 두고 있어 PICC에 비해 더 진전된 내용을 담고 있다(PECL Art. 2:301~ 2:302, Art. 6:101).[179]

---

the case, and the usages and practices of the trades or professions involved should be taken into account."

178) PICC Art. 2.1.15(Negotiations in bad faith). "1. A party is free to negotiate and is not liable for failure to reach an agreement. (2) However, a party who negotiates or breaks off negotiations in bad faith is liable for the losses caused to the other party. (3) It is bad faith, in particular, for a party to enter into or continue negotiations when intending not to reach an agreement with the other party." ; Art. 2.1.16(Duty of confidentiality). "Where information is given as confidential by one party in the course of negotiations, the other party is under a duty not to disclose that information or to use it improperly for its own purposes, whether or not a contract is subsequently concluded. Where appropriate, the remedy for breach of that duty may include compensation based on the benefit received by the other party."

179) PECL Art. 2:301(Negotiations Contrary to Good Faith). "1. A party is free to negotiate and is not liable for failure to reach an agreement. (2) However, a party who has negotiated or broken off negotiations contrary to good faith and fair dealing is liable for the losses caused to the other party. (3) It is contrary to good faith and fair dealing, in particular, for a party to enter into or continue negotiations with no real intention of reaching an agreement with the other party." ; Art. 2:302(Breach of Confidentiality). "If confidential information is given by one party in the course of negotiations, the other party is under a duty not to disclose that information or use it for its own purposes whether or not a contract is subsequently concluded. The remedy for breach of this duty may include compensation for loss suffered and restitution of the benefit received by the other party."

Ⅲ. 계약체결상의 과실책임에 관한 적용사례

1. 「Bundesgerichtshof : Germany」, 『VIII ZR 60/01』

① 사건명

「Bundesgerichtshof : Germany」, 『VIII ZR 60/01』, "*Unknown*", 2001.

② 쟁점

청약서에 언급된 표준약관(standard terms)이 계약당사자를 구속하기에 충분한지 여부

③ 적용법규

CISG Art. 71., Art. 8, Art. 14, Art. 18.

④ 참조조문

PICC Art. 2.1.19~2.1.20, Art. 2.1.22.

⑤ 사실관계

매수인과 매도인은 중고 연삭기(milling machine)에 대한 매매계약을 체결하였다. 특히 당해 매매계약서에는 계약이행에 관한 조건으로 매도인이 매수인의 영업장에 연삭기를 최종적으로 설치(installation)하여야 한다는 내용이 포함되어 있었다.

한편 매도인의 표준약관(standard terms)에는 중고 연삭기의 어떠한 하자에 대해서도 그 책임이 면책된다고 하는 면책조항(exemption from liability)이 명시되어 있었는데, 이는 계약당사자간 최종 확정발주서(confirmation of order)에 명시된 사항이었다.

그런데 계약의 목적물인 연삭기는 그 설치과정에서 구동(operation)상 상당

한 문제점을 노출하였고, 그 결과 설치기간 또한 예상외로 길어지게 되었다.

결국 이 과정에서 매도인을 대신한 설치자(seller's fitter)는 연삭기의 하자 때문에 결국 설치를 포기하였는데, 유틸리티를 감당한 전기기술자는 그나마 연삭기를 무리없이 설치하기 위해서는 상당한 비용이 투입되어야 한다는 사실과 그 명세를 매수인에게 제시하였다.

매수인은 전기기술자의 명세를 근거로 매도인을 상대로 중고 연삭기의 하자를 문제삼아 소를 제기하였고, 이에 매도인은 당해 계약에 포함되어 있는 표준약관과 면책조항을 원용하여 매수인의 주장을 일축하였다.

⑥ **판결요지**

본 사안에 대하여 하급심에서는 계약물품의 부적합(non-conformity)에 대한 매도인의 책임을 인정하면서, 당해 계약상의 표준약관에서의 면책에 관한 조항은 본 건에서는 적용되지 않는다고 판결하였으나, 상급심에서는 원심판결을 파기 · 환송하였다.

상급심은 하급심에서 당해 설비에 결함이 존재하는지의 여부는 매수인의 계산과 위험하에서 중고 연삭기의 설치 전에 우선 검수되어야 했음을 인정하지 않았다고 하면서, 매도인의 주장과 같이 계약내용에 명시된 표준약관과 면책조항은 유효하다고 판단하였다.

상급심 판결의 논거는 당해 계약서에 포함되어 있는 표준약관은 계약의 성립과 해석에 관한 CISG Art. 71., Art. 8, Art. 14, Art. 18에 비추어 양당사자를 구속하기에 충분하고, 따라서 국제사법에 의한 별개의 법규적용 또는 처리방법을 고려할 필요가 없다는 것이었다.

⑦ **논점 및 평가**

이 판결의 의의는 최종발주서에 언급된 표준약관조건은 양당사자를 구속하기에 충분하고, 이 경우 국제상거래에서 신의의 준수에 관한 일반원칙을 규정하고 있는 CISG Art. 71.은 반드시 고려되어야 한다는 원칙을 재차 확인했다는 점에서 찾을 수 있다.

그리하여 계약당사자는 CISG의 동 규정으로부터 상호협력의무와 정보제공에 관한 의무를 각기 부담하게 되는데, 매수인은 자신의 권리를 향유하지 못한데 따른 불이익을 스스로가 감수하여야 할 것으로, 이는 국제상사계약에 있어 특별히 합의된 표준약관을 원용할 경우에도 마찬가지로 적용된다고 하는 것이 동 판결의 요지이다(관련규정으로서 PICC Art. 2.1.19~2.1.20, Art. 2.1.22).[180)]

2. 「Hof van Beroep(Court of Appeal), Ghent : Belgium」, 『Unknown』

① Cases

「Hof van Beroep (Court of Appeal), Ghent : Belgium」, 『Unknown』, "*Unknown*", 2002.

② Keyword

Jurisdiction : 1968 Brussels Convention : Jurisdiction of Court at Place of Payment of Purchase Price (CISG ART. 57 1.).

Place of Payment : Seller's Place of Business (CISG ART. 571.(A)).

Formation of Contract : Binding Contract even in Absence of Identifiable Sequence of Offer And Acceptance.

Formation of Contract : Negotiations Set out in Writing Termed 'Letter of Intent' : Binding Contract in Light of Circumstances And Principle of Good Faith CISG Art. 7).

180) 동 사건과 유사한 사례를 소개하면 이하 다음과 같다. ; 「Oberlandesgericht Frankfurt am Main : Germany」, 『10 U 80/93』, "*Unknown*", 1994 ; 「Oberlandesgericht Koln : Germany」, 『22 U 4/96』, "*Unknown*", 1996 ; 「Oberster Gerichtshof : Austria」, 『1 Ob 49/01i』, "*Unknown*", 2001 ;

③ Abstract

A Belgian seller negotiated with a French buyer to produce the plastic holders for pagers and to insert the pagers in these. The results of the negotiations were set out in writing signed by the parties and entitled by them ‘letter of intent’. When the buyer, after subsequent market changes, denied the existence of a binding contract the seller sued the buyer for breach of contract.

The Court of first instance denied its jurisdiction.

The Court of appeal reversed the decision and affirmed the jurisdiction of Belgian courts. It based its decision on Art. 51. of the 1968 Brussels Convention on Jurisdiction and the Recognition and Enforcement of Judgments in Civil and Commercial Matters. The Court determined the place of performance of the obligation in dispute (the payment of the price) in accordance with CISG, which was the law governing the contract since the parties had chosen French law as the applicable law and France was a contracting State to CISG. According to Art. 57 CISG, payment of the price should be made at the seller's place of business, i.e. in Belgium.

As to the merits the Court decided in favour of the existence of a binding contract. The Court pointed out that it was not always possible to identify clearly in practice a sequence of an offer and an acceptance as provided in CISG. In the case at hand it affirmed the existence of binding contract in the light of the circumstances and the principle of good faith (Art. 71. CISG), despite the fact the title 'letter of intent' given by the parties to their writing.

3. 「US District Court, N.D., Illinois, Eastern Division」, 『97C5668』

① 사건명

「U.S. District Court, N.D., Illinois, Eastern Division : USA」, 『97C5668』

"*Mitchell Aircraft Spares Inc. v. European Aircraft Service AB*", 1998.

② **쟁점**

구두증거가 당사자의 주관적 의도를 증명하는 경우 법원이 이를 증거로 채택할 수 있는지 여부

③ **적용법규**

CISG Art. 8, Art. 92, Art. 95.

④ **사실관계**

스웨덴에 영업소를 둔 매도인과 미국에 영업소를 둔 매수인은 비행기 부품을 계약의 목적물로 매매계약을 체결하였다. 후에 양당사자간에 계약내용을 둘러싼 다툼이 발생하였는데, 그 핵심은 계약내용에 기한 목적물의 해석에 있었다. 즉 매수인은 특정 부품번호(serial number : S/N)의 발전기(integrated drive generators) 3대라고 주장하는 반면, 매도인은 서로 상이한 부품번호를 가진 발전기 3대라고 주장한 것이다.

⑤ **판결요지**

이 사건에 있어 매도인은 스웨덴에 영업소를 두고 있고, 스웨덴은 CISG 제2편의 적용을 배제하고 있는 바(CISG Art. 95), 이에 따라 CISG는 계약의 성립문제 이외의 부분에 한하여 적용되고, 계약의 성립문제는 매수인의 소재국인 미국의 일리노이주 법에 의해 규율된다.

한편 '구두증거배제의 원칙'(parol or extrinsic evidence rule)은 계약의 성립에 관한 문제로, 이 사건에 있어서 미국 일리노이주 법이 당해 계약의 성립에 관한 문제를 규율하게 되나, 원천적으로 구두증거의 문제는 CISG의 적용을 받게 된다.[181]

---

181) 구두증거의 문제는 CISG Part I, Art. 8에 의하여 다루어지게 되는데, 스웨덴 및 미

CISG는 '구두증거배제의 원칙'을 수용하고 있지는 않지만, 구두증거가 당사자의 주관적 의도를 증명하는 한, 이를 증거로 채택하여 조사하여야 한다.

⑥ **논점 및 평가**

CISG는 계약체결 당시 상대방이 당사자의 의도를 알았다면 그의 주관적인 의도가 고려되어야 하며(CISG Art. 81.), 동시에 법원은 당사자의 의도를 판단하기 위하여 예비적 교섭단계를 포함한 후속된 모든 사정을 고려하여야 한다고 명시하고 있다(CISG Art. 8(3)).

CISG에서는 '구두증거배제의 원칙'이라는 표현을 직접적으로 사용하고 있지 않은데, 그 이유는 동 원칙이나 이와 관련한 여하한의 법기술적인 국내법상의 규칙이라도 CISG에서 직접 수용하여 언급할 경우 협약안의 작성에 혼란을 초래하게 되고, 또한 이러한 원칙이 없는 법계 또는 국가에 있어서는 그 법적 기준에 대한 예측가능성이 없을 것이기 때문이었다.

그렇지만 CISG에서는 관련된 일체의 사정을 충분히 고려할 것을 명시하고 있다(CISG Art. 8(3)). 따라서 동 규정내용만으로도 각국 법원으로 하여금 당사자간의 다른 합의를 고려하지 못하도록 하는 국내법의 적용을 배제하기에 충분할 것이라는 판단에 따른 것이다.[182]

요컨대 CISG에서는 '구두증거배제의 원칙'을 수용하고 있지는 않으나, 구두증거가 당사자의 주관적 의도를 입증하는 한 법원으로 하여금 이를 증거로 채택하여 조사할 수 있도록 배려하고 있다. 따라서 CISG에 의할 경우 계약을 해석함에 있어서는 계약체결 이전의 예비적 교섭 · 협상 · 합의 · 진술에 관한 그 어떠한 증거도 함께 조사되어야 한다.[183]

국은 CISG Part I 에 대하여 유보선언을 하고 있지 않기 때문이다.

182) 오원석 역, 전게서, 165면 ; Honnold, *op. cit.*, [121].

183) 본 사건과 유사한 사례는 다음과 같다. ; ;; ; 「U.S. Court of Appeals, 11th Circuit : USA」, 『97-4250』, "*MCC-Marble Ceramic Center Inc. v. Ceramica Nuova D'Agostino S.p.A.*", 1998 ; 「U.S. District Court, S.D., Michigan : USA」, 『1:01-CV-691』, "*Shuttle Packaging Systems, L.L.C. v. Jacob Tsonakis, INA S.A., et al.*", 2001 ; 「U.S. District Court, Southern District of New York : USA」, 『00 Civ. 5189 (RCC)』, "*TeeVee Toons,*

4. 「US District Court, S.D., NY : USA」, 『91 Civ. 3253 (CLB)』

① Cases

「U.S. District Court, S.D., New York : USA」, 『91 Civ. 3253 (CLB)』, "Filanto S.p.A. v. Chilewich International Corp.", 1992

② Keyword

Arbitration : Convention on The Recognition And Enforcement of Arbitral Awards (New York 1958) : Stay of Court Proceedings If Written Agreement to Arbitrate.

Application of CISG : Parties with Places of Business in Contracting States (CISG Art. 11.(A)) : CISG Applicable to Determine Whether Agreement to Arbitrate.

Offer Incorporating Agreement to Arbitrate.

Interpretation of Intention of Party (CISG Art. 8(3)) : Subsequent Conduct.

Acceptance : Conduct Indicating Assent (CISG Art. 181.) - Practices Established Between The Parties (CISG Art. 18(3)) - Silence Or Inactivity.

Acceptance : Rejecting Arbitration Clause Contained in Offer : Amounts to Counter-Offer (CISG Art. 19(3))

Evidence of Contract : Statute of Frauds And Parol Evidence Rule Not Applicable (CISG Art. 8(3), 11)

③ Abstract

A New York buyer entered into multiple contracts with an Italian seller in order to fulfil a master agreement that the buyer had concluded with a Russian ('the Russian master agreement'). The Russian master agreement contained a

---

Inc. & Steve Gottlieb, Inc. v. Gerhard Schubert GmbH', 2006.

clause which required disputes to be arbitrated in Moscow. The buyer partly performed one of the contracts and the seller commenced action in New York claiming breach of contract. The buyer sought a stay of the action and arbitration in Moscow pursuant to the arbitration clause in the Russian master agreement. The issue in this case was whether the arbitration clause in the Russian master agreement had been incorporated into the contract between the buyer and the seller.

The Court, in order to grant the stay for arbitration pursuant to the Convention on the Recognition and Enforcement of Foreign Arbitral Awards (New York 1958), had to establish whether the parties had concluded a written agreement to arbitrate as required by Art. II(a) of that Convention.

The Court held that the contract was governed by CISG as at the time of the conclusion of the contract the parties had their places of business in contracting States (USA and Italy) (Art. 11.(a) CISG). CISG was applied to determine whether there was a written agreement to arbitrate between the parties.

The Court found that the seller was bound by the arbitration agreement. The agreement was part of the buyer's original offer which the seller was deemed to have accepted. In reaching its conclusion, the court took into account the previous practices of the parties (Art. 8(3) CISG) and held that due to the extensive course of prior dealing the seller was under a duty to alert the buyer in a timely fashion of its objection to incorporating the arbitration clause (an objection made only 5 months after the offer was not timely). This all the more so since the seller knew that the buyer had already commenced performance by opening the letter of credit in its favor. The fact that the seller itself later on started performance by shipping part of the goods ordered constituted a further indication of its intention to accept the buyer's original offer (Art. 181. CISG). Equally, the seller's subsequent reliance on clauses in the master agreement which it had previously excluded, is yet another indication of its intention to be bound by all clauses of the master agreement (Art. 8(3) CISG).

The Court disregarded the seller's argument that in its reply to the buyer's original offer five months later it expressly objected to the incorporation of the arbitration agreement, thereby rendering its acceptance a counter-offer (Art. 19(3) CISG).

The Court noted in a footnote that Art. 11 and Art. 8(3) CISG essentially rejects both the Statute of Frauds and the parol evidence rule.

Accordingly, the Court issued final judgement and ordered a mandatory injunction to arbitrate in Moscow.

5. 「US District Court, S.D., NY : USA」, 『96 Civ. 8052 (HB)(THK)』

① Cases

「U.S. District Court, S.D., New York : USA」, 『96 Civ. 8052 (HB)(THK)』, "Calzaturificio Claudia s.n.c. v. Olivieri Footwear Ltd.", 1998

② Keyword

Interpretation of CISG (Art. 7(2) CISG) - Recourse to Domestic Case Law on Sale of Goods : Conditions.

Interpretation of Intent of The Parties (Art. 8 CISG) - Relevant Circumstances.

Parol Evidence Rule : Overridden by CISG (Art. 8 CISG).

Practices Established Between The Parties (Art. 91. CISG) - Burden of Proof of The Party Invoking The Practices.

③ Abstract

In the framework of an ongoing contractual relationship between a US buyer and an Italian seller - in the course of which the seller had usually delivered the goods making them available at its own factory ("ex works") - the buyer failed to pay four invoices issued by the seller and marked "ex works". The seller commenced an action to recover payment. The buyer contested: the existence of a contractual relationship with the seller; that it agreed to delivery "ex works"; that it had received the goods; and that any delivery was either late or non-conforming.

Citing U.S. case law on interpretation of CISG, the Court stated that in interpreting CISG the Court must look to its language and to the general principles upon which it is based (Art. 7(2) CISG) and that case law interpreting Art. 2 of the Uniform Commercial Code (UCC), although not applicable per se, may be used to interpret CISG when the provisions in both instruments contain similar language. The Court, however, at the same time stressed that while the UCC and CISG are similar with respect to certain provisions, they differ with respect to others, such as the writing requirement and the parol evidence rule, so that where controlling provisions are inconsistent, it is not appropriate to apply UCC case law in construing contracts governed by CISG.

As to the absence of a writing stating the terms of the contract the Court, citing scholarly writings, held that unlike the UCC, under Art. 11 CISG sales contracts need not be evidenced by a writing and may be proved by any means, including negotiations and oral statements or agreements made prior to a writing. Therefore, also in view of the provisions on interpretation of the contract and usage binding on the parties contained in Arts. 8 and 9 CISG, contracts governed by CISG are freed from the limits of the parol evidence rule, being allowed the recourse to extrinsic evidence.

Applying Art. 8 CISG and considering that the invoice had been unilaterally prepared by the seller and that the buyer had objected to the delivery "ex works", the Court held that it was not possible to establish whether the buyer had agreed to or intended to be bound by the terms of the four disputed invoices.

Nor was it possible to conclude that the delivery "ex works" amounted to a course of dealing, binding on the parties according to Art. 91. CISG, since the seller had failed to submit sufficient evidence with regard to the terms of the other transactions successfully concluded with the buyer.

The Court denied the seller's motion for summary judgment there being too many issues to be solved at trial.

3장 계약의 성립요건

Ⅰ. 청약의 요건과 효과

1. CISG

청약(offer)의 요건과 방법에 관하여 CISG에서의 유효한 청약의 기준은 그 의사표시가 '1인 또는 그 이상의 특정인'(one or more specific persons)을 대상으로 하여야 하고, 상거래 제의가 '충분히 확정적'(sufficiently definite)이어야 하며, '승낙이 있는 경우 이에 구속된다는 구속의사를 표시'(indicates the intention of the offeror to be bound in case of acceptance)하여야 한다(CISG Art. 141.).[184)]

이 경우 구속의사의 표시가 없는 청약은 단지 '청약의 유인'(invitation to make offer)으로 간주된다. 승낙과 함께 법적 효력이 있는 청약은 승낙이 존재하여도 계약을 성립시킬 수 없는 청약의 유인과 구별된다.

한편 철회(withdrawal)는 일반적으로 의사표시에 의하여 당사자간의 권리·의무가 발생한 후에는 허용되지 않는 것이 원칙이다. 즉 철회는 아직 종국적 법률효과가 발생하지 않은 의사표시를 임의로 저지하여 장래의 효과가 발생하지 않게 하는 표의자의 일방적 의사표시를 의미한다. 따라서 철회는 일

184) CISG Art. 14. "1. A proposal for concluding a contract addressed to one or more specific persons constitutes an offer if it is sufficiently definite and indicates the intention of the offeror to be bound in case of acceptance. A proposal is sufficiently definite if it indicates the goods and expressly or implicitly fixes or makes provision for determining the quantity and the price."

정한 원인에 따라 의사표시의 효과를 소급적으로 소멸시키는 취소(revocation)와는 달리, 장래에 한하여 그 효과를 잃게 한다는 점에서 구별된다.

그러나 영미법과 대륙법의 법계간 청약의 철회를 취급하는 방식은 상이한데 간략히 정리하면 다음과 같다. 우선 대륙법계에서는 승낙기간이 정해져 있는 확정청약(firm offer)에 있어서는 정해진 기간동안 청약을 철회할 수 없는 것이 원칙이다.[185] 이는 확정청약의 기간은 승낙적격의 유효기간으로서 이 기간 내에는 청약의 철회가 인정되지 않는다고 하는 취지로, 설령 그 기간 내에 청약자가 철회의 의사표시를 하였다고 하더라도 피청약자가 이를 무시하고 승낙의 의사표시를 하게 되면 즉시 계약은 성립한다.

청약의 철회는 상대방에게 이러한 사실의 통지가 도달한 때에 효력이 발생하므로 이를 위해서는 승낙의 의사표시 발신 전에 피청약자에게 도달하여야 한다.

영미법계에서는 청약은 청약자가 승낙기간을 정한 확정청약이라고 하더라도 원칙상 자유롭게 철회할 수 있다. 그 이유는 승낙자는 승낙여부를 자유롭게 결정할 수 있는데 반하여, 청약자는 그 청약을 철회할 수 없다는 것은 형평의 원칙에 어긋난다는 사고에 기인한다. 다만 청약이 날인증서로 된 경우와 청약의 철회불능에 대한 약인이 이미 제공된 경우에는 일반적으로 청약은 상당한 기간 내에는 철회할 수 없다.[186]

한편 CISG에서는 청약의 철회와 취소를 구별하고 있다. 곧 의사표시의 도달주의에 따라 청약자의 청약이 상대방에게 도달하기 전 또는 도달과 동시에 청약의 철회의 의사를 표시한 경우 청약의 효력은 발생하지 않는다고 하여 도달 전 청약의 철회에 대해서 명시하고 있고(CISG Art. 15(2)),[187] 또

185) 예컨대, 독일 BGB §145, 우리나라 민법 제527조~제528조, 제531조 등.

186) 그러나 이 같이 폭 넓은 청약의 철회 허용에 제한을 가하고 있는 영미법상의 원칙이 있는데 이를 이른바 우편함규칙(post-box rule 또는 mail-box rule)이라고 한다. 승낙의 발송시 이를테면 승낙서를 우편함에 투입하는 시점에서 청약자는 청약의 철회권을 상실하고 피청약자 또한 승낙의 철회권을 상실한다는 원칙이다.

187) CISG Art. 15. "(2) An offer, even if it is irrevocable, may be withdrawn if the withdrawal reaches the offeree before or at the same time as the offer."

한 청약의 취소는 청약의 효력이 발생된 후에 인정된다(CISG Art. 16).[188)]

2. PICC

PICC에서는 CISG에서와 같이 청약의 방식에 관하여 규정하고는 있으나, 상거래 제의의 대상으로서 1인 또는 그 이상의 특정인이라는 요건을 규정하고 있지 않은 점과, 충분히 확정적인가 여부의 판단기준에 대한 제한이 없다고 하는 점에서 차이를 보이고 있다(PICC Art. 2.1.2).[189)] 따라서 PICC는 계약당사자들의 처지와 환경에 따라 청약의 요건으로서의 확정성을 다양하게 충족시킬 수 있는 여지를 남기고 있어 CISG에 비하여 보다 신축적이라 할 수 있다.

한편 PICC는 청약의 유인에 대하여 언급하지 않고 있으므로 불특정 다수를 상대로 하는 공개청약(public offer)이라고 하더라도 PICC에서의 확정성 및 구속의사를 충족시킬 수 있다면 청약으로 인정될 수 있는 가능성을 남기고 있다.[190)] 그 취지는 서로 다른 국가에 영업소를 둔 당사자들이 계약의 성립을 보다 용이하게 도모할 수 있게 배려하기 위한 입법적 의도라고 생각된다.[191)]

철회의 효과와 관련하여 PICC상의 청약은 피청약자에게 도달시 그 효력

---

188) CISG Art. 16. "1. Until a contract is concluded an offer may be revoked if the revocation reaches the offeree before he has dispatched an acceptance. (2) However, an offer cannot be revoked: (a) if it indicates, whether by stating a fixed time for acceptance or otherwise, that it is irrevocable; or (b) if it was reasonable for the offeree to rely on the offer as being irrevocable and the offeree has acted in reliance on the offer."

189) PICC Art. 2.1.2(Definition of offer). "A proposal for concluding a contract constitutes an offer if it is sufficiently definite and indicates the intention of the offeror to be bound in case of acceptance."

190) 오원석, "UN 통일매매법하에서 청약과 청약의 유인의 차이", 「국제상학」제18권 제1호, 한국국제상학회, 2003. 6~7면.

191) 배준일, "국제매매계약 성립에 관한 비교법적 연구", 「무역상무연구」제12권, 한국무역상무학회, 1999. 92~93면.

을 발생하나, 청약이 취소불능(irrevocable)한 것으로 되어 있더라도 철회가 청약의 도달 전 또는 그와 동시에 피청약자에게 도달하는 경우에는 철회할 수 있다(PICC Art. 2.1.3). 또한 청약의 취소에 대하여는, 계약이 체결되기까지는 청약은 취소될 수 있으나, 취소의 의사표시가 피청약자가 승낙을 발송하기 전에 피청약자에게 도달하여야 한다고 명시하고 있다(PICC Art. 2.1.4).[192)]

그러나 청약이 승낙을 위한 지정기간을 명시하거나, 여하한의 방법으로든 그것이 취소불능임을 표시하고 있는 경우 및 피청약자가 청약을 취소불능이라고 신뢰하는 것이 합리적이고 피청약자가 그 청약을 신뢰하여 행동한 경우 청약은 취소될 수 없다. 이는 CISG의 규정내용과 동일하다.

3. PECL

PECL은 청약에 관하여 제안은 타방의 당사자가 이를 승낙하면 계약이 성립될 것으로 의도되고 계약을 구성하기에 '충분히 확정적'(sufficiently definite)인 내용을 포함하는 경우 청약이 된다고 하고(PECL Art. 2:201),[193)] CISG에서의 불특정 다수인에 대한 청약의 제한요건을 청약은 '1인 또는 다수의 특정인' 또는 '불특정 다수인'에 대하여 행하여 질 수 있다고 규정하고 있다.

---

192) PICC Art. 2.1.4(Revocation of offer). "1. Until a contract is concluded an offer may be revoked if the revocation reaches the offeree before it has dispatched an acceptance. (2) However, an offer cannot be revoked (a) if it indicates, whether by stating a fixed time for acceptance or otherwise, that it is irrevocable; or (b) if it was reasonable for the offeree to rely on the offer as being irrevocable and the offeree has acted in reliance on the offer."

193) PECL Art. 2:201(Offer). "1. A proposal amounts to an offer if: (a) it is intended to result in a contract if the other party accepts it, and (b) it contains sufficiently definite terms to form a contract. (2) An offer may be made to one or more specific persons or to the public. (3) A proposal to supply goods or services at stated prices made by a professional supplier in a public advertisement or a catalogue, or by a display of goods, is presumed to be an offer to sell or supply at that price until the stock of goods, or the supplier's capacity to supply the service, is exhausted."

아울러 광고나 카탈로그에 의하여 '직업적 공급자'가 물품의 진열을 통해 제시된 가격으로 물품이나 용역을 제공한다는 제안은 물품의 재고 또는 공급자의 용역공급능력이 소진되는 때까지는 그 가격으로 매도하거나 공급할 것이라는 청약으로 추정된다고 하여, CISG 및 PICC에 견주어 청약의 방식의 인정범위를 확대하는 보다 적극적이고도 구체적인 규정내용을 두고 있다.

PECL은 청약의 철회와 취소에 대하여 CISG와 마찬가지로 이를 구별하고 있다(PECL Art. 1:303(2),(5)~(6)).[194] 따라서 PECL은 PICC의 규정취지를 계수하고 있다고 할 수 있는데, 그 내용은 청약은 피청약자가 그 승낙을 발송하기 전까지 또는 행위에 의한 승낙의 경우에는 계약이 체결되기 전까지 철회될 수 있다는 것과, 불특정 다수인에 대한 청약은 청약이 행하여진 것과 같은 방법으로 철회될 수 있다는 것이다(PECL Art. 2:2021.,(2)).

그렇지만 PECL의 경우 청약의 철회는 청약에서 그것이 철회될 수 없음을 표시한 경우, 승낙을 위한 확정기간을 정한 경우, 피청약자가 청약이 철회할 수 없는 것이라고 믿는 것이 합리적이고 또한 그가 청약을 신뢰하고 행위에 임한 경우에는 효력이 없다(PECL Art. 2:202(3)).[195]

---

194) PECL Art. 1:303(Notice). "1. Any notice may be given by any means, whether in writing or otherwise, appropriate to the circumstances. (2) Subject to paragraphs (4) and (5), any notice becomes effective when it reaches the addressee. (3) A notice reaches the addressee when it is delivered to it or to its place of business or mailing address, or, if it does not have a place of business or mailing address, to its habitual residence (4) If one party gives notice to the other because of the other's non-performance or because such non-performance is reasonably anticipated by the first party, and the notice is properly dispatched or given, a delay or inaccuracy in the transmission of the notice or its failure to arrive does not prevent it from having effect. The notice shall have effect from the time at which it would have arrived in normal circumstances. (5) A notice has no effect if a withdrawal of it reaches the addressee before or at the same time as the notice. (6) In this Article, 'notice' includes the communication of a promise, statement, offer, acceptance, demand, request or other declaration."

195) PECL Art. 2:202(Revocation of an Offer). "1. An offer may be revoked if the revocation reaches the offeree before it has dispatched its acceptance or, in cases of acceptance by conduct, before the contract has been concluded under Article 2:205(2) or (3). (2) An offer made to the public can be revoked by the same means as were used

Ⅱ. 승낙의 요건과 효과

1. CISG

승낙(acceptance)이란 피청약자가 청약자의 청약을 그대로 수용하여 합의를 성립시키려는 것이 목적이므로 청약의 내용과 다름이 없이 일치하여 무조건(unconditional), 절대적(unqualified)으로 행하여져야 한다.[196] 영미법에서는 이를 '경상의 법칙'(mirror image rule, 또는 '완전일치의 법칙')이라 한다.

이와 반대로 청약과 승낙으로 계약이 성립하였으나, 추후에 청약자와 피청약자간 계약조건의 불일치가 발견되는 경우를 '서식의 충돌'(battle of forms)이라 하며, 또한 청약에 부가조건(additional conditions)이 첨부된 승낙이라든가 청약의 내용을 변경시킨 승낙 등은 유효한 승낙으로서의 효력이 없다. 이 경우는 대응청약(counter-offer)으로 간주된다.[197]

CISG에서는 승낙을 의도하고는 있으나 추가 · 제한 또는 기타 변경을 담고 있는 청약에 대한 응답은 청약의 거절이자 또한 대응청약이 된다고 하고 있다(CISG Art. 191.).[198] 다만 엄격한 완전일치의 요건을 완화하여 계약의 성립을 보다 용이하게 하고, 또한 신속 · 민활한 상거래를 유도하기 위한 취지에서, 청약의 내용을 실질적으로 변경하는 것이 아닌 사소한 변경

---

to make the offer. (3) However, a revocation of an offer is ineffective if: (a) the offer indicates that it is irrevocable; or (b) it states a fixed time for its acceptance; or (c) it was reasonable for the offeree to rely on the offer as being irrevocable and the offeree has acted in reliance on the offer."

196) Schmitthoff, C. M., *Export Trade*, 10th ed., London Sweet & Maxwell, 2000. p.54.

197) Whincup, M. H., *Contact Law and Practice : the English System and Continental Comparisons*, Kluwer Law Int'l, 1996. Paras. 2.13~2.14.

198) 한편 경상의 법칙은 경우에 따라 수많은 상거래들을 좌절시킬 수 있는 여지를 남기고 있다. 즉, 피청약자가 청약의 내용에 대하여 실질적인 변경을 가하지 않고 있음에도 불구하고 무조건, 절대적 동의로 계약의 체결을 이룰 수 없는 상황을 초래할 수 있다고 하는 시각에서이다(윤남순, "미국통일상법전상 청약과 다른 승낙에 관한 법리 고찰", 「상사법연구」 제19권 제2호, 한국상사법학회, 2000. 647면.).

의 경우에는 계약의 성립으로 간주하는 것이 보다 효율적일 수 있다고 보고, 승낙을 의도하고 있고 청약의 조건을 실질적으로 변경하지 아니하는 추가적 또는 상이한 조건을 담고 있는 청약에 대한 응답은 승낙으로 간주된다(CISG Art. 19(2)).[199]

한편 CISG는 PICC 및 PECL과는 달리 청약과 승낙체계에 의하지 않은 계약의 성립을 인정할 수 있는 규정을 명확히 두고 있지 않은 특징이 있다.[200] 후술하는 바와 같이 PECL에서는 청약과 승낙에 의하지 아니하고 체결된 계약의 유효성을 인정하고 있는데, 이를테면 상거래 관행에 의하여 승낙의 의사표시가 없어도 유효한 계약의 성립으로 간주될 수 있는 경우가 이에 해당한다. 그밖에도 당사자간의 합의를 전제로 혹은 상거래 관행이나 관습에 의해 침묵(silence)을 승낙으로 간주하는 경우, 별도의 통지없이 계약의 목적물을 제공한 경우, 매수요청 내용에 미결정사항이 포함되어 있음에도 불구하고 차후에 이를 충족하는 경우 등이 있다.

이에 대응하는 것으로서 CISG에서는 당사자간에 확립된 관습 또는 관행의 결과로 청약자에게 아무런 통지없이 피청약자가 물품의 발송이나 대금의 지급과 같은 행위를 수행함으로써 동의를 표시할 수 있는 경우 승낙은 그 행위가 수행되는 순간에 효력을 발생한다고 하는 규정이 적용될 수 있

199) CISG Art. 19. "1. A reply to an offer which purports to be an acceptance but contains additions, limitations or other modifications is a rejection of the offer and constitutes a counteroffer. (2) However, a reply to an offer which purports to be an acceptance but contains additional or different terms which do not materially alter the terms of the offer constitutes an acceptance, unless the offeror, without undue delay, objects orally to the discrepancy or dispatches a notice to that effect. If he does not so object, the terms of the contract are the terms of the offer with the modifications contained in the acceptance. (3) Additional or different terms relating, among other things, to the price, payment, quality and quantity of the goods, place and time of delivery, extent of one party's liability to the other or the settlement of disputes are considered to alter the terms of the offer materially."

200) CISG상 청약과 승낙체계에 의하지 않고 합의가 존재하게 된 경우 이를 다룰 수 있는 규정은 CISG의 국제적 성격과 그 적용상의 통일성을 증진을 위한 필요성 및 국제무역상 신의칙 준수에 대한 고려가 있어야 한다는 규정(CISG Art. 71.)이 될 것이다.

다(CISG Art. 18(3)).

CISG에서는 서식의 충돌에 관한 규정을 두고 있지 않으나, 이에 관련된 규정으로서 피청약자가 일정한 행위를 수행함으로써 동의를 표시할 수 있다고 정한 위 규정과 승낙은 청약과 완전일치되어야 한다고 명시한 규정(CISG Art. 191.)을 두고 있다.

승낙은 청약과 마찬가지로 그 방식에 관해 별도의 약정이 없는 한 구두·서면·행위 등의 어느 것에 의하더라도 유효하다. 그리하여 CISG에 있어 청약에 대한 동의를 표시하는 피청약자의 진술 또는 기타의 행위는 승낙이 되나 침묵(silence) 또는 무위(inactivity)는 그 자체로는 승낙이 되지 않는다(CISG Art. 181.).

승낙은 청약과 합치하여 계약을 성립시키는 효력을 갖는다.[201] 따라서 승낙의 효력발생 시기는 계약의 성립시기이며, 승낙의 도달장소는 계약의 성립장소가 된다. 이 경우 계약의 성립장소는 준거법(applicable law)의 적용이나 재판관할(jurisdiction) 결정에 기준이 될 수 있다.

CISG에서는 청약에 대한 승낙은 당해 승낙의 의사표시가 청약자에게 도달한 때에 효력을 발생한다고 하고, 동시에 청약과 승낙에 관한 여타의 관련 조문에서도 의사표시는 상대방에게 도달하는 때 그 효력을 발생한다고 하여 일률적으로 도달주의를 수용하고 있다(CISG Art. 18(2)).[202]

---

201) 이른바 '2단계 공식'(two-step formula)이라고도 한다(Honnold, *op. cit.*, p.144.).

202) CISG Art. 18. "1. A statement made by or other conduct of the offeree indicating assent to an offer is an acceptance. Silence or inactivity does not in itself amount to acceptance. (2) An acceptance of an offer becomes effective at the moment the indication of assent reaches the offeror. An acceptance is not effective if the indication of assent does not reach the offeror within the time he has fixed or, if no time is fixed, within a reasonable time, due account being taken of the circumstances of the transaction, including the rapidity of the means of communication employed by the offeror. An oral offer must be accepted immediately unless the circumstances indicate otherwise. (3) However, if, by virtue of the offer or as a result of practices which the parties have established between themselves or of usage, the offeree may indicate assent by performing an act, such as one relating to the dispatch of the goods or payment of the price, without notice to the offeror, the acceptance is effective at the moment the act

2. PICC

PICC는 승낙의 효과에 대하여 CISG의 조문내용과 동일하게 승낙을 의도하고는 있으나, 추가 · 제한 또는 기타의 변경을 담고 있는 청약에 대한 응답은 청약의 거절이자 또한 대응청약으로 간주하고 있다(PICC Art. 2.1.111.).

또한 CISG와 마찬가지로, 청약의 내용을 실질적으로 변경하는 것이 아닌 사소한 변경의 경우에는 계약의 성립으로 간주하는 것이 보다 효율적일 수 있다는 견지에서, 승낙을 의도하고 있고 청약의 조건을 실질적으로 변경하지 아니하는 추가적 또는 상이한 조건을 담고 있는 청약에 대한 응답은 승낙이 된다고 명시하고 있다(PICC Art. 2.1.11(2)).[203]

PICC에서는 '서식의 충돌'(battle of forms) 규정을 포함하여 '표준약관에 기한 계약체결'(contracting under standard terms), '의외의 약관'(surprising terms), '표준약관과 비표준약관의 충돌'(conflict between standard terms and non-standard terms) 등에 관한 규정을 두고 있다(PICC Art. 2.1.19, Art. 2.1.22).[204]

---

is performed, provided that the act is performed within the period of time laid down in the preceding paragraph."

203) PICC Art. 2.1.11(Modified acceptance). "1. A reply to an offer which purports to be an acceptance but contains additions, limitations or other modifications is a rejection of the offer and constitutes a counter-offer. (2) However, a reply to an offer which purports to be an acceptance but contains additional or different terms which do not materially alter the terms of the offer constitutes an acceptance, unless the offeror, without undue delay, objects to the discrepancy. If the offeror does not object, the terms of the contract are the terms of the offer with the modifications contained in the acceptance."

204) PICC Art. 2.1.19(Contracting under standard terms). "1. Where one party or both parties use standard terms in concluding a contract, the general rules on formation apply, subject to Art. 2.1.20-2.1.22. (2) Standard terms are provisions which are prepared in advance for general and repeated use by one party and which are actually used without negotiation with the other party." ; Article 2.1.22(Battle of forms). "Where both parties use standard terms and reach agreement except on those terms, a contract is concluded on the basis of the agreed terms and of any standard terms which are common in

서식의 충돌에 따른 해결책으로서 제시될 수 있는 법원칙으로 '최후발포이론'(last shot theories)을 들 수 있다. 이는 서로 모순되는 서식 가운데 어느 하나를 선택하는 방법에 관한 원칙으로서 상호 모순되는 서식들이 존재할 경우에는 양당사자간에 교환된 서식들 중에서 '최후에 제시된 서식'(last form)에 효력이 인정된다.[205]

일반적으로 표준약관(standard terms)은 계약당사자간 지속적인 상거래를 위하여 사업자가 사전에 마련하여 두고, 개별조항의 내용에 대하여는 상대방과의 협의없이 사용하는 표준적 계약조항들로서 서식의 충돌 대부분은 당사자간에 교환된 표준약관의 일부조항이 서로 다르기 때문에 발생한다.[206]

PICC에서는 양당사자 모두가 표준약관을 사용하여 그 두 표준약관을 제외하고서 합의에 도달한 경우에 계약은 합의된 계약조건 및 그러한 두 표준약관상 그 내용이 공통하는 계약조건에 따라 체결된다고 하고, 그럼에도 일방이 사전 또는 사후에 부당하게 지체하지 않고 상대방에게 자신은 그러한 계약에 구속되지 않는다고 분명하게 밝히는 때에는 그러하지 아니하다고 규정하고 있다(PICC Art. 2.1.22). 따라서 PICC는 서식의 충돌에 관한 규정을 둠으로써 CISG를 제정할 당시 각국의 이해관계의 충돌로 인하여 누락된 부분을 보충하고 있다.[207]

3. PECL

PECL에서는 변경된 승낙의 효과를 보다 구체화하여 청약의 내용을 실질

substance unless one party clearly indicates in advance, or later and without undue delay informs the other party, that it does not intend to be bound by such a contract."

205) '최종서식'이라고도 한다. '최종발포이론'도 이와 같다(Whincup, *op. cit.*, paras. 2.15.~2.26 ; Schmitthoff, *op. cit.*, p.64).

206) DiMatteo, L. A., *The Law of International Contracting*, Kluwer Law Int', 2000. p.201.

207) 승낙의 방법에 관한 PICC의 규정내용은 상기한 CISG의 규정내용과 동일하다. 또한 승낙의 효력발생시기와 관련하여 PICC의 규정 또한 도달주의를 명시함으로서 CISG에서의 규정취지와 동일하게 되어 있다.

적으로 변경하는, 즉 추가된 또는 다른 내용을 명시적으로 또는 묵시적으로 포함하는 피청약자의 응답은 거절이고 또 새로운 청약이라고 하고 있다(PECL Art. 2:2081.). 아울러 청약에 대하여 확정적으로 동의하는 응답은, 추가된 또는 다른 내용을 명시적으로 또는 묵시적으로 포함하는 경우에도 그 내용이 청약의 내용을 실질적으로 변경하지 아니하는 때에는 승낙으로 된다고 하고, 이때 추가된 또는 다른 내용 또한 계약의 일부로 수용되도록 하고 있다(PECL Art. 2:208(2)).

그러나 청약에 동의하는 응답에 관하여 청약이 명시적으로 청약의 내용에 대한 승낙만으로 제한하는 경우, 청약자가 추가된 또는 다른 내용에 지체없이 이의를 제기한 경우, 피청약자가 추가된 또는 다른 내용에 대한 청약자의 동의를 조건부로 승낙하고 그 승낙이 합리적 기간 내에 피청약자에게 도달하지 아니한 경우에는 '청약의 거절'(rejection of the offer)로 간주하고 있다(PECL Art. 2:208(3)).[208)]

한편 PECL에서는 CISG에서와는 달리 청약과 승낙에 의하지 아니하고 체결된 계약의 유효성을 인정하고 있기도 한데, 즉 계약체결의 과정이 청약과 승낙으로 나누어 지지 아니하는 경우에도 동 원칙의 규정이 적절한 변경하에 적용된다고 하고 있다(PECL Art. 2:211).[209)]

또한 PECL에서는 '일반조건의 충돌'(conflicting general conditions) 규정을

---

208) PECL Art. 2:208(Modified Acceptance). "1. A reply by the offeree which states or implies additional or different terms which would materially alter the terms of the offer is a rejection and a new offer. (2) A reply which gives a definite assent to an offer operates as an acceptance even if it states or implies additional or different terms, provided these do not materially alter the terms of the offer. The additional or different terms then become part of the contract. (3) However, such a reply will be treated as a rejection of the offer if: (a) the offer expressly limits acceptance to the terms of the offer; or (b) the offeror objects to the additional or different terms without delay; or (c) the offeree makes its acceptance conditional upon the offeror's assent to the additional or different terms, and the assent does not reach the offeree within a reasonable time."

209) PECL Art. 2:211(Contracts not Concluded through Offer and Acceptance). "The rules in this section apply with appropriate adaptations even though the process of conclusion of a contract cannot be analysed into offer and acceptance."

두어 청약과 승낙이 각각 상반된 계약의 일반조건을 지시하는 것을 제외하고 합의에 도달한 경우에도 계약은 성립한다고 하여, 이들 일반조건이 실질적으로 상호 공통하는 한도 내에서 계약의 일부로 수용될 수 있음을 명시하고 있다(PECL Art. 2:2091.).

그러나 당사자 일방이 사전에 명시적으로 일반조건에 의하지 아니하고 계약에 구속될 의도가 없음을 나타낸 경우 그리고 그러한 계약에 구속될 의도가 없음을 즉시 상대방에게 고지한 경우 계약은 성립하지 않는다(PECL Art. 2:209(2)).[210]

승낙의 효력발생시기에 관하여 PECL은 PICC에 비해 통지에 관한 부분에서 일부 차이를 보이고 있다(PICC Art. 1.10, PECL Art. 1:303).[211] 즉 각 규

---

210) PECL Art. 2:209(Conflicting General conditions). "1. If the parties have reached agreement except that the offer and acceptance refer to conflicting general conditions of contract, a contract is nonetheless formed. The general conditions form part of the contract to the extent that they are common in substance. (2) However, no contract is formed if one party: (a) has indicated in advance, explicitly, and not by way of general conditions, that it does not intend to be bound by a contract on the basis of paragraph 1.; or (b) without delay, informs the other party that it does not intend to be bound by such contract. (3) General conditions of contract are terms which have been formulated in advance for an indefinite number of contracts of a certain nature, and which have not been individually negotiated between the parties."

211) PICC Art. 1.10(Notice). "1. Where notice is required it may be given by any means appropriate to the circumstances. (2) A notice is effective when it reaches the person to whom it is given. (3) For the purpose of paragraph (2) a notice "reaches" a person when given to that person orally or delivered at that person's place of business or mailing address. (4) For the purpose of this article "notice" includes a declaration, demand, request or any other communication of intention." ; PECL Art. 1:303(Notice). "1. Any notice may be given by any means, whether in writing or otherwise, appropriate to the circumstances. (2) Subject to paragraphs (4) and (5), any notice becomes effective when it reaches the addressee. (3) A notice reaches the addressee when it is delivered to it or to its place of business or mailing address, or, if it does not have a place of business or mailing address, to its habitual residence (4) If one party gives notice to the other because of the other's non-performance or because such non-performance is reasonably anticipated by the first party, and the notice is properly dispatched or given, a delay or inaccuracy in the transmission of the notice or its failure to arrive does not prevent it from having effect. The notice shall have effect from the

정 모두 모든 통지에 대하여 도달주의에 따른다고 천명하고 있으나, 예외적으로 PECL은 일방 당사자의 불이행에 기하여 요구되는 통지에 대해서는 발신주의를 채용하고 있다. 즉 일방 당사자가 상대방의 불이행을 이유로 혹은 그러한 불이행이 합리적으로 그 당사자에 의하여 예견되었기 때문에 통지한 경우에는 그 통지가 적절하게 발송되거나 교부되었다면 그 통지가 연착되거나 잘못 전달되거나 혹은 도달하지 않았다고 하더라도 그러한 사실은 통지의 효력발생에 영향을 미치지 않는다.[212)]

Ⅲ. 계약의 성립요건에 관한 적용사례

1. 「Bezirksgericht St. Gallen : Switzerland」, 『3PZ 97/18』

① 사건명

「Bezirksgericht St. Gallen : Switzerland」, 『3PZ 97/18』, "*C. v. W.*" 1997.

② 쟁점

매매계약이 유효하게 체결되었다고 보기에 충분한지 여부

③ 적용법규

CISG Art. 8(2)~(3), Art. 11, Art. 14, Art. 55, Art. 78.

---

time at which it would have arrived in normal circumstances. (5) A notice has no effect if a withdrawal of it reaches the addressee before or at the same time as the notice. (6) In this Article, 'notice' includes the communication of a promise, statement, offer, acceptance, demand, request or other declaration."

212) 이외에 PECL에서 도달주의를 채용하고 있는 규정례는 Art. 1:303을 포함하여 기간계산(computation of time ; Art. 1:304), 청약거절(rejection ; Art. 2:203), 계약체결시기(time of conclusion of the contract ; Art. 2:205), 승낙기간제한(time limit for acceptance ; Art. 2:206) 등이 있다.

④ **사실관계**

네덜란드에 영업소를 둔 매도인과 스위스에 영업소를 둔 매수인은 직물(textiles)을 계약의 목적물로 하여 구두합의(oral agreements)로 매매계약을 체결하였다.

계약내용에 따르면 직물이 매수인에게 인도되기 전에 수를 놓기 위하여 제3자인 자수업자(embroiderer)에게 인도되도록 되어 있었다. 그리하여 매수인은 팩스로 매도인에게 일정량의 직물을 자수업자에게 인도해 줄 것을 요청하였다. 이어서 매수인은 매도인에게 자수업자에게 이미 인도된 직물에 대한 상업송장(commercial invoice)을 발행해 줄 것을 요청하였고, 이에 매도인은 매수인에게 상업송장을 발행하였다.

1개월 후 매수인은 매도인에게 인도된 직물의 가격이 고가이므로 이를 재조정해 줄 것을 요청하였고, 동시에 인도된 수량이 계약서에서 합의한 수량과 다르다고 주장하는 내용의 서신을 발송하였다. 며칠 후 매도인은 요청한대로 가격을 재조정한 서신을 발송하였다.

그렇지만 일정기간 후 매수인은 계약서가 작성되지 않았다고 하는 사실과, 그 과정에서 당사자간 직물가격을 합의하지 않았다고 하는 사실을 들어 계약의 성립을 부정하고 이를 파기하였다. 이에 매도인은 당해 법원에 소를 제기하였다.

⑤ **판결요지**

구두합의에 따라 계약서가 없으므로 계약이 유효하게 성립하였는지 판단하기 위하여, 우선 CISG가 요구하는 청약의 모든 요건(CISG Art. 14)이 갖추어졌는지를 검토해 보면, 이는 청약자로서 매수인이 승낙의 경우에 구속될 의사가 있었는지와 물품의 수량을 정함에 있어서 충분히 확정되었는가에 따라 결정될 것이다.

상대방과 같은 부류의 합리적인 자가 동일한 상황에서 이해하였을 바에 따라 당사자의 진술과 행동을 해석하건대(CISG Art. 8(2),(3)), 당초 매수인은 계약에 구속될 의사가 있었을 뿐만 아니라 물품의 수량 또한 확정될 수 있었다고 할 것이다.

계약체결시에 당사자간에 확립된 사정이나 관례가 없다면, 계약에 구속될 의사는 계약체결 후 당사자의 행위에 비추어 해석되어야 할 것인 바, 매수인이 매도인에게 인도된 물품에 대한 상업송장을 발행하도록 요구한 것은 매수인이 제안할 당시 계약에 구속될 의사가 있었음을 증명하는데 충분하다.

마찬가지로 매수인의 행위에 비추어 보건대, 매수인이 물품이 인도된 후 2개월이 지나서야 비로소 수량에 대하여 이의를 제기한 사실은 실제로 인도된 수량의 물품에 대하여 매매계약이 유효하게 체결되었다고 인정하기에 충분하다.

당사자가 계약상 매매가격에 대하여 합의하지 않았으나, 매수인이 수정된 상업송장에 표시한 가격에 대하여 이의를 제기하지 않았으므로 그 가격은 당해 거래에 있어서 유사한 상황에서 일반적으로 청구되는 가격으로 해석할 수 있다(CISG Art. 55).

⑥ **논점 및 평가**

이 판례는 논점은 계약이 유효하게 성립하였으나 그 대금을 명시적 또는 묵시적으로 정하지 아니하거나 또는 이를 정하기 위한 규정을 두지 아니한 경우 당사자는 어떠한 반대의 표시가 없는 한, 계약성립시에 당해거래와 유사한 상황하에서 매매되는 물품에 대하여 일반적으로 징구되는 대금을 묵시적으로 원용한 것으로 본다는 것이다.

이 사건의 경우에도 매수인이 매도인을 상대로 물품에 대한 상업송장을 발행하도록 요구한 것에 비추어 매수인이 제안을 할 당시 계약에 구속될 의사가 있었다고 볼 수 있으며, 매수인이 물품이 인도된 후 2개월이 지나서야 수량에 대하여 이의를 제기한 사실은 실제로 인도된 수량의 물품에 대하여 매매계약이 유효하게 체결되었다고 보기에 충분하다고 판단한 점에서 당사자의 행위에 의하여 매매계약의 성립이 인정되는 범위를 넓게 인정한 사례이다.

2. 「Oberster Gerichtshof : Austria」, 『2 Ob 547/93』

① Cases

「Oberster Gerichtshof : Austria」, 『2 Ob 547/93』, "*M. v. K.*", 1994

② Keyword

Offer : Definiteness of Quantity (CISG Art. 14) : Interpretation of Offer According to Understanding of Reasonable Person of The Same Kind as Other Party in Same Circumstances (CISG Art. 8(2)) : Relevance of Subsequent Conduct by Buyer (CISGArt. 8(3)).

Offer : Definiteness of Price (CISG Art. 14) : Price Range According to Quality of Goods : Sufficiently Definite.

Price : Place of Payment of Price : Seller's Place of Business (CISG Art. 571.(A))

③ Abstract

An Austrian buyer ordered from a German seller a 'certain quantity' of medium to good quality Chinchilla furs, at a price ranging from 35 to 65 German Marks apiece. The seller sent 249 furs, 239 of which were sold on by the buyer to an Italian customer. The buyer paid only 2400 Marks to the seller, who then commenced an action to recover the rest of the price due. Both lower Courts decided in favor of the seller; the buyer appealed to the Supreme Court.

The Supreme Court confirmed the lower Court's decisions and granted the seller payment of the sums it asked for. According to the Court, the buyer's proposal constituted an offer which was sufficiently definite as to the quantity of goods and as to their price, since it implicitly made provisions for determining both elements (Art. 141. CISG). The Court held that in order to ascertain whether an offer is sufficiently definite, it has to be interpreted according to the understanding of a reasonable person of the same kind as the other party in the same circumstances (Art. 8(2) CISG) and that in determining such understanding all relevant circumstances of the case are to be considered, including negotiations, practices established between the parties, usages and subsequent conduct of the parties (Art. 8(3) CISG).

As to the quantity of goods, the Court held that the request of 'a certain quantity' of furs made the offer sufficiently definite in view of the subsequent conduct of the buyer, who immediately sold on almost all the delivered furs without complaints as to their quantity.

As to the price of goods, in the opinion of the Court the offer was sufficiently definite since the parties agreed on a range from 35 to 65 German Marks for medium to good quality furs, which made it possible to price each fur according to its quality. As the price was implicitly determined according to Art. 14 CISG, the Court left open the question whether in the absence of such a determination, reference can be made to the market price of the goods sold (Art. 55 CISG).

Finally, the Court held that in the absence of a contrary agreement between the parties, payment of the price was to be made at the seller's place of business (Art. 571.(a) CISG), and not at the place of delivery of the goods. The latter rule applies when payment is to be made against the handing over of the goods or of documents (Arts. 571.(b) and 58 CISG), and according to the Court it refers only to the situation where payment must be made to a carrier or a warehouse holder.

3. 「Cour d'Appel de Colmar : France」, 『Unknown』

① Cases

「Cour d'Appel de Colmar : France」, 『Unknown』, "*Unknown*", 2001.

② Keyword

Contract of Sale : Necessary Elements : Determination of Quantity, Quality And Price.

Contract of Sale : Necessary Elements : Seller's Obligation to Deliver The Goods (CISG Art. 30) : Buyer's Obligation to Take Delivery And Pay The Price (CISG Art. 53).

Exemption for Non Performance : Impediment Not Amounting to Exemption If Predictable (CISG Art. 79).

Long-Term Business Relationship : Change of Circumstances : Failure to Provide for Mechanisms of Renegotiation by A Commercially Experienced Buyer : Exemption for Non Performance Excluded.

Damages : Duty to Mitigate (CISG Art. 77).

③ Abstract

A Swiss seller and a French buyer concluded a framework agreement whereby the former undertook to supply a certain quantity of goods to the latter. Under the contract the goods had to be delivered over a period of eight years depending on the needs of the final customer to whom the goods had to be resold. Faced with the final customer's decision to reduce the repurchase price, the buyer refused to take delivery of most of the goods. Subsequently, a dispute arose between the seller and the buyer.

The Court of first instance did not qualify the contract concluded by the parties as a contract of sale and therefore held CISG not applicable (Tribunal de Grande Instance de Colmar, 18.12.1997: see abstract and full text in UNILEX).

Reversing the first instance decision, the appellate Court affirmed that the case at hand was governed by CISG (Art.11.(a) CISG). In reaching this conclusion, it pointed out that the qualification given to the contract by the parties ('confirmation relative a l'accord…') was not significant in order to determine whether a contract of sale had been formed. Regard had to be given to the real content of the parties' agreement. Together with the fact that the parties had respectively qualified themselves as manufacturer ('fabriquant') and buyer ('acheteur'), other circumstances had to be taken into account.

Firstly, the contract at hand contained a precise determination of goods both as to quality (through indication of its color, weight, packaging) and as to quantity. In particular, the fact that the exact quantity was to be determined by referring to the final customer's needs did not amount to lack of determination of quantity (as put forward by the buyer), but only to a criterion to distribute over a period of eight years the minimum quantity to be delivered fixed by the contract.

Secondly, the Court observed that since the seller had undertaken the obligation to create stocks in order to satisfy the final customer's needs, its obligation was not merely to keep goods at the buyer's disposal, but to manufacture and deliver them over a period of eight years. It followed that the buyer had in turn undertaken the obligation of taking delivery and paying the price, because otherwise the agreement reached between the parties would have been totally damaging for the seller, exposing it to the risk of producing large quantity of goods which might remain unsold.

Consequently, the contract at hand had to be deemed a contract of sale meeting all the requirements under CISG.

Moreover, the Court held the buyer liable for breach of contract under CISG (Art. 61 CISG). In reaching this conclusion, the Court rejected the buyer's argument that its decision not to take delivery of goods was caused by an event beyond its control and unpredictable at the time of conclusion of the contract (Art. 79 CISG). Not only was the reduction of the repurchase price by the final customer predictable at the time of conclusion of the contract, but it was up to the buyer, who was aware of entering into a long-term business relationship, to provide for mechanisms of renegotiation for the case of changes of circumstances (i.e. by including a hardship clause in the contract).

Finally, the Court awarded the seller damages (Art.74 CISG) to be determined taking into account the possibility for it to mitigate the loss (Art. 77 CISG) by reselling or re-using the stock in a different way.

4. 「Oberlandesgericht Frankfurt : Germany」, 『9 U 13/00』

① 사건명

「Oberlandesgericht Frankfurt : Germany」, 『9 U 13/00』, "*Unknown*", 2000.

② 쟁점

송장(invoice)의 발송을 청약으로 간주할 수 있는 조건과 그 내용

③ 적용법규

CISG Art. 1, Art. 8, Art. 14, Art. 18.

④ 사실관계

독일의 매수인은 인도의 매도인으로부터 직물(textiles)을 매수하였다. 1998

년 3월 2일 이 사건의 원고이며 스위스에 영업소를 두고 있는 매도인의 자회사(법적으로 매도인으로부터 독립되어 있는 회사)가 매도인의 요청에 따라 팩스로 송장(invoice)을 보내겠다는 내용의 팩스를 매수인에게 송부하였다. 이후 매수인은 3월 11일부 팩스로 모든 거래는 스위스법에 의한다는 내용의 송장을 매도인으로부터 수령하였다.

원고는 3월 중순 매수인에게 약속어음(promissory note)을 요구하였고, 이에 매수인은 수취인란에 인도의 매도인의 이름과 주소를 기재하여 즉시 발송하였다.

이후 매수인은 원고가 CISG에 따른 청약을 하지 않았기 때문에 자신과 원고 사이에 매매계약이 성립되지 않았다고 주장하고, 기 발행된 약속어음을 무효로 하였다. 이에 원고는 매수인의 약속어음 지급을 구하는 소를 제기하였다.

⑤ **판결요지**

법원은 원고가 CISG의 규정에 따른 청약을 하지 않았기 때문에 매수인과 원고 사이에 매매계약은 성립되지 않았다는 매수인의 주장을 수용하였을 뿐만 아니라(CISG Art. 14), 3월 2일자 팩스는 물품의 성질과 수량 및 가격을 정할 방법을 포함하고 있지 않으므로 청약으로 볼 수 없다고 판시하였다.

3월 11일에 매수인에게 보내진 송장은 비록 위와 같이 필요한 결정방법을 포함하고 있고, 원고가 그것이 청약으로 이해되기를 의도하였다고 하더라도, 매수인이 원고의 의도를 몰랐고, 또한 알 수도 없었으므로 이것 역시 청약으로 볼 수 없다.

한편 매수인이 송장을 청약으로 이해하였는지의 여부는 송장의 객관적인 내용에 따라 해석하여야 할 것인 바(CISG Art. 8), 그런데 매수인에게 송부한 송장에서 원고는 인도 소재 매도인의 요청에 따라 조치한 것이라고 명시하고 있으므로 매수인이 이를 청약으로 이해할 수는 없다고 할 것이다.

나아가 3월 2일자 팩스에서도 매도인의 요청에 따라 원고가 송장을 작성하였다고 기재되어 있는데, 원고가 매수인에게 약속어음을 보내라고 요구한 팩스도 인도 매도인의 요청에 따른 것이라고 기재되어 있어 청약으로 볼 수 없다.

⑥ **논점 및 평가**

이 판결은 매도인의 송장발송을 청약으로 볼 수 있으려면 관련된 의사전달과정 및 송장에 물품의 성질과 수량 및 가격을 정할 방법이 포함되어 있어야 하며 또한 매수인이 송장을 청약으로 이해하였어야 하는데, 자회사가 송장을 보내면서 제3자인 모회사의 요청에 따른 것임을 명시하였다면 매수인이 이를 청약으로 이해할 수 없었을 것이므로 그러한 송장발송은 유효한 청약으로 볼 수 없다고 판시한 사례이다.

5. 「Bundesgericht : Switzerland」, 『4C.103/2003』

① **사건명**

「Bundesgericht : Switzerland」, 『4C.103/2003』, “*Unknown*”, 2003.

② **쟁점**

동의를 표시하는 행위에 의한 승낙이 유효한지 여부

③ **적용법규**

CISG Art. 8, Art. 11, Art. 14, Art. 18.

④ **사실관계**

당사자간 매매계약이 체결된 후 매도인은 계약의 목적물을 충당하기 위하여 생산자와 계약을 체결하고, 그 내용의 하나로서 생산자가 직접 매수인에게 물품을 인도하기로 하는 계약을 체결하였다.

이후 매수인의 영업실적이 저조하자 당사자는 당초 계약내용에 비추어 물품의 수량을 변경하였고, 이로 인하여 발생하는 비용은 새로이 공급되는 물품대금에서 공제하기로 합의하였다.

매도인은 이러한 계약변경의 합의를 포함하여 생산자는 매수인에게 직접 대금을 청구할 수 있다는 내용을 기재한 서면을 매수인에게 발송하면서 생산자에게 물품을 주문하였다.

물품생산 후 생산자는 매도인과의 계약에 의거 매수인에게 대금지급을 청구하였으나, 매수인은 새로운 물품대금에 관하여 매도인에게 계약의 변경으로 인한 비용의 공제를 요구하였다.

아울러 매수인은 계약은 매도인과 체결한 것이지 생산자와 체결한 것이 아니므로 생산자는 대금지급을 구할 권리가 없다고 주장하였다.

⑤ **판결요지**

CISG에 의할 경우 계약은 서면으로 체결될 필요가 없다(CISG Art. 11). 생산자와 매수인이 계약을 체결하였는지를 판단하기 위하여 당사자의 진술과 행위를 해석한 결과 당사자간 계약은 체결되지 아니하였다(CISG Art. 8).

또한 생산자가 매수인에게 물품을 인도한 것이 합리적으로 계약을 체결하기 위한 청약이라고 보여지지 않고(CISG Art. 14), 매수인이 이를 수령한 행위 역시 청약에 대한 승낙이라고 해석되지 아니한다.

나아가 매수인이 생산자의 송장발송을 계약을 체결하기 위한 제안이라고 이해하였으리라고 기대할 수 없으므로, 매수인이 이에 대하여 응답하지 않은 것이 다른 사정이 없는 한, 묵시적인 승낙으로 이해될 수는 없다. 오히려 매수인이 매도인에게 주문한 사실에 비추어 생산자는 매도인을 위한 대리인에 불과하였다고 보아야 할 것이다.

⑥ **논점 및 평가**

이 판결은 사안의 제반사정에 비추어 물품의 생산자를 매도인의 대리인에 불과하다고 보아 생산자의 물품인도나 매수인의 물품수령행위를 청약과 승낙으로 볼 수 없고, 나아가 매수인 자신이 수령한 송장을 계약체결을 위한 제안이라고 이해하였으리라고 기대할 수 없으므로 매수인이 송장발송에 응답하지 아니한 것을 묵시적 승낙으로 볼 수 없기에 생산자와 매수인간에는 매매계약이 성립되지 않았다고 판단한 사례이다.

6. 「US District Court, S.D., NY : USA」, 『91 Civ. 3253 (CLB)』

① **Cases**

「U.S. District Court, S.D., New York : USA」, 『91 Civ. 3253 (CLB)』, "*Filanto S.p.A. v. Chilewich International Corp.*", 1992

② **Keyword**

Arbitration : Convention on The Recognition And Enforcement of Arbitual Awards (New York 1958) : Stay of Court Proceedings If Wretten Agreement to Arbitrate.

Application of CISG : Parties with Places of Business in Contracting States (CISG Art. 11.(A)) : CISG Applicable to Determine Whether Agreement to Arbitrate.

Offer Incorporating Agreement to Arbitrate.

Interpretation of Intention of Party (CISG Art. 8(3)) : Subsequent Conduct.

Acceptance : Conduct Indicating Assent (CISG Art. 181.) : Practices Established Between The Parties (CISG Art. 18(3)) - Silence Or Inactivity.

Acceptance : Rejecting Arbitration Clause Contained in Offer : Amounts to Counter-Offer (CISG Art. 19(3))

Evidence of Contract : Statute of Frauds And Parol Evidence Rule Not Applicable (CISG Art. 8(3),11)

③ Abstract

A New York buyer entered into multiple contracts with an Italian seller in order to fulfil a master agreement that the buyer had concluded with a Russian ('the Russian master agreement'). The Russian master agreement contained a clause which required disputes to be arbitrated in Moscow. The buyer partly performed one of the contracts and the seller commenced action in New York claiming breach of contract. The buyer sought a stay of the action and arbitration in Moscow pursuant to the arbitration clause in the Russian master agreement. The issue in this case was whether the arbitration clause in the Russian master agreement had been incorporated into the contract between the buyer and the seller.

The Court, in order to grant the stay for arbitration pursuant to the Convention on the Recognition and Enforcement of Foreign Arbitral Awards (New York 1958), had to establish whether the parties had concluded a written agreement to arbitrate as required by Art. II(a) of that Convention.

The Court held that the contract was governed by CISG as at the time of the conclusion of the contract the parties had their places of business in contracting States (USA and Italy) (Art. 11.(a) CISG). CISG was applied to determine whether there was a written agreement to arbitrate between the parties.

The Court found that the seller was bound by the arbitration agreement. The agreement was part of the buyer's original offer which the seller was deemed to have accepted. In reaching its conclusion, the court took into account the previous practices of the parties (Art. 8(3) CISG) and held that due to the extensive course of prior dealing the seller was under a duty to alert the buyer in a timely fashion of its objection to incorporating the arbitration clause (an objection made only 5 months after the offer was not timely). This all the more so since the seller knew that the buyer had already commenced performance by opening the letter of credit in its favor. The fact that the seller itself later on started performance by shipping part of the goods ordered constituted a further indication of its intention to accept the buyer's original offer (Art. 181. CISG). Equally, the seller's subsequent reliance on clauses in the master agreement which it had previously excluded, is yet another indication of its intention to be bound by all clauses of the master agreement (Art. 8(3) CISG).

The Court disregarded the seller's argument that in its reply to the buyer's original offer five months later it expressly objected to the incorporation of the arbitration agreement, thereby rendering its acceptance a counter-offer (Art. 19(3) CISG).

The Court noted in a footnote that Art. 11 and Art. 8(3) CISG essentially rejects both the Statute of Frauds and the parol evidence rule.

Accordingly, the Court issued final judgement and ordered a mandatory injunction to arbitrate in Moscow.

7. 「US District Court, Minnesota : USA」, 『Civ. 04-4386 ADM/AJB』

① Cases

「U.S. District Court, Minnesota : USA」, 『Civ. 04-4386 ADM/AJB』, “The Travelers Property Casualty Company of America and Hellmuth Obata & Kassabaum, Inc. v. Saint-Gobain Technical Fabrics Canada Ltd.”, 2007.

② Keyword

Exclusion of Convention (Art. 6 CISG) : Need of An Express Statement That CISG Does Not Apply : Choice of Law of Contracting State Does Not Amount to An Implied Exclusion.

Exclusion of Convention (Art. 6 CISG) : Affirmative Opt-out Requirement Promotes Uniformity And Observance of Good Faith in International Trade (Art. 71. CISG).

Formation of Contract : Written Form Not Necessary (Art. 11 CISG).

Requiremnets for Offer : Must Be Sufficiently Definite (Art. 14 1. CISG) : Order Containing Quantity, Price And Indication of The Goods : Sufficiently Definite.

Acceptance : Conduct Indicating Assent (Art. 181. CISG) : Practices Established Between The Parties (Art. 18(3) CISG).

③ Abstract

An U.S. company involved in the construction of a multi-purpose center located in Denver, California, ordered from a Canadian seller reinforcing mesh. The reverse side of the purchase order sent by the buyer to the seller contained its own general terms and conditions of purchase. In response to the order, the seller shipped the goods to the buyer and, the same day, sent an invoice that included its general terms and conditions of sale. After the construction of the multi-purpose center had been completed, some portions of it broke off from the structure, necessitating repairs. Then, the liability insurer of the company which had been appointed as general contractor for the project, the prime sub-contractor and two other companies (in charge of providing design-related services, the exterior insulation and the finish system ("EIFS") to the center's exterior walls) brought an action (on their own behalf and as assignees of the buyer's claims) against the seller for damages, alleging that the mesh seller had supplied was defective and caused the collapse of part of the center.

By rejecting the seller's argument that the parties had excluded the application of CISG because the buyer's purchase order contained a choice of law clause in favour of the laws of the State of Minnesota, the Court held that CISG was applicable since both parties had their places of business in different contracting States (Art. (1l.(a) CISG) and had not expressly excluded its application according to Art. 6 CISG.

As to the merits, the Court, in response to the plaintiffs' argument that compensation for damage was due on the basis of the indemnity and warranties clauses contained in the buyer's standard terms ? which in its opinion formed part of the contract, since the seller sent its invoice including general conditions of sale after the seller had accepted the buyer's standard terms by shipping the mesh, and CISG follows the "last shot" rule (Arts. 18 and 19) - found that there were material factual issues regarding formation of the parties' contract which precluded a partial summary judgment for the plaintiffs. In the opinion of the Court, although the parties seemed to rely only on their writings as to the contract formation, it could not be excluded that an oral contract had already been concluded before any purchase orders and invoices had been exchanged between the parties according to Arts. 11 and 14 CISG. Nevertheless, the Court held that it was prevented from deciding whether the terms of the buyer's purchase order had become part of the contract since the parties had failed to provide evidence as to the timing of the exchange of their forms.

8. 「Hof' S-Hertogenbosch : Netherlands」, 『Unknown』

① 사건명

「Hof' S-Hertogenbosch : Netherlands」, 『Unknown』, "*Unknown*", 2002.

② **쟁점**

표준약관(standard terms)의 구속력을 담보하기 위한 조건의 충족 여부

③ **적용법규**

CISG Art. 7, Art. 9(2), Art. 18.

④ **참조조문**

PICC Art. 2.1.20.

PECL Art. 2:104.

⑤ **사실관계**

네델란드에 영업소를 둔 매수인은 프랑스에 영업소를 둔 매도인으로부터 식물(plants)을 매수하였다. 매수인이 계약의 목적물을 인도하였음에도 매도인이 대금지급을 지체하자, 매도인은 미지급 대금을 청구함과 동시에 계약의 일부인 표준약관에 규정된 지체배상금(penalty for delay)의 지급을 청구하였다.

이에 대하여 매수인은 대금지급 부분에 대하여는 물품의 하자로 인한 손해배상과의 상계를 주장하였고, 위약금의 지급에 관하여는 매도인의 표준약관은 계약에 편입되지 않았다고 주장하였다.

⑥ **판결요지**

매도인의 표준약관이 매매계약의 일부로 편입되는지의 여부는 CISG에 의하여 결정되어야 하나, CISG는 표준약관에 대하여 별도로 규정하고 있지 않으므로 계약의 성립에 관한 일반원칙이 적용된다.

계약의 일반원칙에 따르면 매도인이 청약에서 표준약관을 적용할 것임을 명시하고, 매수인이 이를 승낙한 경우에 한하여 표준약관의 구속력이 인정된다. 표준약관이 계약에 유효하게 편입되기 위하여는 계약체결 이전이나

또는 체결시에 이를 상대방 당사자가 접할 수 있거나 그 내용을 알 수 있었는지 여부를 살펴보아야 한다.

이는 CISG의 해석문제인 까닭에, CISG의 국제적인 성격과 통일적 적용을 증진시킬 필요성 및 국제상거래에 있어서의 신의칙의 준수를 고려하여야 한다(CISG Art. 7). 이 해석의 문제가 체약국의 국내법하에서 어떻게 다루어지는지와 그 공통된 원칙이 무엇인지에 주목하여야 할 것이다.

이러한 맥락에서 PICC의 주석(PICC Art. 2.1.20 Comment)을 참고할 때, 동 주석은 상대방이 표준약관의 존재를 알아야 하는지의 문제는 다루고 있으나, 상대방에게 표준약관의 내용을 숙지할 상당한 기회가 있었는지의 문제, 그리고 신의칙상 표준약관을 원용하는 당사자가 상대방에게 계약체결 이전이나 체결시 그 내용을 알리는 등으로 그러한 기회가 주어지도록 필요한 조치를 취할 의무가 있는지 문제는 다루고 있지 않다.

한편 PECL을 참조할 경우 개별적으로 합의되지 아니한 계약조건은 이를 주장하는 당사자가 계약체결 이전이나 체결시 이를 상대방이 유의하도록 합리적인 조치를 취한 경우에는 이를 알지 못하는 당사자에 대하여도 주장할 수 있고(PECL Art. 2:1041.), 아울러 상대방이 계약서에 서명하였더라도 계약서에 특정한 계약조건을 언급하는 것만으로는 상대방이 그 계약조건을 유의하도록 한 것으로 볼 수 없다(PECL Art. 2:104(2)).

상기 국제계약법규범의 제반 규정을 참고할 때, 당사자가 속한 국가인 네덜란드법과 프랑스법의 표준약관에 관한 법리와 일치하고, 또한 국제상거래에 있어서 신의칙의 준수를 증진시키는데 기여할 수 있다.

본 사건에 있어서 매도인이 매수인에게 표준약관을 계약체결 이전에 알리지 않아 매수인이 그 약관을 승낙하였다고 할 수 없으므로 매도인의 표준약관은 매수인을 구속하지 못한다고 할 것이다.

매도인이 물품인도시 매수인은 매도인의 표준약관 이면에 인쇄된 송장을 수령하였고, 당해 송장은 주문의 확인서라 할 수 있는데, 매수인은 이에 대하여 아무런 이의도 제기하지 않았다고 주장한데 대하여, 매수인은 물품의 인도시부터 약 2주 후에 이면에 표준약관이 인쇄된 송장을 받았고, 물품의 인도시에는 전면의 복사본만 받았다고 주장하였는데, 매도인은 이를 부인하지 않았다.

매도인이 과거의 상거래에서 이면에 표준약관이 기재된 송장을 매수인에게 보냈다는 주장 역시 이에 대한 증거가 충분하지 아니하므로 인정할 수 없다. 따라서 제반사정을 고려할 때, 매도인의 표준약관은 매수인을 구속하지 못한다.

⑦ **논점 및 평가**

이 판결은 매도인이 매수인에게 표준약관(standard terms)을 적시에, 곧 계약체결 이전에 알리지 않아 매수인이 그 약관을 승낙하였다고 할 수 없으므로 매도인의 표준약관은 매수인을 구속하지 못한다고 판시한 것이다.[213)]

동 판례에서 적용법규가 된 것은 CISG의 규정이지만, 판시이유를 살펴보면 PECL Art. 2:104의 취지를 적극적으로 반영함으로써 양계약법규범의 해석상 관련성을 밝히고 있는 점에서 의의를 찾을 수 있다.

9. 「Gerechtshof's Hertogenbosch : Netherlands」, 『456/95/He』

① **Cases**

「Gerechtshof's Hertogenbosch : Netherlands」, 『456/95/He』, "*E.H.T.M. Peters v. Kulmbacher Spinnerei & Co. Produktions KG*", 1996.

② **Keyword**

Formation of Contract : Incorporation of Standard Terms : Relevance of Usages of The Particular Trade Concerned And Practices Established Between Parties (CISG Art. 9).

---

213) 본 사건과 유사한 사례로서 참조.

③ Abstract

A Dutch buyer ordered yarn from a German seller. The seller replied by fax and later sent a formal confirmation of order which referred to the standard terms of the German Association of yarn traders. The standard terms, inter alia, provided that the interest rate in case of late payment was to be 4% over the discount rate of the Deutsche Bundesbank. After delivery the seller commenced an action for payment of the purchase price and interest according to its standard terms.

The Court observed that there was no significant difference between CISG (inter alia Art. 9 CISG) and German and Dutch domestic law with regard to the question as to whether the seller's standard terms had become part of the contract.

Without stating which law it was applying, the Court found that the standard terms had become part of the contract, though there was no evidence of the buyer having received the confirmation of order referring to them. In reaching this conclusion the Court took into account that standard terms are regularly used in the particular trade concerned. Owing to its experience as a businessman in the trade concerned, the buyer could not have been unaware of the widespread use of the standard terms referred to by the seller, nor of the specific provisions on interest, which were not of such a character that the buyer could not have expected them. This all the more so since the buyer had already concluded contracts with the same seller in the past.

The seller was thus awarded the purchase price and interest at the rate fixed by the standard terms.

4장 사정변경의 원칙

Ⅰ. 사정변경원칙의 적용기준과 불가항력

1. 적용요건과 제한

전술한 바와 같이 계약법상 '사정변경의 원칙'(*clausula rebus sic stantibus* ; change of circumstances)이란 계약의 성립 당시의 환경 또는 사정이 당초 계약내용에 비추어 현저히 변경되어, 당해 계약내용을 그대로 유지 · 강제하는 것이 신의칙에 반하는 부당한 결과를 발생시킬 경우 계약에 따른 법률효과를 새로운 사정에 적합하게 변경 또는 부정하여야 한다는 것을 말한다.

그런데 국제상사계약의 이행과정에서 당사자의 주관적 인식의 정도를 반영한 사정변경의 원칙을 빌미삼아 계약을 함부로 파기하는 것을 인정하게 되면, 신의칙 및 계약상 공평과 형평에 반하게 되는 결과를 초래할 수 있는 까닭에, 일반적으로 사정변경이 성립하기 위해서는 다음과 같은 엄격한 제한요건을 갖추어야 한다.[214]

계약의 성립 당시의 환경 또는 그 행위를 하게 된 사정이 당초에 정한 계약내용에 비추어 현저히 변경되어야 하고, 당해 사정변경이 당사자의 책임있는 사유에 기인한 것이 아니어야 하며, 그 사정변경을 당사자가 예견하지 못했고 또한 예견할 수 없었던 비정상적인 것이어야 할 뿐만 아니라 사

214) 사정변경원칙의 표현으로 인정되는 우리나라 민법규정으로는 제218조, 제312조의2, 제286조, 제557조, 제599조, 제628조, 제661조, 제698조, 제716조, 제720조 등을 예시할 수 있다.

정변경의 원인에 비추어 당초의 계약내용에 당사자를 구속시키는 것이 신의칙 또는 공정거래(fair dealing)에 있어 '합리적 기준'(reasonable standards)에 반하여야 한다.[215]

요컨대 사정변경원칙의 효과는 일반적으로 당사자로 하여금 장래에 향하여 계약의 내용을 수정할 것을 상대방에게 요구하든지 또는 해제 및 해지를 구할 수 있다는 것인데, 그 결과 '현저한 사정의 변경'과 '계약내용의 실현'은 계약적 공평과 형평을 실현하기 위하여 상호 조화를 추구해야 하는 대립적인 법적 가치가 된다.

2. 불가항력과의 관계

불가항력(*force majeure* ; unforeseen event)이란 외부로부터 발생한 장애의 사실에 대하여 보통 필요하다고 인정되는 수단을 강구하더라도 피할 수 없는 상태로서 일반적으로 사법상 책임 또는 채무 그리고 기타의 불이익을 면하게 하는 기준으로 사용되는 관념이다. 그 내용으로서는 '천재지변'(acts of god), '국가기관의 행위'(acts of government), '전쟁 · 폭동 등 정치적 요인'(wars, riots, civil commotions), '파업 · 운송사고 등 경제 · 사회적 요인'(strikes, acci- dents in transportation) 등을 예시할 수 있다.

불가항력은 보통의 무과실보다 엄격한 개념이며 사법상 낭사자가 고의 · 과실의 유무에 관계없이 절대적 책임을 지게 되는 경우 이를 제한하는 표준으로서, 연혁적으로 로마법의 수령책임(Receptumhaftung)에 대한 예외적 면책사유로서 발달하였다.

불가항력은 계약법상 또는 불법행위법상 면책사유로서의 법적 지위를 점하고 있으나, 용어가 함축하고 있는 의미가 매우 넓어 경우에 따라 그 개념

---

215) Farnsworth, "Duties of Good Faith and Fair Dealing un der the UNIDROIT Principles, Relevant International Conventions and National Laws", *Tulane Journal of International and Comparative Law*, 1995. Ⅴ ; Klein, *op. cit.*, Ch. Ⅰ. A.

이 동일하지는 않은 특성이 있다. 이를테면 국제계약법규범하에서도 불가항력에 관하여 유사한 요건을 규정하고 있으나, 그 효과에 있어서는 약간의 차이가 있고, 또한 PICC 및 PECL과는 달리 CISG는 사정변경의 원칙에 관한 명문의 규정을 두고 있지 않은 차이가 있다.

즉 PICC에서는 PECL과 마찬가지로 당사자의 의무가 면제되는 불가항력(*force majeure*)에 관한 조항(PICC Art. 7.1.7)과,[216)] PECL의 사정변경에 해당하는 장애[hardship]에 관한 조항(PICC Art. 6.2.1~6.2.3, PECL Art. 6:111)을 두고 있다.[217)] 양자의 근본적인 차이점은 불가항력의 경우에는 의무가 면제

216) PICC Art. 7.1.7(Force majeure). "1. Non-performance by a party is excused if that party proves that the non-performance was due to an impediment beyond its control and that it could not reasonably be expected to have taken the impediment into account at the time of the conclusion of the contract or to have avoided or overcome it or its consequences. (2) When the impediment is only temporary, the excuse shall have effect for such period as is reasonable having regard to the effect of the impediment on the performance of the contract. (3) The party who fails to perform must give notice to the other party of the impediment and its effect on its ability to perform. If the notice is not received by the other party within a reasonable time after the party who fails to perform knew or ought to have known of the impediment, it is liable for damages resulting from such non-receipt. (4) Nothing in this article prevents a party from exercising a right to terminate the contract or to withhold performance or request interest on money due."

217) PICC Art. 6.2.1(Contract to be observed). "Where the performance of a contract becomes more onerous for one of the parties, that party is nevertheless bound to perform its obligations subject to the following provisions on hardship." ; Art. 6.2.2(Definition of hardship). "There is hardship where the occurrence of events fundamentally alters the equilibrium of the contract either because the cost of a party's performance has increased or because the value of the performance a party receives has diminished, and (a) the events occur or become known to the disadvantaged party after the conclusion of the contract; (b) the events could not reasonably have been taken into account by the disadvantaged party at the time of the conclusion of the contract; (c) the events are beyond the control of the disadvantaged party; and (d) the risk of the events was not assumed by the disadvantaged party." ; Art. 6.2.3(Effects of hardship). "1. In case of hardship the disadvantaged party is entitled to request renegotiations. The request shall be made without undue delay and shall indicate the grounds on which it is based. (2) The request for renegotiation does not in itself entitle the disadvantaged party to withhold performance. (3) Upon failure to reach agreement within a reasonable time either party

되나, 장애의 경우에는 의무 자체가 면제되지는 않는다는 점이다. 따라서 만약 이행이 불가능하다면 불가항력에 해당하는지의 여부를 따져야 할 것이고, 달리 이행이 가능하지만 그 내용이 현저히 과중된 경우에는 장애의 문제로 다루어지게 될 것이다.

PECL에서는 당사자 의무의 감경 · 완화에 관하여 두 가지 측면에서 이를 고려하고 있는데, 하나는 당사자의 의무이행 자체를 면제하는 것이고, 다른 하나는 사정변경에 의한 당사자의 의무이행의 재협상과 법원의 개입을 보장하고 있다는 것이다.

Ⅱ. 사정변경의 원칙에 관한 비교

1. CISG

CISG에서는 사정변경의 원칙에 대한 명시적 규정은 두고 있지 않다. 그렇지만 사정변경에 따른 효과에 대하여 당사자 일방은 계약내용에 기한 당해 의무의 불이행이 그 자신의 지배를 벗어난 장애(impediment)에[218] 기인하였다는 점과 계약체결시에 그 장애를 고려하거나 또는 당해 장애와 장애의 결과를 회피하거나 극복하는 것이 합리적으로 기대될 수 없었다는 점을 입증하는 경우에는 자신의 의무불이행으로 인한 CISG상의 손해배상책임을

---

may resort to the court. (4) If the court finds hardship it may, if reasonable, (a) terminate the contract at a date and on terms to be fixed, or (b) adapt the contract with a view to restoring its equilibrium."

218) 여기서 '장애'의 의미는 이행을 방해하는 객관적 · 외부적 사유에 한하고 있는데, 이는 장애를 보다 좁게 그리고 객관적으로 해석되도록 하기 위함이었다. 즉 객관적 · 외부적 장애를 해석함에 있어서는 이것이 자연적 · 사회적 · 정치적 원인에 기하여 초래된 것인지 또는 물리적 혹은 법적 장애인지의 여부를 불문하고 있는 반면, 불이행 당사자의 주관적 · 내부적 사정과 '법률의 착오'(mistake of law) 등은 CISG Art. 79에 해당하는 장애가 아니라고 한다(허해관 · 한병완, 전게논문, 69~70면.).

면할 수 있도록 하고 있다(CISG Art. 791.). 이 경우 면책은 장애가 존재하는 동안에만 효력을 발생한다(CISG Art. 79(3)).

특히 불이행의 당사자는 당해 장애사유와 그것이 자신의 이행능력에 미치는 영향에 관하여 상대방에게 통지하여야 하는데, 불이행 당사자가 장애를 알았거나 또는 알았어야 하는 때로부터 상당한 기간 내에 그 통지가 상대방에게 도착하지 아니한 경우 당사자는 불착으로 인하여 발생하는 손해에 대한 책임을 부담하여야 한다(CISG Art. 79(4)).[219]

요컨대 CISG에서는 사정변경의 법률효과를 장애에 연관된 규정을 통해 유추적용될 수 있도록 이를 인정하고는 있으나, PICC 및 PECL에 비하여 그 요건이 매우 엄격하게 되어 있다. 즉 사정변경의 효력이 인정되는 기간을 제한하고 있을 뿐만 아니라 이행당사자의 면책도 단순한 사정변경에 의한 것이 아닌 불가항력에 상당하는 경우에만 허용하고 있다.

2. PICC

PICC에서는 사정변경의 원칙에 관하여 CISG에 비해 보다 상세하게 규정

---

219) CISG Art. 79. "1. A party is not liable for a failure to perform any of his obligations if he proves that the failure was due to an impediment beyond his control and that he could not reasonably be expected to have taken the impediment into account at the time of the conclusion of the contract or to have avoided or overcome it or its consequences. (2) If the party's failure is due to the failure by a third person whom he has engaged to perform the whole or a part of the contract, that party is exempt from liability only if: (a) he is exempt under the preceding paragraph; and (b) the person whom he has so engaged would be so exempt if the provisions of that paragraph were applied to him. (3) The exemption provided by this article has effect for the period during which the impediment exists. (4) The party who fails to perform must give notice to the other party of the impediment and its effect on his ability to perform. If the notice is not received by the other party within a reasonable time after the party who fails to perform knew or ought to have known of the impediment, he is liable for damages resulting from such nonreceipt. (5) Nothing in this article prevents either party from exercising any right other than to claim damages under this Convention."

하고 있다. 즉 장애[hardship]로 인하여 계약의 이행이 당사자 일방에게 보다 부담이 되는 경우 그 당사자는 그럼에도 불구하고 당해 의무를 이행하여야 한다고 하고(PICC Art. 6.2.1), 사정변경이란 당사자의 이행비용을 증가시키거나 당사자가 받는 이행의 가치를 감소시킴으로써 '계약의 형평성'(equilibrium of the contract)을 '중대하게 변경시키는 사건이 발생'(occurrence of events fundamentally alters)한 경우로 두고 있다.

아울러 그 구체적인 유형으로서 당해 사건이 발생한 때 또는 불이익을 입은 당사자가 그 사건을 알게 된 때가 계약체결 후인 경우, 계약의 체결시에 불이익을 입은 당사자가 사건을 합리적으로 기대할 수 없었던 경우, 당해 사건이 불이익을 입은 당사자의 지배를 벗어난 경우, 그 사건의 위험이 불이익을 입은 당사자에 의해 인수되지 않았을 것 등을 규정하고 있다(PICC Art. 6.2.2(a)~(d)).

결국 PICC에서는 사정변경의 원칙보다도 계약의 성실한 이행이 우선되어야 할 원칙이며, 이에 사정변경을 예외적으로 인정하고 있음을 알 수 있다. 따라서 사정변경도 계약의 형평성이 침해된 경우에 한하여 인정될 수 있고, 계약의 성실한 이행이 담보되지 않은 경우에는 인정될 수 없다.

PICC의 위 조항에도 불구하고 동 원칙상 사정변경의 요건이 충족되는 경우에 발생하는 효과는 다음과 같다. 우선 불이익을 입은 당사자는 계약내용의 재교섭(renegotiations)을 청구할 권리를 보유하게 되는데, 다만 그 요구는 부당한 지체없이 이루어져야 하고 또한 재교섭이 기초하는 이유를 명시하여야 한다.

또한 재교섭을 요구한 경우 불이익을 입은 당사자는 상대방의 이행을 요구할 권리가 없고, 만약 상당한 기간 내에 합의에 이르지 못한 경우 각 당사자는 법원에 계약의 형평성을 회복할 수 있는 조정을 청구할 수 있는데, 이에 법원이 장애를 합리적으로 인정한 경우에는 지정된 기일 및 조건에 따라 계약을 해제시키거나 또는 계약의 형평성을 회복시키기 위한 목적에서 계약을 변경할 수 있다.

그리고 PICC에서는 당사자의 불이행이 당사자의 통제를 벗어난 장애에 기인한 것이고, 계약체결시에 당해 장애의 고려 · 회피 또는 장애나 그 결과의 극복을 합리적으로 기대할 수 없었던 것임을 그 당사자가 입증하는 경우에는 면책된다(PICC Art. 7.1.71.~(4)).[220)]

결국 PICC는 사정변경의 원칙을 인정하고는 있으나, 그 적용범위를 좁게 규정하고 있다. 따라서 사정변경의 원칙은 계약의 형평성이 중대하게 변경된 경우에만 적용되며, 그 적용방법의 하나로서 법원으로 하여금 당사자의 청구에 의하여 계약내용을 조정하거나 또는 해제할 수 있도록 하고 있다.

아울러 사정변경의 사유가 발생한 경우라고 하더라도 이는 장래에 이행하여야 할 계약의 급부에 대해서만 적용되며 이미 이행한 급부에 대해서는 적용되지 아니한다.

3. PECL

PECL에서는 PICC와 유사하게 사정변경의 원칙에 대한 명문의 규정을 두고 그 내용을 상세히 규정하고 있다. 즉 급부의 이행비용이 증가하거나 반대급부의 가치가 떨어져 급부의 부담이 과중(more onerous)하게 된 경우에도 당사자는 자신의 채무를 이행하여야 한다(PECL Art. 6:1111.). 다만 계약의 이행에 있어 사정변경으로 당해 급부가 '현저히 과중'(excessively onerous)된 경우에는 사정변경이 계약체결 이후에 발생하고, 사정변경의 가능성이 계약체결시에 합리적으로 고려할 수 있었던 것이 아니었으며, 이와 같은 사정변경으로 인한 위험을 계약내용에 비추어 불이익을 당한 당사자가 부담하여야 할 것이 아닌 경우를 조건으로 당사자들은 계약을 수정

---

220) 동 규정내용의 법적 논점에 관한 상세는 안강현, "UNIDROIT 국제상사계약에 있어서의 Hardship", 「상사법연구」제21권 제1호, 한국상사법학회, 2002. 198~200면 ; Joseph, M. P., "*Force Majeure* and Hardship under the UNIDROIT Principles of International Commercial Contracts," *Tulane Journal of International Comparative Law*, 1997. p.20. 'recitation'.

(adapting) 혹은 해제(termination)하기 위한 교섭을 개시하여야 한다(PECL Art. 6:111(2)(a)~(c)).

또한 당사자들이 상당한 기간 내에 계약의 수정 또는 해제의 합의에 이르지 못하는 경우 법원은 일정기간 및 조건을 두고 계약을 해제시키거나 또는 사정변경으로 인한 손익을 당사자들 사이에 공정 · 공평하게 분배시키기 위하여 계약내용의 수정을 명할 수 있다(PECL Art. 6:111(3)(a)~(b)). 여기서 PICC와의 차이점은 어느 경우에나 당사자가 신의성실 및 공정거래에 반하여 교섭을 거부하거나 또는 교섭을 파기하는 경우 그 당사자에 의해 상대방이 입게 된 손실에 대해 법원이 배상을 명할 수 있게 한 점이다(PECL Art. 6:111(3) (c)).[221]

요컨대 PECL에서는 사정변경의 원칙을 규정체계 내에 수용하여 사정변경으로 인해 발생될 수 있는 당사자간 이해의 대립을 적절히 조정할 수 있도록 그 구체적인 법적 기준을 마련하고 있을 뿐만 아니라 법원으로 하여금 이에 적극적으로 관여할 수 있도록 하고 있다.

---

221) PECL Art. 6:111(Change of Circumstances). "1. A party is bound to fulfil its obligations even if performance has become more onerous, whether because the cost of performance has increased or because the value of the performance it receives has diminished. (2) If, however, performance of the contract becomes excessively onerous because of a change of circumstances, the parties are bound to enter into negotiations with a view to adapting the contract or terminating it, provided that: (a) the change of circumstances occurred after the time of conclusion of the contract, (b) the possibility of a change of circumstances was not one which could reasonably have been taken into account at the time of conclusion of the contract, and (c) the risk of the change of circumstances is not one which, according to the contract, the party affected should be required to bear. (3) If the parties fail to reach agreement within a reasonable period, the court may: (a) terminate the contract at a date and on terms to be determined by the court; or (b) adapt the contract in order to distribute between the parties in a just and equitable manner the losses and gains resulting from the change of circumstances. In either case, the court may award damages for the loss suffered through a party refusing to negotiate or breaking off negotiations contrary to good faith and fair dealing." ; Lando, · Beale(2000), *The principles of European Contract Law : Part Ⅰ : Performance, Non-performance and Remedies*, Kluwer Law International, 1995. (Art. 1.106. Comment D).

한편 PECL의 '장애에 의한 면책'(excuse due to an impediment) 규정(PECL Art. 8:108)[222]은 CISG 및 PICC상의 면책조항과 불가항력에 관련된 규정(CISG Art. 79, PICC Art. 7.1.6~7.1.7)에 대응하는 것이라 할 수 있다. 특히 PICC에서는 불가항력에 관한 규정에도 불구하고 당사자에게 계약의 해제와 이행보류 및 채권액에 대한 이자청구권을 함께 명시하고 있다(PICC Art. 7.1.7(4)).

이에 반하여 PECL에서는 별도로 '책임제한 및 배제약정'(clause limiting or excluding remedies)으로 어떠한 제한이나 배제를 주장하는 것이 신의성실 및 공정거래에 반하는 경우를 제외하고는 불이행에 대한 구제수단을 제한하거나 배제할 수 있도록 규정하고 있다(PECL Art. 8:109).[223]

PECL의 장애에 의한 면책규정의 내용은, 계약불이행이 자신의 영향력이 미치는 책임영역 외의 장애요소에 기인하고 또한 이 장애요소를 계약체결시에 고려하거나 장애의 결과를 방지 혹은 극복하는 것이 합리적으로 기대될 수 없었음을 입증하는 경우 그 당사자의 불이행은 면책된다고 하고, 일

---

222) PECL Art. 8:108(Excuse Due to an Impediment). "1. A party's non-performance is excused if it proves that it is due to an impediment beyond its control and that it could not reasonably have been expected to take the impediment into account at the time of the conclusion of the contract, or to have avoided or overcome the impediment or its consequences. (2) Where the impediment is only temporary the excuse provided by this article has effect for the period during which the impediment exists. However, if the delay amounts to a fundamental non-performance, the obligee may treat it as such. (3) The non-performing party must ensure that notice of the impediment and of its effect on its ability to perform is received by the other party within a reasonable time after the non-performing party knew or ought to have known of these circumstances. The other party is entitled to damages for any loss resulting from the non-receipt of such notice."

223) PECL Art. 8:109(Clause Limiting or Excluding Remedies). "Remedies for non-performance may be excluded or restricted unless it would be contrary to good faith and fair dealing to invoke the exclusion or restriction." ; Lando, · Beale(2000), *Ibid.,* (Art. 1.106. Comment E.) ; Flambouras, "The Doctrines of Impossibility of Performance and *clausula rebus sic stantibus* in the 1980 Vienna Convention on Contracts for the International Sale of Goods and the Principles of European Contract Law : A Comparative Analysis", *Pace Law,* Pace Int'l Law Review, 2001. V. A.

시적 장애의 경우 당해 규정에 의한 면책은 그 장애가 존재하는 동안에만 효력이 있지만 지체가 '중대한 불이행'(fundamental non-performance)인 경우 당사자는 이를 중대한 불이행과 동일하게 취급할 수 있다고 명시하고 있다.

Ⅲ. 사정변경의 원칙에 관한 적용사례

1. 「German Arbitral Tribunal : Schiedsgericht Berlin」, 『SG 126/90』

① **사건명**

「German Arbitral Tribunal : Schiedsgericht Berlin」, 『SG 126/90』 "*Unknown*", 1990.

② **쟁점**

사정변경을 구성하기 위한 예견불가능 사유가 적절한지 여부

③ **적용법규**

PICC Art. 3.10, Art. 6.2.1, Art. 6.2.2, Art. 6.2.3.

④ **사실관계**

독일(당시의 서독)소재 기업인 매수인과 동유럽 소재 기업인 매도인은 준거법을 독일법으로 하여 배송을 포함한 기계류의 매매에 대한 장기계약을 체결하였다.

매수인의 입장에서 장기계약을 체결하게 된 배경은 지속적이고도 안정적인 기계류의 공급을 보장받기 위함이었는데, 실질적 · 정책적으로도 동유럽에 소재한 매도인과 계약을 체결하는 것이 시장상황에 비추어 보다 경제적이라고 하는 사실에 있었다. 한편 당해 분쟁이 있기 전까지 독일은 아직 통

일되지 않은 상황이었다.

그러나 독일이 통일된 후 상황은 급변하여 동유럽 국가에 소재한 기업에 비하여 상대적으로 경쟁력이 우위에 있었던 서유럽 소재 기업들이 독일소재 기업들에 대하여 개방되기에 이르렀는데, 그 결과 매수인은 당해 장기계약에서 합의되었던 계약내용에 따른 매도인의 급부 이행을 거절하였고 나아가 당해 계약을 해제하였다.

이에 매도인은 매수인의 계약해제의 부당성을 이유로 준거법에 따라 독일소재 중재판정부에 중재를 신청하였다.

⑤ 판정요지

중재판정부는 당해 사정변경은 당사자의 통제를 벗어난 외부적 사실에 의한 것이고, 또한 계약체결시에 그 장애의 고려 · 회피 또는 장애나 그 결과의 극복을 합리적으로 기대할 수 없었음이 명백한 이상 매수인의 계약해제 선언은 정당하다고 하고, 아울러 동 판정부의 이 같은 판정은 계약의 형평성 차원에서도 다름이 없다고 판정하였다(PICC Art. 3.10, Art. 6.2.1, Art. 6.2.3).

⑥ 논점 및 평가

이 판정에서 적용하고 있는 PICC Art. 6.2.3과 관련하여 장애[hardship]의 효과를 요약하면 다음과 같다. 우선 불리한 당사자는 재협상을 요구할 권리를 갖게 되는데, 그 요구는 부당한 지체없이 이루어져야 하고 또한 그 이유를 명시하여야 한다.

아울러 재협상을 요구한 경우에는 불리한 당사자는 이행을 유보할 권리가 없고, 한편으로 상당한 기간 내에 합의에 도달하지 못한 경우에는 각 당사자는 법원에 호소할 수 있다. 이 경우 법원은 장애를 발견한 경우 지정된 기일 및 조건에 따라 계약을 종료시키거나 또는 계약의 형평성을 회복시키기 위하여 계약의 변경을 명할 수 있다.

이 판정례는 PICC상의 현저한 불균형에 관한 규정(PICC Art. 3.10)과, 계약에서 준수되어야 할 사항에 관한 규정(PICC Art. 3.10) 그리고 상기한 장애의 효과에 대한 규정을 적용하여, 매수인의 계약해제가 예견할 수 없었던 사정변경에 해당하고, 이로부터 매수인의 계약해제가 정당하다고 한 사례이다.

2. 「ICC International Court of Arbitration' : Paris」, 『8873』

① 사건명

「ICC International Court of Arbitration' : Paris」, 『8873』, "*Unknown*", 1997

② 쟁점

실질적인 국제상관습이 사정변경의 요건을 구속할 수 있는지 여부

③ 적용법규

PICC Art. 6.2.2, Art. 6.2.3.

④ 참조조문

CISG Art. 79.

GCICA Art. 7.

ICC Rules of Conciliation and Arbitration Art. 13(5).

⑤ 사실관계

프랑스에 영업소를 둔 도급자와 스페인에 영업소를 둔 수급자는 제3국에서의 건설공사 하청을 내용으로 계약을 체결하였다. 그런데 계약체결 이후 건설경기의 급변으로 예견치 못했던 수많은 장애가 발생하였고, 이는 실질적으로 공사비용을 증가시키는 원인으로 작용하였다.

양당사자의 계약에는 스페인의 국내법을 적용한다고 하는 조항을 포함하

고 있었지만, 그럼에도 불구하고 도급자는 국제상사계약에 있어서의 일반원칙으로서 PICC Art. 6.2.2~6.2.3에 의거, 예견할 수 없었던 장애의 발생을 이유로 국제상업회의소(ICC)의 중재판정부에 당해 계약의 재교섭(renegotiation)을 청구취지로 하는 중재를 신청하였다.

아울러 도급자는 PICC의 상기 조항 뿐 아니라 '제네바 협약'(Geneva Convention on International Commercial Arbitration : 1961, Art. 7)[224] 그리고 '중재와 조정에 관한 ICC 규칙'(ICC Rules of Conciliation & Arbitration Art. 13(5)) [225]을 청구의 근거로서 제시하였다.

⑥ **판정요지**

중재판정부는 이 신청에 대하여 우선 명시적으로 당사자가 합의한 계약내용에 따라 스페인의 국내법은 물론 PICC 및 상기한 여타 국제관습규범의 적용을 청구하고 있는 도급자의 주장을 수용하였으나, 도급자가 주장하는 사정변경의 성립은 인정되지 않는다고 판정하여 도급자의 청구취지를 기각하였다.

그 이유로서 중재판정부는 PICC Art. 6.2.2~6.2.3을 원용할 경우에 있어서 뿐만 아니라 당해 건설분야에 있어 계약의 실질적인 국제상관습에 비추어 보더라도 도급자의 주장은 인정할 수 없다고 하면서 재교섭의 신청을 인용하지 않았다.

아울러 동 중재판정부는 이 사건에 달리 특정한 국가의 법률을 적용하더

---

224) GCICA Art. VII(Applicable law) : "1. The parties shall be free to determine, by agreement, the law to be applied by the arbitrators to the substance of the dispute. Failing any indication by the parties as to the applicable law, the arbitrators shall apply the proper law under the rule of conflict that the arbitrators deem applicable. In both cases the arbitrators shall take account of the terms of the contract and trade usages. 2. The arbitrators shall act as amiables compositeurs if the parties so decide and if they may do so under the law applicable to the arbitration."

225) ICC Rules of Conciliation & Arbitration Art. 13(Terms of Reference) : "(5) In all cases the arbitrator shall take account of the provisions of the contract and the relevant trade usages."

라도 그 판정의 결과는 동일할 것이라고 설시하였다.

⑦ **논점 및 평가**

이 사건은 건설공사계약에서 국제상사계약에 있어서의 일반원칙으로서 계약의 성실한 이행을 우선하여 사정변경의 상당여부를 판정한 사례이다.

동 중재판정부는 사정변경의 상당성 여부를 판단하는 기준으로서 PICC Art. 6.2.2를 적용하고 있는데, 그 내용은 계약체결 후에 사건이 발생하거나 당사자에게 알려진 경우, 계약체결시에 당사자가 사건을 합리적으로 고려할 수 없었던 경우, 사건이 당사자의 통제를 벗어난 경우, 사건의 위험이 당사자에 의해 인수되지 아니한 경우 등이다.

3. 「Rechtbank van Koophandel, Hasselt : Belgium」, 『AR 1849/94』

① **Cases**

「Rechtbank van Koophandel, Hasselt : Belgium」, 『AR 1849/94』,
"*Vital Berry Marketing NV v. Dira-Frost NV*", 1995

② **Keyword**

Application of CISG Based on Choice of Parties (CISG Art. 1).

Modification of Contract (CISG Art. 29) : Formal Requirements : Declaration under Art. 96 CISG Made by The Contracting State Where A Party's Place of Business Is Located : Need of A Written Agreement (CISG Art. 12).

Exemption for Non-Performance (CISG Art. 79) : *Force Majeure* : Significant Drop in Market Price : Foreseeable Event Not Amounting to *Force Majeure*.

③ **Abstract**

A Chilean company (the seller) concluded a contract with a Belgian buyer for the delivery of frozen raspberries. The contract provided that the buyer should pay through letter of credit. Failing the required opening of the letter of credit, the seller did not proceed to ship the goods. The buyer itself asked for a delay in the delivery and requested the company which had acted as mediator to negotiate with the seller for a lower price, alleging a significant drop in the world market price for the purchased goods. After further communications between the parties, the seller refused to accept a reduced price, declared the contract avoided and commenced an action to recover damages.

The Court held that the contract was governed by CISG, as the parties at trial expressly agreed on CISG as the applicable law.

The buyer alleged that the contract had been modified by agreement between the parties regarding the amount of the price. The Court held that as Chile had made a declaration pursuant to Art. 96 CISG and being the seller's place of business in Chile, in accordance with Art. 12 CISG the contract had to be modified in writing. No written modification agreement, however, had been produced by the parties.

The Court further held that the significant drop in the market price of the purchased goods after the conclusion of the contract did not constitute a case of force majeure exempting the buyer for non-performance under Art. 79 CISG. Fluctuations of prices are foreseeable events in international trade and far from rendering the performance impossible they result in an economic loss well included in the normal risk of commercial activities.

The seller had therefore a right to avoid the contract and was also granted damages, including the expenses incurred in storing the undelivered frozen goods and lost profits. The Court determined the amount of lost profits ex aequo et bono, taking into account the probability of a cover sale by the seller at a price significantly lower than the one agreed upon in the contract.

4. 「US District Court, Northern District of Illinois, East. Div. : USA」, 『03 C 1154』

① Cases

「U.S. District Court, Northern District of Illinois, East. Div. : USA」, 『03 C 1154』, "*Raw Materials Inc. v. Manfred Forberich GmbH & Co., KG*", 2004.

② Keyword

Seller's Failure to Perform : *Force Majeure* (CISG Art. 79).

③ Abstract

The claim arose out of a contract between a German seller and a US buyer, where the former agreed to sell and deliver 15,000-18,000 metric tonnes of used Russian railroad rail to the latter. The buyer alleged breach of contract and fraud relating to the seller's failure to deliver the goods and applied for summary judgement.

The seller contended that its failure to perform should be excused on force majeure grounds as it was precluded from shipping the rail by the fact that St. Petersburg port unexpectedly froze over at the time of delivery, preventing vessels from entering and exiting the port.

The parties agreed that their contract was governed by CISG. Since the contract did not contain any express force majeure provision, the Court examined Art. 79 CISG. This provides that 'a party is not liable for failure to perform any of his obligations if he proves that failure was due to an impedimant beyond his control and that he could reasonably be expected to have taken the impediment into account at the time of the conclusion of the contract or to have avoided or overcome its consequences.' In applying Art. 79 CISG the Court used as a guide case-law interpreting analogous provisions of the domestic law on excuse, an approach used by other Federal Courts. The Court applied a three stage test: 1. whether an impediment occurred, (2) whether the impediment made performance impractical and (3) whether the impediment was foreseeable.

The Court stated that summary judgement may only be granted where there is no genuine issue as to material fact. As questions of fact existed as to whether the early freezing of the port prevented the seller's performance and was foreseeable, the Court dismissed the buyer's application for summary judgement and stated that the seller's force majeure defence may be viable.

CHAPTER

4

계약불이행과 하자담보책임

1장 머리말

Ⅰ. 계약위반 또는 불이행과 구제수단

계약의 불이행(non-performance)은 일반적으로 법률관계를 형성한 계약당사자간 상호 의무의 내용에 좇은 이행이 되지 않는 것, 즉 법률의 규정 · 계약의 취지 · 상거래 관행 · 신의칙 등에 비추어 그 요구에 부합하는 이행을 하지 않는 것으로 이는 불법행위와 함께 위법행위를 구성한다.

그렇지만 불이행은 전술한 바와 같이 그 유형 · 효과에 관한 법리구성에 있어 국제사법상 또는 법계간 일정한 시각차가 존재하는데, 이를테면 우리나라를 포함하여 독일법을 계수한 대륙법계 하에서는 대개 불이행의 유형으로서 이행지체 · 이행불능 그리고 불완전이행으로 구분하고, 각각의 법률효과로서 현실적 이행강제 · 손해배상청구권 · 추완청구권 · 완전물급부청구권 및 계약해제를 인정하고 있다.

반면에 영미법계하에서는 이들을 오직 계약위반(breach of contract)이라고 하는 하나의 법률사실로 포섭하고 있는데, 그 법률효과는 계약위반의 정도에 따라 각기 차별하여 구성하고 있다.

요컨대 영미법계에서는 계약상 당해 계약요건에 대한 상당한 의무위반의 존재를 계약위반의 성립요건으로 하고 있다고 하는 점에서 고의 · 과실에 기한 불이행 당사자의 귀책사유를 계약불이행의 성립요건으로 하고 있는 대륙법계와는 근본적으로 차이가 있다. 이는 앞서 살핀 바 있다.[226)]

---

226) Farnsworth, *op. cit.*, p.449.

이 같은 차이점은 영미법계의 경우 불이행 당사자가 상대방에 대하여 손해배상을 완료할 경우 당해 계약을 파기할 수 있다는 원칙에서 보듯이 법리적 형평에 주안점을 두고 있는 반면에, 대륙법계의 시각에서는 모름지기 '약속은 반드시 지켜져야 한다'(*pacta sunt servanda* ; pacts must be respected)는 법언에 따라 계약책임을 강조하고 있다고 하는 사실에서도 나타난다.

Ⅱ. 하자담보책임

'하자담보책임'이란 계약당사자가 급부한 '계약목적물'(subject matter of contract) 또는 그 권리에 하자가 존재할 경우 부담하는 손해배상 또는 여타의 책임을 포괄하는 개념을 말한다.

이 경우 '하자'는 '계약목적물이 갖추어야 할 상태와 현재 상태와의 불이익한 차이'를 의미하는데,[227] 따라서 계약법상 하자는 계약의 목적물이 통상적(ordinarily)으로 가진다고 기대되는 성질 또는 특히 매도인이 그 목적물에 담보하고 있는 '보증된 특성'(zugesicherte Eigenschaft : 이하 '보증특성')[228]에 흠이 있어 그 사용가치 또는 교환가치가 당초 기대에 반하여 감소한 경우로 정의될 수 있다.

하사있는 물품매매로 인한 담보책임을 각국의 실정법에서는 물론 국제계약법규범에서도 널리 수용하고 있는 법리적 배경은, 유상계약에 있어 대가

---

227) 독일 BGB §459의 해석상 하자는 '주관적 하자개념설'(통설)과 '객관적 하자개념설'로 대별된다. 전자는 하자의 개념을 '계약에 의해 합의된 것과 계약목적물의 상태와의 차이'로 후자는 '인도된 계약목적물이 객관적 의미에서 통상적인 종류가 가져야 할 상태와의 차이'로 각각 설명되고 있다. 본 장에서는 편의상 계약법규범의 비교법적 고찰을 위한 시각에서 이를 합체한 의미, 곧 주관적 · 객관적 하자개념으로 사용하기로 한다.

228) 이 경우 '보증특성'이라고 함은 '계약상 전제로 하고 있는 사용 또는 그 밖의 이유로 매수인이 필요로 하는 상당한 기간 동안 계약목적물에 지속되어 있어야 할 특성'으로 정의된다(BGB §459-2).

관계에 있는 계약당사자간 법적 형평을 도모함과 동시에 당해 상거래에서 준수되어야 할 통상의 신뢰를 법적으로 보장하기 위함에 있다.

특히 유상계약에 있어 담보책임은 하자를 알지 못하였음에도 불구하고 이에 상당한 책임이 귀속됨이 원칙이며, 계약의 목적물이 표창하고 있는 권리에 하자가 있을 경우 이를테면 소유권의 전부 또는 일부가 타인의 것인 경우, 소유권의 주장이 타인의 권리에 의하여 제한되고 있는 경우, 제시된 수량이 부족한 경우, 물품에 내재된 하자가 있는 경우 등의 개별사정에 따라 상대방은 대금감액청구권 · 계약해제권 · 손해배상청구권 등을 행사할 수 있게 된다.

이러한 하자담보책임에 관하여 국제계약법규범에서는 대륙법체계와는 달리 하자담보책임을 '계약위반'(breach of contract) 또는 '불이행'(non-performance)으로 통합하고 있는데, CISG에서는 '계약위반'으로 그리고 PICC 및 PECL에서는 '불이행'으로 사용하여 각각 단일한 규정체계로써 통일하여 입법하고 있다. 이는 전술한 바와 같다.

그렇지만 공통된 시각은 계약위반[CISG]이나 불이행[PICC, PECL] 모두 고의 · 과실이라는 주관적 귀책사유를 요건으로 두고 있지 않으며, 특히 하자담보책임을 포함하여 이행지체 · 이행불능 · 원시적 불능인 급부를 목적으로 하는 계약 일체를 포괄하고 있다는 것이다.

결국 국제계약법규범하에서 계약목적물의 하자로 인한 책임은 의무불이행으로 통합되어 다루어지고 있는데, 이 경우 하자는 통합요건의 한 유형으로서 기능한다. 또한 매도인의 담보책임을 물품의 하자에 대한 하자담보책임과 권리의 하자에 대한 추탈담보책임으로 구분하지 않고, 이를 계약위반 또는 불이행으로 일체화하여 다루고 있다.

2장 계약위반 또는 불이행과 구제수단

Ⅰ. 계약위반 또는 불이행에 관한 비교

1. CISG

국제계약법규범은 모두 불이행을 계약상 의무의 내용에 위반되는 경우로 통일하여 규정체계 내에 수용하고 있으나, 용어의 사용에 있어 CISG는 계약위반(breach of contract)으로 PICC 및 PECL은 불이행(non-performance)으로 구분해 두고 있다.

그렇지만 계약위반이나 불이행 모두 고의 · 과실에 기한 귀책사유를 요건으로 두고 있지 않으며, 특히 이행지체 · 이행불능을 포함하여 담보책임 · 원시적 불능인 급부를 목적으로 하는 계약 일체를 포함한다.229)

CISG에서는 불이행된 의무가 무엇인지를 특정하지 않고, 포괄적으로 당해 매매계약상의 모든 의무를 불이행의 대상으로 두고 있는데(CISG Art. 791.), 다만 개별규정 내에서 불이행 될 수 있는 매매계약 당사자간 주요 의무를 대칭적으로 편제해 두고 있다.

CISG에서는 계약상 모든 의무에 대한 계약위반이 있는 경우 계약의 해제(termination)는 '중대한 계약위반'(fundermental breach of contract)의 경우에만 허용되는데(CISG Art. 25 및 이에 대한 관련규정으로서 Art. 49 및 Art. 64

229) CISG Art. 79상의 의무는 일부불이행 또는 전부불이행을 구분하지 않고 있으며 이행불능의 경우를 포함하여 원시적 또는 후발적 장애에 의한 불이행인지의 여부를 구분하지 않고 있다.

),[230] 여기서 중대한 계약위반은 당사자 일방이 범한 계약위반이 당해 계약하에서 상대방이 기대할 권리가 있는 사항을 '실질적으로 박탈'(substantially deprive)할 정도의 손해를 야기한 경우를 말한다. 즉 계약당사자 일방의 특정한 의무위반으로 상대방이 계약의 이행과정에서 기대하였던 이익을 향유하지 못한 것을 말한다.[231]

---

230) CISG Art. 25. "A breach of contract committed by one of the parties is fundamental if it results in such detriment to the other party as substantially to deprive him of what he is entitled to expect under the contract, unless the party in breach did not foresee and a reasonable person of the same kind in the same circumstances would not have foreseen such a result." ; Art. 49. "1. The buyer may declare the contract avoided: (a) if the failure by the seller to perform any of his obligations under the contract or this Convention amounts to a fundamental breach of contract; or (b) in case of non-delivery, if the seller does not deliver the goods within the additional period of time fixed by the buyer in accordance with paragraph 1. of article 47 or declares that he will not deliver within the period so fixed. (2) However, in cases where the seller has delivered the goods, the buyer loses the right to declare the contract avoided unless he does so: (a) in respect of late delivery, within a reasonable time after he has become aware that delivery has been made; (b) in respect of any breach other than late delivery, within a reasonable time: (i) after he knew or ought to have known of the breach; (ii) after the expiration of any additional period of time fixed by the buyer in accordance with paragraph 1. of article 47, or after the seller has declared that he will not perform his obligations within such an additional period; or (iii) after the expiration of any additional period of time indicated by the seller in accordance with paragraph (2) of article 48, or after the buyer has declared that he will not accept performances." ; Art. 64. "1. The seller may declare the contract avoided: (a) if the failure by the buyer to perform any of his obligations under the contract or this Convention amounts to a fundamental breach of contract; or (b) if the buyer does not, within the additional period of time fixed by the seller in accordance with paragraph 1. of article 63, perform his obligation to pay the price or take delivery of the goods, or if he declares that he will not do so within the period so fixed; (2) However, in cases where the buyer has paid the price, the seller loses the right to declare the contract avoided unless he does so: (a) in respect of late performance by the buyer, before the seller has become aware that performance has been rendered; or (b) in respect of any breach other than late performance by the buyer, within a reasonable time: (i) after the seller knew or ought to have known of the breach; or (ii) after the expiration of any additional period of time fixed by the seller in accordance with paragraph 1. of article 63, or after the buyer has declared that he will not perform his obligations within such an additional period."

중대한 계약위반의 판단기준으로는 불이익(detriment), '실질적 박탈'(substantial deprive), '예견가능성'(foreseeability),[232] '입증책임'(burden of proof) 등이 제시되어 있으나,[233] 그 판단은 오로지 개별 계약조항에 의거한다.

결국 CISG에서는 계약위반이 발생한 경우 피해당사자의 손실정도와 위반당사자의 주관적 인식의 정도를 경합하여, 이를 고려한 후 판단하도록 하고 있다. 따라서 이 같은 고려의 결과가 계약당사자간 공히 중대한 계약위반에 해당하는 경우에만 계약을 해제할 수 있다.

계약의 해제에 관하여 CISG에서는, 우선 매도인의 계약해제권과 관련하여 매도인에 의하여 지정된 추가기간 내에 대금지급 또는 물품의 인도수령 의무가 이행되지 아니하거나 매수인이 이를 이행하지 않겠다고 선언한 경우에만 계약해제를 할 수 있다. 그렇지만 매수인이 이미 대금을 지급한 경우 매수인에 의한 이행지체와 관련하여 매도인이 그 이행이 이루어진 사실을 알기 이전 그리고 이외의 모든 위반에 대해서는 매도인이 그 위반을 알았거나 또는 알았어야 하는 때, 또는 매도인에 의하여 지정된 추가기간이 경과한 때, 또는 매수인으로부터 추가기간 내에 당해 의무를 이행하지 않겠다는 선언이 있은 후 상당한 기간 내에 해제를 선언하지 않는 한 해제의 권리를 상실하게 된다(CISG Art. 64 및 동 조항의 관련규정으로서 Art. 631.).

반면에 매수인의 계약해제권은 대금지급에 관한 대가관계에서 계약목적물에 대한 인도불이행이 있는 경우에 인정된다고 명시하고 있는데, 그 내용은 매도인에 관한 위 규정내용에 준한다(CISG Art. 49 및 동 조항의 관련규정으로서 Art. 471.).

---

231) 다만 단서조항으로 위반을 행사한 당사자가 그러한 결과를 예견하지 못했고, 또한 동일한 종류의 합리적인 자가 동일한 사정 하에서 이 같은 결과를 예상할 수 없었던 경우에는 당해 중대한 계약위반에 해당하지 않는다고 규정하고 있다(CISG Art. 25).

232) 국제계약법규범간 예견가능성의 입법론에 관한 상세는 김상용, 전게서, 182~184면.

233) Kritzer, *Guide to Practical Applications of the United Nations Convention on Contracts for the International Sales of Goods*, Kluwer Law Int'l, 1989. pp.203~206 ; Honnold, *op. cit.*, pp.181~186 ; 강병창, 전게서, 116~119면.

결국 CISG에서 불이행에 관한 계약해제권의 발생과 그 행사에 대한 제한요건은 당해 불이행이 중대한 계약위반에 상당하여야 하며, 인도불이행의 경우에도 중대한 계약위반에 해당하여야 함은 동일하나, 그 행사는 매수인이 부여한 부가기간 내에 매도인의 이행이 행사되지 아니하거나 인도거부를 선언한 경우에만 한정되고,[234] 계약의 해제는 상대방에 대한 통지를 통해 행사되는 선언에 의해 그 효력이 발생하게 된다.[235]

2. PICC

앞서 살핀 바와 같이 PICC에서는 CISG에서의 계약위반을 불이행으로 통일하여 규정하고 있는데, 그 내용은 당사자가 계약에 따른 어떠한 채무이행을 하지 않은 것으로서 하자있는 이행 또는 지체된 이행을 포괄하고 있다. 아울러 불이행 당사자의 귀책사유를 묻지 않고 있음은 CISG의 경우와 동일하다(PICC Art. 7.1.1).[236]

그렇지만 한편으로 계약당사자간 동시이행이 전제된 경우 각 당사자는 상대방이 당해 이행을 제공할 때까지 이행을 보류할 수 있도록 규정하고 있고, 아울러 당사자간 순차적으로 이행하여야 할 경우에는 차순(later)의 이행 당사자가 상대방의 이행을 조건으로 당해 이행을 보류할 수 있다(PICC Art. 7.1.3).[237]

---

234) 물품의 권리를 표창한 권리증권(documents of title)의 이전이 없는 경우에도 이에 준한다(Schlechtriem, P., *Uniform Sales Law : The UN-Convention on Contracts for the International Sales of Goods*, Manz, 1986. pp.102~104.).

235) 이 경우 계약해제를 위한 통지의 부도달 위험은 불이행을 행사한 매도인 책임으로 귀속된다(CISG Art. 27).

236) PICC Art. 7.1.1(Non-performance defined). "Non-performance is failure by a party to perform any of its obligations under the contract, including defective performance or late performance."

237) PICC Art. 7.1.3(Withholding performance). "1. Where the parties are to perform simultaneously, either party may withhold performance until the other party tenders its performance. (2) Where the parties are to perform consecutively, the party that is to

불이행에 대한 PICC에서의 계약해제의 권리는 당사자가 상대방의 계약내용에 의거한 불이행이 CISG와 마찬가지로 '중대한 불이행'(fundamental non-performance)에 해당하는 경우로 두고 있는데,[238] 당해 불이행의 판단기준을 CISG에 비하여 보다 구체적으로 명시하고 있어 이를 통해 CISG를 보충하고 있다.

PICC에 열거된 불이행의 판단기준을 살펴보면 불이행된 의무를 엄격히 준수하는 것이 계약상 중요한지의 여부, 불이행이 고의적이거나 부주의한 것인지의 여부, 계약이 해제될 경우에 불이행 당사자가 그 준비 또는 이행의 결과로서 불균형적인 손실을 입는지의 여부 등을 포함하며,[239] 이행기 전에 당사자의 중대한 불이행이 발생할 것이 명백한 경우(PICC Art. 7.3.3)[240]에 상대방의 중대한 불이행이 발생할 것이라 합리적으로 믿는 당사자는 정당한 이행의 적절한 보장(assurance)을 요구할 수 있을 뿐만 아니라 그 때까지 자신의 이행을 보류할 수 있고, 또한 이러한 보장이 상당한 기간 내에 제공되지 않는 경우 이를 요구한 당사자로 하여금 계약을 해제할 수 있다.[241]

요컨대 PICC에서는 당해 불이행이 면책되지 않는 범위에서 상대방으로 하여금 PICC 규정체계 내의 모든 법적 구제수단을 행사할 수 있도록 하고 있으나, '장애[hardship]에 의한 불이행', '상대방의 방해(interference by the

---

perform later may withhold its performance until the first party has performed."

238) PICC Art. 7.3.1, CISG Art. 25에 관련된 동일한 규정내용을 담고 있다. 즉 불이행이 피해 당사자로부터 계약에 따라 그가 기대할 권리가 있었던 것을 중대하게 박탈하는 지의 여부, 다만 상대방이 그러한 결과를 예견하지 못했거나 또는 합리적으로 예견할 수 없었던 경우에는 예외로 한다는 것에 준한다.

239) 아울러 이행지체의 경우 불이행을 당한 당사자는 상대방이 이행기간의 추가규정을 명시한 PICC Art. 7.1.5에 따라 허용된 기간이 만료되기 전에 이행하지 아니할 경우에도 계약을 해제할 수 있도록 하는 부가규정을 두고 있다(PICC Art. 7.3.1(3)).

240) PICC Art. 7.3.3(Anticipatory non-performance). "Where prior to the date for performance by one of the parties it is clear that there will be a fundamental non-performance by that party, the other party may terminate the contract."

241) 박정기, "유니드로와 국제상사계약원칙에 있어서 계약책임", 「상사법연구」 제11권 제2호, 한국상사법학회, 1999. III.

other party)에 의한 불이행', '동시이행 또는 선이행의 항변에 의한 이행유보(withholding performance)'[242] 등의 면책사유에 한해서는 이행청구 및 손해배상청구를 할 수 없다.

특히 PICC에서는 불이행과 관련하여 이행에 대한 권리에 하자있는 이행의 보수와 대체에 관한 권리를 포함하고 있다(PICC Art. 7.2.3). 아울러 금전지급의 의무가 있는 당사자가 이를 이행하지 않는 경우 상대방은 그 현실적 이행을 담보하기 위한 지급을 요구할 수 있으며(PICC Art. 7.2.1), 비금전채무의 이행에 있어서도 이행이 법률상 또는 사실상 불가능한 경우, 이행 또는 집행이 경우에 따라 불합리한 부담이나 비용을 요하는 경우, 이행을 수령할 당사자가 다른 방법으로 합리적인 이행을 얻을 수 있는 경우, 이행이 완전히 개인적인 성격을 내재하고 있을 경우, 이행을 수령할 당사자가 불이행을 알았거나 알았어야 할 때로부터 상당한 기간 내에 이행을 요구하지 아니한 경우를 제외하고 마찬가지로 당해 이행을 요구할 수 있다(PICC Art. 7.2.2).[243][244]

---

242) 'performance'는 대개 '이행'으로 번역되나, 간혹 '변제' 또는 '급부'로도 번역된다. 살피기에 이행은 채권을 소멸케 하는 행위의 시각에서, 변제는 채권의 소멸이라는 상태의 시각에서 각각 구분하여 사용되어져야 할 것으로 판단된다. 그렇지만 본 장에서는 양자 공히 그 실질적 내용이 동일한 것으로 간주하여 문맥상 부득이한 경우를 제외하고 이하 이행으로 특정하고자 한다.

243) PICC Art. 7.2.1(Performance of monetary obligation). "Where a party who is obliged to pay money does not do so, the other party may require payment." ; Art. 7.2.2(Performance of non-monetary obligation). "Where a party who owes an obligation other than one to pay money does not perform, the other party may require performance, unless (a) performance is impossible in law or in fact; (b) performance or, where relevant, enforcement is unreasonably burdensome or expensive; (c) the party entitled to performance may reasonably obtain performance from another source; (d) performance is of an exclusively personal character; or (e) the party entitled to performance does not require performance within a reasonable time after it has, or ought to have, become aware of the non-performance." ; Art. 7.2.3(Repair and replacement of defective performance). "The right to performance includes in appropriate cases the right to require repair, replacement, or other cure of defective performance. The provisions of Articles 7.2.1 and 7.2.2 apply accordingly."

244) CISG상 계약위반과 PICC상 불이행에 관한 규정내용 비교의 상세는 박상기 · 최준

3. PECL

PECL에서 규정하고 있는 불이행은 PICC의 경우와 마찬가지로 계약상 의무의 이행이 되지 아니한 것으로서 면책여부와 관계없이 이행지체 및 하자있는 이행을 포함하고 있을 뿐만 아니라 계약의 완전한 실행을 위한 상호협력의무(duty to co-operate)를 강조하고 있다(PECL Art. 1:202, Art. 1:301(4)).[245]

PECL은 구성체계상 '불이행과 구제수단의 일반규정'(non-performance and remedies in general ; Ch. 8)과 '불이행에 대한 개별적 구제수단'(particular remedies for non-performance ; Ch. 9)으로 대별하고 있는데, 전자의 주요 규정내용은 다음과 같다.

우선 원용할 수 있는 구제수단으로서 당사자가 계약의 내용에 좇은 의무를 이행하지 아니하고 당해 불이행이 장애(impediment)로 인한 면책조항에 해당하지 않은 경우[246] '불이행을 당한 당사자'(aggrieved party)[247]는 개별적

선, "CISG상의 계약위반과 UNIDROIT원칙의 계약불이행에 관한 비교연구", 「무역학회지」제27권 제2호, 한국무역학회, 2002 ; 김동석, "국제계약위반에 대한 구제방법", 「재산법연구」제5권 제1호, 한국재산법학회, 1988.

245) PECL Art. 1:202(Duty to Co-operate). "Each party owes to the other a duty to co-operate in order to give full effect to the contract." ; Art. 1:301(Meaning of Terms). "(4) non-performance denotes any failure to perform an obligation under the contract, whether or not excused, and includes delayed performance, defective performance and failure to co-operate in order to give full effect to the contract."

246) 당사자 일방의 불이행이 면책되는 경우에는 상대방 당사자는 이행청구와 손해배상청구를 제외하고 개별적 구제수단 일체를 원용할 수 있다(PECL Art. 8:101(2), Art. 8:108).

247) 혹은 '피해 당사자'로 번역 또는 사용할 수 있지만 이는 너무 일반적인 표현이고, 채권자(the obligee)로 표현하는 것 또한 대륙법적 시각에서는 이해하는데 편리할 수 있으나, 개별 계약규범 하에서는 특정영역에서 채권자 개념을 이용하는 경우가 있는 까닭에, 곧 금전채무의 채권자(creditor)와 혼동할 수 있는 여지가 다분하여 의무의 이행(performance)과의 연관을 고려하여 '불이행을 당한 당사자' 또는 '불이행 당사자'로 그 용어의 사용을 특정하는 것이 바람직 할 것으로 판단된다. 본 장에서는 이에 준한다.

구제수단 중 어느 것이라도 원용할 수 있도록 하고 있으나, 자신의 행위가 상대방의 불이행을 야기한 경우에는 이를 원용할 수 없도록 제한하고 있다. 또한 양립할 수 없는 것이 아닌 구제수단은 병존할 수 있고, 여타의 구제수단을 행사할 경우에 있어서도 손해배상청구권은 상실되지 아니한다.

중대한 불이행에 대해서는 PICC와 유사하게 규정하고 있지만, 불이행 당사자의 이행결과가 불균형적인 손실을 입는 경우에 대한 명시적인 규정은 두고 있지 않다.

한편 불이행 당사자에 의한 추완에 대해서는, 가급적 계약내용의 실현을 도모하기 위하여 계약에의 부적합을 이유로 상대방이 변제의 제공을 수령하지 않은 경우 변제를 제공한 당사자는 이행기가 아직 도래하지 아니하거나 그 지연이 중대한 불이행에 해당되지 않는 경우에 한하여 새로이 계약에 적합한 이행의 제공을 할 수 있도록 배려하고 있다(PECL Art. 8:104).[248]

PECL에 있어 이행보장(assurance of performance)과 '이행을 위한 부가기간을 정하는 통지'(notice fixing additional period for performance)에 관한 규정은 모두 PICC과 동일하다. 다만 PICC에서는 이행지체가 중대하지 않고 불이행을 당한 당사자가 상당한 기간의 추가기간을 허용하는 통지를 제공한 경우 불이행된 채무가 당사자의 계약상 채무 중 경미한 부분을 차지하는 때에는 당해 계약을 종료시키지 못하도록 하고 있는 점은 PECL과는 다르다(PICC Art. 7.1.5(4)).[249]

---

248) PECL Art. 8:104(Cure by Non-Performing Party). "A party whose tender of performance is not accepted by the other party because it does not conform to the contract may make a new and conforming tender where the time for performance has not yet arrived or the delay would not be such as to constitute a fundamental non-performance."

249) PICC Art. 7.1.5(Additional period for performance). "1. In a case of non-performance the aggrieved party may by notice to the other party allow an additional period of time for performance. (2) During the additional period the aggrieved party may withhold performance of its own reciprocal obligations and may claim damages but may not resort to any other remedy. If it receives notice from the other party that the latter will not perform within that period, or if upon expiry of that period due performance has not been made, the aggrieved party may resort to any of the remedies that may be available

한편 PECL의 '장애에 의한 면책'(excuse due to an impediment) 규정(PECL Art. 8:108)은 PICC에 있어 면책조항과 불가항력에 관한 규정(PICC Art. 7.1.6~ 7.1.7)에 상당한다. 특히 PICC에서는 불가항력에 관한 규정에도 불구하고 당사자에게 계약의 해제와 이행보류 및 채권액에 대한 이자청구권을 부가하고 있다(PICC Art. 7.1.7(4)).

이에 반하여 PECL에서는 별도로 '책임의 제한 및 배제약정'(clause limiting or excluding remedies)으로 어떠한 제한이나 배제를 주장하는 것이 신의칙 및 공정거래에 반하는 경우를 제외하고는 불이행에 대한 구제수단을 제한하거나 배제할 수 있다(PECL Art. 8:109).[250)]

Ⅱ. 이행청구와 이행유보

CISG에 있어 이행청구는 물품을 인도하지 않은 경우와 일부만 인도한 경우 뿐만 아니라 그 외의 급부를 이행하지 않은 경우에도 모두 인정된다. 예컨대 서류교부를 청구하거나 물품의 조립이나 설치 또는 지시사항 이행을 요청하는 것도 이행청구에 속한다.[251)]

---

under this Chapter. (3) Where in a case of delay in performance which is not fundamental the aggrieved party has given notice allowing an additional period of time of reasonable length, it may terminate the contract at the end of that period. If the additional period allowed is not of reasonable length it shall be extended to a reasonable length. The aggrieved party may in its notice provide that if the other party fails to perform within the period allowed by the notice the contract shall automatically terminate. (4) Paragraph (3) does not apply where the obligation which has not been performed is only a minor part of the contractual obligation of the non-performing party."

250) PECL Art. 8:109(Clause Limiting or Excluding Remedies). "Remedies for non-performance may be excluded or restricted unless it would be contrary to good faith and fair dealing to invoke the exclusion or restriction."

251) CISG상의 이행청구권에 대한 상세는 신창섭, "국제물품매매계약에 관한 UN협약에서 특정이행청구권에 관한 연구", 「경영법률」제17집 제1호, 한국경영법률학회, 2006.

그러나 이행청구와 양립하지 않는 구제수단을 매수인이 행사하는 경우에는 이행청구를 할 수 없다. 이를테면 후술하는 계약해제권이나 대금감액권을 행사하는 경우에 이행청구는 불가능하다. 물론 급부가 불능인 경우에도 이행청구는 할 수 없다고 할 것이다.

CISG상 이행청구권의 일종으로서 대체물청구는 매도인이 물품을 인도하였으나 부적합한 인도가 있었던 경우에 매수인이 요구할 수 있다. 그러나 본래의 이행청구권과 달리 엄격한 요건이 충족되어야 한다.

그 내용은 첫째, 물품의 계약부적합이 중대한 계약위반이어야 한다. 대체물인도에서 이를 요건으로 둔 것은 대체물인도가 계약해제보다 매도인에게 더 부담이 될 수 있으므로 그 요건을 강화하여 국제상거래에 있어 필요한 계약의 유지원칙을 실현하기 위한 입법적 배려라고 생각된다.

둘째, 물품의 계약부적합 사유의 통지와 함께 또는 그 후 상당한 기간 내에 대체물인도를 청구하여야 한다. 그러나 매수인이 물품을 수령한 상태와 동등한 상태로 반환할 수 없는 경우에는 원칙적으로 대체물인도를 청구할 수 없음을 유의하여야 한다(CISG Art. 82).

물품의 계약부적합의 경우에 매수인이 요구할 수 있는 보완청구는 그 부적합이 중대한 계약위반일 것을 요구하지는 않지만, 다음의 각 요건이 전제되어야 한다. 우선 보완청구가 모든 상황을 고려하여 불합리하지 않아야 하는데, 그 합리성 여부를 판단함에 있어서는 매도인 뿐만 아니라 매수인의 상황도 충분히 고려되어야 하며, 당해 불합리에는 기술적인 불합리 뿐만 아니라 경제적인 불합리도 포함된다.

다음으로 물품부적합의 통지와 함께 또는 그 후 상당한 기간 내에 보완청구를 하여야 한다. 보완의 방법으로는 예컨대 수선 · 수리 또는 부품인도 등이 있을 수 있다.

한편 PECL에서는 CISG 및 PICC에 비하여 이행유보권(right to withhold performance)에 대하여 보다 상세한 내용을 포함하고 있는데, 즉 상대방과 동시에 또는 그 이후에 이행하여야 하는 당사자는 상대방이 이행을 제공하거나 이행할 때까지 당해 이행을 유보할 수 있으며, 그 당사자는 자신의 급부 전체나 당해 상황에 합리적인 부분만큼 거절할 수 있도록 하고 있다.[252]

아울러 상대방 채무이행기에 상대방에 의한 불이행이 명백한 경우에도 마찬가지로 당사자는 그 이행을 유보할 수 있다(PECL Art. 9:201).[253]

1. 금전채무의 이행

PICC에서는 '금전채무의 이행'(performance of monetary obligation)과 관련하여 채무가 있는 당사자가 이를 이행하지 않는 경우 상대방은 그 지급을 요구할 수 있다(PICC Art. 7.2.1).[254]

PECL에서는 위 PICC의 규정을 보다 구체화 하여 채권자(creditor)는 이행기가 도래한 금전을 지급받을 권리를 향유함과 동시에 채권자가 자신의 채무를 이행하고자 하는 채무자(debtor)가 당해 이행을 수령할 의사가 없음이 명백한 때에는 채권자는 그럼에도 불구하고 자신의 의무를 이행하고 계약에 기하여 받을 금액의 지급을 청구할 수 있다. 그렇지만 상당한 노력이나 비용지출 없이 '합리적 대체거래'(reasonable substitute transaction)[255]를 할 수 있었을 경우와 이행을 하는 것이 당해 사정하에서 불합리한 경우에는 예외이다(PECL Art. 9:101).[256]

---

252) 이행유보에 관한 규정의 적용사례는 이하 대금감액청구에 있어서의 사례를 참조.

253) 이행청구권에 관한 비교법적 시각에서의 연구의 상세는 박영복, "현대 계약법상의 이행청구권", 「법학연구」제15권 1호, 충북대학교 법학연구소, 2004. 참조.

254) PICC Art. 7.2.1(Performance of monetary obligation). "Where a party who is obliged to pay money does not do so, the other party may require payment."

255) 참고로 PECL Art. 9:506은 계약불이행의 상대방이 계약을 해제한 경우에 있어서 그가 합리적 기간 내에 합리적인 방식으로 대체거래를 한 경우에는 계약가격과 대체거래가격의 차액을 상환 받을 수 있고 또한 전보될 수 있는 한도에서 그 밖의 손실에 대하여 배상받을 수 있다고 하는 내용을 담고 있다.

256) PECL Art. 9:101(Monetary Obligations). "1. The creditor is entitled to recover money which is due. (2) Where the creditor has not yet performed its obligation and it is clear that the debtor will be unwilling to receive performance, the creditor may nonetheless proceed with its performance and may recover any sum due under the contract unless:

CISG에서는 매도인과 매수인의 이행청구권을 병립하여 규정하고 있는데, 각 규정 모두 이행청구의 당사자로 하여금 상대방에게 의무의 이행을 청구할 수 있다. 그러나 이러한 청구와 양립하지 않는 구제수단을 취한 경우에는 배제된다.

한편 매수인의 경우에는, 물품이 계약과 일치하지 아니하는 경우 당해 부적합이 중대한 계약위반이 되고, 모든 사정으로 보아 불합리하지 않음을 조건으로 매수인은 대체품의 인도를 청구하거나 수리에 의한 부적합의 시정을 청구할 수 있고, 개별청구의 조건으로서 그 행사는 반드시 통지와 연계하여 또는 그 후 상당한 기간 내에 행해져야 한다(CISG Art. 46, Art. 62).[257]

2. 비금전채무의 이행

PICC 및 PECL 모두 금전지급 이외의 채무가 있는 당사자가 계약내용에 따른 이행을 하지 않았을 경우 상대방으로 하여금 그 이행을 청구할 수 있다.

PECL은 특히 결함있는 이행의 추완을 포함하여 특정이행청구권을 행사할 수 있도록 그 범위를 확장하고 있다. 이 경우 이행청구의 제한요건으로서 공통되는 사항은 이행이 위법적이거나 불능인 경우, 이행에 있어 불합리

(a) it could have made a reasonable substitute transaction without significant effort or expense; or (b) performance would be unreasonable in the circumstances."

257) CISG Art. 46. "1. The buyer may require performance by the seller of his obligations unless the buyer has resorted to a remedy which is inconsistent with this requirement. (2) If the goods do not conform with the contract, the buyer may require delivery of substitute goods only if the lack of conformity constitutes a fundamental breach of contract and a request for substitute goods is made either in conjunction with notice given under article 39 or within a reasonable time thereafter. (3) If the goods do not conform with the contract, the buyer may require the seller to remedy the lack of conformity by repair, unless this is unreasonable having regard to all the circumstances. A request for repair must be made either in conjunction with notice given under article 39 or within a reasonable time thereafter." ; Art. 62. "The seller may require the buyer to pay the price, take delivery or perform his other obligations, unless the seller has resorted to a remedy which is inconsistent with this requirement."

한 부담이나 비용이 수반되는 경우, 이행이 완전히 개인적인 성격의 것인 경우, 불이행을 당한 당사자가 다른 수단을 통하여 동일한 이행을 받을 수 있는 경우 및 불이행 사실을 알았거나 알았어야 했을 때로부터 상당한 기간 내에 당해 청구가 행사되지 않았을 경우 등이다(PICC Art. 7.2.2, PECL Art. 9:102).[258]

그밖에 PICC는 하자있는 이행의 보수와 대체규정을 두고 있는데, 그 내용은 이행에 대한 권리는 경우에 따라 하자있는 이행의 보수 · 대체 또는 기타 보완에 대한 권리를 포함한다.

아울러 '사법적 제재'(judicial penalty)에 관한 규정으로서 법원이 당사자에게 이행을 명령했음에도 당사자가 이를 준수하지 아니할 때에는 이에 상당한 벌금지급을 명할 수 있도록 하고 있다(PICC Art. 7.2.4).[259]

---

258) PICC Art. 7.2.2(Performance of non-monetary obligation). "Where a party who owes an obligation other than one to pay money does not perform, the other party may require performance, unless (a) performance is impossible in law or in fact; (b) performance or, where relevant, enforcement is unreasonably burdensome or expensive; (c) the party entitled to performance may reasonably obtain performance from another source; (d) performance is of an exclusively personal character; or (e) the party entitled to performance does not require performance within a reasonable time after it has, or ought to have, become aware of the non-performance." ; PECL Art. 9:102(Non-monetary Obligations). "1. The aggrieved party is entitled to specific performance of an obligation other than one to pay money, including the remedying of a defective performance. (2) Specific performance cannot, however, be obtained where: (a) performance would be unlawful or impossible; or (b) performance would cause the obligor unreasonable effort or expense; or (c) the performance consists in the provision of services or work of a personal character or depends upon a personal relationship, or (d) the aggrieved party may reasonably obtain performance from another source. (3) The aggrieved party will lose the right to specific performance if it fails to seek it within a reasonable time after it has or ought to have become aware of the non-performance."

259) PICC Art. 7.2.4(Judicial penalty). "1. Where the court orders a party to perform, it may also direct that this party pay a penalty if it does not comply with the order. (2) The penalty shall be paid to the aggrieved party unless mandatory provisions of the law of the forum provide otherwise. Payment of the penalty to the aggrieved party does not exclude any claim for damages."

3. 이행청구에 관한 적용사례

(1) 「Oberster Gerichtshof : Austria」, 『7 Ob 301/01t』

① **사건명**

「Oberster Gerichtshof : Austria」, 『7 Ob 301/01t』, "*Unknown*", 2002.

② **쟁점**

매도인의 계약부적합 치유가 약정된 사안에서 매수인에게 하자있는 물품의 인도로 인한 손해배상청구권이 인정될 수 있는지 여부

③ **적용법규**

CISG Art. 6, Art. 38, Art. 39.

④ **사실관계**

독일에 영업소가 소재한 매도인과 오스트리아에 영업소가 소재한 매수인은 매도인의 특별한 주문사양이 포함된 냉방기계(cooling system)를 계약의 목적물로 하여 매매계약을 체결하였다. 계약에 의하면 기계는 검사를 받기 위하여 오스트리아에 있는 매수인의 영업소에 인도된 후 최종적으로는 독일에 건설될 '수처리 공장'(water plant)에 설치될 예정이었다.

계약의 내용 중 중요한 것은 공장주의 대리인이 매수인에게 냉방기계의 인도와 설치를 요청하고 있다는 것, 매수인과 최종 고객의 대리인간의 계약은 특정한 인도기일을 정하고 있다는 것, 이행지체시 상당한 위약금을 지급하도록 정하고 있다는 것 등이었다.

매도인은 청약에서 송장의 이면에 기재된 표준약관(standard terms)을 명시적으로 원용하고 있었고, 매수인은 매도인과 기존의 상거래 관계로 인하여 이미 표준약관의 존재 및 그 내용을 잘 알고 있었다.

당해 표준약관에 의하면 매수인은 인도 후 즉시 물품을 검사할 의무와 인도일로부터 8일 이내에 명백한 부적합을 매도인에게 서면으로 통지할 의무가 있고, 부적합을 치유하기 위하여 물품을 수리할 것인지 아니면 대체물을 인도할 것인지는 매도인이 선택할 문제이고, 제척기간은 12개월이며, 간접손해는 배상되지 않을 뿐만 아니라 이행장소와 분쟁해결장소는 매도인의 영업소로 하고, 준거법은 독일법으로 되어 있었다.

계약의 이행과정에서 매도인이 인도기일을 지키지 못하였기 때문에 냉방기계는 독일에 있는 건설현장으로 바로 인도되어야 했고, 그곳에서 매수인은 간단한 검사를 할 수 밖에 없었다.

매수인은 약간의 명백한 하자로서 부식 및 거친 마감을 발견하여 즉시 매도인에게 통지하였다. 그럼에도 매수인은 대리인과의 계약에서 규정된 위약금을 지급하지 않기 위하여 기계를 설치하였다.

그 후 추가적인 기술적 하자로서 저성능 및 고소음이 발견되었고 매수인은 마찬가지로 즉시 매도인에게 이 사실을 통지하였다. 매도인은 지연된 통지에도 이의를 제기하지 않았고, 저성능 및 고소음에 대한 하자보완을 약속하였다. 그럼에도 불구하고 하자가 수리되지 않자 급기야 매수인과 대리인은 대체기계의 인도를 요구하였으나, 매도인은 이를 거절하였다.

이후 당해 하자에 관하여 매도인은 자기의 계산과 비용으로 재차 수리를 시행하였으나 효과가 없자 매수인과 건설시공자는 매수인이 후에 대체기계를 제공하기로 하고, 하자있는 기계를 임시적으로 설치하기로 합의하였다.

매도인은 이 합의에 관여하지 않았고, 달리 통보받지도 못하였다. 약정된 날에 매수인이 기계를 개조하여 다시 설치하였는 바, 기계는 정상적으로 작동하였다.

매도인이 매수인을 상대로 당사자간의 다른 거래에 관한 송장에 대한 지급을 구하는 소를 제기하자 매수인은 그 지급을 거절하고, 송장에 대하여 지급할 채무를 하자있는 냉방기계의 인도로 인하여 발생한 손해배상채권으로 상계한다고 주장하였다.

⑤ **판결요지**

매도인의 표준약관에 독일법을 준거법으로 하는 준거법 선택조항이 포함되어 있는 경우 CISG는 당해 국가의 법체계의 일부이므로 이것이 묵시적으로 CISG 적용을 배제한 것이라고 볼 수 없다(CISG Art. 6).

매도인이 청약에서 명시적으로 표준약관을 원용하였고, 매수인이 매도인과 기존 거래로부터 이미 표준약관을 알고 있었으므로 표준약관은 매수인을 당연히 구속한다.

체약국의 법을 준거법으로 선택한 것이, 체약국의 국내법 체계의 일부인 CISG의 적용을 묵시적으로 배제한 것이라고는 볼 수 없다. 결국 매수인의 냉방기계 구매로 인한 손해의 주장은 이유있다고 할 것이나, 손해배상청구액은 제한하기로 한다.

매수인이 하자를 기간 내에 통지하지 않았다는 매도인의 주장에 관하여 살피건대, 매수인이 물품의 인도 후 즉시 검사하여 발견할 수 있었던 하자에 관하여는 8일의 통지기간 내에 통지를 하였고, 이후에 발견되는 잠재적 하자에 관한 통지기간은 발견 후 상당한 기간이다(CISG Art. 38~39).

이 경우 상당한 기간은 각 사건의 상황, 특히 매수인 회사의 규모와 구조, 검사될 물품의 성질과 수량, 검사에 드는 노력, 선택된 법적 구제방법 등을 고려하여 결정함이 타당하다.

이 사건에 있어 매수인이 너무 늦게 통지하였다고 하더라도 매도인은 통지를 받은 후 매수인에게 특히 즉시 항변을 제기하지 않고, 하자를 보완하겠다고 명시적으로 선언함으로써 항변을 제기할 권리를 상실하였다.

매수인의 통지가 하자의 종류를 충분히 기술하지 못하였다는 매도인의 항변은 배척한다. 물품의 계약부적합은 매도인이 적절한 방법으로 대응할 수 있도록 특정하여 기술되어야 하나, 이러한 요건은 과도하게 요구되어서는 아니 되고, 또한 그 요건마저도 각 경우의 상황에 따라 다를 것인 바, 특히 매수인이 물품을 검사할 수 있는 조건을 고려하여야 한다(CISG Art. 39(2)).

⑥ **논점 및 평가**

이 사건은 당사자가 냉방기계의 부적합을 치유하기 위해 물품을 수리할 것인지 아니면 대체물을 인도할 것인지는 매도인이 선택하기로 약정한 사안에서 매도인의 1차 수리에도 불구하고 하자가 수리되지 않아 매수인이 대체물 인도를 요구하였으나 매도인이 이를 거절하였고, 2차 수리에도 불구하고 하자가 수리되지 아니한 경우 매도인의 하자있는 기계의 인도로 인한 매수인의 손해배상청구권을 인정한 사례이다.

(2) 「Cour d'Appel de Grenoble, Chambre Commerciale : France」, 『RG 93/4879』

① **Cases**

「Cour d'Appel de Grenoble, Chambre Commerciale : France」, 『RG 93/4879』, "*Marques Roque Joachim v. La Sarl Holding Manin Riviere*", 1995

② **Keyword**

Application of CISG : Rules of Private International Law Referring to Law of A Contracting State : 1955 HAGUE Convention (CISG Art. 11.(B)).

Mixed Contract for Supply of Goods And Services : Service Not Preponderant Part of Seller's Obligations (CISG Art. 3(2)).

Lack of Conformity : Goods Not Fit for A Particular Purpose Made Known to The Seller (CISG Art. 35(2)(B)).

Fundamental Breach by Seller (CISG Art. 25) : Lack of Conformity : Possibility of Repair of Defective Goods : Defect Not Amounting to Fundamental Breach.

Avoidance of Contract : Lack of Conformity : Must Amount to A Fundamental Breach (CISG Art. 491.(A)).

Cure of Non-Conformity : by Repair of Defective Goods (Art. 46(3) CISG).

Cure of Non-Conformity : at Seller's Expense : Buyer's Right to Claim Damages (CISG Art. 481.).

Interest (CISG Art. 78) : Accrual : from Date Goods Repaired Are at The Buyer's Disposal.

③ Abstract

A French seller and a Portuguese buyer concluded a contract for the sale and dismantlement of a second-hand hangar. The price had to be paid in three installments. The buyer paid the first two installments but refused to pay the balance, alleging the non-conformity of some metallic elements, which could not be used for the reassembling of the hangar. The seller repaired the defective elements; the buyer did not take delivery of the repaired elements, alleging that the seller had engaged to supply new metallic elements. The seller commenced an action to recover the balance of the price. The buyer in turn claimed for avoidance of the contract, refund of the price paid and damages. The Court of first instance decided in favor of the seller.

The appellate Court held that the contract was governed by CISG, as the French rules of private international law (in this case the Hague Convention of 15 June 1955 on the law applicable to international sale of goods) led to the application of the law of France, a contracting State (Art. 11.(b) CISG).

The contract was considered to be a sales contract in accordance with Art. 3(2) CISG since the dismantlement of the hangar by the seller was not a preponderant part of its obligations (the price charged for this service amounted to approximately 25% of the total contract price).

The Court held that the seller had actually breached the contract in delivering non-conforming metallic elements: as a matter of fact, the defective elements were not fit for the particular purpose made known to the seller (reassembling of the hangar the same way as it was originally) (Art. 35(2)(b) CISG).

However, since the non-conformity related only to a part of the hangar and the seller had been able to repair the defective elements, the lack of conformity did not constitute a fundamental breach of contract: the buyer had not been deprived of what it was entitled to expect under the contract (Art. 25 CISG). Accordingly, the breach did not justify avoidance of the contract (Art. 49 CISG).

The Court held that the seller had effectively cured the lack of conformity by repair of the metallic elements in compliance with Art. 46(3) CISG. In the Court's opinion, the buyer had not given evidence of the fact that the defective elements, even after repair, could not be used for the reassembling of the hangar.

The Court, applying Art. 481. CISG according to which the buyer, in case of repair at the expense of the seller, retains any right to claim damages, granted the buyer damages representing 10% of the overall value of the sale, in consideration of the fact that the buyer had received the conforming goods with delay and that it had had to arrange for their transportation twice.

The Court stated that the seller was entitled to recover the balance of the price. According to Art. 78 CISG, the seller was also entitled to interest on the price, accruing from the date the repaired elements were put at the buyer's disposal.

(3) 「Cour d'Appel de Versailles, 12eme chambre, 1ere section : France」, 『56』

① Cases

「Cour d'Appel de Versailles, 12eme chambre, 1ere section : France」, 『56』, "Giustina International Sp.A. v. Perfect Circle Europe SARL", 1998.

② Keyword

Non-Conformity of Goods : Reasonable Period for Giving Notice of Non-Conformity (CISG Art. 391.).

Buyer's Remedies : Right to Require Repair (CISG Art. 46(3)).

Buyer's Remedies : Fixing An Additional Period of Time for Performance : Reasonable Period of Time (CISG Art. 471.).

Buyer's Remedies : Avoidance of Contract : Declaration of Avoidance within A Reasonable Time After Expiration of An Additional Period of Time (CISG Art. 49(2)(B)(II)).

③ Abstract

In 1990 an Italian seller and a French buyer concluded a contract for the sale of two high technology machines. In 1993 the buyer served a process on the seller, declaring the contract avoided for non-conformity. The Court of first instance (Tribunal de commerce de Versailles, 23-11-1994) decided in favor of the buyer. The seller appealed, arguing that the buyer's declaration of avoidance did not comply with the reasonable time requirements set out in Arts. 39, 46(3), 47 and 49(2)(b) CISG.

The Court of Appeals found that the notice of non-conformity had been given within a reasonable time. In the case at hand, the buyer had sent a letter to the seller's agent in France two weeks after a provisional test had been performed at the seller's premises, informing the seller of the non-conformities found and specifying the improvements to be made before a new test was made. One month after the second test the buyer had sent another letter to the seller, informing the seller of its refusal to take delivery until certain modifications had been made on the machines. Later on, upon the seller's request to test the machines at the buyer's premises, the two machines were delivered and installed. The buyer sent further letters, specifying the defects, six months after delivery of the first machinery, and eleven months after delivery of the second machinery. In the opinion of the Court, all these notices of non-conformity satisfied the requirements of Art. 39 CISG, which does not require that the notice be given by means of a service of process.

The Court also found that the buyer, in conjunction with the notices of non-conformity, had required the seller to remedy the defects, in compliance with Art. 46(3) CISG. Moreover, the buyer granted to the seller an additional period of time for performance of its obligations as a result of the seller's announcement that it intended to repair the machines. In the opinion of the Court, having regard to the difficulties involved in the repairs, the additional period of time was of reasonable length and therefore satisfied the requirements of Art. 471. CISG.

The seller had not performed his obligations within the additional period of time of reasonable length fixed by the buyer. The Court found that the buyer was entitled to declare the contract avoided since the defects had substantially deprived the buyer of what he was entitled to expect from the contract. In fact, the buyer could not use the defective machines as expected.

The Court finally held that the buyer's declaration of avoidance had been made within a reasonable time after expiration of the additional period of time, in accordance with Art. 49(2)(b)(ii) CISG.

Ⅲ. 대금감액청구

1. 대금감액청구의 요건과 효과

CISG에서는 계약위반에 대한 구제수단의 하나로서 대금감액권(right to

reduce price)을 규정(CISG Art. 50)하고 있다.[260] 즉 물품이 계약내용에 비추어 적합하지 아니한 경우 대금지급의 여부에 관계없이 매수인으로 하여금 인도당시의 물품가치가 계약에 적합하였더라면 보유했을 가치에 대한 비율에 따라 대금을 감액할 수 있도록 하고 있다.

그렇지만 매도인이 자신의 의무불이행을 보완하거나 또는 매수인이 매도인이 행한 이행의 인수를 거절하는 경우에는 대금감액을 주장할 수 없게 된다. 가령 매도인이 손해배상책임을 지지 아니하는 경우에는 대금감액만 가능하고, 손해배상책임을 지는 경우에는 대금감액권과 손해배상청구권을 선택적으로 행사할 수 있다. 대금감액권의 행사는 상대방에 대한 의사표시가 전제되어야 하며 당해 의사표시는 발신주의에 의한다.

대금감액권의 행사는 경우에 따라 손해배상청구권과 양립할 수 있다. 여기서 유의하여야 할 사항은 계약위반이 매도인의 귀책사유에 의하지 않은 경우 매수인의 손해배상청구는 인정되지 않지만(CISG Art. 79) 대금감액권은 인정된다고 하는 점,[261] 손해배상은 매도인 또는 법원의 인정이 요구되나 대금감액은 매수인의 일방적인 선언에 의해서도 행사될 수 있다고 하는 점, 대금감액권은 매수인에게 발생한 경제적 손실에도 불구하고 행사할 수 있다고 하는 점, 매수인이 다른 구제를 구하는 권리를 행사함에 있어서도 손해배상청구권은 인정된다고 하는 점 등이다.

대금감액권에 관하여 PECL은 우선 계약에 상응하지 아니하는 이행의 제공을 수령한 당사자는 대금감액청구권을 행사할 수 있도록 하고, 이행이 제공된 당시 그 이행가액을 계약에 상응하는 이행제공이 지녔을 가치와 비교

---

260) CISG Art. 50. "If the goods do not conform with the contract and whether or not the price has already been paid, the buyer may reduce the price in the same proportion as the value that the goods actually delivered had at the time of the delivery bears to the value that conforming goods would have had at that time. However, if the seller remedies any failure to perform his obligations in accordance with article 37 or article 48 or if the buyer refuses to accept performance by the seller in accordance with those articles, the buyer may not reduce the price."

261) Honnold, *op. cit.*, pp.310~311.

하여 감소분에 비례하여 감액할 수 있도록 하고 있다(PECL Art. 9:4011.).

따라서 만약 대금감액권을 보유한 당사자가 감액된 대금을 초과하는 금액을 이미 지급하였을 경우 상대방으로부터 그 초과액의 상환청구권을 행사할 수 있다(PECL Art. 9:401(2)). 그러나 대금을 감액한 당사자는 이와 동시에 이행가치의 감소를 이유로 손해배상청구권을 행사할 수 없고, 이 경우에도 손해배상과 이자에 관한 규정체계에 따라(PECL Chap. 9, Sec. 5) 전보될 수 있는 한도에서 그가 입은 모든 손실에 대한 손해배상청구권은 유지된다(PECL Art. 9:401(3)).[262)]

요컨대 대금감액청구의 요건과 효과에 대하여 PECL은 여타의 구제수단과 병행하여 대금감액청구권을 명시하고 있고, 또한 모든 종류의 계약에 해당될 수 있다고 하는 적용범위를 고려할 때, 단지 국제상사계약을 그 적용범위로 하고 있는 PICC의 해당규정(PICC Art. 7.4.1~7.4.3)에 비하여 보다 구체적이며 명료하다고 할 수 있다.

2. 대금감액청구에 관한 적용사례

(1) 「Amtsgericht Nordhorn : Germany」, 『3 C 75/94』

① 사건명

「Amtsgericht Nordhorn : Germany」, 『3 C 75/94』, "Unknown", 1994.

---

262) PECL Art. 9:401(Right to Reduce Price). "1. A party who accepts a tender of performance not conforming to the contract may reduce the price. This reduction shall be proportionate to the decrease in the value of the performance at the time this was tendered compared to the value which a conforming tender would have had at that time. (2) A party who is entitled to reduce the price under the preceding paragraph and who has already paid a sum exceeding the reduced price may recover the excess from the other party. (3) A party who reduces the price cannot also recover damages for reduction in the value of the performance but remains entitled to damages for any further loss it has suffered so far as these are recoverable under Section 5 of this Chapter."

② **쟁점**

매수인이 대금감액으로서 하자있는 물품대금 전부를 유보할 수 있는지 여부

③ **적용법규**

CISG Art. 4(a), Art. 48(2)~(3), Art. 49, Art. 62, Art. 81.

④ **사실관계**

이탈리아에 영업소를 둔 매도인과 독일에 영업소를 둔 매수인은 계약의 목적물을 신발로 하여 매매계약을 체결하였다. 계약내용에는 '확정이 아닌 개략의 인도'(approximate delivery without commitment)라는 제목으로 그 내용에 있어 '휴가철 전, 늦지 않게'(before holidays, not later)라고 수기로 된 문언이 기재되어 있었다. 이탈리아에서 휴가철 전이라고 함은 통상 8월 전을 의미한다.

첫 번째 인도분 물품이 1993년 8월 5일에 매수인에게 송부되었다. 매수인은 1993년 11월 30일에 이에 대한 대금을 지급하였다. 두 번째 인도분 물품이 1993년 9월 24일에 송부되었다. 1993년 9월 28일 매수인은 팩스로 계약해제를 선언하였다.

매도인은 매수인이 계약을 해제할 권리가 없다고 주장하면서 매수인을 상대로 대금전액과 이자를 구하는 소를 제기하였다. 또한 매도인은 기존의 매매에 관하여 매수인이 지난 해에 3번에 걸쳐 일부 부적합을 통지한 후 유보한 대금의 지급을 구하였다.

매수인은 계약에 인도를 위한 확정기일이 정해져 있고, 매도인이 이를 위반하였으므로 자신은 계약을 해제할 수 있다고 주장하였다.

지난 해의 매매에 관하여 매수인은 매도인이 시기에 늦은 부적합의 통지를 다투지 아니하였고, 부적합한 물품의 반환을 인수하였다고 주장하였다. 따라서 이 물품의 대금을 구하는 것은 신의칙에 반한다고 주장하였다.

⑤ **판결요지**

매도인은 대금전액의 지급을 구할 수 있다(CISG Art. 62). 두 번의 물품인도분은 실제로 합의된 기일이 지난 후 인도되었으나, 매수인은 계약을 해제하였을 경우에만 대금을 지급하지 아니할 수 있다(CISG Art. 49).

매수인의 해제선언은 계약서의 이면에 기재되어 있고, 계약에 편입된 것으로 보이는 매도인의 표준약관에 포함된 조항에 따라 이루어진 것이 아니다.

이 조항은 매수인은 매도인에게 계약을 이행하도록 최고한 후, 그리고 매도인이 그러한 최고를 받고 계약을 이행함이 없이 15일의 영업일이 도과된 후에만 계약해제를 선언할 수 있다고 규정한다.

계약서 이면에 인쇄되어 있는 매도인의 보통거래약관의 유효성은 협약의 적용대상이 아니고, 독일 국제사법 규칙에 의하여 지정되는 준거법인 이탈리아법에 따라 결정되어야 한다(CISG Art. 4(a)).

이탈리아법에 의하면 위 조항은 유효하다. 매수인이 계약에서 약정한 절차에 따라 계약해제를 선언하지 아니하였으므로 매수인의 해제선언은 효력이 없다.

'휴가철 전, 늦지 않게'라고 한 것은 명시적으로 규정되지 않았으므로 확정인도기일을 정한 것은 아니고, 당사자는 확정인도기일을 합의하기를 원하지 아니하였다고 할 것이다.

위 조항은 그러한 의미에서 명확하지 아니하고, 또한 매수인의 행위에 비추어 보아도 인도기일이 확정기일이 아닌 것으로 보인다. 실제로 매수인은 1993년 8월 5일 첫 번째 인도분을 인수하였고, 매도인이 통지한 두 번째 인도분의 인도일자인 1993년 9월 10일에 대하여 이의를 제기하지 아니하였으며, 매도인의 표준약관에 규정된 절차에 따라 매도인에게 15일 내에 계약을 이행할 것을 최고하지 아니하였다. 따라서 매도인은 1993년 9월 10일까지 물품을 인도할 수 있다(CISG Art. 48(2),(3)).

1993년 9월 10일 이후에도 매수인이 매도인에게 계약을 해제할 것인지의 의사를 분명하게 표시하지 아니하였고, 매수인이 매도인에게 계약해제의 의사를 통지할 수 있었음에도 그러하지 아니하였으므로 매수인은 계약해제를 선언할 수 없다.

또한 매수인이 인도가 이루어진 것을 안 후, 상당기간 내에 해제하지 아니하였으므로 매수인은 인도지체를 이유로 계약을 해제할 수 없다고 할 것이다(CISG Art. 49(2)(a)). 매수인은 매도인에게 대금전액을 지급하여야 하고, 이 경우 CISG는 적용되지 않는다(CISG Art. 81).

지난 해 매매와 관련하여 매수인이 매도인에게 보낸 3번의 부적합 통지 중 하나만이 유효하다. 이 사건에 있어 매도인은 통지가 인도로부터 10일 내에 이루어지지 않았다는 이유로 통지가 유효하지 않다고 주장할 수 없다.

실제로 매수인은 하자있는 물품을 매도인에게 반송하였고, 이는 유효한 부적합 선언에 해당한다. 유효한 부적합 통지에 대해서는 매수인은 대금감액으로서 하자있는 물품의 대금전부를 유보할 수 있다(CISG Art. 50).

매도인이 유효하게 표준약관에 규정된 6개월의 제척기간 만료를 주장하였고, 이는 신의칙에 반하지 아니하므로 다른 두 부적합에 관한 청구는 인정될 수 없다. 지난 해 매매에 관해 매도인은 유효하게 통지된 부적합 청구 이외에 매수인이 유보한 대금지급을 구할 수 있다.

⑥ **논점 및 평가**

이 판결은 매수인이 대금감액청구권의 행사로서 하자있는 물품의 대금전부의 지급을 유보할 수 있는지의 여부에 관하여 적극적으로 판시한 사례이다.

(2) 「US District Court, S.D., NY : USA」, 『89 CIV.4950 CSH』

① **Cases**

「U.S. District Court, S.D., New York : USA」, 『89 CIV.4950 CSH』, "*Interag Company Ltd. v. Stafford Phase Corporation*", 1990.

② Keyword

Reduction of Price (Art. 50 CISG) : Amount Equal to Difference Between Value of Non-Conforming Goods And Market Value That Conforming Goods Would Have Had : Determination of Value of Non-Conforming Goods.

③ Abstract

A Hungarian seller sold and delivered sweaters to a US buyer. After having drawn two checks representing payment for 70% of the purchase price, the buyer, alleging defects of the goods, stopped payment on those checks and claimed damages resulting from its resale of the sweaters to third parties. The buyer based its claim on 2-714(2) of the Uniform Commercial Code, according to which the measure of damages for non-conformity of accepted goods is the difference between 'the value of the goods accepted and the value they would have had if they had been as warranted'. The question arose as to how to determine the value of the goods accepted. While the buyer proposed to prove it by expert testimony, according to the seller the decisive criterion was the price obtained for them by the buyer on their resale to third parties.

The Court decided in favor of the seller and ordered the buyer to produce the relevant documents relating to the resale of the sweaters. In doing so it did not specifically address the question whether the sales contract was governed by CISG (though it recalled that both the United States and Hungary are contracting parties). However, in conjunction with UCC 2-714, the Court also referred to Art. 50 CISG, thereby suggesting that the two provisions fundamentally correspond and that its interpretation of the former would also be valid for the latter.

Ⅳ. 손해배상청구

1. 손해배상청구의 요건과 효과

전술한 바와 같이 CISG에서는 계약위반에 관한 구제로서 계약당사자에게 손해배상청구권을 인정하고 있다(CISG Art. 451.(b), Art. 611.(b)).[263]

그렇지만 손해배상청구권은 여타의 구제수단의 행사에 의해 상실되는 권리가 아니고, 동시에 양립할 수 있는 권리일 뿐만 아니라, 여타의 구제수단과 마찬가지로 그 권리를 행사하는데는 양당사자의 불이행이 전제되는 경우이면 족하고, 또한 고의 · 과실의 존재는 문제되지 아니한다.[264]

한편 손해배상의 범위에 관하여 별도의 제한요건을 부가하지 않고, 예견가능성의 법리를 채택하고 있는 점은 국제계약법규범 모두 공통되지만, PICC에서는 불이행을 당한 당사자가 상대방의 불이행의 결과로서 입은 손해에 대하여 완전배상(full compensation)을 받을 권리를 보장하고 있다.

여기서 손해라고 함은 불이행을 당한 당사자가 자신의 비용 또는 손해를 부담하지 아니함으로써 얻은 모든 이익을 제외하고, 불이행을 당한 당사자가 입게 된 모든 손실과 박탈된 모든 이익이 포함되는데, 당해 손해가 비금전적일 경우에는 '육체적 또는 정신적 고통'(physical suffering or emotional distress)이 포함된다.

---

263) CISG Art. 45. "1. If the seller fails to perform any of his obligations under the contract or this Convention, the buyer may: (b) claim damages as provided in articles 74 to 77." ; Art. 61. "1. If the buyer fails to perform any of his obligations under the contract or this Convention, the seller may: (b) claim damages as provided in articles 74 to 77."

264) 손해배상책임의 면제를 규정하고 있는 CISG Art. 79의 규정에 의할 경우 면책에는 위약금이나 손해배상의 예정(liquidated damage)은 포함되지 않고 있다. 따라서 손해배상 이외의 권리, 이를테면 계약당사자의 이행청구권 및 계약해제권에 관한 관련 규정을 포함하여 연체된 금액의 이자청구(Art. 78), 대금감액, 급부반환청구(Art. 81(2)), 이익의 반환청구(Art. 84(2)) 등은 여전히 존속한다. 이에 상당한 규정으로서 PICC Art. 7.1.7, CISG Art. 79에 관한 법적 논점에 대한 상세는 허해관 · 한병완, 전게논문, 참조.

2. 손해배상청구와 다른 구제수단과의 관계에 대한 사례

(1) 「Schiedsgericht der Handelskammer - Germany」, 『Unknown』

① 사건명

「Schiedsgericht der Handelskammer - Hamburg, Germany」
『Unknown』, "*Unknown*", 1996.

② 쟁점

계약해제의 선언이 손해배상청구권에 영향을 미칠 수 있는지 여부

③ 적용법규

CISG Art. 8, Art. 45, Art. 47, Art. 49, Art. 53, Art. 74.

④ 사실관계

독일의 매수인은 중국에서 생산되는 물품의 인도에 관하여, 2개의 홍콩회사인 매도인과 2개의 독립된, 그러나 실질적으로 동일한 기본계약을 체결하였다. 매수인이 단기간의 통지로 물품이 필요한 사정을 알린다는 점을 고려하여 인도시기는 매 경우마다 달랐다. 대금은 인도일로부터 90일 내에 지급되어야 하나, 실제는 각각의 경우에 매수인이 선지급(advanced payment)하거나 물품인도시에 지급하였다. 그 과정에서 매수인은 한 매도인에게 10,000개의 물품을 주문하였다.

매도인은 대금의 선지급을 요구하였다. 그 후 매도인은 매수인에게 중국공급자가 심각한 재정적 어려움을 겪고 있다고 통지하였고, 매수인이 미지급된 모든 채무를 지급하지 않는 한, 물품인도를 거절하겠다고 선언하였다. 이에 매수인은 그 요구를 거절하였다.

매도인은 이 같은 매수인의 거절에 대한 해결을 목적으로 중재신청을 개

시하였고, 매수인은 계약해제의 선언과 동시에 매도인을 상대로 하여 다툼이 있는 개별 매매계약의 위반과 기본계약 위반으로 인한 손해배상을 청구하였다.

⑤ **판정요지**

매도인이 기존 인도분으로 인한 모든 미지급 채무를 변제받지 않고 인도를 거절하였으므로 매수인은 매매계약을 해제할 수 있다(CISG Art. 491.(b), Art. 471.).

그러한 요구는 성질상 인도가 기존의 계약하에서 지급되어야 할 대금지급을 조건으로 하여서는 안된다는 것을 뜻하는데, 이 경우 매수인이 현금으로 선지급하기로 한 매매계약의 조건과 양립하지 아니한다(CISG Art. 8). 아울러 계약해제를 선언한 후에도 매수인은 손해배상을 청구할 권리를 상실하지 아니한다(CISG Art. 49(2) 및 관련규정으로서 CISG Art. 45(2), Art. 74).

매수인에게 예견가능한 손실이라 할 수 있는, 즉 매수인이 이미 체결한 계약에 대한 이익의 상실을 포함하여 불이행으로 인한 손해배상을 인정한다.

매수인이 주장하고 있는 매도인의 기본계약 위반주장에 대하여 살피건대, 매도인의 계약위반의 결과 매수인이 손해를 입었는지 여부를 판단함에 있어서 양당사자의 행위를 고려하여야 하는 바, 매도인의 불이행으로 인한 매수인의 손해는 인정하지 아니한다.

⑥ **논점 및 평가**

매도인이 매수인으로부터 기존 인도분에 대한 모든 미지급 채무를 변제받지 않는 한 물품의 인도를 거절한 사안에서, 매수인이 대금을 현금으로 선지급하기로 약정한 것은 인도가 기존의 계약하에서 지급되어야 할 대금지급을 조건으로 하여서는 아니 된다는 것을 뜻하므로, 매수인은 계약을 해제할 수 있고, 계약해제를 선언한 후에도 매수인은 손해배상을 청구할 권리를 상실하지 아니한다고 한 사례이다.

(2) 「Bundesgerichtshof : Germany」, 『VIII ZR 134/96』

① Cases

「Bundesgerichtshof : Germany」, 『VIII ZR 134/96』, “Unknown” , 1997.

② Keyword

Scope of CISG : Franchising Agreement : CISG Applicable to The Individual Contracts of Sale Concluded Pursuant to The Agreement.

Application of CISG : Choice of Law of Contracting State as Governing Law of The Contract.

Validity of Sales Contracts : Matter Excluded from Scope of CISG (Art. 4(A) CISG) : Domestic Law Applicable.

③ Abstract

A German company was granted by an Italian manufacturer of fashion goods the right to distribute the Italian manufacturer's products under their trademark, in stores which were especially designed for the exclusive sale of goods bearing the said trademark. Several sales contracts were thereafter concluded between the parties and goods were delivered from the Italian manufacturer ('the seller') to the German company ('the buyer'). Since the price of the delivered goods remained unpaid, the seller commenced an action to recover it. The buyer counterclaimed, alleging inter alia that, notwithstanding the lack of an express and written agreement between the parties, the conclusion of a franchising contract could be inferred from their conduct. The said contract was to be considered invalid under domestic and EU unfair competition law provisions. As a consequence, the invalidity of the framework agreement would entail the invalidity of the individual sales contracts concluded pursuant to it.

The Court held that CISG was applicable to each individual sales contract, since the parties in their opening trial documents had impliedly chosen the law of Germany, a contracting State. Furthermore, during the course of the trial the parties had expressly agreed on the application of CISG, thus enabling the Court not to consider the question of whether a reference to specific provisions of the German Civil Code regarding the contract of sale could amount to an implied exclusion of CISG under Art. 6 CISG.

As regards the problem of the validity of the sales contracts concluded between the parties under unfair competition laws, the Court held that it was a matter excluded from the scope of CISG and governed by the applicable domestic law (Art. 4(a) CISG). The Court found that under German law, even if the framework franchising agreement infringed the unfair competition law rules, the individual sales contracts would have to be considered valid. As a result, the Court held that the seller had the right to recover the outstanding purchase price (Art. 53 CISG).

The buyer had furthermore claimed damages for a substantial reduction in the sales, allegedly deriving from the 'shocking' character of the advertisements used worldwide by the seller. The appellate Court had left open the question of whether Art. 451.(b) CISG barred the application of German domestic law rules on remedies for non performance of contractual obligations different than the ones provided for by CISG (in particular of the rules on 'positive Vertragsverletzung'). The Supreme Court did not pursue the question since it found, in accordance with the lower instance, that in the case at hand the seller had not breached any implied or express contractual obligation.

V. 계약해제

1. 계약해제의 요건과 효과

계약의 해제(termination)[265]의 효과는 약정해제와 법정해제의 경우에 따라 각기 다르고,[266] 또한 법정해제에 있어서도 각국 실정법의 입법방침에 따라 그 내용이 상이하다. 이를테면 법정해제는 의무불이행을 원인으로 하여 인정되는 형성권으로서의 법적 권리인 까닭에, 자연히 이행이 전제된 계약에 한하여 적용되는데, 각국 국내법 및 국제계약법규범의 입법례를 살펴보면 모든 계약에 법정해제를 인정하는 경우도 있고, 일정한 범위에 한하여 제한적으로 인정하고 있는 경우도 있다.

대부분의 입법례는 법정해제를 특별히 쌍무계약에 대해 인정하고 있는 것이 보편적인데, 그 취지는 쌍무계약의 법적 특성에 기하여 일방의 의무불이행이 있는 경우 불이행을 당한 당사자로 하여금 당해 계약관계의 구속을 면할 수 있도록 하기 위한 것이다.

계약해제의 법률효과는 국제계약법규범에 있어서도 그 적용범위 및 규정내용의 특성에 따라 각기 다르게 되어 있다. 예를 들면 CISG에서는 그 적용범위를 국제물품매매에 한정하고 있는 까닭에, 당연히 쌍무계약을 대상으로 계약의 해제를 인정하고 있으나, PICC 및 PECL에서는 쌍무계약에 한정

---

265) 영미법에서는 '(계약위반에 기한) 해제'를 'cancellation'으로 여타 '(계약의) 종료(또는 소멸)'를 'termination'으로 표현하고 있다. 예컨대 UCC §2-106 및 PECL Art. 6:111에서는 당해 불이행에 관한 규정체계 내에서 계약이 해제되는 경우와 계약관계가 소멸되는 경우를 통일하여 'termination'으로 부르고 있으며, CISG에서는 이를 'avoidance'로 표현하고 있다(CISG Art. 26, Art. 49, Art. 64, Art. 72, Art. 73 등). PICC는 PECL의 경우와 동일하다.

266) 약정해제는 당사자의 계약에 의하여 발생하는 해제권을 의미한다. 약정해제는 당사자의 일방을 위하여 또는 쌍방을 위하여 보류할 수 있는데, 반드시 당초의 계약에 의거하여 행사할 수 있는 것은 아니고, 후일 별개의 계약으로써도 행사할 수 있다. 이에 반하여 법정해제는 법률의 규정에 의해서 발생하는 권리로서 발생원인을 의무불이행에 두고 있으며, 그 내용은 이행지체 · 이행불능 · 수령선지체 등이다.

하지 않고 편무계약에도 법정해제를 인정하고 있다.

계약해제의 요건과 관련하여 약정해제인가 법정해제인가에 따라 그 범위가 다르고, 특별히 법정해제에 있어서도 개별 법규범의 입법정책에 따라 그 적용이 각기 상이하다. 약정해제의 경우 계약당사자간 계약의 내용에 따라 해제권을 유보해 두고, 일방이 그 유보된 해제권의 행사에 의하여 당해 계약을 소멸케 하므로 채권계약을 비롯하여 물권계약 및 준물권계약에도 공히 인정되나, 법정해제의 경우에는 의무불이행을 원인으로 당해 법률이 정한 바에 따라 인정되므로, 그 적용범위는 계약이행이 전제된 경우에 한한다.

국제계약법규범하에서는 단순한 의무불이행만을 이유로 하여 계약해제를 선언할 수는 없고, 당해 의무불이행이 '중대한 계약위반(불이행)'[fundamental breach of contract(non-performance)]에 해당하는 경우에 한하여 계약을 해제할 수 있도록 규정하고 있다.

아울러 계약해제에 관한 국제계약법규범의 통일된 입법방침은 계약위반이나 불이행 모두 고의 · 과실에 기한 귀책사유를 요건으로 하고 있지 않으며, 특별히 이행지체 · 이행불능을 포함하여 담보책임 및 원시적 불능인 급부를 목적으로 하는 계약 일체를 포괄하고 있다는 것이다.

2. 계약해제에 관한 비교

(1) CISG

국제계약법규범에서는 계약해제의 요건을 중대한 계약위반[불이행]이 있는 경우로 한정하고 있는데(CISG Art. 25, PICC Art. 7.3.1, PECL Art. 9:301),[267)]

267) CISG Art. 25. "A breach of contract committed by one of the parties is fundamental if it results in such detriment to the other party as substantially to deprive him of what he is entitled to expect under the contract, unless the party in breach did not foresee and a reasonable person of the same kind in the same circumstances would not have foreseen such a result." ; PICC Art. 7.3.1(Right to terminate the contract). "1. A party may

계약해제권의 행사에 있어 의무이행자의 귀책사유는 문제되지 아니한다.

CISG에서 '중대한 계약위반'(fundamental breach of contract)은 당사자 일방이 범한 계약위반이 당해 계약하에서 상대방이 기대할 권리가 있는 바를 '실질적으로 박탈'(substantially deprive)할 정도의 손해를 야기한 경우로 특정되어 있는데, 그 범위는 계약당사자 일방의 특정한 의무위반으로 상대방이 계약의 이행과정에서 기대하였던 이익을 향유하지 못한 정도를 말한다. 그렇지만 계약을 위반한 당사자가 그러한 결과를 예견하지 못했고, 또한 동일한 종류의 합리적인 자가 동일한 사정하에서 이 같은 결과를 예상할 수 없었던 경우에는 해당하지 않는다(CISG Art. 25). 아울러 계약위반의 내용에는 이행지체 · 이행불능 · 불완전이행 · 담보책임 · 부수의무위반 등의 모든 의무불이행이 포함된다.

CISG에서는 계약위반이 있는 경우 불이행을 당한 당사자의 손실범위와 불이행 당사자의 주관적 인식의 정도를 함께 고려한 후 계약해제 여부를 판단하도록 하고 있다. 그렇지만 이 경우에도 당해 고려의 결과가 계약당사자간 공히 중대한 계약위반에 해당하는 경우에만 적용할 수 있도록 계약해제권의 행사를 제한하고 있다.

---

terminate the contract where the failure of the other party to perform an obligation under the contract amounts to a fundamental non-performance. (2) In determining whether a failure to perform an obligation amounts to a fundamental non-performance regard shall be had, in particular, to whether (a) the non-performance substantially deprives the aggrieved party of what it was entitled to expect under the contract unless the other party did not foresee and could not reasonably have foreseen such result; (b) strict compliance with the obligation which has not been performed is of essence under the contract; (c) the non-performance is intentional or reckless; (d) the non-performance gives the aggrieved party reason to believe that it cannot rely on the other party's future performance; (e) the non-performing party will suffer disproportionate loss as a result of the preparation or performance if the contract is terminated. (3) In the case of delay the aggrieved party may also terminate the contract if the other party fails to perform before the time allowed it under Article 7.1.5 has expired." ; PECL Art. 9:301(Right to Terminate the Contract). "1. A party may terminate the contract if the other party's non-performance is fundamental. (2) In the case of delay the aggrieved party may also terminate the contract under Article 8:106 (3)."

한편 CISG에서는 사정변경에 의한 계약해제의 효과에 대한 명시적인 규정은 두고 있지 않지만, 장애(impediment)에 기하여 계약을 해제할 수 있는 여지를 남겨두고 있다. 이를테면 전술한 바와 같이 사정변경에 따른 장애의 효과에 대하여 당사자 일방은 자신의 의무불이행이 그 자신의 지배를 벗어난 장애에 기인하였다는 점과, 계약체결시에 그 장애를 고려하거나 또는 당해 장애와 장애의 결과를 회피하거나 극복하는 것이 합리적으로 기대될 수 없었다는 점을 입증하는 경우 자신의 여하한의 의무불이행으로 인한 CISG 상의 손해배상책임을 면할 수 있다(CISG Art. 791.). 이 경우 면책은 장애가 존재하는 동안에만 효력을 발생한다(CISG Art. 79(3)).[268]

CISG에서는 이행기 도래 전의 계약해제와 관련하여 계약당사자 일방이 계약의 이행기 전에 중대한 계약위반을 범할 것이 명백한 경우 상대방으로 하여금 계약해제를 선언할 수 있도록 하고 있다. 그렇지만 한편으로 시간이 허용하는 경우 계약해제를 선언하고자 하는 상대방은 일방이 그 이행에 관한 '적절한 보장'(adequate assurance)을 제공할 수 있도록, 곧 가급적 계약의 이행을 원만히 도모하기 위한 입법적 배려의 차원에서 통지의 의무를 부가하고 있다. 여기서 당해 의무는 계약당사자 일방이 계약상 의무를 이행하지 아니할 것을 선언한 경우에는 적용되지 않는다(CISG Art. 721.~(3)).[269]

---

268) CISG에서는 불이행 당사자는 당해 장애사유와 그것이 자신의 이행능력에 미치는 영향에 관하여 상대방에게 통지하여야 한다고 규정하고 있는데, 당해 통지는 불이행 당사자자가 장애를 알았거나 또는 알았어야 하는 때로부터 상당한 기간 내에 그 통지가 상대방에게 도착하지 아니한 경우 당사자는 불착으로 인하여 발생하는 손해에 대한 책임을 부담하여야 함을 명시하고 있다. 요컨대 CISG에서는 사정변경의 법률효과를 연관된 규정을 통해 인정하고는 있으나, PICC 및 PECL에 비하여 그 요건이 매우 엄격하다. 즉 사정변경의 내용 또한 그 기간을 제한하고 있으며 뿐만 아니라 이행당사자의 면책 또한 단순한 사정변경에 의한 것이 아닌 불가항력에 상당하여야 함을 전제로 이를 허용하고 있다.

269) CISG Art. 72. "1. If prior to the date for performance of the contract it is clear that one of the parties will commit a fundamental breach of contract, the other party may declare the contract avoided. (2) If time allows, the party intending to declare the contract avoided must give reasonable notice to the other party in order to permit him to provide adequate assurance of his performance. (3) The requirements of the preceding

CISG에서는 이 같은 중대한 계약위반 및 사정변경 외에도 매도인이 계약의 목적물을 인도하지 않은 경우 매수인이 지정한 상당한 부가기간 내에 물품을 인도하지 않거나, 또는 매도인이 그 지정된 기간 내에 인도하지 않겠다는 의사를 표시한 경우 매수인은 계약해제를 선언할 수 있다(CISG Art. 491.(b)).[270]

그러나 매도인이 물품을 이미 인도한 경우 매수인 본인은 인도지연에 관하여 인도가 이루어진 사실을 알게 된 때로부터 상당한 기간 내, 인도지연 이외의 모든 위반에 대해서 본인이 당해 위반을 알았거나 또는 알았어야 하는 때, 본인에 의하여 지정된 추가기간이 경과한 때, 또는 매도인이 그러한 추가기간 내에 의무를 이행하지 않겠다는 뜻을 선언한 때, 또는 매도인에 의하여 제시된 어떠한 추가기간이 경과한 때로부터 상당한 기간 내에 해제를 선언하지 않은 경우 매수인은 당해 계약해제의 권리를 상실한다(CISG Art. 49(2)(a)~(b)).[271]

반면에 매수인이 대금을 지급하지 않거나 물품수령을 거부하는 경우와

---

paragraph do not apply if the other party has declared that he will not perform his obligations."

270) CISG Art. 49. "1. The buyer may declare the contract avoided: (a) if the failure by the seller to perform any of his obligations under the contract or this Convention amounts to a fundamental breach of contract; or (b) in case of non-delivery, if the seller does not deliver the goods within the additional period of time fixed by the buyer in accordance with paragraph 1. of article 47 or declares that he will not deliver within the period so fixed."

271) CISG Art. 49. "(2) However, in cases where the seller has delivered the goods, the buyer loses the right to declare the contract avoided unless he does so: (a) in respect of late delivery, within a reasonable time after he has become aware that delivery has been made; (b) in respect of any breach other than late delivery, within a reasonable time: (i) after he knew or ought to have known of the breach; (ii) after the expiration of any additional period of time fixed by the buyer in accordance with paragraph 1. of article 47, or after the seller has declared that he will not perform his obligations within such an additional period; or (iii) after the expiration of any additional period of time indicated by the seller in accordance with paragraph (2) of article 48, or after the buyer has declared that he will not accept performances."

매도인이 지정한 부가기간 내에 매수인이 그 이행을 거부하겠다는 의사를 표명한 경우에 있어 매도인은 위 매수인의 계약해제권에 준한 권리를 행사할 수 있다(CISG Art. 64).

특히 CISG에서는 불완전이행의 경우 당해 불완전이행이 중대한 계약위반에 해당되는 경우에 한하여 계약의 전부에 대한 해제를 선언할 수 있도록 하고 있다(CISG Art. 51(2)).[272)]

(2) PICC

PICC에서는 CISG의 계약위반에 대응하는 개념으로서 불이행이라는 용어를 사용하고 있는데, 이는 당사자가 계약에 따른 의무이행을 하지 않은 것으로서 하자있는 이행 또는 지체된 이행을 포함한다.[273)] 불이행 당사자의 귀책사유를 묻지 않고 있음은 CISG의 경우와 동일하다(PICC Art. 7.1.1).

한편 계약당사자간 동시이행이 전제된 경우 각 당사자는 상대방의 이행이 있을 때까지 당해 이행을 보류할 수 있고, 아울러 이행이 순차적으로 이루어져야 할 경우 차순(later)의 이행 당사자가 상대방의 이행을 조건으로 당해 이행을 보류할 수 있다(PICC Art. 7.1.3).[274)]

PICC에서 불이행에 대한 계약해제는 CISG에서의 중대한 계약위반과 마찬가지로 '중대한 불이행'(fundamental non-performance)에 해당하는 경우로 특정되는데,[275)] 당해 불이행의 판단기준을 CISG에 비하여 보다 구체적으로

---

272) CISG Art. 51. "(2) The buyer may declare the contract avoided in its entirety only if the failure to make delivery completely or in conformity with the contract amounts to a fundamental breach of the contract."

273) 신의칙에 입각하여 계약의 완전한 실현을 위한 '상호협력이 수반되지 않는 경우'(failure to co-operate)도 불이행으로 간주된다. PECL의 경우에는 이를 명시적으로 수용하고 있다(PECL Art. 1:202, Art. 1:301(4)).

274) PICC Art. 7.1.3(Withholding performance). "1. Where the parties are to perform simultaneously, either party may withhold performance until the other party tenders its performance. (2) Where the parties are to perform consecutively, the party that is to perform later may withhold its performance until the first party has performed."

명시하여 일반원칙으로서의 CISG를 보충하고 있다.

그 내용은 불이행된 의무를 엄격히 준수하는 것이 계약상 중요한지의 여부, 불이행이 고의적이거나 부주의한 것인지의 여부, 계약이 해제될 경우에 불이행 당사자가 그 준비 또는 이행의 결과로서 불균형적인 손실을 입는지의 여부 등을 고려하여,[276] 이행기 전에 당사자의 중대한 불이행이 발생할 것이 명백한 경우(PICC Art. 7.3.3),[277] 계약당사자 일방의 중대한 불이행이 발생할 것이라 합리적으로 믿는 상대방은 정당한 계약의 이행을 위한 적절한 보장을 요구할 수 있을 뿐만 아니라 그 때까지 자신의 이행을 보류할 수 있고, 또한 이러한 보장이 상당한 기간 내에 제공되지 않는 경우 이를 요구한 당사자로 하여금 계약을 해제할 수 있는 것 등이다(PICC Art. 7.3.1).

요컨대 PICC에서는 당해 불이행이 면책되지 않는 범위에서라면 상대방으로 하여금 PICC 규정체계 내에서의 모든 법적 구제수단을 행사할 수 있도록 하고 있으나, '불가항력에 의한 불이행', '계약당사자 일방의 방해에 의한 불이행', '동시이행 또는 선이행의 항변에 의한 이행유보' 등이 있는 경우에는 당해 불이행에 대한 이행청구 및 손해배상청구를 할 수 없도록 규정하고 있다.

한편 PICC에서는 CISG와는 달리 장애[hardship]에 의한 계약의 해제를 명시적으로 규정하고 있다. 즉 PICC에서는 계약의 이행이 당사자 일방에게 보다 부담이 되는 경우 그럼에도 불구하고 당사자는 장애에 관한 의무를 이행하여야 한다고 하고(PICC Art. 6.2.1),[278] 사정변경의 인정요건으로서 사

275) PICC Art. 7.3.1은 CISG Art. 25에 연관된 동일한 규정내용을 담고 있다. 즉 불이행이 피해 당사자로부터 계약에 따라 그가 기대할 권리가 있었던 것을 중대하게 박탈하는 지의 여부, 그러나 상대방이 그러한 결과를 예견하지 못했거나 또는 합리적으로 예견할 수 없었던 경우에는 예외로 한다는 내용이다.

276) 이행지체의 경우 불이행을 당한 당사자는 상대방이 PICC Art. 7.1.5에 따라 허용된 기간이 만료되기 전에 이행하지 아니할 경우에도 계약을 해제할 수 있다(PICC Art. 7.3.1(3)).

277) PICC Art. 7.3.3(Anticipatory non-performance). "Where prior to the date for performance by one of the parties it is clear that there will be a fundamental non-performance by that party, the other party may terminate the contract."

정변경을 당사자의 이행비용을 증가시키거나 당사자가 받는 이행의 가치를 감소시키는 것을 이유로 '계약의 형평성'(equilibrium of the contract)을 '중대하게 변경시키는 사건이 발생'(occurrence of events fundamentally alters)한 경우로 두고 있다(PICC Art. 6.2.2).[279]

아울러 그 유형으로서 당해 사건이 발생한 때 또는 불이익을 입은 당사자가 계약체결 후에 그 사건을 알게 된 경우, 계약의 체결시에 불이익을 입은 당사자가 그 사건을 합리적으로 기대할 수 없었던 경우, 당해 사건이 불이익을 입은 당사자의 통제를 벗어난 경우, 그 사건의 위험이 불이익을 입은 당사자에 의해 인수되지 않은 경우를 들고 있다(PICC Art. 6.2.2(a)~(d)).

이상의 PICC 규정의 적용에 따라 사정변경의 요건이 충족되는 경우 발생하는 효과는 우선 불이익을 입은 당사자는 계약내용의 재교섭(renegotiations)을 청구할 권리를 갖게 되는데, 그 요구는 부당한 지체없이 이루어져야 할 뿐만 아니라 당해 재교섭이 기초하고 있는 이유를 명시해야 한다.

또한 재교섭을 요구한 경우 불이익을 입은 당사자는 당해 이행을 요구할 권리가 없음을 규정하고, 나아가 상당한 기간이 경과하여도 합의에 이르지 못한 경우에는 각 당사자로 하여금 법원에 계약의 형평성을 회복할 수 있는 조정을 청구할 수 있도록 하고 있다(PICC Art. 6.2.31.~(3)).

이에 따라 법원이 당해 장애를 합리적으로 인정한 경우에는 지정된 기일 및 조건에 따라 계약을 해제시키거나, 또는 계약의 형평성을 회복시키기 위

---

278) PICC Art. 6.2.1(Contract to be observed). "Where the performance of a contract becomes more onerous for one of the parties, that party is nevertheless bound to perform its obligations subject to the following provisions on hardship."

279) PICC Art. 6.2.2(Definition of hardship). "There is hardship where the occurrence of events fundamentally alters the equilibrium of the contract either because the cost of a party's performance has increased or because the value of the performance a party receives has diminished, and (a) the events occur or become known to the disadvantaged party after the conclusion of the contract; (b) the events could not reasonably have been taken into account by the disadvantaged party at the time of the conclusion of the contract; (c) the events are beyond the control of the disadvantaged party; and (d) the risk of the events was not assumed by the disadvantaged party."

한 관점에서 계약을 변경할 수 있도록 명시하고 있다(PICC Art. 6.2.3(4)).[280)]

(3) PECL

PECL에서는 PICC와 동일하게 모든 계약위반을 불이행으로 통일하고 불이행이 중대한(fundamental) 경우 계약을 해제할 수 있다(PECL Art. 9:3011.). 다만 중대하지 않은 이행지체의 경우 불이행 당한 당사자는 상당한 부가기간을 지정한 통지를 한 후, 그 통지된 기간의 종료시에 계약을 해제할 수 있으며, 불이행 당한 당사자는 당해 통지에도 불구하고 상대방이 지정된 기간 내에 이행하지 아니하는 경우에 계약은 '자동적으로 해제'(terminate automatically)될 수 있다고 하는 계약내용을 별도로 정할 수 있다(PECL Art. 9:301(2)).[281)]

한편 그 부가기간이 너무 단기인 경우 불이행을 당한 당사자는 통지시부터(from the time of the notice) 상당한 기간이 지난 후에 계약을 해제할 수 있고, 계약이 자동적으로 해제되는 것으로 합의한 경우에도 상당한 기간 경과를 조건으로 두고 있다(PECL Art. 8:106(3)).[282)]

---

280) PICC Art. 6.2.3(Effects of hardship). "1. In case of hardship the disadvantaged party is entitled to request renegotiations. The request shall be made without undue delay and shall indicate the grounds on which it is based. (2) The request for renegotiation does not in itself entitle the disadvantaged party to withhold performance. (3) Upon failure to reach agreement within a reasonable time either party may resort to the court. (4) If the court finds hardship it may, if reasonable, (a) terminate the contract at a date and on terms to be fixed, or (b) adapt the contract with a view to restoring its equilibrium."

281) PECL Art. 9:301(Right to Terminate the Contract). "(2) In the case of delay the aggrieved party may also terminate the contract under Article 8:106 (3)."

282) PECL Art. 8:106(Notice Fixing Additional Period for Performance). "(3) If in a case of delay in performance which is not fundamental the aggrieved party has given a notice fixing an additional period of time of reasonable length, it may terminate the contract at the end of the period of notice. The aggrieved party may in its notice provide that if the other party does not perform within the period fixed by the notice the contract shall terminate automatically. If the period stated is too short, the aggrieved party may terminate, or, as the case may be, the contract shall terminate automatically, only after a

PECL에서는 '중대한 불이행'(fundamental non-performance)의 인정요건으로서 계약을 위반한 당사자가 불이행의 결과를 예견하지 못했거나, 합리적으로 예견할 수 없었던 경우를 제외하고 채무에 대한 엄격한 준수가 계약의 중심적인 의미를 지니는 경우, 당해 불이행으로 인해 계약당사자가 계약을 통하여 기대하였던 바가 실질적으로 박탈된 경우, 불이행이 고의적(intentional)[283]이고 또한 당해 불이행으로 인하여 불이행 당한 당사자에게 상대방의 장래 이행을 기대할 수 없다고 믿을 만한 이유가 있는 경우를 규정하고 있다(PECL Art. 8:103). [284]

전술한 바와 같이 PECL에 있어 사정변경에 의한 계약해제에 대해서는 PICC와 마찬가지로 명문의 규정을 두고 있지만 그 내용에 있어서는 PICC에 비하여 보다 구체적이다.

즉 급부의 이행비용이 증가하거나 또는 반대급부의 가치가 떨어져 급부의 부담이 과중된 경우에도 당사자는 자신의 의무를 이행하여야 한다(PECL Art. 6:1111.). 그렇지만 계약의 이행에 있어 사정변경으로 인하여 당해 급부가 현저히 과중된 경우에는 사정변경이 계약체결 이후에 발생하고, 그 가능성이 계약체결시에 합리적으로 고려할 수 있었던 것이 아니었으며, 이와 같

---

reasonable period from the time of the notice."

283) 'intentional'한 행위는 행위의 결과를 일으키기 위한 목적을 가지고 이를 의식적으로 행한 경우를 의미한다. 참고로 PECL에서는 intentional과의 유사개념으로서 'recklessly'한 행위를 명시하고 있는데, 이는 행위 결과의 가능성을 알고는 있지만, 그것이 결과로 일어날지의 여부는 개의치 않고 행한 경우로 대개 '미필적 고의'(*dolus eventualis*)에 해당한다. 반면에 자신의 행위의 결과를 전혀 고려하지 못한 경우를 과실있는(carelessly) 행위라고 하여 이를 'intentional' 행위와 구분하고 있다(PECL Art. 1:301 (3)).

284) PECL Art. 8:103(Fundamental Non-Performance). "A non-performance of an obligation is fundamental to the contract if: (a) strict compliance with the obligation is of the essence of the contract; or (b) the non-performance substantially deprives the aggrieved party of what it was entitled to expect under the contract, unless the other party did not foresee and could not reasonably have foreseen that result; or (c) the non-performance is intentional and gives the aggrieved party reason to believe that it cannot rely on the other party's future performance."

은 사정변경으로 인한 위험이 계약내용에 비추어 불이익을 입은 당사자가 부담하여야 할 것이 아닌 경우를 조건으로 당사자는 계약해제 혹은 변경하기 위한 교섭을 개시하여야 한다(PECL Art. 6:111(2)(a)~(c)).

그럼에도 불구하고 당사자들이 상당기간 내에 합의에 이르지 못하게 된 경우 법원은 일정기간 및 조건을 두고 당해 계약을 해제시키거나 또는 계약내용의 수정을 명할 수 있다(PECL Art. 6:111(3)(a)~(b)).

특히 PECL은 어느 경우에나 당사자 일방이 신의성실 및 공정거래에 반하여 교섭을 거부하거나 또는 교섭을 파기한 경우 그 당사자에 의해 상대방이 입게 된 손실에 대하여 법원이 배상을 명할 수 있도록 하고 있는데(PECL Art. 6:111(3)(c)),[285] 이는 전술한 PICC의 관련규정과 비교하여 크게 다른 점이다(PICC Art. 6.2.3).[286]

---

285) PECL Art. 6:111(Change of Circumstances). "1. A party is bound to fulfil its obligations even if performance has become more onerous, whether because the cost of performance has increased or because the value of the performance it receives has diminished. (2) If, however, performance of the contract becomes excessively onerous because of a change of circumstances, the parties are bound to enter into negotiations with a view to adapting the contract or terminating it, provided that: (a) the change of circumstances occurred after the time of conclusion of the contract, (b) the possibility of a change of circumstances was not one which could reasonably have been taken into account at the time of conclusion of the contract, and (c) the risk of the change of circumstances is not one which, according to the contract, the party affected should be required to bear. (3) If the parties fail to reach agreement within a reasonable period, the court may: (a) terminate the contract at a date and on terms to be determined by the court; or (b) adapt the contract in order to distribute between the parties in a just and equitable manner the losses and gains resulting from the change of circumstances. In either case, the court may award damages for the loss suffered through a party refusing to negotiate or breaking off negotiations contrary to good faith and fair dealing."

286) PICC Art. 6.2.3(Effects of hardship). "1. In case of hardship the disadvantaged party is entitled to request renegotiations. The request shall be made without undue delay and shall indicate the grounds on which it is based. (2) The request for renegotiation does not in itself entitle the disadvantaged party to withhold performance. (3) Upon failure to reach agreement within a reasonable time either party may resort to the court. (4) If the court finds hardship it may, if reasonable, (a) terminate the contract at a date and on terms to be fixed, or (b) adapt the contract with a view to restoring its equilibrium."

3. 계약해제에 관한 적용사례

(1) 「Landgericht Ellwangen : Germany」, 『1 KfH O 32/95』

① **사건명**

「Landgericht Ellwangen : Germany」, 『1 KfH O 32/95』, "*Unknown*", 1995.

② **쟁점**

계약상 장래의 분할이행분에 관해 계약해제를 선언하기 위한 요건

③ **적용법규**

CISG Art. 25, Art. 35, Art. 73, Art. 82.

④ **참조조문**

PICC Art. 7.3.1.

⑤ **사실관계**

스페인의 매도인과 독일의 매수인은 고추향료(paprika)를 계약의 목적물로 분할이행계약을 체결하였는데, 당시 매수인은 초도[1차] 이행분에 대한 대금을 기 지급한 상태였다.

이후 매도인의 2차 분할이행분이 인도된 시점에서 매수인은 독일향료협회로부터 스페인으로부터 수입된 금번[2차] 고추향료는 독일 국내법에서 규정하고 있는 화학첨가물 허용치를 초과하고 있다는 내용의 공문을 접하게 되었는데, 이 사실은 금번 인도된 고추향료의 명세에 의하여 인도 이후 판명된 사실이었다.

매수인은 즉시 매도인에게 당해 공문을 근거로 독일 국내법에서 규정하고 있는 식품안전기준에 비추어 기 인도된 물품이 식용으로 부적합하다고

하는 사실과 이에 매수인과 합의를 전제로 매도인이 수용할 수 있는 부가기간 내에 대체품을 인도하여 줄 것을 통지하였다.

이 같은 매수인의 통지에 대하여 매도인은 매수인의 요구를 수용하였으나, 합의된 부가기간이 지나도록 대체품 인도를 이행하지 않았다.

이에 매수인은 계약을 해제하고, 아울러 기 이행된 인도분(2차분)에 대한 대금지급을 거부하였고, 매도인 또한 반소를 통해 기 이행된 인도분에 대한 매도인의 대금지급거절을 이유로 손해배상을 청구하였다.

⑥ **판결요지**

양당사자가 소재한 국가가 CISG 체약국이므로 이 사건에는 CISG가 적용된다. 그간 양당사자의 상업적 매매계약관계를 고려할 때, 양자 모두 묵시적으로 식품안전에 대한 독일 국내법 기준의 적용에 동의하고 있는 것으로 보이는 바, 매수인의 대금지급의무는 없다.

매도인은 계약에서 요구된 수량 · 품질 및 물품명세에 일치하고, 또한 계약에서 요구되는 방법으로 용기에 담기거나 또는 포장된 물품을 인도하여야 한다(CISG Art. 351.). 아울러 당사자 일방이 범한 계약위반이 당해 계약하에서 상대방이 기대할 권리가 있는 바를 실질적으로 박탈할 정도의 손해를 야기한 경우에는 중대한 계약위반이 될 수 있으나, 위반한 당사자가 그러한 결과를 예견하지 못하였으며, 또한 동일한 종류의 합리적인 자도 동일한 사정하에서 그러한 결과를 예견할 수 없었던 경우에는 중대한 계약위반에 해당하지 않는다. 따라서 매수인과 합의한 부가기간 내에 대체품의 인도 불이행에 상관없이 이 경우 매도인은 묵시적 동의에 비추어 2차 인도분에 대한 대금지급을 청구할 수 없다(CISG Art. 25).

그렇지만 매수인의 주장에 대하여, 매수인이 기 수령한 물품의 상태[1차]와 실질적으로 동등한 물품을 반환하는 것이 불가능한 경우 매수인은 계약해제를 선언하거나 또는 매도인에게 대체품의 인도를 요구하는 권리를 상실할 것이나(CISG Art. 821.), 그럼에도 불구하고 매수인이 부적합을 발견하였거나 또는 발견하였어야 했던 시점 이전에 물품의 전부 또는 일부가 이미 매수인에 의하여 정상적인 영업과정에서 매각되었거나 또는 정상적인 사용과정에서 소비되었거나 변형된 경우에는 당해 규정(CISG Art. 82(2))을 적용할 수 없다.

⑦ **논점 및 평가**

이 판결은 계약의 목적물의 분할이행분에 관한 당사자 일방의 의무불이행이 상대방으로 하여금 장래의 분할분에 관하여 계약의 중대한 위반이 발생할 것이라는 결론을 내릴 수 있는 충분한 근거가 존재하는 경우 상대방은 장래의 분할분에 관하여 계약해제를 선언할 수 있다는 점을 재확인한 사례이다.

(2)「Handelsgericht Zurich : Switzerland」,『HG 95 0347』

① **Cases**

「Handelsgericht Zurich : Switzerland」,『HG 95 0347』, “*R.H. v. E.*”, 1997.

② **Keyword**

Avoidance of Contract : Buyer's Right Where Seller Fails to Deliver within Additional Time (CISG Art. 49).

Avoidance of Contract : Contract to Be Performed by Instalments : Failure by Seller to Deliver First Instalment Gives Good Grounds for Avoidance (CISG Art. 73(2)).

Effects of Avoidance : Restitution by The Seller of The Price Paid in Advance of The Seller's Performnace (CISG Art. 81 (2)).

Damages (CISG Art. 74) : Loss of Profits as Consequence of The Breach.

Damages (CISG Art. 74) : Consequential Damages : Loss Due to Variation in Exchange Rate.

Interest : Right to Interest in Case of Refund of Price Paid (CISG Art. 84) : Time of Accrual : from Date of Payment : Interest Rate of The Seller's Place of Business.

Interest (CISG Art. 78) : Right to Interest on Damages : Loss of Profits : Need to Provide Evidence of When Profit Would Have Been Gained.

③ Abstract

A German buyer and two French sellers entered into an agreement for the sale of Italian sunflower oil to be delivered in monthly instalments to a buyer's customer in Rumania. The seller made a advance payment for the delivery of a first instalment of oil. After having discovered that the sellers never delivered the first instalment of oil to the Rumanian customer, the buyer fixed an additional period of time for delivery. The sellers did not perform within the additional period of time set by the buyer. Upon expiration of the additional period of time the buyer declared the contract avoided. The buyer brought an action to recover the advance payment and damages.

In the Court's opinion the buyer had validly declared the avoidance of the contract according to Art. 731. and 491.(b) CISG, as the sellers had not performed within the additional period of time for performance set by the buyer. The failure to perform their obligations in respect to the first instalment gave the buyer good grounds for concluding that a fundamental breach would occur also with respect to future instalments (Art. 73(2) CISG). The court held therefore that the buyer was entitled to receive restitution of the advance payment as a consequence of the avoidance of contract (Art. 81(2) of CISG).

With respect to the claim for damages claim, the court held that the buyer was entitled to recover the costs it had sustained for the advance payment as well as the loss of profit (Art. 74 of CISG). Moreover, the buyer was awarded consequential damages for losses suffered due to the variation of the exchange rate between US$ (currency of payment) and DM, which is to be calculated as the difference between the exchange rate on the date of the advance payment under the contract and the date on which restitution of payment will be made.

Finally, according to Art. 84 CISG the buyer was entitled to interest on the advance payment, to be calculated from the date payment had been made. The court stated that, although in principle the buyer would have been entitled also to interest on the loss of profit according to Art. 74 of CISG, in the case at hand the buyer lost its right to interest as it did not give sufficient evidence as to the time in which the profits would have been made.

The court awarded the buyer the restitution of the advance payment plus interest (Art. 78 CISG). As to the applicable rate of interest, the court applied the interest rate of the sellers' place of business, that being the place in which the sellers usually invest their money.

(3) 「Schiedsgericht der Borse fur Landwirtschaftliche Produkte : Wien」, 『S2/97』

① Cases

「Schiedsgericht der Borse fur Landwirtschaftliche Produkte : Wien」, 『S2/97』, "*P. v. P.*", 1997

② Keyword

Application of CISG : Choice of Law of Contracting State as Governing Law of The Contract.

Contract for Delivery of Goods by Instalments (CISG Art. 73(2)) : Definition : Lack of Conformity of First Two Instalments : Avoidance of Contract for The

Future : Probability of Future Fundamental Breach of Contract (CISG Art. 25).

Lack of Conformity of Delivered Instalments : Failure to Give Timely Notice with Respect to Delivered Instalments (CISG Art. 391.) : Buyer Dose Not Lose Its Right to Avoid Contract for The Future.

Buyer's Failure to Accept Goods (CISG Art. 60) : Seller's Right to Declare Contract Avoided (CISGArt. 641.(B)).

③ Abstract

An Austrian seller and a Polish buyer concluded two contracts for the sale of barley. The contracts were subject to Austrian law. Following contractual specifications a certificate of quality of the goods was issued by an Austrian specialized institute. Two instalments of barley were delivered by the seller in January and February. The buyer refused to take further deliveries, alleging that the goods did not conform to the contract and relying inter alia on an expertise issued by a Polish specialized institute. After fixing an additional time for performance without results, the seller declared the contract avoided and filed arbitration proceedings asking for damages and interest. The buyer in its turn counter-claimed damages.

The Arbitral Court held that CISG was applicable since the parties had their places of business in two different contracting states at the time of conclusion of the contracts (Austria and Poland). Moreover, the parties had expressly chosen Austrian law, which includes CISG.

Before examining the evidence on the lack of conformity, the Arbitral Court addressed the question as to whether the buyer, on the grounds of the alleged lack of conformity of the first two deliveries, would have the right to declare the contracts avoided as regards future deliveries.

The Court first observed that the two separate contracts concluded by the parties were to be considered a unitary transaction from an economic point of view and represented therefore a contract for the delivery of goods in instalments according to Art. 73(2) CISG (the contracts had been concluded the same day; they provided for the delivery of the same kind of goods in instalments during the period January to June and were subject to similar terms).

In the case of a contract for delivery of goods in instalments, if one party's failure to perform with respect to any instalment gives the other party good grounds to conclude that a fundamental breach will occur with respect to future instalments, the other party may declare the contract avoided for the future (Art. 73(2) CISG). According to the Court, the term "good grounds" means a high probability of breach (and need not be as severe as the test required by Art. 72 CISG for other cases of anticipatory breach of contract).

n the case at hand a lack of conformity of the first two instalments would amount to a fundamental breach of the contract by the seller (Art. 25 CISG), rendering highly probable that such a breach would occur with respect to future instalments, in the absence of contrary declarations or measures on the part of the seller (such as for example a commitment to change producer or agent).

The Court further noted that even if the buyer fails to give timely notice of lack of conformity with regard to the delivered instalments (Art. 39 CISG), it does not lose the right to declare the contract avoided with respect to the future instalments according to Art. 73 CISG. A late notice of lack of conformity can well be used as evidence for the probability of a similar breach by the seller in the future.

After examining the evidence provided by the parties on the lack of conformity, the Arbitral Court however rejected the buyer's contention that the goods were defective and that the expert certificate issued by the Austrian specialized institute was incorrect.

Consequently, while the buyer could not rely on Art. 73(2) CISG), the seller had the right to declare the two contracts avoided according to Art. 641.(b) CISG because the buyer had breached its duty to take delivery of the goods (Art. 60 CISG) and had expressly refused to accept any other future delivery. The seller was further awarded damages for lost profits according to the rules of the market for farm products in Vienna expressly referred to by the parties - and interest on the sums due as damages (Arts. 78 and 74 CISG) at the rate fixed by the seller's standard terms.

(4) 「Oberster Gerichtshof : Austria」, 『8 Ob 22/00v』

① **사건명**

「Oberster Gerichtshof : Austria」, 『8 Ob 22/00v』, "*Unknown*", 2000.

② **쟁점**

매수인의 계약해제권을 제한할 수 있는지 여부

③ **적용법규**

CISG Art. 4, Art. 49.

④ **사실관계**

독일의 매도인과 오스트리아의 매수인은 기존의 상거래에서와 같이 '검은색 돌로 만들어진 묘지석'(gravestones made of dark stone)의 매매계약을 체결하였다. 대금은 환어음(bill of exchange)으로 지급하기로 합의하였다.

매도인의 표준약관에 의하면 물품의 계약부적합 통지는 목적물의 인도일로부터 24시간 내에 서면으로 하도록 되어 있다. 물품이 적합하지 아니한 경우 매도인은 하자를 치유하거나, 물품을 교환하여 주거나, 대금을 반환하도록 되어 있다. 또한 매수인은 대금지급을 유보할 수 없게 되어 있다.

계약의 목적물 인도 후 몇 주 뒤 묘지석에서 흰 자국이 발견되었다. 이 자국은 후에 발생한 것으로 인도시에는 발견될 수 없었다. 매수인은 매도인에게 이 사실을 통지하였고 매도인은 묘지석을 검사하기 위해 검수인을 파견했다.

매도인이 새로운 묘지석을 송부하여야 하는지 또는 매수인이 대금을 지급할 필요가 없는지의 여부는 논의되지 않았다. 아울러 표준주문서의 조건 역시 논의되지 않았다. 환어음이 인수거절로 부도가 나자 매도인은 매수인과 협상을 계속하지 않기로 하였다.

이에 매수인은 계약을 해제하였다. 매도인은 매수인이 대금지급을 유보할 권리가 없고, 더욱이 물품이 적합하고 적어도 묘지석의 하자가 중하지 아니하므로 대금을 지급하여야 한다고 주장하면서 매수인을 상대로 소를 제기하였다.

매수인은 표준약관의 유효성을 다툼과 동시에 본인에게 계약해제권이 있으므로 대금을 지급할 필요가 없다고 주장하였다

⑤ **판결요지**

매수인은 일정한 경우 계약을 해제할 수 있는 권리가 있으나(CISG Art. 491.), 당사자는 이 규정의 적용을 배제하여 매수인의 해제권을 제한할 수 있다. 다만 그것은 준거법인 국내법에 의하여 유효하여야 하며(CISG Art. 4), 또한 준거법인 국내법에 의하여 유효한 경우에도 국내법의 규칙이 협약의 기본원칙에 반하여서는 아니 된다.

매도인이 부가기간이 경과한 후에도 물품을 인도하지 못하거나 매도인의 보완에도 불구하고 물품이 근본적으로 사용할 수 없는 때에 매수인은 종국적 구제수단으로서 계약해제권을 갖는다는 것은 CISG의 기본원칙 중의 하나이다.

계약해제권을 제한하는 경우에도 매수인의 손해배상청구권은 인정되어야 한다. 준거법인 독일법에 의하면 대금지급유보권의 제한을 포함하는 표준약

관은 유효하다.

대금지급유보권의 제한이 매수인의 계약해제권에 영향을 미치지 아니하므로 국내법에 의하여 유보권의 제한이 유효하다고 하더라도 이는 CISG의 기본원칙에 반하지 않는다고 할 것이다. 따라서 매수인은 물품의 계약부적합의 문제가 해결되지 않았다고 하더라도 대금을 지급하여야 한다. 다만 매도인이 물품의 하자를 보완하지 못하거나 대체물을 공급하지 못하는 경우 매수인이 계약을 해제할 수 있는지 아니면 대금감액권을 가지는데 그치는지 여부가 문제될 것이다.

⑥ **논점 및 평가**

이 판례는 두 가지 법적 시사점을 제시하고 있다. 그 하나는 매수인은 CISG에서 인정되는 계약해제권을 보유하나, 당사자는 이에 관한 CISG 규정의 적용을 배제하여 준거법인 국내법과 CISG의 기본원칙 하에서 매수인의 계약해제권을 제한할 수 있다는 것과, 다른 하나는 당사자가 매수인이 대금지급을 유보하지 못하도록 약정하였다면 매수인은 물품의 계약부적합의 문제가 해결되지 않았다고 하더라도 대금을 지급하여야 하며, 매도인이 물품의 하자를 보완하지 못하거나 대체물을 공급하지 못하는 경우 매수인이 계약을 해제할 수 있는지 아니면 대금감액권을 가지는데 그치는지 여부가 문제된다는 것이다.

(5)「Cour d'Appel, Mons : Belgium」,『R.G. 1999/242』

① **사건명**

「Cour d'Appel, Mons : Belgium」,『R.G. 1999/242』, "*Unknown*", 2001.

② **쟁점**

중대한 계약위반의 입증책임

③ **적용법규**

CISG Art. 35, Art. 49.

④ **사실관계**

벨기에의 매도인은 프랑스의 매수인으로부터 1,600개의 '금속배지 신분증'(identification metal badges)을 구매하였다. 배지는 1997년 3월 13일에 인도되었다. 4월 28일 매도인은 대금지급을 청구하는 서신을 보냈다.

5월 5일 매수인은 물품에 하자가 있다고 통지하였는데, 그 내용은 일부 배지에는 표면에 포말이 있고 4~5개는 부러졌고 표면에 이름이 밝은 색상으로 쓰여져서 읽을 수가 없다는 것이었다.

매도인은 즉시 5월 5일자 서면으로 매수인에게 검사를 위해 물품의 반송을 요청하였고, 아울러 하자있는 배지의 교환을 제안하였다. 매수인은 응답하지 않았고 검사나 교환을 위해 물품을 반송하지도 않았다. 이에 매도인은 매수인을 상대로 미지급된 대금지급을 구하는 소를 제기하였다.

⑤ **판결요지**

매수인은 주장하는 하자에 기한 물품의 계약부적합을 입증하여야 한다(CISG Art. 35). 매수인은 주장한 물품의 하자를 증명하지 못하였고, 정당한 사유없이 매도인의 요청에 따라 물품을 반송하지 않았고, 최종 매수인이 물품의 품질에 관하여 불만을 제기하였음을 입증할 서류를 제시하지 아니하였다. 또한 제반사정에 비추어 매수인은 상당기간 내에 매도인에게 물품의 부적합 통지를 하지 않았다(CISG Art. 39).

계약해제에 관하여 살피건대, 매수인은 매도인 측의 중대한 계약위반을 입증하지 못하였다(CISG Art. 49). 또한 항소인은 항소시 비로소 계약을 해제하였는 바, 이는 상당한 기간이 지나서 해제한 것이므로 해제권을 상실하였다고 할 것이다(CISG Art. 49(2)(b)(i)).

⑥ **논점 및 평가**

CISG에서는 매도인의 계약위반이 존재하고, 그 계약위반이 중대한 경우 매수인은 계약해제를 선언할 수 있다(CISG Art. 25).

일반적으로 확정기 매매의 경우 매도인이 인도시기를 지키지 않았다면 중대한 계약위반을 구성한다. 또한 다른 종류의 물품을 인도하였거나 권리에 하자가 있는 물품을 인도한 경우에도 경우에 따라서는 중대한 계약위반이 될 것이다.

그러나 중대한 계약위반이라고 판단하여 계약을 해제하였으나, 후에 소송에서 중대한 계약위반이 아니라고 인정되었다면, 그 위험은 모두 매수인이 부담하여야 함을 유의하여야 한다.

이 판례는 매수인이 매도인의 중대한 계약위반을 입증하지 못하였으므로 매도인의 행위를 이유로 계약을 해제할 수 없다고 판시한 전형적인 사례이다.

(6)「Cour d'Appel de Paris, 1ere chambre, section D : France」, 『46』

① **Cases**

「Cour d'Appel de Paris, 1ere chambre, section D : France」, 『46』,
"*Societe Laborall v. SA Matis*", 1998

② **Keyword**

Jurisdiction : 1968 BRUSSELS Convention : Jurisdiction of The Court for The Place of Delivery of Conforming Goods.

Obligation of Conformity of The Goods (CISG Art. 35) : Obligation of Delivery (CISG Art. 31) : Must Be Performed at The Same Place.

③ **Abstract**

A French buyer and an Italian seller concluded a contract for the sale of machinery for the production of cosmetics. The machinery delivered turned out to be defective and the parties concluded a second contract to replace the defective machinery with machinery of a different type and price. After the new machinery had been delivered the buyer brought an action before a French court alleging that the new machinery was also defective. The buyer requested a court order that the seller repair the machinery and reimburse the costs it had sustained in attempting to repair it. The seller objected to the jurisdiction of the French courts.

The Court of first instance (Tribunal de Commerce de Paris, 28-10-1997) affirmed its jurisdiction to hear the case on the ground of Art. 51. of the EC Convention on Jurisdiction and the Enforcement of Judgments in Civil and Commercial Matters (Brussels, 1968). According to the Court of first instance the obligation in question was in fact the seller's obligation of conformity which derived from Art. 36(2) CISG, and the seller's attempts to remedy the non conformity had been performed at the buyer's place of business in France. The seller appealed on the issue of jurisdiction.

The Court of Appeals reversed the lower court's decision. According to this Court, the obligation in question was the seller's obligation to deliver conforming goods. Referring to Arts. 351. and 35(2)(a) CISG, the Court held that the obligation of conformity of the goods to their ordinary use is not independent from the obligation of delivery. Therefore both obligations must be performed at the same place. In the case at hand the parties had agreed that the place of delivery was the seller's place of business in Italy. Moreover, as required in the contract, the seller had handed the goods over to a carrier indicated by the buyer at its own premises. Therefore, under Art. 31(a) CISG the obligation to deliver conforming goods was to be performed at the seller's place of business.

3장 하자담보책임

Ⅰ. 하자담보책임의 요건과 효과에 대한 비교

1. CISG

하자담보책임의 요건에 대하여 CISG에서는 하자담보라는 개념을 사용하지 않고 있는 대신에 연관될 수 있는 개념으로 계약적합성(conformity of goods with the contract)이라는 용어를 사용하고 있다. 즉 매도인의 하자담보책임은 계약적합성의 위반, 이를테면 물품의 '계약적합성 결여'(lack of conformity of the goods ; 이하 '계약부적합')로 의제하여 이를 하자발생의 요건으로 두고 있는데, 그 내용은 수량적합성 · 품질적합성 · 종류적합성 및 포장적합성 등을 포함한다(CISG Art. 35).[287)]

287) CISG Art. 35. "1. The seller must deliver goods which are of the quantity, quality and description required by the contract and which are contained or packaged in the manner required by the contract. (2) Except where the parties have agreed otherwise, the goods do not conform with the contract unless they: (a) are fit for the purposes for which goods of the same description would ordinarily be used; (b) are fit for any particular purpose expressly or impliedly made known to the seller at the time of the conclusion of the contract, except where the circumstances show that the buyer did not rely, or that it was unreasonable for him to rely, on the seller's skill and judgement; (c) possess the qualities of goods which the seller has held out to the buyer as a sample or model; (d) are contained or packaged in the manner usual for such goods or, where there is no such manner, in a manner adequate to preserve and protect the goods. (3) The seller is not liable under subparagraphs (a) to (d) of the preceding paragraph for any lack of conformity of the goods if at the time of the conclusion of the contract the buyer knew or could not have been unaware of such lack of conformity."

동 조문에 의할 경우 계약부적합은 물품이 명시적 · 묵시적으로 계약상 또는 CISG에서 요구되고 있는 내용에 적합하지 않은 일체의 경우를 포괄하는 것으로 해석된다(CISG Art. 35(2)(b)).

그 내용은 매도인은 계약상 요구되는 수량 · 품질 및 명세에 일치하고, 또한 계약에서 요구되는 방법으로 용기에 담기거나, 또는 포장된 물품을 인도하여야 하는 것 등이다(CISG Art. 351.). 따라서 동 요건에 반하여 당사자간 합의 또는 보증특성에 부합하지 아니하는 경우 이는 계약부적합에 해당하며 그 결과 매도인은 상당한 계약위반책임을 지게 된다.

요컨대 CISG에서의 계약부적합에 대한 적용기준은 계약내용이 우선 적용되며, 달리 명시규정이 존재하지 않거나 불명확한 경우에는 통상의 목적 또는 특정한 목적에의 적합여부가 계약내용에 준하여 차선으로 적용된다. 이 경우 당해 적합여부의 판단기준에는 포장부적합 및 보증특성이 고려된다.[288]

한편 당사자가 물품이 가져야 할 특성을 특정하지 않은 경우, 이를테면 당사자가 달리 정한 바가 없을 경우 물품은 통상적(ordinary)으로 사용되는 목적에 적합해야 할 것을 계약적합성의 요건으로 두고 있다(CISG Art. 35(2)).

이 경우 통상의 목적에 적합해야 한다는 기준은 계약체결시 명시적 또는 묵시적으로 매도인에게 알려진 바에 기초하고 있는데, 제반사정으로 보아 매수인이 매도인의 기량(skill)과 판단(judgement)을 신뢰하지 않았거나, 이를 신뢰하는 것이 불합리했을 경우에는 배제된다.

그렇지만 계약체결시 합의된 바를 기초로 계약상 물품명세(description)에 포함되어 있는 의미를 양당사자가 서로 달리 이해하고 있는 경우라면 이는 '사실의 문제'(question of fact)로 귀결되는데, 이 경우 판단기준으로서는 CISG의 해석규정(CISG Art. 8)에 따라, 당사자간의 교섭과 그들 사이에서

---

288) 사동천, "최근 국제적 동향에서 바라 본 우리 민법상의 매도인의 하자담보책임에 관한 연구", 「민사법학」 제24호, 한국민사법학회, 2002. 10면.

확립된 관행(practices)과 상거래 관습(usages) 및 당사자들의 후속행위를 포함한 관련된 일체의 사정이 고려된다.289)

CISG에서는 물품이 견본(sample) 또는 모형(model)으로서 매수인에게 제시된 경우의 품질과 통상적 또는 적절한 방법에 의해 포장되었을 경우 이에 상당한 계약적합성을 명시하고 있는데(CISG Art. 35(2)(c)~(d)), 이는 매도인이 매수인에게 견본 또는 모형으로서 계약상 물품의 특성을 제시한 경우 그 자신이 그러한 견본이나 모형에 일치할 것이라는 사실을 보증하고 있음을 의미한다.290)

요컨대 CISG는 계약목적물의 포장에까지 마땅히 매도인의 계약적 의무를 확대하여 두고 있다고 판단되며, 아울러 그 포장에는 통상적 또는 적절한 방법에 기한 고려를 요건으로 두고 있다.

결국 CISG에 있어 물품의 계약부적합 판단시점은 위험이 매수인에게 이

---

289) Honnold, *op. cit.*, pp.256~257.

290) SGA Art. 15에서는 견본매매(sale by sample)를 규정하고 있는데, 그 내용은 계약상 견본매매에 관한 명시적 · 묵시적인 조항이 존재하는 경우의 매매계약을 견본매매로 정의하고, 당해 견본매매는 현품은 품질에 있어서 견본과 일치하여야 하고, 매수인은 현품을 견본과 대조하는데 상당한 기회를 가져야 하며 물품은 견본의 정당한 검사에 의하여도 발견되지 아니하고, 아울러 매매에 부적합한 것으로 간주되는 하자에 해당하지 않아야 한다는 묵시적 담보의 존재를 요건으로 하고 있다. 이 경우 매매부적합(unmerchantable)하다고 하는 의미는 물품이 명세(description), 대금(price) 및 기타 모든 관련된 사정에 따라 합리적으로 기대된 바와 같이 통상적인 매입목적에 적합하지 않은 경우로 명시하고 있다(SGA Art. 14(6) 및 관련규정으로서 Art. 15(3)). ; SGA Art. 14(Implied terms about quality or fitness). "(6) Goods of any kind are of merchantable quality within the meaning of subsection (2) above if they are as fit for the purpose or purposes for which goods of that kind are commonly bought as it is reasonable to expect having regard to any description applied to them, the price (if relevant) and all the other relevant circumstances. ; SGA Art. 15(Sale by sample). "1. A contract of sale is a contract for sale by sample where there is an express or implied term to that effect in the contract. (2) In the case of a contract for sale by sample there is an implied condition- (a) that the bulk will correspond with the sample in quality; (b) that the buyer will have a reasonable opportunity of comparing the bulk with the sample (c) that the goods will be free from any defect, rendering them unmerchantable, which would not be apparent on reasonable examination of the sample. (3) In subsection (2)(c) above 'unmerchantable' is to be construed in accordance with section 14(6) above."

전하는 때로부터 적용되는데, 가령 당해 계약부적합이 '위험의 이전시점'[critical point ; C/P] 이후에 밝혀지더라도 그 계약부적합에 대한 법률효과는 문제되지 아니한다(CISG Art. 36).[291] 또한 매수인은 물품의 부적합을 발견하였거나 발견하여야 했을 때로부터 상당한 기간 내에 매도인에게 당해 부적합의 내용을 특정(specifying)하여 통지하여야 한다(CISG Art. 391.).[292]

아울러 어떠한 경우에도 물품이 매수인에게 실제로 인도된 날로부터 늦어도 2년 내에 매수인이 매도인에게 그에 따른 통지를 행사하지 않는 경우 매수인은 물품의 부적합을 원용할 권리를 상실하게 된다(CISG Art. 39(2)).[293]

한편 CISG상 계약부적합에 대하여는 우선 일차적 구제수단으로서 매수인의 이행청구권이 인정되는데, 당해 이행청구가 불합리한 경우 손해배상청구권, 대금감액권이 부차적으로 인정된다. 그리고 계약해제권은 최종적 구제수단으로 행사될 수 있다.

CISG에서는 불이행된 의무가 무엇인지를 구체적으로 특정하지 않고 단지

---

291) CIS Art. 36. "1. The seller is liable in accordance with the contract and this Convention for any lack of conformity which exists at the time when the risk passes to the buyer, even though the lack of conformity becomes apparent only after that time. (2) The seller is also liable for any lack of conformity which occurs after the time indicated in the preceding paragraph and which is due to a breach of any of his obligations, including a breach of any guarantee that for a period of time the goods will remain fit for their ordinary purpose or for some particular purpose or will retain specified qualities or characteristics." ; 계약부적합이 위험의 이전시기 이후 발생하는 어떠한 부적합에 대하여도 그것이 매도인의 어떠한 의무의 위반에 기인하고 있는 경우 이에 책임을 진다. 그러한 의무의 위반에는 일정한 기간 동안 물품이 통상적인 목적 또는 어떠한 특정의 목적에 부합하는 적합성을 유지하여야만 한다는, 곧 보증특성의 위반도 포함된다.

292) Ericson P. K., "Nachfrist notice and avoidance under the CISG", 18 *Journal of Law and Commerce*, 1999. pp.301~331.

293) CISG Art. 39. "1. The buyer loses the right to rely on a lack of conformity of the goods if he does not give notice to the seller specifying the nature of the lack of conformity within a reasonable time after he has discovered it or ought to have discovered it. (2) In any event, the buyer loses the right to rely on a lack of conformity of the goods if he does not give the seller notice thereof at the latest within a period of two years from the date on which the goods were actually handed over to the buyer, unless this time-limit is inconsistent with a contractual period of guarantee."

포괄적으로 당해 매매계약상의 모든 의무를 불이행의 대상으로 하고 있는데(CISG Art. 791.), 개별규정 내에서 불이행될 수 있는 당사자간 주요 의무를 대칭적으로 편제해 두고 있다. 이를테면 매도인의 경우 '물품의 인도 및 서류교부에 관한 의무'(CISG Art. 30~34)와 '물품의 일치성 및 제3자의 권리에 대한 의무'로 대별하고(CISG Art. 35~44), 특정 의무로서 '물품인도의 의무', '서류교부의 의무', '선적수배의 의무', '물품의 권리이전 의무' 등을 명시하고 있고, 매수인의 경우에는 '대금지급의 의무'(CISG Art. 53~59)와 '인도된 계약목적물에 대한 수령의무'(CISG Art. 60)를 계약당사자간 상호 대가관계에 입각하여 규정하고 있다.

일반적으로 물품의 인도(delivery) 여부를 판단하는 기준에 관하여는 인도된 물품의 계약적합성 여부와 점유이전에 각각 주안점을 두고 판단하는 견해가 대립되는데, 전자의 경우는 물품이 계약내용에 적합한 경우에만 인도를 인정하고, 물품에 일부의 결함이 존재하는 경우에는 인도 그 자체가 이행되지 않은 것으로 본다. 입법례 중에는 ULIS에서 이와 같은 방식을 취하고 있다(ULIS Art. 191.).[294]

반면에 후자의 경우는 물품의 점유이전에 인도의 기준을 두고 있는 까닭에, 가령 계약에 적합하지 않은 물품이라고 하더라도 이미 점유가 이전된 경우라면, 일단 인도된 것으로 인정한다. 예컨대 SGA는 이러한 취지의 규정을 두고 있다(SGA Art. 611.(b)).[295]

CISG의 경우 계약의 목적물 인도를 계약의 이행과 위험이전으로 각각 구

294) ULIS Art. 19. "1. Delivery consists in the handing over of goods which conform with the contract. (2) Where the contract of sale involves carriage of the goods and no other place for delivery has been agreed upon, delivery shall be effected by handing over the goods to the carrier for transmission to the buyer. (3) Where the goods handed over to the carrier are not clearly appropriated to performance of the contract by being marked with an address or by some other means, the seller shall, in addition to handing over the goods, send to the buyer notice of the consignment and, if necessary, some document specifying the goods."

295) SGA Art. 611.. "(b) delivery means voluntary transfer of possession from one person to another;"

분하고는 있으나, 인도의 요건으로서 계약적합성 여부는 포함시키지 않고 있다. 그렇지만 물품인도와 관련하여 인도방식(CISG Art. 30~32, Art. 34), 인도장소(CISG Art. 31), 인도시기(CISG Art. 33)를 규정하여 부적합물품(non-confirming goods)이 인도된 경우의 상세한 구제수단을 명시하고 있다.

CISG에서는 계약상 의무에 대한 계약위반이 있게 된 경우 당해 계약의 종료를 위한 해제(termination)는 '중대한 계약위반'(fundamental breach of contract)에 해당하는 경우에 한하여 할 수 있다. 즉 CISG에서는 계약위반이 있는 경우 불이행을 당한 당사자의 손실정도와 위반당사자의 주관적 인식의 정도를 함께 고려한 후 판단하도록 하고 있다. 이 같은 고려의 결과 계약당사자간 공히 중대한 계약위반에 해당하는 경우에만 계약해제권의 행사가 가능하다.

그러나 중대한 계약위반에 이르지 않은 경우 매수인은 상당한 부가기간을 정하여 수리에 의한 부적합의 보완을 청구할 수 있다. 그럼에도 불구하고 매도인이 부가기간 내에 이행하지 않겠다는 뜻의 통지를 수령하지 아니하는 한 매수인은 그 기간 중에는 계약위반에 대한 어떠한 구제도 청구할 수 없다. 그러나 매수인은 이로 인하여 이행의 지연에 대한 손해배상을 청구할 수 있는 권리를 박탈당하지 않는다(CISG Art. 47, Art. 63).[296)]

CISG에 있어 물품의 계약부적합에 대한 매수인의 구제수단으로는 우선 의무이행청구(CISG Art. 461.),[297)] 대체물급부청구(CISG Art. 46(2)),[298)] 보완

---

296) CISG Art. 47. "1. The buyer may fix an additional period of time of reasonable length for performance by the seller of his obligations. (2) Unless the buyer has received notice from the seller that he will not perform within the period so fixed, the buyer may not, during that period, resort to any remedy for breach of contract. However, the buyer is not deprived thereby of any right he may have to claim damages for delay in performance." ; Art. 63. "1. The seller may fix an additional period of time of reasonable length for performance by the buyer of his obligations. (2) Unless the seller has received notice from the buyer that he will not perform within the period so fixed, the seller may not, during that period, resort to any remedy for breach of contract. However, the seller is not deprived thereby of any right he may have to claim damages for delay in performance."

청구(CISG Art. 46 (3))[299] 등의 권리를 행사할 수 있으며, 매도인의 경우 의무불이행치유권(CISG Art. 481.)[300]을 행사할 수 있다. 다음으로 매수인은 대금감액(CISG Art. 50)[301]과 계약해제(CISG Art. 25, Art. 49)의 권리가 인정된다. 그 내용은 다음과 같다.

대금감액권의 행사는 물품이 계약의 내용에 비추어 부적합한 경우 대금지급의 여부를 불문하고 매수인으로 하여금 인도 당시의 물품가치가 계약에 적합하였더라면 보유했을 가치에 대한 적정비율에 따라 이를 주장할 수 있도록 하고 있다.

이 경우 매도인이 그 의무의 어떠한 불이행을 보완하거나 또는 매수인이 매도인이 행한 이행의 인수를 거절하는 경우 매수인은 대금감액원을 주장

---

297) CISG Art. 46. “1. The buyer may require performance by the seller of his obligations unless the buyer has resorted to a remedy which is inconsistent with this requirement.”

298) CISG Art. 46. “(2) If the goods do not conform with the contract, the buyer may require delivery of substitute goods only if the lack of conformity constitutes a fundamental breach of contract and a request for substitute goods is made either in conjunction with notice given under article 39 or within a reasonable time thereafter.” 대체물급부청구권은 계약해제권과 마찬가지로 부적합이 ‘중대한 계약위반’에 해당되는 경우에 한하여 행사할 수 있는데, 이 경우 매매의 종류는 특정물매매 또는 불특정매매의 경우를 불문한다.

299) CISG Art. 46. “(3) If the goods do not conform with the contract, the buyer may require the seller to remedy the lack of conformity by repair, unless this is unreasonable having regard to all the circumstances. A request for repair must be made either in conjunction with notice given under article 39 or within a reasonable time thereafter.”

300) CISG Art. 48. “1. Subject to article 49, the seller may, even after the date for delivery, remedy at his own expense any failure to perform his obligations, if he can do so without unreasonable delay and without causing the buyer unreasonable inconvenience or uncertainty of reimbursement by the seller of expenses advanced by the buyer. However, the buyer retains any right to claim damages as provided for in this Convention.”

301) CISG Art. 50. “If the goods do not conform with the contract and whether or not the price has already been paid, the buyer may reduce the price in the same proportion as the value that the goods actually delivered had at the time of the delivery bears to the value that conforming goods would have had at that time. However, if the seller remedies any failure to perform his obligations in accordance with article 37 or article 48 or if the buyer refuses to accept performance by the seller in accordance with those articles, the buyer may not reduce the price.”

할 수 없다고 하는 제약이 있다. 가령 매도인이 손해배상을 거부하는 경우에는 대금감액만 가능하고, 손해배상책임을 부담하는 경우에는 대금감액권과 손해배상청구권이 병존하는데, 이는 대금감액권의 행사는 경우에 따라 손해배상청구권과 양립할 수 있음을 의미한다.

그렇지만 매도인의 귀책사유에 속하지 않는 사유가 개입된 경우에는 대금감액권의 행사만 인정되고,[302] 법원결정이 요구되는 손해배상과는 달리 대금감액은 매수인의 일방적 선언(declaration)에 의해 행사될 수 있으며, 대금감액권은 매수인에게 발생한 여하한의 경제적 손실에도 불구하고 행사할 수 있고, 손해배상청구권은 매수인의 여타 구제권과 양립할 수 있다는 것 등이 특징적인 내용이다.[303]

계약해제는 앞서 본 바와 같이 계약당사자, 즉 매도인과 매수인의 권리와 의무가 대칭적으로 구성되어 있으나,[304] 계약해제의 효과에 대해서는 일괄적으로 명시하고 있는 것도 특징이다.

계약해제의 효과에 대한 내용은 '의무의 소멸과 반환청구'(CISG Art. 81),[305] '동일한 상태에서 물품반환의 불가능'(CISG Art. 82),[306] '기타 구제권 존

302) Honnold, *op. cit.*, pp.310~311.

303) Erika Sondahl, "Understanding the Remedy of Price Reduction A Means to Fostering a More Uniform Application of the United Nations Convention on Contracts for the International Sale of Goods", 7 *Vindobona Journal of International Commercial Law and Arbitration*, 2003, pp.255~276

304) 이에 상당하는 규정은 '매도인의 계약해제권'(Art. 64), '매수인의 계약해제권'(Art. 49), '계약해제의 통지'(Art. 26), '이행기전의 계약해제'(Art. 72), '분할이행계약의 해제'(Art. 73) 등이다.

305) CISG Art. 81. "1. Avoidance of the contract releases both parties from their obligations under it, subject to any damages which may be due. Avoidance does not affect any provision of the contract for the settlement of disputes or any other provision of the contract governing the rights and obligations of the parties consequent upon the avoidance of the contract. (2) A party who has performed the contract either wholly or in part may claim restitution from the other party of whatever the first party has supplied or paid under the contract. If both parties are bound to make restitution, they must do so concurrently."

306) CISG Art. 82. "1. The buyer loses the right to declare the contract avoided or to

속'(CISG Art. 83),[307] '이익의 반환'(CISG Art. 84)[308] 등이다.

2. PICC

PICC는 CISG에서와 같이 계약부적합에 대한 명시적인 규정은 두고 있지 않으며, PICC의 규정체계 내에서 하자담보책임을 불이행의 한 유형으로 보고 이행불능 · 이행지체 등과 통합하여 규정하고 있다.

PICC에서의 불이행은 당사자가 계약에 따른 의무이행을 하지 않은 것으로 여기에는 하자있는 이행 또는 지체된 이행이 포함된다(PICC Art. 7.1.1). 그렇지만 불이행 당사자의 고의 · 과실과 같은 주관적 귀책사유를 요건으로 두고 있지 않음은 CISG와 동일하다.

또한 계약의 목적물의 품질이 계약상 달리 지정되어 있지 않고, 아울러 계약에서 결정될 수도 없는 경우 당사자는 사정에 비추어 '합리적'(reasonable)

---

require the seller to deliver substitute goods if it is impossible for him to make restitution of the goods substantially in the condition in which he received them. (2) The preceding paragraph does not apply: (a) if the impossibility of making restitution of the goods or of making restitution of the goods substantially in the condition in which the buyer received them is not due to his act or omission; (b) the goods or part of the goods have perished or deteriorated as a result of the examination provided for in article 38; or (c) if the goods or part of the goods have been sold in the normal course of business or have been consumed or transformed by the buyer in the course of normal use before he discovered or ought to have discovered the lack of conformity."

307) CISG Art. 83. "A buyer who has lost the right to declare the contract avoided or to require the seller to deliver substitute goods in accordance with article 82 retains all other remedies under the contract and this Convention."

308) CISG Art. 84. "1. If the seller is bound to refund the price, he must also pay interest on it, from the date on which the price was paid. (2) The buyer must account to the seller for all benefits which he has derived from the goods or part of them: (a) if he must make restitution of the goods or part of them; or (b) if it is impossible for him to make restitution of all or part of the goods or to make restitution of all or part of the goods substantially in the condition in which he received them, but he has nevertheless declared the contract avoided or required the seller to deliver substitute goods. Section VI. Preservation of the goods."

이고, ‘평균수준에 뒤지지 아니한 품질’(not less than average)의 이행을 제공하여야 한다(PICC Art. 5.1.6).[309]

PICC에서는 이행과 관련하여 권리에 하자있는 이행의 보수와 대체 또는 기타 보완에 대한 권리를 포함하고 있는데, 그 적용대상은 금전지급이행의 경우와 비금전지급이행의 경우로 각기 구분하고 있다(PICC Art. 7.2.1~7.2.3).

전자의 경우 당사자가 금전지급 의무를 이행하지 않을 경우 상대방으로 하여금 그 현실적 이행을 확보할 수 있는 지급청구의 행사를 보장하고 있으며, 후자의 경우에는 단서조항으로 당해 이행이 법률상 또는 사실상 불가능한 경우, 이행 또는 집행이 경우에 따라 불합리한 부담이나 비용을 요하는 경우, 이행을 수령할 당사자가 다른 방법으로 합리적인 이행을 얻을 수 있는 경우, 이행이 완전히 개인적인 성격을 내포하고 있을 경우, 이행을 수령할 당사자가 불이행을 알았거나 알았어야 할 때로부터 상당한 기간 내에 이행을 요구하지 아니한 경우를 제외하고, 당해 이행을 요구할 수 있도록 하고 있다.

한편 PICC에서는 불가항력(*force majeure*)에 기인한 불이행의 경우 당사자가 그로 인한 책임을 면할 수 있도록 한 규정을 두고도 있는데(PICC Art. 7.1.7), 매수인이 장애[hardship][310]의 내용을 상대방에게 통지하지 않은 경우

309) PICC Art. 5.1.6(Determination of quality of performance). “Where the quality of performance is neither fixed by, nor determinable from, the contract a party is bound to render a performance of a quality that is reasonable and not less than average in the circumstances.”

310) 동 규정은 CISG Art. 79, 곧 손해배상책임의 면책규정과 연관되는 규정이다. CISG Art. 79에서 명시하고 있는 장애(impediment)에 해당할 수 있는 예를 들면, ‘천재지변’(지진 · 태풍 · 홍수 등), ‘사회적 · 정치적 재난’(전쟁 · 내란 · 혁명 · 폭동 · 동맹파업 등), ‘법적 장애’(수용 · 폐쇄 · 수출입 금지 또는 제한 · 대외지급정지 등), ‘기타 화재’, ‘운송수단의 멸실’ 등을 들 수 있다. ; Dionysio Flambouras, “The Doctrines of Impossibility of Performance and *clausula rebus sic stantibus* in the 1980 Vienna Convention on Contracts for the International Sales of Goods and the Principles of European Contract Law : A Comparative Analysis”, *13 Pace International Law Review 261*, 2001, p.267 ; Flambouras, “Comparative Remarks on CISG Article 79 & PECL Articles 6.111, 8.108”, *Pace International Law Review*, 2002 ; 허해관 · 한병완, “국제

에는 당해 부적합을 원용할 수 없다(PICC Art. 7.1.7(3) 및 관련규정으로서 PICC Art. 1.10). 이는 CISG에서의 규정내용과 동일하나(CISG Art. 391.), CISG의 경우 2년의 유예기간을 명시하고 있는 점은 PICC와 구별되는 점이다(CISG Art. 39(2)).[311)]

결국 장애에 관한 PICC의 규정내용은 대부분 CISG의 경우와 일치하고 있으며, 전술한 바와 같이 경우에 따라 하자담보책임의 법리적 해석 및 그 적용에 있어 CISG를 보충하고 있다.

PICC에서는 당사자의 불이행이 그 자신의 통제를 벗어난 장애에 기인한 것이고, 계약체결시 당해 장애의 고려 또는 회피 또는 장애나 그 결과의 극복이 합리적으로 기대할 수 없었던 것임을 그 자신이 입증하는 경우에는 면책될 수 있다고 규정하고 있다(PICC Art. 7.1.71.). 이 경우 불이행 당사자는 반드시 장애와 그 장애가 자신의 이행능력에 미치는 영향에 관하여 상대방에게 통지하여야 하고, 만약 장애를 명시하여 통지하지 않은 경우에는 장애에 기한 면책을 주장할 수 없다(PICC Art. 7.1.7(2)).

한편 통지요건은 별도로 규정하고 있는데, 우선 통지가 요구된 경우 당해 통지는 사정에 적절한 어떠한 수단으로도 행사될 수 있으며, 통지는 이를 받는 자에게 도달한 때에 효력이 발생하며, 또한 통지는 이를 받는 자에게 구두로 주어졌을 때, 또는 받는 자의 영업소나 우편송부처에 전달되었을 때를 도달로 정의하고 있다(PICC Art. 1.10).

여기서 통지에는 어떠한 선언(declaration) · 요구(demand) · 청구(request) 또

물품매매계약상의 면책규칙에 관한 일고찰", 「통상법률」, 통권 제61호, 법무부, 2005. 69~70면.

311) CISG Art. 39. "1. The buyer loses the right to rely on a lack of conformity of the goods if he does not give notice to the seller specifying the nature of the lack of conformity within a reasonable time after he has discovered it or ought to have discovered it. (2) In any event, the buyer loses the right to rely on a lack of conformity of the goods if he does not give the seller notice thereof at the latest within a period of two years from the date on which the goods were actually handed over to the buyer, unless this time-limit is inconsistent with a contractual period of guarantee."

는 기타 모든 의사의 통신(any other communication of intention)을 포함하는 것으로 두고 있다(관련규정으로서 PECL Art. 1:303).[312)]

PICC에 있어 장애에 대한 매수인의 구제수단은 우선 불완전이행치유청구권이 인정되고, 이후 손해배상 및 계약해제권 행사가 인정된다. 이 경우 불완전이행치유청구권에는 대체물급부청구권 · 부적합보완청구권 · 부족수량인도청구권 등이 포함되는데, 특이한 것은 CISG와는 달리 대체물급부청구시에 '중대한 불이행'(fundamental non-performance)의 요건은 적용되지 않는다고 하는 점이다.

물품에 대한 부적합 보완의 전제조건은 우선 부당한 지체없이 제안된 보완의 방법 및 시기를 나타내는 통지가 있어야 하며, 그 보완이 당해 사정에 적절하고, 불이행을 당한 당사자가 보완을 거절할 합법적 권리가 없으며, 그 보완이 즉시 달성되는 경우로 되어 있다(PICC Art. 7.1.41.(a)~(d)).

아울러 불이행을 보완할 권리는 계약해제의 통지에 의하여 배제되지 아니하며, 불이행을 당한 당사자는 보완시까지 그 이행을 유보할 수 있고, 나아가 보완이 이루어진 경우에도 불이행을 당한 당사자는 그 보완으로 인하여 발생되었거나, 이로 인하여 방지되지 못한 모든 손해 뿐만 아니라 이행지체로 인한 모든 손해배상을 청구할 권리를 갖는다(PICC Art. 7.1.4(2)~(5)).[313)]

---

312) PECL Art. 1:303(Notice). "1. Any notice may be given by any means, whether in writing or otherwise, appropriate to the circumstances. (2) Subject to paragraphs (4) and (5), any notice becomes effective when it reaches the addressee. (3) A notice reaches the addressee when it is delivered to it or to its place of business or mailing address, or, if it does not have a place of business or mailing address, to its habitual residence (4) If one party gives notice to the other because of the other's non-performance or because such non-performance is reasonably anticipated by the first party, and the notice is properly dispatched or given, a delay or inaccuracy in the transmission of the notice or its failure to arrive does not prevent it from having effect. The notice shall have effect from the time at which it would have arrived in normal circumstances. (5) A notice has no effect if a withdrawal of it reaches the addressee before or at the same time as the notice. (6) In this Article, 'notice' includes the communication of a promise, statement, offer, acceptance, demand, request or other declaration."

313) PICC Art. 7.1.4(Cure by non-performing party). "1. The non-performing party may, at its

이 경우 손해배상은 계약체결시에 당해 불이행으로부터 발생될 것으로 예견하였거나 또는 합리적으로 예견할 수 있었던 손해, 즉 '손해의 예견가능성' (foreseeability of harm)에 상당한 범위에서 청구할 수 있도록 하고 있다(PICC Art. 7.4.4).[314] 특히 PICC에서는 비금전적 손해에 관하여 '육체적 또는 정신적 고통'(physical suffering or emotional distress)에 상당한 손해배상을 인정하고 있다(PICC Art. 7.4.2(2)).[315]

3. PECL

하자담보책임에 관련한 PECL의 규정은 PICC와 마찬가지로 불이행에 관한 부분에서 통합하여 규정하고 있는데, 요컨대 물품의 계약부적합을 계약상 의무를 이행하지 못한 경우의 하나로 보고 있다.

불이행은 면책여부와 관계가 없으며, 이행지체 및 하자있는 이행이나 계약의 완전한 실현을 위하여 협력하지 않은 경우를 포함하고 있다(PECL Art.

---

own expense, cure any non-performance, provided that (a) without undue delay, it gives notice indicating the proposed manner and timing of the cure; (b) cure is appropriate in the circumstances; (c) the aggrieved party has no legitimate interest in refusing cure; and (d) cure is effected promptly. (2) The right to cure is not precluded by notice of termination. (3) Upon effective notice of cure, rights of the aggrieved party that are inconsistent with the non-performing party's performance are suspended until the time for cure has expired. (4) The aggrieved party may withhold performance pending cure. (5) Notwithstanding cure, the aggrieved party retains the right to claim damages for delay as well as for any harm caused or not prevented by the cure. ; DiPalma M., *International Contract Adviser*, Vol. 5, Kluwer Law Pub., 1999. pp.28~38.

314) PICC Art. 7.4.4(Foreseeability of harm). "The non-performing party is liable only for harm which it foresaw or could reasonably have foreseen at the time of the conclusion of the contract as being likely to result from its non-performance." ; PICC에서는 손해(harm)를 불이행을 당한 당사자가 자신의 비용 또는 손해를 부담하지 아니함으로써 얻은 모든 이익을 고려하고, 자신이 부담한 모든 손실과 박탈된 모든 이익을 포함하는 것으로 정의하고 있다(PICC Art. 7.4.11.). 예견가능성론의 입법에 관해서는 김상용, 전게서, 182~184면.

315) PICC Art. 7.4.2(Full compensation). "(2) Such harm may be non-pecuniary and includes, for instance, physical suffering or emotional distress."

1:301(4)).[316] 그렇지만 이행상 하자의 판단과 관련한 구체적이고도 명시적인 규정은 두고 있지 않고, 개별 계약내용을 하자있는 이행의 판단기준으로 하고 있다.

결국 PECL에 있어 매도인의 하자담보책임은 불이행으로 통합되어 규율되는데, 불이행에 관한 규정은 PICC에서와 마찬가지로 쌍무계약은 물론 편무계약에도 공히 적용되며, 원시적 불능을 목적으로 한 계약, 이를테면 계약체결시에 의무의 이행이 불능이거나, 또는 당사자 일방이 계약의 목적물에 대한 처분권이 없는 계약도 유효한 것으로 명시하고 있다(PECL Art. 4:102).

특히 PECL은 CISG 및 PICC와 구별되는 차이점으로서(CISG Art. 8 및 PICC Art. 5.1.2에 상당하는 관련규정으로서)[317] 합리성(reasonableness)에 대한 명시적인 규정을 두고 있다. 앞선 제3장에서 살펴본 바와 같이, 합리성을 신의를 가지고 행위하는 자가 동일한 상황 하에서 합리적이라고 볼 수 있는 판단기준으로서 기능하는 것으로 정의하고 있다.

이 경우 무엇이 합리적인가를 평가함에 있어서는 '계약의 목적', '구체적

---

316) PICC Art. 1:301(Meaning of Terms). "In these Principles, except where the context otherwise requires: (4) non-performance denotes any failure to perform an obligation under the contract, whether or not excused, and includes delayed performance, defective performance and failure to co-operate in order to give full effect to the contract."

317) CISG Art. 8. "1. For the purposes of this Convention statements made by and other conduct of a party are to be interpreted according to his intent where the other party knew or could not have been unaware what that intent was. (2) If the preceding paragraph is not applicable, statements made by and other conduct of a party are to be interpreted according to the understanding that a reasonable person of the same kind as the other party would have had in the same circumstances. (3) In determining the intent of a party or the understanding a reasonable person would have had, due consideration is to be given to all relevant circumstances of the case including the negotiations, any practices which the parties have established between themselves, usages and any subsequent conduct of the parties." ; PICC Art. 5.1.2(Implied obligations). "Implied obligations stem from (a) the nature and purpose of the contract; (b) practices established between the parties and usages; (c) good faith and fair dealing; (d) reasonableness."

인 제반 사정', '당해 상거래나 직업의 관행과 관례'의 고려를 요건으로 규정하고 있다(PECL Art. 1:302). 아울러 통지의 방법에는 약속(promise) · 진술(statement) · 청약(offer) · 승낙(acceptance) · 요구(demand) · 의뢰(request) 기타 형태의 선언(declaration) 등이 모두 포함된다(PECL Art. 1:303(6)).[318]

PECL에서는 불이행을 PICC의 경우에서와 마찬가지로 계약상 의무이행이 되지 아니한 것으로 정의하고, 불이행에는 면책여부와 관계없이 이행지체 및 하자있는 이행이 포함되며, 계약의 완전한 이행을 확보하기 위한 상호협력의무(duty to co-operate)를 명시하고 있다(PECL Art. 1:202, Art. 1:301(4) 관련규정으로서 PICC Art. 7.1.1).[319]

---

318) PECL Art. 1:303(Notice). "1. Any notice may be given by any means, whether in writing or otherwise, appropriate to the circumstances. (2) Subject to paragraphs (4) and (5), any notice becomes effective when it reaches the addressee. (3) A notice reaches the addressee when it is delivered to it or to its place of business or mailing address, or, if it does not have a place of business or mailing address, to its habitual residence (4) If one party gives notice to the other because of the other's non-performance or because such non-performance is reasonably anticipated by the first party, and the notice is properly dispatched or given, a delay or inaccuracy in the transmission of the notice or its failure to arrive does not prevent it from having effect. The notice shall have effect from the time at which it would have arrived in normal circumstances. (5) A notice has no effect if a withdrawal of it reaches the addressee before or at the same time as the notice. (6) In this Article, 'notice' includes the communication of a promise, statement, offer, acceptance, demand, request or other declaration." ; PECL에서 규정하고 있는 통지의 요건은 다음과 같다. 우선 통지는 서면에 의하건 다른 방법에 의하건 상황에 적합한 수단에 의하여 이루어진 경우 그 효력이 인정되는데, 이 경우 통지의 효력발생시점은 도달주의에 의한다. 또한 일방의 당사자가 상대방의 불이행을 이유로 혹은 그러한 불이행이 합리적으로 그 당사자에 의하여 예견되었기 때문에 통지한 경우로 그 통지가 적절하게 발송되거나 교부되었다면, 그 통지가 연착되거나 잘못 전달되거나 혹은 도달하지 않았다고 하더라도 그러한 사실은 통지의 효력발생에 영향을 미치지 않는다. 다만 통지의 철회가 통지보다 먼저 또는 그와 동시에 상대방에게 도달한 경우 그 통지는 효력을 상실한다.

319) PECL Art. 1:202(Duty to Co-operate). "Each party owes to the other a duty to co-operate in order to give full effect to the contract." ; Art. 1:301(Meaning of Terms). "In these Principles, except where the context otherwise requires: (4) non-performance denotes any failure to perform an obligation under the contract, whether or not excused, and includes delayed performance, defective performance and failure to co-operate in

PECL에 있어 불이행에 대한 구제수단의 행사를 살펴보면 불이행이 장애(impediment)로 인한 면책조항에 해당하지 않는 경우[320] 불이행을 당한 당사자는 개별 구제수단 중 어느 것이라도 주장할 수 있으나(PECL Art. 8:1011.), 자신의 행위가 상대방의 불이행을 야기한 경우에는 그 주장을 할 수 없게 되어 있다(PECL Art. 8:101(3)). 또한 양립할 수 없는 것이 아닌 구제수단은 병존할 수 있고, 또한 여타의 구제수단을 행사할 경우에도 손해배상청구권은 상실되지 아니한다(PECL Art. 8:102).[321]

중대한 불이행에 대해서는 PICC와 동일한 규정을 두고 있지만(PECL Art. 8:103),[322] 중대한 불이행에 해당하는지의 여부를 결정함에 있어 고려되어야할 요건으로서 계약이 해제될 경우 불이행 당사자가 그 준비 또는 이행의 결과로서 불균형한 손실을 입는 경우에 상당한 내용은 명시하지 않고 있다(PICC Art. 7.3.1(e)).[323]

---

order to give full effect to the contract." ; PICC Art. 7.1.1(Non-performance defined). "Non-performance is failure by a party to perform any of its obligations under the contract, including defective performance or late performance."

320) 불이행이 면책되는 경우(PECL Art. 8:108) 불이행 당사자는 이행청구와 손해배상청구를 제외하고 개별적 구제수단 일체를 원용할 수 있다(PECL Art. 8:101(2)).

321) PECL Art. 8:101(Remedies Available). "1. Whenever a party does not perform an obligation under the contract and the non-performance is not excused under Article 8:108, the aggrieved party may resort to any of the remedies set out in Chapter 9. (2) Where a party's non-performance is excused under Article 8:108, the aggrieved party may resort to any of the remedies set out in Chapter 9 except claiming performance and damages. (3) A party may not resort to any of the remedies set out in Chapter 9 to the extent that its own act caused the other party's non-performance." ; Art. 8:102(Cumulation of Remedies). "Remedies which are not incompatible may be cumulated. In particular, a party is not deprived of its right to damages by exercising its right to any other remedy."

322) PECL Art. 8:103(Fundamental Non-Performance), "A non-performance of an obligation is fundamental to the contract if: (a) strict compliance with the obligation is of the essence of the contract; or (b) the non-performance substantially deprives the aggrieved party of what it was entitled to expect under the contract, unless the other party did not foresee and could not reasonably have foreseen that result; or (c) the non-performance is intentional and gives the aggrieved party reason to believe that it cannot rely on the other party's future performance."

그렇지만 불이행 당사자에 의한 추완에 대해서는, 가급적 계약내용의 실현을 도모하기 위하여 계약부적합을 이유로 상대방에 의하여 변제의 급부를 제공받지 못하게 된 당사자로 하여금 이행기가 아직 도래하지 아니하거나, 그 지연이 중대한 불이행에 해당되지 않는 경우에 한하여 새로이 계약에 적합한 이행을 제공할 수 있도록 배려하고 있다(PECL Art. 8:104).[324)]

결국 PECL에서 매도인의 불이행에 대한 매수인의 권리의 구제수단으로는 일차적으로 추완청구권이 인정되고, 이차적으로 대금감액청구권 · 손해배상청구권이 인정되며, 최종적으로 계약해제권이 인정되는데, 매도인의 계약부적합보완권은 원칙적으로 인정되지 아니한다. 추완청구권에는 하자보수청구권 · 대체물급부청구권 · 부족수량청구권이 모두 포함된다.

한편 PECL에 있어 '이행의 보장'(assurance of performance)과 '이행을 위한 부가기간을 정하는 통지'(notice fixing additional period for performance)에 관한 규정은 모두 PICC의 규정내용과 동일하다(PECL Art. 8:105~8:106). 다만 PICC에서는 이행지체가 중대하지 않고, 불이행을 당한 당사자가 상당한 기간의 추가기간을 허용하는 통지를 한 경우, 불이행된 의무가 단지 불이행 당한 당사자의 채무 중 경미한 부분을 차지하는 때에는 당해 계약을 종료시키지 못하도록 하고 있는 점은 PECL과 비교하여 눈에 띄는 차이점이다(PICC Art. 7.1.5 (3),(4)).

---

323) PICC Art. 7.3.1(Right to terminate the contract). "(2) In determining whether a failure to perform an obligation amounts to a fundamental non-performance regard shall be had, in particular, to whether (e) the non-performing party will suffer disproportionate loss as a result of the preparation or performance if the contract is terminated."

324) PECL Art. 8:104(Cure by Non-Performing Party). "A party whose tender of performance is not accepted by the other party because it does not conform to the contract may make a new and conforming tender where the time for performance has not yet arrived or the delay would not be such as to constitute a fundamental non-performance."

Ⅱ. 하자담보책임에 관한 적용사례

1. 「Oberster Gerichtshof : Austria」, 『10 Ob 344/99g』

① 사건명

「Oberster Gerichtshof : Austria」, 『10 Ob 344/99g』, "*Unknown*", 2000.

② 쟁점

물품이 특정목적에 적합하지 아니한 경우 당해 물품이 계약부적합을 구성하는지 여부

③ 적용법규

CISG Art. 4, Art. 8(3), Art. 9, Art. 35, Art. 39.

④ 참조조문

PICC Art. 1.8, Art. 3.1~3.20, Art. 7.2.2~7.2.3.

PECL Art. 1:105, Art. 4.101~4.119.

⑤ 사실관계

독일에 영업소를 둔 매도인과 오스트리아에 영업소를 둔 매수인은 계약의 목적물을 목재(woods)로 하여 매매계약을 체결하였다. 목재의 인도 이후 매수인은 당해 물품이 계약상 품질에 미치지 못한다는 이유, 즉 계약부적합이라는 사유를 들어 필요한 형식요건을 구비하여 명시적으로 대금지급을 거절하였다.

그러자 매도인은 통상 목재에 대한 매매에 적용되는 독일 관습을 원용하여 14일 이내에 계약부적합에 대한 매수인으로부터 통지가 없는 경우 매수인은 그 권리를 상실한다고 주장하면서 대금지급을 구하는 소를 제기하였다.

이에 대하여 매수인은 반소를 제기하였는데, 그 이유로서 매수인 자신은 계약부적합에 대한 적정한 통지를 하였을 뿐만 아니라 이 경우는 매도인의 주장과 달리 국제매매계약에 해당하는 까닭에, 특정한 국내법 및 관행과 관습이 적용될 수 없다고 항변하였다.

⑥ 판결요지

법원은 특정한 지역관습은 국제성(internationality)을 수용함에 있어 고려될 필요가 없음을 우선 전제하고, 비록 CISG는 계약 또는 그 어떠한 관행의 유효성을 다루고 있지는 않다고 하더라도(CISG Art. 4(a)) 당사자는 그들이 합의한 모든 관행과 당사자간에서 확립되어 있는 모든 관습에 구속되며, 별도의 합의가 없는 한 당사자가 알았거나 알았어야 했을 관행으로서 국제상거래에서 당해 특정무역에 관련된 종류의 계약당사자에게 널리 알려져 있고, 통상적(ordinary)으로 준수되고 있는 관행은 당사자가 이를 그들의 계약 또는 계약의 성립에 묵시적으로 적용하는 것으로 본다는 CISG의 규정취지를 언급하였다(CISG Art. 9 참조조문으로서 PICC Art. 1.8, PECL Art. 1:105).[325)]

한편 법원은 목재공급에 대한 계약체결시 매도인이 발주서(order form)에 독일관습을 명시하였음과 매수인은 이를 알았어야 했을 것이라는 점을 인정하였다(CISG Art. 8(3)).

법원은 최종 판결에서 매도인의 청구를 기각하는 대신, 매수인의 반소 청구에 답하면서 이를 계약부적합이 아닌 인도불이행으로 간주하고, 매도인에게 대체품의 인도를 명하였다. 그러나 당해 물품인도를 위한 비용은 매수인 부담으로 하였다(CISG Art. 35(3)).

법원은 최종 판결의 근거로서 물품의 계약적합성에 대한 CISG Art. 35을 원용하였는데, 당사자가 달리 합의한 경우를 제외하고 물품이 통상적으로 사용되는 목적에 적합하지 아니한 경우(CISG Art. 35(2)(a))와, 당해 사정으

325) 다만 PICC, PECL 당해 조문에서는 관행의 적용이 불합리(unreasonable)한 경우에는 예외로 한다는 단서를 두고 있다.

로 보아 매수인이 매도인의 기량과 판단을 신뢰하지 않았거나, 또는 이를 신뢰함이 불합리했던 경우를 제외하고, 물품이 계약체결시 명시적 또는 묵시적으로 매도인에게 알려져 있는 어떠한 특정한 목적에 적합하지 아니한 경우(CISG Art. 35(2)(b)) 당해 물품은 계약과 일치하지 않는다는 규정을 제시하였다. 아울러 전자의 경우 매수인이 계약체결시 물품의 부적합을 알고 있었거나 또는 모를 수가 없었던 경우에는 매도인은 물품의 부적합에 대한 책임을 지지 않는다는 내용도 부연하였다(CISG Art. 35(3)).

⑦ 논점 및 평가

이 판례는 물품의 계약적합성에 대한 CISG Art. 35의 규정이 적용된 사례로서, 당사자가 달리 합의한 경우를 제외하고 물품이 통상적으로 사용되는 목적에 적합하지 아니한 경우(CISG Art. 35(2)(a))와 당해 사정으로 보아 매수인이 매도인의 기량과 판단을 신뢰하지 않았거나 또는 이를 신뢰함이 불합리했던 경우를 제외하고, 물품이 계약체결시 명시적 또는 묵시적으로 매도인에게 알려져 있는 어떠한 특정한 목적에 적합하지 아니한 경우(CISG Art. 35(2)(b)) 당해 물품은 계약과 일치하지 않는다고 하는 취지의 판결례이다.

2. 「Netherlands Arbitration Institute」, 『2319』

① 사건명

「Netherlands Arbitration Institute」, 『2319』, “*Unknown*”, 2002.

② 쟁점

상당한 품질기준의 적용기준

③ 적용법규

CISG Art. 7, Art. 35.

④ **사실관계**

네덜란드 대륙붕에 위치한 가스전의 탐사와 생산을 하고 있는 컨소시움 회사로서 매도인은 원유의 정제와 석유제품과 가스의 유통에 종사하는 주요 국제회사로서 매수인과 원료공급에 대한 장기간 계약을 체결하였다.

계약에 의하면 매수인을 위해 정제되어 사용자들에게 판매될 리진혼합(Rijn Blend)이라고 불리는 원유와 혼합된 응축액을 인도하기로 되어 있었다. 리진혼합의 높은 수은 농도로 인하여 최종 소비자가 가공처리하는데 문제가 야기되자 매수인은 매도인에게 차기, 즉 1998년 6월분 리진혼합의 인도를 수령하지 않고, 이 문제에 대한 해결책이 강구될 때까지는 리진혼합 인도의 수령을 정지하겠다고 통지하였다.

이후 아무런 조치가 취해지지 않자 매수인은 계약을 해제하였다. 이로 인하여 매도인은 매수인이 수령하지 않은 리진혼합을 계약가격보다 상당히 낮은 가격에 제3자에게 재판매할 수밖에 없었고, 이에 큰 손해를 입었다고 주장하였다.

매도인은 계약에서 어떠한 특정의 품질조건도 합의되지 않았으므로 인도된 리진혼합은 적합한 것이고, 매수인이 리진혼합을 사용할 특별한 목적이 정제임을 알지 못하였고, 과거 최종 소비자와 어떠한 문제도 없었다고 주장하였다.

매도인은 매수인이 CISG Art. 39에 규정된 부적합 통지를 하지 않았을 뿐만 아니라 인도의 수령을 거절하고, 그의 의무이행을 정지함으로써 계약을 위반하였다고 주장하였다. 반면에 매수인은 리진혼합이 계약에 부적합하고 매도인은 그것이 사용될 특별한 목적을 알았거나 알 수 있었다고 주장하였다.

⑤ **판정요지**

계약에 목적물의 품질에 관한 약정이 없으므로 CISG Art. 351.은 적용되지 아니한다. 또한 계약체결시 매도인에게 명시적 또는 묵시적으로 리진혼합의 특별한 목적이 알려졌다는 증거가 없으므로 CISG Art. 35(2) (b) 또한 적용되지 아니한다.

CISG Art. 35(2)(a)의 의미에 관한 명백한 판례나 통일된 학설은 없지만, CISG의 입법자료를 고려하건대 영국 보통법의 물품성기준(merchantability test), 즉 합리적인 매수인이 특정의 품질의 물품에 대하여 대금감액없이 계약을 체결하였을 경우라면 그 물품은 계약에 적합하다고 보는 견해와, 대륙법의 평균품질원칙(average quality rule)을 모두 적용하지 아니한다. 본 사건에 있어서 평균품질과 허용 수은농도에 관한 정유업계의 공통기준이 존재하는지는 명백하지 않다.

두 기준 모두 CISG Art. 71.의 해석과 적용에 있어서의 통일성을 확보하여 주지 못하고, 더욱이 CISG의 체계에 보편적이지 못한 국내법적 개념을 도입하게 되므로 흠결보충에 관한 CISG Art. 7(2)에 반한다고 할 것이다.

'상당한 품질기준'(reasonable quality standard)은 국내법에 기초한 개념과 직접적인 관련이 없고, 흠결보충방법으로 CISG의 일반원칙을 일차적으로 들고 있는 CISG Art. 7(2)와 모순되지 않으므로 CISG의 입법자료와 양립할 수 있고, CISG Art. 71.과 조화될 수 있다. 이 기준은 CISG Art. 7(2)에 의하여 국내법이 적용되는 경우에도 적용된다.

이 기준에 의할 경우 당사자가 합의한 가격은 대체거래에서 받을 수 없는 가격이고, 인도된 물품이 매수인의 수 년 동안 익숙한 품질기준에 미치지 못하였기 때문에 이 사건 물품은 계약에 적합하지 아니하다 할 것이다.[326)]

---

326) 통상의 사용목적에 대한 적합여부를 규정하고 있는 CISG Art. (2)(a)의 의미에 관하여 위 판정이 영미법계의 '상품성 기준'(merchantability test)이나 대륙법계의 '평균품질원칙'(average quality rule)을 동 판정과 같이 배척하고 '상당한 품질기준'(reasonable quality standard)을 적용하여야 한다는 입장을 취한 것과 달리, 영미법계의 상품성 기준이나 대륙법계의 평균품질원칙 중 입법과정을 고려할 때 전자의 기준을 적용하는 것이 타당하다는 입장을 취한 판례(「Oberlandesgericht Frankfurt am Main : Germany」, 『13 U 51/93』, "*Unknown*", 1994)와, 물품이 평균품질을 가지고 있는 경우에는 동조의 요건을 충족하나 물품이 상품성이 있는 정도에 불과한 경우에는 이를 충족하지 아니한다는 입장을 취한 판례(「Landgericht Berlin : Germany」, 『52 S 247/94』, "*Unknown*",

⑥ **논점 및 평가**

이 판례는 계약상 계약의 목적물의 품질에 관한 약정이 없고, 또한 특별히 이를 특정할 근거가 없는 경우에 CISG Art. 35(2)(a)의 입법취지에 비추어 영국 보통법상의 물품성 기준이나 대륙법계의 평균품질원칙 대신에 상당한 품질기준을 적용하여 당사자가 합의한 가격은 대체거래에서 받을 수 없는 가격이고, 인도된 물품이 매수인의 수년 동안 익숙한 품질기준에 미치지 못하였기 때문에 이 사건 물품은 계약에 적합하지 아니하다고 판정하고 있다.[327)]

3. 「Camara Nacional de Apelaciones en lo Comercial de Buenos Aires - Sala E : Argentina」, 『Unknown』

① Cases

「Camara Nacional de Apelaciones en lo Comercial de Buenos Aires - Sala E : Argentina」, 『Unknown』,

"*Alejandro Mayer v. Onda Hofferle Gmbh & Co.*", 2000

② Keyword

Application of CISG : Rules of Private International Law Referance to Law of A Contracting State (CISG Art. 11.(B)).

Lack of Conformity of Goods : Certification : Matter Expressly Settled by CISG (Art. 7(2) CISG) : Application of Domestic Law Governing The Contract

---

1994)도 있다.

327) 본 건과 유사한 사례로는; ; 「Rechtbank van Koophandel (Commercial Court), Mechelen : Belgium」, 『Unknown』, "*Unknown*", 2002 ; 「Cour d'Appel de Paris : France 」, 『2002/18702』, "*Unknown*", 2004 ; 「Supreme Court of Western Australia : Australia 」, 『FUL 169 of 2003』, "*Summit Chemicals Pty Ltd v Vetrotex Espana SA*", 2004 ; 「U.S. District Court, Southern District of New York : USA」, 『00 Civ. 5189 (RCC)』, "*TeeVee Toons, Inc. & Steve Gottlieb, Inc. v. Gerhard Schubert GmbH*", 2006 등이 있다.

in The Absence of CISG.

Conformity of Goods : Goods Fit for Ordinary Use (CISG Art. 35(2)).

③ Abstract

An Argentinian seller and a German buyer concluded a contract for the sale of coal, FOB Buenos Aires. As the seller commenced an action for payment of price, the buyer brought a cross-action for damages alleging lack of conformity of the goods in relation to the specific use for which they had been bought.

The appellate Court, thus confirming the lower court's decision, found that CISG was applicable, as the Argentinian rules of private international law led to the application of Argentinian law as the law governing the contract, and then to CISG by virtue of its Art. 11.(b).

The Court held that as the goods had been correctly delivered with the embarkment on the ship in the port of Buenos Aires, the seller had complied with its obligations, and the buyer was then obliged to pay the agreed price.

The Court held that CISG did not make provision for the way in which the goods had to be inspected and an alleged lack of conformity had to be certified; and, then, that the national law governing the contract would be applicable according to Art. 7(2) CISG, to determine whether there was such a lack of conformity.

The Court also held that according to Argentinian law, which was applicable in the case at hand, an alleged lack of conformity could only be ascertained according to a specific procedure of arbitration and expertise. As in the case at hand such a procedure had not been initiated by the buyer, its cross-action based on lack of conformity of the goods had to be rejected.

The Court also found that according to the very evidence offered by the buyer the coal was well usable for barbecue cooking, which was the buyer's intended use of the goods at the moment of conclusion of the contract.

Also for this reason the Court held that, as the goods were fit for use for the purposes for which goods of the same description would ordinarily be used, as provided in Art. 35(2) CISG, the buyer's allegations of non-conformity and related cross-action then had to be rejected.

4. Audiencia Provincial de Granada : Spain」, 『143/2000』

① Cases

「Audiencia Provincial de Granada : Spain」, 『143/2000』,
"*L. & M. Internacional vs. Granavi, SA*", 2000.

② Keyword

Lack of Conformity of Goods : Goods Fit for Ordinary Use (CISG Art. 35(2)(A)) - Public Law Requirements in Country of Destination - Irrelevant.

Lack of Conformity of Goods : Lack of Conformity to Sample (CISG Art. 351.) : Burden of Proof on Buyer.

Lack of Conformity of Goods : Time of Examination (CISG Art. 381.) : Sale Involving Carriage of Perishable Goods : 5 Days after Arrival too Late.

③ Abstract

A Spanish seller and a US buyer concluded a contract for the sale of frozen chicken to be delivered in Ukraine. Before the conclusion of the contract the buyer inspected the seller's farm and approved the quality and features of the sample.

As the goods failed to meet the requirements of Ukrainian law they could not be placed on the local market and the buyer therefore commenced an action agaist the seller alleging lack of conformity. The Spanish first instance Court rejected the claim on the ground of lack of proof of non?conformity of the goods.

The Appellate Court declared that the contract was governed by CISG, as the parties had their places of business in contracting States, and confirmed the first instance decision in favor of the seller, in application of Art. 35 CISG. It held that the mere circumstance that the goods failed to meet the specific law requirements of the country in which they would be marketed did not automatically mean that they should be deemed unfit for ordinary use according to Art. 35(2)(a) CISG if they complied with the law requirements of their country of origin, if the buyer had not specifically mentioned this necessity to the seller and, especially, if the buyer had examined and approved a sample of the same goods beforehand.

As to the alleged inadequate transportation conditions the Court stated that since the carrier, having taken charge of the goods, had declared that they were in proper condition and since the buyer had delayed the goods' inspection to 4-5 days after arrival, the buyer was responsible of any consequent deterioration.

5. 「Cour d'Appel de Paris, 1ere chambre, section D : France」, 『46』

① 사건명

「Cour d'Appel de Paris, 1ere chambre, section D : France」, 『46』

"*Societe Laborall v. SA Matis*", 1998.

② 쟁점

물품의 통상 사용목적과 물품인도의무와의 견련성 여부

③ **적용법규**

CISG Art. 31, Art. 35.

④ **사실관계**

프랑스에 영업소가 소재한 매수인과 이탈리아에 영업소가 소재한 매도인은 화장품 생산용 기계의 매매계약을 체결하였다. 인도된 기계에 하자가 있는 것이 밝혀지자 당사자는 하자있는 기계를 다른 종류와 가격의 기계로 대체하기로 하는 계약을 다시 체결하였다.

새로운 기계가 인도된 후 매수인은 새로운 기계 또한 하자가 있다고 주장하며 프랑스법원에 소를 제기하였다. 매수인은 매도인이 기계를 수리해주어야 하고, 매수인이 수리하기 위해 지출한 비용을 상환하여야 한다고 주장하였다. 매도인은 프랑스법원에 관할권이 없다고 항변하였다.

⑤ **판결요지**

본 건에서 문제되는 매도인이 계약에 적합한 물품을 인도하여야 할 의무이다. CISG Art. 351.,(2)(a)에 의할 경우 물품이 통상의 사용목적에 적합하여야 한다는 의무는 인도의무와 별개의 것이 아니다. 따라서 두 의무가 같은 장소에서 이행되어야 한다.

⑥ **논점 및 평가**

이 사건에서 당사자는 인도장소를 이탈리아에 있는 매도인의 영업소로 하기로 합의하였다. 나아가 계약에서 정한대로 매도인은 물품을 자신의 영업소에서 매수인이 지정한 운송인에게 교부하였다. CISG Art. 31(a)에 의할 때 적합한 물품을 인도할 의무는 매도인의 영업소에서 이행되어야 한다.

그런데 매수인이 하자있는 물품의 수리와 수리비용의 상환을 구하는 본건에서는 매도인이 통상의 사용목적에 적합한 물품을 제공하여야 할 의무는 물품인도의무와 별개의 것이 아니므로 두 의무는 같은 장소에서 이행되어야 한다고 판시하고 있다.

6. 「Audiencia Provincial de Granada : Spain」, 『143/2000』

① **사건명**

「Audiencia Provincial de Granada : Spain」, 『143/2000』
"*L. & M. Internacional vs. Granavi, SA*", 2000.

② **쟁점**

물품의 통상의 사용목적이 특정국가의 공법규정에도 예외없이 적합하여야 하는지 여부

③ **적용법규**

CISG Art. 35, Art. 38.

④ **사실관계**

스페인에 영업소를 둔 매도인과 미국에 영업소를 둔 매수인은 '냉동닭'을 우크라이나로 인도하기로 하는 매매계약을 체결하였다. 계약을 체결하기 전에 매수인은 매도인의 농장을 검사하고 표본의 품질과 특질을 승인하였다.

그런데 후에 인도된 물품이 우크라이나 국내법의 요건을 충족하지 못하여 지역시장에 내놓을 수 없었으므로 매수인은 매도인을 상대로 부적합을 이유로 소를 제기하였다.

⑤ **판결요지**

물품이 원산지 국가의 국내법 요건에 적합하고, 매수인이 매도인에게 물품이 판매될 국가의 특정한 법적 요건에 적합하여야 한다는 것을 특별히 알리지 않았고, 특히 매수인이 미리 같은 물품의 표본을 검사하고 승인하였

다면 물품이 판매될 국가의 특정한 국내법 요건을 충족시키지 못하는 것이 물품이 CISG Art. 35(2)(a)에서 말하는 통상의 사용에 적합하지 않다는 것을 의미하는 것은 아니다.

부적절한 운송상황에 대하여 살피건대, 물품을 관리한 운송인이 물품이 올바른 상태에 있었다고 진술하였고, 매수인이 물품이 도착한 날로부터 4~5일 후에 비로소 물품을 검사하였으므로 매수인은 그 후 증가된 모든 손해에 대하여 책임을 부담하여야 한다.

⑥ 논점 및 평가

이 사건은 물품이 원산지 국가의 법적 요건에 적합하고, 매수인이 매도인에게 물품이 판매될 국가의 특정한 법 요건에 적합하여야 한다는 것을 특별히 알리지 않았으며, 특히 매수인이 미리 같은 물품의 표본을 검사하고 승인하였다면 물품이 판매될 국가의 특정한 국내법상 요건을 충족하지 못한 것이 물품이 통상의 사용에 적합하지 않다는 의미로는 볼 수 없다고 판시한 사례이다.

국제상사계약의 이론과 실제 [종합정리]

① 본 서에서는 현재까지 국제상거래에 있어 합리적이고도 이상적인 계약법의 모습을 구현하고 있을 뿐만 아니라 앞으로도 국제상사계약을 둘러싼 법적 분쟁해결에 있어서 그 역할이 지대할 것으로 예상되는「국제물품매매계약에 관한 UN협약」(CISG),「국제상사계약에 관한 일반원칙」(PICC),「유럽계약법원칙」(PECL)을 비교법적 분석대상으로 하여 계약당사자의 책임의 내용을 체계적으로 분석하고, 동 국제계약법규범의 실제적 적용사례를 함께 고찰함으로써 각 국제계약법규범의 상대적 특성을 명확히 밝히고, 합리적 해석기준을 제시하였다. 아울러 이를 토대로 국제상거래에 국제계약법규범을 적용함에 있어서 상무적 관점에서 유의하여야 할 사항을 분석 · 정리하였다.

② 우선 계약내용의 해석에 관하여 국제계약법규범의 규정은 계약당사자가 당초 계약내용에 편입시키지 못한 사항이 있거나, 당사자가 서로 다른 의도를 갖고 있는 경우를 규율하기 위해 마련된 것이다.

CISG 및 PICC에서는 당사자의 진술과 그 외의 행동에 결부된 의사표시에 주안점을 두고, 의사표시의 상대방이 표의자의 의도를 알았거나 알 수 있었을 경우 표의자의 의도에 따라 해석되어야 한다고 명시하고 있다.

PECL에서는 일방의 당사자가 계약이 특정한 의미를 가진다는 의도를 보유한 점이 증명되고, 계약체결 당시 상대방이 이를 알 수 있었다면, 계약은 그 일방의 당사자의 의도에 따라 해석되어야 한다고 하고 있다. 따라서 PECL의 규정은 표의자의 의도를 상대방이 알았거나 알 수 있었던 경우를 포함하여,

표의자가 자신의 의사표시를 상대방이 자신의 의도와 다르게 이해한다는 것을 알았거나 알 수 있었던 경우까지를 포괄하고 있다는 특징이 있다.

③ 신의칙의 적용과 관련하여 국제계약법규범은 그 적용범위에서 차이를 보이고 있다. CISG에서는 법계간의 차이 또는 지역적 개념을 배제한 채 오로지 CISG를 해석함에 있어서만 신의칙이 적용된다. 따라서 계약내용의 확정 · 해석 및 채무내용의 확정에 있어 신의칙의 적용은 배제되고 있다.

PICC에서의 신의칙은 국제상거래라는 환경에서 공통으로 수용될 수 있는 거시적 관점에서의 일반원칙으로 인식하고 있는데, 이를테면 신의칙은 PICC에 있어서 가장 근본적인 원칙일 뿐만 아니라 계약의 전과정에서 강조되고 또한 준수되어야 할 행동원칙이라고 할 수 있다.

PECL은 PICC 규정체계를 그대로 따르고 있으나, PICC에 비해 계약교섭단계에서의 법규제가 보다 구체적이고 충실하다는 특징을 보이고 있다. 예컨대 합리성과 협력의무에 대한 규정은 대표적 실례이다.

④ 계약체결상의 과실책임에 관하여 CISG는 이를 규율할 수 있는 규정을 두고 있지 않은 대신에, 신의칙에 상당하는 유사개념을 통해서 그 책임귀속의 문제를 해결할 수 있는 방편을 제시하고 있다.

PICC는 불성실한 교섭에 따른 손실책임 및 공정거래에 관한 규정을 두어 CISG를 보충하고 있으며, PECL은 계약체결상의 교섭책임에 대한 규정을 두고 있을 뿐만 아니라 그 의무이행의 판단기준이 되는 구체적인 고려요건 및 제한사유 등의 규정을 마련해 두고 있다.

⑤ 계약의 성립요건과 관련하여, CISG와 PICC는 대체로 대륙법계의 일반법리에 따른 공통된 법리적 시각을 보이고 있고, PECL은 이에 추가하여 충분한 합의의 요건 및 형식적 불요식성까지 규정하고 있다. 나아가 이에 관한 제한요건 및 일반약관의 계약내용에의 편입도 합리적 조치를 전제로 원

용할 수 있도록 배려하고 있다.

한편 PECL은 청약의 의사표시에 있어 불특정 다수인에 대한 제한요건을 수용하고 있고, 변경된 승낙의 효과를 구체화하고 있으며, 일방 당사자의 불이행에 기하여 발송하는 통지에 대해서는 예외적으로 발신주의를 채용하고 있는 특징이 있다.

⑥ 사정변경원칙에 관하여 CISG에서는 명문의 규정을 두고 있지 않다. 사정변경에 따른 효과에 대하여는 당사자는 제한적 요건하에서 자신의 의무불이행에 대한 CISG상의 손해배상책임을 면할 수 있도록 하고 있다. 여기서 면책은 장애가 존재하는 동안에만 효력을 발생한다.

그러나 CISG에 있어서 사정변경의 효과가 인정되기 위한 요건은 PICC 및 PECL에 비하여 매우 엄격하다. PICC에서는 CISG에 비해 보다 구체적인 규정을 두고 있는데, 그 내용은 사정변경에 우선하여 계약의 성실한 이행을 담보로 계약의 형평성이 근본적으로 변경된 경우와 장래에 이행하여야 할 계약의 급부에 대해서만 적용될 수 있다.

PECL에서는 사정변경의 원칙을 명시적으로 수용하고 있는데, 사정변경으로 인하여 발생될 수 있는 당사자의 이해를 조정할 수 있도록 구체적인 판단기준 및 절차를 규정하고 있을 뿐만 아니라 법원으로 하여금 이에 적극적으로 관여할 수 있도록 하고 있다.

사정변경에 따른 수정·해제의 교섭에 관해 신의성실에 반하여 당해 교섭을 거부하거나 교섭을 파기한 당사자에 의하여 상대방이 입게 된 손실에 대하여 법원이 배상을 명할 수 있게 한 점은 PICC와 구별되는 차이점이다.

⑦ PICC는 CISG상의 계약위반을 불이행으로 구성하고 있는데, 그 구성요건은 묵시적 의무에 한하여 계약의 성질과 목적·당사자간 확립된 관행과 관습·신의칙과 공정거래·합리성 등의 고려에 두고 있다.

PICC는 이행에 대한 권리에 하자있는 이행의 보수와 대체 또는 기타 보완에 대한 권리를 포함하고 있으며, 불가항력에 기한 의무불이행의 경우 당사자로 하여금 그 책임을 면할 수 있도록 하고 있다.

PICC상 물품의 계약부적합에 대한 매수인의 구제수단은 순차적으로 불완전이행치유청구권, 손해배상청구권 및 계약해제권의 행사가 인정되는데, CISG와는 달리 대체물급부청구의 경우 중대한 계약위반의 요건은 적용되지 않는다. 아울러 비금전적 손해에 있어 육체적 · 정신적 고통에 상당한 손해배상을 인정하고 있는 특징이 있다.

PECL은 PICC와 마찬가지로 계약위반을 불이행으로 통합하여 규정하고 있는데, 당해 불이행은 면책여부와 관계가 없으며 이행지체 및 하자있는 이행이나 계약의 완전한 실현을 위하여 협력하지 않은 경우를 포함한다. CISG 및 PICC와 구별되는 차이점은 합리성에 대한 규정을 두고 있는 점과 통지의무에 대한 보다 구체적인 요건을 두고 있다는 점이다.

중대한 불이행에 대해서는 PICC와 유사한 내용을 담고 있으나, 중대한 불이행의 여부에 대한 기준으로서 계약이 해제될 경우 불이행 당사자가 그 준비 또는 이행의 결과로서 불균형적 손실을 입는 경우에 대한 내용은 두고 있지 않다.

매수인에 대한 권리의 구제수단은 순차적으로 추완청구권 · 대금감액권 · 손해배상권 그리고 최종적으로 계약해제권을 인정하고 있다. 다만 매도인의 계약부적합보완권은 원칙적으로 인정되지 아니한다.

⑧ 계약위반의 효과 및 법적 구제수단과 관련하여 PICC는 CISG에 비하여 보다 상세한 내용을 두고 있다. 이를테면 중대한 불이행의 판단기준이 상세하고, 면책의 주장이 보다 명료하며, 손해배상범위에 관해 예견가능성을 포함하여 손해의 확실성을 기준으로 한 명시적 규정을 두고 있다.

계약불이행의 책임체계와 관련하여 PICC와 PECL은 유사한 법적 시각을 보이고 있으나, PICC의 경우 불이행 당사자의 추완권을 PECL에 비하여 보다 광범위하게 인정하고 있으며, 그 방법에 있어서도 보다 상세하다는 차이점이 있다.

⑨ 계약해제의 효과에 있어 CISG는 쌍무계약에만 이를 인정하고 있으나, PICC 및 PECL에서는 편무계약에 대해서도 법정해제를 인정하고 있다. 계약해제의 요건에 관해 CISG의 경우 중대한 계약위반의 내용은 일부 단서를 두어, 상대방이 기대할 권리가 있는 바를 실질적으로 박탈할 정도의 손해를 야기한 경우로 특정하고 있다.

PICC에서는 CISG에 비하여 불이행에 대한 계약해제의 요건을 상세히 규정하고 있으며, 나아가 불이행이 면책되지 않는 범위에서라면 일부 제한요건을 두어 상대방으로 하여금 PICC내에서의 모든 법적 구제수단을 원용할 수 있도록 하고 있다.

PECL에서 중대한 불이행의 인정요건은 채무에 대한 엄격한 준수가 계약의 중심적인 의미를 지니는 경우, 당해 불이행에 기인하여 계약당사자의 실질적 기대가 박탈된 경우, 불이행이 고의적이고 또한 불이행 당한 당사자가 상대방의 장래 이행을 기대할 수 없는 경우로 두고 있다.

PECL에 있어 사정변경에 의한 계약해제의 내용은 PICC에 비하여 보다 구체적이다. 예컨대 급부의 이행비용 증가시 급부의 부담이 현저히 과중된 경우에 대한 내용을 포함하고 있는 것과, 신의칙 및 공정거래에 반하여 교섭을 거부하거나 또는 교섭을 파기하는 경우 그 결과 야기된 손실에 대하여 법원이 배상을 명할 수 있게 한 것 등이 PICC와의 차이점이다.

⑩ 하자담보책임과 관련하여 CISG는 계약위반으로, PICC 및 PECL에서는 불이행으로 각각 통일하고 있으며, 모두 고의 · 과실에 기한 귀책사유를 요건으로 두고 있지 않다.

CISG에서는 하자발생의 요건을 계약적합성 위반으로 두고 있어 당사자간 합의 또는 보증특성에 부합하지 아니하는 경우 계약부적합을 구성하게 된다. 하자담보책임의 효과에 있어서는 일차적 구제수단으로 매수인의 이행청구권이 인정되며, 부차적으로 손해배상청구권 · 대금감액권이 인정되고, 계약해제는 최종적 구제수단이 된다. 목적물 인도의무에 대한 계약적합성 여부는 고려되지 않으며, 계약상 의무에 대한 계약위반이 발생된 경우 계약해제는 중대한 계약위반에 해당하는 경우에 한하여 인정된다.

⑪ CISG는 국제물품매매에 관한 한 가장 성공한 선도적 입법례로 평가된다. 그렇지만 CISG는 각양의 법계 및 각국간 첨예한 이해를 조정하고 타협하여 그 공통의 법리만을 규정내에 수용하고 있다. 따라서 그 내용면에서 국제상거래에서 실제 발생가능한 모든 상황을 충분히 고려하여 규정하고 있지 못하다는 한계가 있다. 또한 CISG가 국제적으로 수용된 가장 성공한 통일입법임에도 불구하고 대부분의 규정이 임의규정으로서 그 적용 · 배제가 당사자의 자치에 맡겨진 법규범이라고 하는 한계를 갖는다. 나아가 제정시점 이후 사반세기가 지난 현재의 상황에서 나날이 진일보하고 있는 국제상관습과, 급변하고 있는 전자적 국제상거래 환경을 수용함에 있어서 법적경화현상을 보이고 있다는 감이 없지 않다.

따라서 국제상거래에 임하는 계약당사자간 각자의 이익을 적극적으로 추구하기 위해서는 CISG에서 다루고 있지 않거나 규정하고 있지 않은 법적논점에 대해서 국제상거래의 일반적 법원칙이 될 PICC 및 PECL의 규정을 올바로 이해하여 계약에 원용함으로써 CISG의 한계를 보충해야 할 필요가 있다.

결국 국제상사계약에 있어 CISG의 적용 및 원용만이 능사라고는 할 수 없고, CISG를 중심으로 PICC 및 PECL의 규정내용을 충분히 파악하여 그 상호관계를 명확하게 정립하는 것이 무엇보다 중요하다고 생각된다. 이는 국제상사계약에 있어 계약당사자 각자의 책임체계를 보다 명확히 하고 체계화할 수 있는 첩경일 것임에 이론의 여지가 없을 것으로 판단되는 바, 이를 위하여 본 서의 내용이 국제상사계약의 이론과 실제에 적극 활용될 수 있기를 기대한다.

참 고 문 헌

• 단행본

강병창,『국제통일매매법』, 형설출판사, 2000.

김상용,『비교계약법』, 법영사, 2002.

김인제 · 서경무,『국제거래법요론』, 두남, 2001.

김준호,『민법강의 : 이론과 사례』, 법문사, 2001.

박영복,『글로벌시대의 계약법』, 집문당, 2005.

서헌제,『국제거래법』, 법문사, 2000.

양명조,『미국계약법』, 법문사, 1996.

양영환, 서정두,『국제무역법규』, 삼영사, 1998.

오원석 · 최준선 · 허해관,『국제상사계약원칙 2004』, 법문사, 2006.

오원석 역,『UN 통일매매법』, 삼영사, 1998.

이균성 · 홍승인 · 김동훈,『기업법강의』, 인텔에듀케이션, 2004.

이기수 · 신창섭,『국제거래법』, 세창출판사, 2001.

이태희,『국제계약법』, 법문사, 2002.

최준선,『국제거래법』, 삼영사, 2005.

Bonell, M. J., *An International Restatement of Contract Law : The UNIDROIT Principles of International Commercial Contracts*, Transnational Juris, 2nd ed., 1997.

____________., *Art. 7 : Interpretation, Gap-filling, in Bianca-Bonell Commentary*, Milan Giuffre, 1987.

____________., · in Bianca and Bonell (eds.), *Commentary on the International Sales Law : the 1980 Vienna Sales Convention*, Milan, 1987.

DiMatteo, L. A., *The Law of International Contracting*, Kluwer Law Int'l, 2000.

DiPalma M., *International Contract Adviser*, Vol. 5, Kluwer Law Pub., 1999.

Emanuel, S., *et. al.*, *CONTRACTS*, emanuel law outline, inc., 1993.

Farnsworth, E. A., *Farnsworth on Contracts*, 2nd ed., Aspen Pub.,1998.

Gifis S. H., *Law Dictionary*, 4th ed., Barron's Educational Series, Inc., 1996.

Honnold, J. O., *Uniform Law for International Sales under the 1980 United Nations Convention*, 3rd ed., Kluwer Law Int'l, 1999.

Kritzer, A. H., *Guide to Practical Applications of the United Nations Convention on Contracts for the International Sales of Goods*, Kluwer Law Int'l, 1989.

Lando, O. · Beale, H., *The Principles of European Contract Law : Part I. : Performance, Non-performance and Remedies*, Kluwer Law Int'l, 1995.

____________________, *The Principles of European Contract Law Part I and Part II, prepared by the Commission of European Contract Law*, Kluwer Law Int'l, 2000.

Merriam-Webster Incorporated, *Merriam-Webster's Dictionary of Law*, 1996.

Riedl, R., *The Work of the Lando-Commission from an Alternative View point*, Kluwer Law Int'l, 2000.

Schlechtriem P., *Uniform Sales Law : The UN Convention on Contracts for the International Sales of Goods*, Vienna Manz, 1986.

_____________., *Commentary on the UN Convention on the International Sale of Goods*, Oxford, 1998.

Schmitthoff, C. M., *Export Trade*, 10th ed., London Sweet & Maxwell, 2000.

UNIDROIT, *Text of the Unidroit Principle of International Commercial Contracts : Black Letter Rules & Comments, The Complete Version of UNIDROIT Principles*, 1996.

__________, *UNIDROIT PRINCIPLES of International Commercial Contracts*, 2004.

Whincup, M. H., *Contact Law and Practice : the English System and Continental Comparisons*, Kluwer Law Int'l, 1996.

• 연구논문

김동석, “국제계약위반에 대한 구제방법”, 「재산법연구」제5권 제1호, 한국재산법학회, 1988.

______, “국제물품매매계약에관한UN협약에 있어서의 물품적합서으이 결여와 현행 민 · 상법상의 하자담보책임”, 「재산법연구」제6권 제1호, 한국재산법학회, 1989.

박상기 · 최준선, “CISG 상의 계약위반과 UNIDROIT 원칙의 계약 불이행에 관한 비교연구”, 「무역학회지」제27권, 2002.

박영복, “계약교섭과 교섭자의 책임에 대한 미국법상의 논의”, 「외법논집」제12집, 한국외국어대학교, 2002.

______, “계약법 영역에서의 세계적 추이에 비추어 본 우리의 손해배상법”, 「비교사법」제7권 2호(통권13호), 한국비교사법학회, 2000.

______, “계약체결전단계의 법규범화”, 「외법논집」제10집, 한국외국어대학교, 2001.

______, “유럽계약법원칙, 제3부”, 「외법논집」제15집, 한국외국어대학교, 2003.

______, “현대 계약법상의 이행청구권”, 「법학연구」제15권 1호, 충북대학교 법학연구소, 2004.

______, “현대계약법의 추이”, 「외법논집」제9집, 한국외국어대학교, 2000.

박정기, “유니드로와(UNIDROIT) 국제상사계약원칙에 있어서 계약책임”, 「상사법연구」제11권 제2호, 한국상사법학회, 1999.

______, “유럽계약법원칙에 있어서 계약책임”, 「국제지역연구」제3권 제2호, 국제지역학회, 1999.

배준일, “국제매매계약 성립에 관한 비교법적 연구”, 「무역상무연구」제12권, 한국무역상무학회, 1999.

사동천, “최근 국제적 동향에서 바라 본 우리 민법상의 매도인의 하자담보책임에 관한 연구”, 「민사법학」제24호, 한국민사법학회, 2005.

송양호, “유럽계약법원칙과 한국법”, 「상사법연구」제21권 제2호, 한국상사법학회, 2002.

신창섭, “국제물품매매계약에관한UN협약과 우리나라 상법의 비교법적 연구”, 「국제거래법연구」제14집 제2호, 국제거래법학회, 2005.

______, “국제물품매매계약에관한UN협약에서 특정이행청구권에 관한 연구”, 「경영법률」제17집, 한국경영법률학회, 2006.

심종석, “국제계약규범하에서 사정변경원칙의 적용기준과 법규제에 관한 비교 연구”, 「국제상학」제20권 제2호, 한국국제상학회, 2005.

______, “국제상거래에 있어 전자계약의 성립에 관한 연구”, 성균관대학교 박사학위논문, 2002.

______, “국제상거래에 있어 전자문서에 의한 청약과 승낙의 기준”, 「경영법률」제14집 1호, 한국경영법률학회, 2003.

______, “국제상사계약에 있어 신의칙의 적용기준과 법적 규제에 관한 비교 연구”, 「통상법률」통권 제56호, 법무부, 2004.

______, “국제상사계약에 있어 계약내용 해석의 기준에 관한 법적 고찰”, 「통상법률」제71집, 법무부, 2007.

______, “국제통일계약규범하에서 계약해제의 효과에 관한 비교법적 고찰”, 「경영법률」제16집 1호, 한국경영법률학회, 2005.

______, “국제통일계약규범하에서 하자담보책임에 관한 비교 연구”, 「국제상학」제20권 제3호, 한국국제상학회, 2005.

______, “유럽계약법원칙하에서 불이행과 법적 구제에 관한 비교법적 고찰”, 「통상법률」통권 제62호, 법무부, 2005.

______, “유럽계약법원칙하에서의 일반규정과 계약의 성립에 관한 규정의 비교 연구”, 「국제상학」제19권 제1호, 한국국제상학회, 2004.

안강현, “UNIDROIT 국제상사계약에 있어서의 Hardship”, 「상사법연구」제21권 제1호, 한국상사법학회, 2002.

양창수, “유럽계약법원칙에서의 채무불이행 법리”, 「국제 · 지역연구」제10권 제1호, 서울대학교 국제지역원, 2001.

양형우, “재산법과 신의성실의 원칙”, 「연세법학연구」연세법학회, 2001.

오원석, “국제상사계약에서 UNIDROIT 원칙의 실무상 적용가능성에 관한 연구”, 「무역학회지」제24권 제1호, 한국무역학회, 1999.

______, “UN 통일매매법하에서 청약과 청약의 유인의 차이”, 「국제상학」제18권 제1호, 한국국제상학회, 2003.

______ 外, “UNIDROIT Principles 2004의 변경 · 신설내용의 개관”, 「무역상무연구」,

제25권, 한국무역상무학회, 2005.

윤남순, "미국통일상법전상 청약과 다른 승낙에 관한 법리 고찰", 「상사법연구」제19권 제2호, 한국상사법학회, 2000.

윤달원, "계약체결상의 과실책임", 「연세법학연구」제4권, 연세법학회. 1997.

윤형렬, "계약체결상 과실책임의 책임체계적 위상", 「연세법학연구」제5권, 연세법학회, 1998.

최준선, "국제상사계약에 관한 UNIDROIT 원칙의 의의", 「무역상무연구」 제12권, 한국무역상무학회, 1999.

______, "우리 나라의 비엔나 협약 비준의 타당성", 「무역상무연구」제10권, 한국무역상무학회, 1999.

______, "UN국제물품매매협약의 의의와 해석원칙", 「비교사법」제11권 3호, 한국비교사법학회, 2004.

______, "국제물품매매계약에관한UN협약(1980)에 대한 약간의 고찰 : 한국의 입장에서", 「국제거래법연구」제12권, 국제거래법학회, 2004.

허해관 · 한병완, "국제물품매매계약상의 면책규칙에 관한 일고찰", 「통상법률」통권 제61호, 법무부, 2005.

Bonell M. J., "The UNIDROIT Principles of International Commercial Contracts and the Principles of European Contract Law : Similar Rules for the Same Purposes?," *Uniform Law Review*, 1996.

_________., "UNIDROIT Principles 2004 ; The New Edition of the Principles of International Commercial Contracts adopted by the International Institute for the Unification of Private Law," *Uniform Law Review*, 2004.

Dionysio Flambouras, "The Doctrines of Impossibility of Performance and *clausula rebus sic stantibus* in the 1980 Vienna Convention on Contracts for the International Sales of Goods and the Principles of European Contract Law : A Comparative Analysis," *13 Pace International Law Review 261*, 2001.

__________________, "Comparative Remarks on CISG Article 79 & PECL Articles 6:111, 8:108," *Pace International Law Review*, 2002.

Eiselen, S., "Comparison with Principles of European Contract Law(Art. 71~72), Pace

Law," *Pace Law School Institute of International Commercial Law*, 2002.

Ericson P. K., "Nachfrist Notice and Avoidance under the CISG," *18 Journal of Law and Commerce*, 1999.

Erika Sondahl., "Understanding the Remedy of Price Reduction A Means to Fostering a More Uniform Application of the United Nations Convention on Contracts for the International Sale of Goods," *7 Vindobona Journal of International Commercial Law and Arbitration*, 2003.

European Parliament Directorate General for Research, "Study of the systems of private law in the EU with regard to discrimination and the creation of a European Civil Code," *Working Paper*, Legal Affairs Series, JURI 103 EN, 1999.

Farnsworth, E. A., "Duties of Good Faith and Fair Dealing un der the UNIDROIT Principles, Relevant International Conventions and National Laws," *3 Tulane Journal of International and Comparative Law*, 1995.

________________., "Pre-Contractual Liability and Preliminary Agreements : Fair Dealing and Failed Negotiation," *87 Columbia Law Review 217*, 1987.

Felemegas J., "Comparative Editorial Remarks on the Concept of Good Faith in the CISG and PECL," *Pace Law*, Pace Law Review, 2001.

Flambouras, D. P., "The Doctrines of Impossibility of Performance and *clausula rebus sic stantibus* in the 1980 Vienna Convention on Contracts for the International Sale of Goods and the Principles of European Contract Law: A Comparative Analysis," *Pace Law*, Pace International Law Review, 2001.

Frans J. A., · van der Velden., "The Law of International Sales : The Hague Convention 1964 and the UNCITRAL Uniform Sales Code 1980," (Some Main Items Compared, Voskuil & Wade eds.), *Hague-Zagreb Essay : 4 on the Law of International Trade*, Hague Nijhoff, 1983.

Hossam El-Saghir, "Comparison with Principles of European Contract Law(Art. 25)," *Pace Law*, Pace Law School Institute of International Commercial Law, 2002.

Joren R., "*Force majeure* and hardship: Application in international trade practice with specific regard to the CISG and the UNIDROIT Principles of International Commercial Contracts," *13 Pace International Law Review*, 2002.

Joseph, M. P., "*Force Majeure* and Hardship under the UNIDROIT Principles of International Commercial Contracts," *Tulane Journal of International Comparative Law*, 1997.

Keily T., "Good Faith and the Vienna Convention on Contracts for the International Sales of Goods," *Vindobona Journal on International Law Arbitration (Ⅰ)*, Pace Essay Submission, 1999.

Klein J., "Good Faith in International Transactions," *Liverpool Law Review*, 1993.

Kritzer, A. H., "Reasonableness," *Pace Law*, Pace Law School Institute of International Commercial Law, 2001.

Lando O., "The Principles of European Contract Law : Part Ⅰ, Part Ⅱ," *Pace Law*, Pace Law School Institute of International Commercial Law, 2002.

Lücke H. K., "Good Faith and Contractual Performance," *Essays on Contract*, The Law Book Company Ltd., 1987.

Magnus U., "Remarks on Good Faith," *Pace Law*, Pace International Law Review, Vol. Ⅹ, 1998.

Mazzotta, F. G., "Comparison with Principles of European Contract Law(Art. 81)," *Pace Law*, Pace Law School Institute of International Commercial Law, 2002.

______________, "Comparison with Principles of European Contract Law(Art. 82)," *Pace Law*, Pace Law School Institute of International Commercial Law, 2003.

Peter A. P., "The Remedies of Specific Performance, Price Reduction and Additional Time (Nachfrist) under the CISG: Are these worthwhile changes or additions to English Sales Law?," *13 Pace International Law Review*, 2002.

Sim D., "The Scope and Application of Good Faith in the Vienna Convention on Contracts for the International Sale of Goods," *Pace Law*, Pace Law School Institute of International Commercial Law, 2001.

Winship P., "Commentary on Profesor Kastely's Rhetorical Analysis : Symposium Reflections," *8 Northwestern J. Int'l L. & Bus. ; Pace Law School(CISG Database)*, 1988.

Zeller, B., "Use of the UNIDROIT Principles to help interpret CISG Art. 76," *Pace Law*, Pace Law School Institute of International Commercial Law, 2003. 10.

• 웹페이지 자료

「frontpage.cbs.dk/law/commission_on_european_contract_law」

「www.cisgw3.law.pace.edu/cases978611i1.html」

「www.eurunion.org」

「www.jus.uio.no/lm/eu.contract.principles.1998/doc.html」

「www.jus.uio.no/lm/eu.contract.principles.parts.1.to.3.2002.」

「www.lexmercatoria.org」

「www.storme.be/PECL3fr.html.」

「www.ufsia.ac.be/~estorme/CECL.html.」

「www.uncitral.org/en-index.htm」

「www.unidroit.org/english/home.htm」

「www.unidroit.org/english/members/main.htm」

「www.unilex.info」

찾 아 보 기

• 국문색인

• 영문색인

부록

[부록 1] 국제물품매매계약에관한UN협약(CISG)

[부록 2] 국제상사계약에관한일반원칙(PICC)

[부록 3] 유럽계약법원칙(PECL)

부록 1 국제물품매매계약에관한UN협약(CISG)

본 협약의 당사국은 신국제경제질서의 확립에 관하여 국제연합 총회 제6차 특별회기에서 채택된 결의안의 광범위한 제반 목적을 유념하고, 평등과 상호이익에 바탕을 둔 국제거래의 발전이 국가간의 우호관계를 증진시키는데 중요한 요소라 생각하며, 국제물품매매계약을 규율하고 상이한 사회적 · 경제적 및 법적 제도를 고려하는 통일법의 채택이 국제거래에서 법적 장벽을 제거하는데 기여하고, 또한 국제거래의 발전을 증진시키리라는 견해하에서 다음과 같이 합의하였다.

제1편 적용범위 및 총칙

제1장 적용범위

제1조

(1) 본 협약은 다음과 같은 경우에 영업소가 상이한 국가에 있는 당사자간 물품매매계약에 적용된다.

(a) 당해 국가가 모두 체약국인 경우 또는

(b) 국제사법의 규칙에 따라 어느 체약국의 법을 적용하게 되는 경우

(2) 당사자가 상이한 국가에 그 영업소를 가지고 있다는 사실이 계약으로부터 또는, 계약체결전이나 또는 계약체결시, 당사자간에 이루어진 어떠한 거래로부터 또는 당사자에 의하여 밝혀진 정보로부터 드러나지 아니한 경우에는 이를 무시한다.

(3) 당사자의 국적과 당사자 또는 계약의 민사적 또는 상사적 성격은 본 협약의 적용을 결정함에 있어 고려되지 아니한다.

제2조

본 협약은 다음의 매매에는 적용되지 아니한다.

(a) 개인용, 가족용 또는 가사용으로 구입되는 물품의 매매. 다만 매도인이 계약체결전이나 또는 계약체결시에 물품이 그러한 용도로 구입된 사실을 알지 못하였고 또한 알았어야 하지도 않았던 경우에는 그러하지 아니하다.
(b) 경매에 의한 매매
(c) 강제집행 또는 기타 법률의 수권에 의한 매매
(d) 주식, 지분, 투자증권, 유통증권 또는 통화의 매매
(e) 선박, 부선, 수상익선, 또는 항공기의 매매
(f) 전기의 매매

제3조
(1) 물품을 제조 또는 생산하여 이를 공급하는 계약은 매매로 본다. 다만 물품을 주문하는 당사자가 그 제조 또는 생산에 필요한 재료의 실질적인 부분을 공급하기로 약정한 경우에는 그러하지 아니하다.
(2) 본 협약은 물품을 공급하는 당사자의 의무의 압도적인 부분이 노동력 또는 기타 서비스의 공급에 있는 계약에는 적용되지 아니한다.

제4조
본 협약은 단지 매매계약의 성립과 매매계약에서 발생하는 매도인과 매수인의 권리와 의무만을 규율한다. 특히, 본 협약에서 별도의 명시적인 규정이 있는 경우를 제외하고는 본 협약은 다음의 사항에는 관계되지 아니한다.
(a) 계약이나 그 어떠한 조항 또는 어떠한 관행의 유효성
(b) 계약이 매각된 물품의 소유권에 미치는 효과

제5조
본 협약은 물품에 의하여 야기되는 사람의 사망 또는 상해에 대한 매도인의 책임에 대해서는 적용되지 아니한다.

제6조
당사자는 본 협약의 적용을 배제하거나 또는 제12조를 제외하고는 본 협약의 어떠한 규정의 효력을 감퇴시키거나 또는 변경할 수 있다.

제2장 총 칙

제7조

(1) 본 협약의 해석에 있어서는 협약의 국제적인 성격과 또한 그 적용상의 통일성 및 국제거래에 있어 신의의 준수를 증진할 필요성을 고려하여야 한다.

(2) 본 협약에 의하여 규율되는 사항에 관한 문제로서 본 협약에서 명시적으로 해결되지 아니하는 문제는 본 협약이 기초하고 있는 일반원칙에 따라서 해결되어야 하며 만약 그러한 원칙이 없는 경우에는 국제사법의 규칙에 의하여 적용되는 법에 따라 해결되어야 한다.

제8조

(1) 본 협약의 적용에 있어 당사자의 진술 또는 기타의 행위는 상대방이 그 의도가 무엇이었는지를 알았거나 또는 모를 수 없었던 경우에는 그 당사자의 의도에 따라 해석되어야 한다.

(2) 전항의 규정이 적용될 수 없는 경우에는 당사자의 진술 또는 기타의 행위는 상대방과 같은 부류의 합리적인 자가 동일한 사정하에서 이해했었을 바에 따라 해석되어야 한다.

(3) 당사자의 의도 또는 합리적인 자가 이해했었을 바를 확정함에 있어서 교섭 당사자들이 그들 사이에서 확립한 관습, 관행 및 기타 당사자의 후속하는 모든 행위를 포함하여 관련된 일체의 사정을 충분히 고려하여야 한다.

제9조

(1) 당사자들은 당사자 자신들이 동의한 관행과 당사자 자신들이 자신들 사이에서 확립한 관습에 구속된다.

(2) 별도의 합의가 없는 한 당사자가 알았거나 또는 알았어야 했던 관행으로서 국제거래에서 그 당해 거래에 관련된 종류의 계약을 하는 자에게 널리 알려져 있고 또한 통상적으로 준수되고 있는 관행은 당사자가 이를 그들의 계약 또는 계약의 성립에 묵시적으로 적용하는 것으로 본다.

제10조

본 협약의 적용에 있어

(a) 당사자가 둘 이상의 영업소를 가지고 있는 경우에 영업소라 함은 계약체결전이나 계약체결시에 당사자들에게 알려져 있었거나 또는 당사자들에 의하여 예기되었던 사정을 고려하여 계약 및 그 이행과 가장 밀접한 관련이 있는 영업소를 말한다.

(b) 당사자가 영업소를 가지고 있지 아니한 경우에는 당사자의 일상적인 거소를 영업소로 본다.

제11조

매매계약은 서면에 의하여 체결 또는 입증될 필요가 없으며 또한 형식에 관한 어떠한 다른 요건에도 구속되지 아니한다. 매매계약은 증인을 포함하여 여하한 방법에 의해서도 입증될 수 있다.

제12조

매매계약 또는 합의에 의한 계약의 변경이나 해제 또는 청약, 승낙 또는 기타의 의사표시를 서면 이외의 형식으로 행할 수 있도록 허용하는 본 협약 제11조, 제29조 또는 제2편의 규정은 당사자가 본 협약 제96조에 따른 선언을 행한 체약국에 그 영업소를 가지고 있는 경우에는 적용되지 아니한다. 당사자는 본조의 효력을 감퇴 또는 변경시킬 수 없다.

제13조

본 협약의 적용에 있어 "서면"은 전보와 텔렉스를 포함한다.

제2편 계약의 성립

제14조

(1) 1인 또는 그 이상의 특정인에 대한 계약체결의 제의는 그것이 충분히 확정적이고 또한 승낙이 있는 경우에 이에 구속된다는 청약자의 의사를 표명하고 있는 경우에는 청약이 된다. 어떠한 제의가 물품을 표시하고 또한 명시적 또는 묵시적으로 그 수량과 대금을 정하고 있거나 또는 이를 정하는 규정을 두고 있는 경우에는 이 제의는 충분히 확정적이다.

(2) 1인 또는 그 이상의 특정인에 대한 제의 이외의 어떠한 제의는 그 제의를 행

한 자가 반대의 의사를 명확히 표명하지 아니하는 한, 단지 청약의 유인으로 본다.

제15조

(1) 청약은 피청약자에게 도달한 때 그 효력이 발생한다.

(2) 청약은 이것이 취소불능하더라도 그 철회의 의사표시가 청약의 도달전에 또는 그와 동시에 피청약자에게 도달하는 경우에는 철회될 수 있다.

제16조

(1) 계약이 체결되기까지는 청약은 취소될 수 있다. 다만 취소의 의사표시가 피청약자가 승낙을 발송하기 전에 피청약자에게 도달하여야 한다.

(2) 그러나 다음의 경우에는 청약은 취소될 수 없다.

(a) 청약에서 승낙을 위한 지정된 기간을 명시하거나 또는 기타의 방법으로 그것이 취소불능임을 표시하고 있는 경우 또는

(b) 피청약자가 청약을 취소불능이라고 신뢰하는 것이 합리적이고 또한 피청약자가 그 청약을 신뢰하여 행동한 경우.

제17조

청약은 비록 그것이 취소불능이더라도 거절의 의사표시가 청약자에게 도달한 때에는 그 효력을 상실한다.

제18조

(1) 청약에 대한 동의를 표시하는 피청약자의 진술 또는 기타의 행위는 승낙이 된다. 침묵 또는 무위는 그 자체로는 승낙이 되지 아니한다.

(2) 청약에 대한 승낙은 그 동의의 의사표시가 청약자에게 도달하는 순간에 그 효력이 발생한다. 승낙은 동의의 의사표시가 청약자가 지정한 기간내에 도달하지 아니하거나 또는 기간이 지정되지 아니한 경우에는 청약자가 사용한 통신수단의 신속성을 포함한 거래의 사정을 충분히 고려하여 합리적인 기간내에 도달하지 아니하는 경우에는 그 효력이 발생하지 아니한다. 구두의 청약은 별도의 사정이 없는 한 즉시 승낙되어야 한다.

(3) 그러나 청약을 통하여 또는 당사자들이 그들 사이에서 확립한 관습이나 또는 관행의 결과로 인하여 청약자에게 아무런 통지없이 피청약자가 물품의 발송이나

대금의 지급에 관한 행위와 같은 행위를 수행함으로써 동의를 표시할 수 있는 경우에는 승낙은 그 행위가 수행되는 순간에 그 효력을 발생한다. 다만 그 행위는 전항에 규정된 기간내에 수행되어야 한다.

제19조

(1) 승낙을 의도하고는 있으나 추가, 제한 또는 기타의 변경을 담고 있는 청약에 대한 응답은 청약의 거절이자 또한 대응청약이 된다.

(2) 그러나 승낙을 의도하고 있고 또한 청약의 조건을 실질적으로 변경하지 아니하는 추가적 또는 상이한 조건을 담고 있는 청약에 대한 응답은 승낙이 된다. 다만 청약자가 부당하게 지체함이 없이 그 상위 구두로 반대하거나 또는 그러한 취지의 통지를 발송하는 경우에는 그러하지 아니하다. 청약자가 이렇게 반대하지 아니하는 한 청약상의 조건과 더불어 승낙에 들어 있는 변경사항이 추가되어 계약조건이 된다.

(3) 특히 대금이나 대금지급, 물품의 품질 및 수량, 인도의 장소 및 시기, 당사자의 상대방에 대한 책임의 범위 또는 분쟁의 해결에 관한 추가적 또는 상이한 조건은 청약상의 조건을 실질적으로 변경하는 것으로 본다.

제20조

(1) 전보 또는 서신에서 청약자가 지정하는 승낙을 위한 기간은 그 전보가 발신을 위하여 교부되는 순간부터 또는 서신상에 표시된 일자로부터 또는 그러한 일자가 표시되지 아니한 경우에는 봉투에 표시된 일자로부터 기산된다. 전화나 텔렉스 또는 기타의 동시적 통신수단을 통하여 청약자가 지정하는 승낙을 위한 기간은 청약이 피청약자에게 도달하는 순간부터 기산된다.

(2) 승낙을 위한 기간이 진행하는 중의 공휴일 또는 비영업일은 그 기간을 계산하는데 산입된다. 그러나 그 기간의 말일이 청약자의 영업소에서는 공휴일 또는 비영업일에 해당하기 때문에 승낙의 통지가 그 기간의 말일에 청약자의 주소지에서 전달될 수 없는 경우에는 승낙을 위한 기간은 이에 이어지는 최초의 영업일까지 연장된다.

제21조

(1) 연착된 승낙은 그럼에도 불구하고 청약자가 지체없이 그것이 승낙으로서 유효하다는 취지를 피청약자에게 구두로 알리거나 또는 그러한 취지의 통지를 발송

하는 경우에는 승낙으로서 유효하다.

(2) 연착된 승낙을 담고 있는 서신 또는 기타의 서면으로 보아 그 전달이 정상적이었다면 그것이 제때에 청약자에게 도달할 수 있었다는 사정하에서 발송되었음이 나타나는 경우에는 그 연착된 승낙은 승낙으로서 유효하다. 다만 청약자가 지체없이 피청약자에게 그는 자신의 청약이 실효했다고 본다는 취지를 구두로 알리거나 또는 그러한 취지의 통지를 발송하는 경우에는 그러하지 아니하다.

제22조

승낙은 그 효력이 발생하기 전에 또는 그와 동시에 철회의 의사표시가 청약자에게 도달하는 경우에는 철회된다.

제23조

계약은 청약에 대한 승낙이 본 협약의 규정에 따라 효력을 발생하는 순간에 성립된다.

제24조

본 협약 제Ⅱ편의 적용에 있어 청약, 승낙의 선언 또는 기타의 의사표시는 그것이 수신인에게 구두로 전해지거나 또는 기타 다른 방법으로 직접 수신인에게 그의 영업소 또는 우편송부처에 또는 수신인이 영업소나 우편송부처가 없는 경우에는 그 일상적인 거소에 전달되는 때에 수신인에게 도달한다.

제3편 물품의 매매

제1장 총 칙

제25조

당사자의 일방이 범한 계약위반은 그것이 그 계약하에서 상대방이 기대할 권리가 있는 바를 실질적으로 박탈하는 정도의 손해를 초래하는 경우에는 근본적이다. 다만 위반당사자가 그러한 결과를 예견하지 못하였고 또한 동일한 부류의 합리적인 자도 동일한 사정하에서 그러한 결과를 예견하지 못하였을 경우에는 그러하지 아니하다.

제26조

계약해제의 선언은 상대방에 대한 통지로써 행하여진 경우에만 효력이 있다.

제27조

본 협약 본 편에서 다른 명시적인 규정이 없는 한 어떠한 통지나 요청 또는 기타의 통신이 본 편에 따라 또한 상황에 적절한 방법으로 당사자에 의하여 보내진 또는 행하여진 경우에는 통신의 전달에 있어서의 지연이나 오류 또는 불착이 있더라도 당사자는 그 통신에 의존할 권리를 박탈당하지 아니한다.

제28조

본 협약의 규정에 따라 당사자의 일방이 상대방에 의한 의무의 이행을 要구할 권리가 있더라도 법원이 자국의 국내법하에서 본 협약에 의하여 규율되지 아니하는 유사한 매매계약에 대하여 특정이행을 명하는 판결을 내리게 될 경우가 아닌 한 그 법원은 특정이행을 명하는 판결을 내릴 의무가 없다.

제29조

(1) 계약은 당사자 쌍방의 단순한 합의에 의하여 변경 또는 종료될 수 있다.

(2) 합의에 의한 변경 또는 종료를 서면으로 하여야 함을 요구하는 규정을 담고 있는 서면계약은 다른 방법으로는 합의에 의하여 변경 또는 종료될 수 없다. 그러나 당사자는 자신의 행위에 의하여 상대방이 그 행위를 신뢰한 범위까지는 그러한 규정을 주장하지 못한다.

제2장 매도인의 의무

제30조

매도인은 계약과 본 협약에 의하여 요구되는 바에 따라 물품을 인도하고 물품에 관련된 서류를 교부하며 또한 물품의 소유권을 이전하여야 한다.

제1절 물품의 인도 및 서류의 교부

제31조

매도인이 물품을 다른 특정한 장소에서 인도할 의무가 없는 경우에는 그의 인도의무는 다음과 같다.

(a) 매매계약이 물품의 운송을 포함하는 경우 매수인에게 송부하기 위하여 물품을 최초운송인에게 인도한다.

(b) 전항의 규정에 해당되지 아니하는 경우로서 계약이 특정한 물품에 관련되어 있거나 또는 특정한 재고로부터 인출되어질 또는 제조 또는 생산되어질 불특정물에 관련되어 있으며 또한 당사자 쌍방이 계약체결시에 그 물품이 특정한 장소에 있었다는 것을 또는 특정한 장소에서 제조 또는 생산될 것을 알고 있었던 경우 -- 물품을 그 장소에서 매수인의 처분하에 둔다.

(c) 기타의 경우 물품을 매도인이 계약체결시에 영업소를 가지고 있었던 장소에서 매수인의 처분하에 둔다.

제32조

(1) 매도인이 계약 또는 본 협약에 따라 운송인에게 물품을 인도하는 경우에 있어 그 물품이 물품상의 화인에 의하여 또는 선적서류 또는 기타의 방법에 의하여 그 계약에 명확하게 특정되어 있지 아니한 경우에는 매도인은 물품을 특정하는 탁송통지서를 매수인에게 송부하여야 한다.

(2) 매도인이 물품의 운송을 수배하여야 하는 경우에는 매도인은 사정에 따라 적절한 운송수단에 의하여 또한 그러한 운송을 위한 통상적인 조건으로 지정된 장소까지의 운송에 필요한 계약을 체결하여야 한다.

(3) 매도인이 물품의 운송과 관련하여 담보하여야 할 의무가 없는 경우에는 매도인은 매수인의 요청에 따라 매수인이 그렇게 담보할 수 있도록 하는데 필요한 모든 입수가능한 정보를 매수인에게 제공하여야 한다.

제33조

매도인은 다음의 시기에 물품을 인도하여야 한다.

(a) 기일이 계약에 의하여 지정되어 있거나 또는 결정될 수 있는 경우에는 그 기일에

(b) 기간이 계약에 의하여 지정되어 있거나 또는 결정될 수 있는 경우에는 매수인이 기일을 선택할 것이라는 사정이 나타나 있지 않은 한 그 기간내의 어떠한 시기에 또는

(c) 기타의 모든 경우에는 계약체결후 합리적인 기간내에

제34조

매도인이 물품에 관한 서류를 교부하여야 할 의무가 있는 경우에는 매도인은 계약에서 요구되는 시기와 장소 및 형식에 따라 서류를 교부하여야 한다. 매도인이 계약에서 요구된 시기 이전에 서류를 교부한 경우에는 매도인은 그 시기까지는 서류상의 모든 흠결을 보완할 수 있다. 다만 이러한 권리의 행사가 매수인에게 불합리한 불편이나 불합리한 비용을 야기하지 아니하여야 한다. 그러나 매수인은 본 협약에서 규정된 바에 따라 손해배상을 청구할 권리를 보유한다.

제2절 물품의 일치성과 제3자의 클레임

제35조

(1) 매도인은 계약에서 요구되는 수량 · 품질 및 명세에 일치하고 또한 계약에서 요구되는 방법으로 용기에 담기거나 또는 포장된 물품을 인도하여야 한다.

(2) 당사자가 달리 합의한 경우를 제외하고 물품이 다음과 같지 아니하다면 그 물품은 계약과 일치하지 아니하다.

(a) 물품이 이와 동일한 명세의 물품이 통상적으로 사용되는 목적에 적합하다.

(b) 물품이 계약체결시에 명시적 또는 묵시적으로 매도인에게 알려져 있는 어떠한 특정한 목적에 적합하다. 다만 사정으로 보아 매수인이 매도인의 기량과 판단을 신뢰하지 않았거나 또는 이를 신뢰함이 불합리했던 경우에는 그러하지 아니하다.

(c) 물품이 매도인이 견본 또는 모형으로서 매수인에게 제시한 물품의 품질을 보유하고 있다.

(d) 물품이 그러한 물품에 대해서는 통상적인 방법으로 또는 그러한 방법이 없는 경우에는 그 물품을 보존하고 보호하는데 적절한 방법으로 용기에 담기거나 또는 포장되어 있다.

(3) 매수인이 계약체결시에 물품의 불일치를 알고 있었거나 또는 모를 수가 없었던 경우에는 매도인은 물품의 불일치에 대하여 전항(a)호 내지(d)호에 따른 책임을 지지 아니한다.

제36조

(1) 매도인은 위험이 매수인에게 이전하는 시점에 존재하는 불일치에 대하여 계약 및 본 협약에 따른 책임을 지며 이는 비록 그 불일치가 그 시점 이후에 밝혀지

더라도 마찬가지다.

(2) 매도인은 또한 불일치가 전항 소정의 시점 이후에 발생하더라도 그것이 그의 의무위반에 기인하는 경우에는 이에 대한 책임을 지며 그의 의무위반에는 일정한 기간동안 그 물품이 그 물품의 통상적인 목적 또는 어떠한 특정한 목적에 적합하게 유지될 것이라는 보증이나 또는 특정한 품질 또는 특질을 보유할 것이라는 보증의 위반이 포함된다.

제37조

매도인이 인도기일 이전에 물품을 인도한 경우에는 매수인에게 불합리한 불편이나 또는 불합리한 비용을 야기하지 아니하는 한 매도인은 그 기일까지는 인도된 물품의 누락분을 인도하거나 또는 수량의 부족을 보충하거나 또는 인도된 불일치한 물품에 갈음하는 물품을 인도하거나 또는 인도된 물품의 불일치를 시정할 수 있다. 그러나 매수인은 본 협약에서 규정된 바의 손해배상을 청구할 권리를 보유한다.

제38조

(1) 매수인은 그 사정에 비추어 실행가능한 한 짧은 기간내에 물품을 검사하거나 또는 물품이 검사되어지도록 하여야 한다.

(2) 계약이 물품의 운송을 포함하는 경우에는 검사는 물품이 목적지에 도착한 이후까지 연기될 수 있다.

(3) 물품이 매수인에 의한 검사를 위한 합리적인 기회도 없이 매수인에 의하여 운송중에 목적지가 변경되거나 또는 전송되고 또한 계약체결시에 매도인이 그러한 변경이나 전송의 가능성을 알았거나 또는 알았어야 했던 경우에는 검사는 물품이 새로운 목적지에 도착한 이후까지 연기될 수 있다.

제39조

(1) 매수인이 물품의 불일치를 발견하였거나 또는 발견하였어야 했던 때로부터 합리적인 기간내에 매도인에게 불일치의 내용을 명세하여 통지하지 아니하는 경우에는 매수인은 물품의 불일치를 원용할 권리를 상실한다.

(2) 어떠한 경우에도, 물품이 매수인에게 실제로 인도된 날로부터 늦어도 2년 이내에 매수인이 매도인에게 그에 따른 통지를 아니하는 경우에는 매수인은 물품의 불일치를 원용할 권리를 상실한다. 다만 이러한 기간의 제한이 계약상의 보증기간

과 양립하지 아니하는 경우에는 그러하지 아니하다.

제40조

물품의 불일치가 매도인이 알았거나 또는 모를 수가 없었고 또한 매도인인 매수인에게 고지하지 아니했던 사실과 관련되어 있는 경우에는 매도인은 제38조 및 제39조의 규정을 원용할 권리가 없다.

제41조

매수인이 제3자의 권리 또는 클레임이 부착된 물품을 인수하기로 동의하지 않은 한 매도인은 제3자의 권리 또는 클레임으로부터 자유로운 물품을 인도하여야 한다. 그러나 그러한 권리 또는 클레임이 공업소유권 또는 기타의 지적재산권에 기초하는 경우에는 매도인의 의무는 제42조에 의하여 규율된다.

제42조

(1) 매도인은 계약체결시에 자신이 알았거나 또는 모를 수가 없었던 공업소유권 또는 기타의 지적재산권에 기초한 제3자의 권리 또는 클레임으로부터 자유로운 물품을 인도하여야 한다. 다만 이러한 권리 또는 클레임은 다음과 같은 국가의 법에 의한 공업소유권 또는 기타의 지적재산권에 기초하여야 한다.

(a) 물품이 어느 국가에서 전매되거나 또는 기타의 방법으로 사용될 것임을 당사자 쌍방이 계약체결시에 예상한 경우에는 그 물품이 전매되거나 또는 기타의 방법으로 사용될 그 국가의 법 또는

(b) 기타의 모든 경우에는 매수인이 그의 영업소를 가지고 있는 국가의 법

(2) 전항에 따른 매도인의 의무는 다음의 경우에는 적용되지 아니한다.

(a) 계약체결시에 매수인이 이러한 권리 또는 클레임을 알았거나 또는 모를 수가 없었던 경우 또는

(b) 이러한 권리 또는 클레임이 매수인에 의하여 제공된 기술적 설계 · 디자인 · 공식 또는 기타의 명세를 매도인이 따른 결과로 발생한 경우.

제43조

(1) 매수인이 제3자의 권리 또는 클레임을 알았거나 또는 알았어야 했던 때로부터 합리적인 기간내에 그 제3자의 권리 또는 클레임의 내용을 명세하여 통지하지

아니한 경우에는 매수인은 제41조 또는 제42조의 규정을 원용할 권리를 상실한다.

(2) 매도인이 제3자의 권리 또는 클레임 및 그 내용을 알고 있었던 경우에는 매도인은 전항의 규정을 원용할 권리가 없다.

제44조

제39조 1항 및 제43조 1항의 규정에도 불구하고 매수인이 요구된 통지를 하지 못한데 대한 정당한 사유가 있는 경우에는 그는 제50조에 따라 대금을 감액하거나 또는 이익의 손실을 제외한 손해배상을 청구할 수 있다.

제3절 매도인의 계약위반에 대한 구제

제45조

(1) 매도인이 계약 또는 본 협약에 따른 어떠한 의무를 이행하지 아니하는 경우에는 매수인은

(a) 제46조 내지 제52조에 규정된 권리를 행사할 수 있고

(b) 제74조 내지 제77조에서 규정된 바의 손해배상을 청구할 수 있다.

(2) 매수인은 다른 구제를 구하는 권리를 행사함으로써 손해배상을 청구할 수 있는 권리를 박탈당하지 아니한다.

(3) 매수인이 계약위반에 대한 구제를 구하는 경우에 법원 또는 중재법정은 매도인에게 어떠한 유예기간도 허여하여서는 아니된다.

제46조

(1) 매수인은 매도인에게 그 의무의 이행을 청구할 수 있다. 다만 매수인이 이러한 청구와 양립하지 아니하는 구제를 구한 경우에는 그러하지 아니하다.

(2) 물품이 계약과 일치하지 아니하는 경우에는 매수인은 대체품의 인도를 청구할 수 있다. 다만 불일치로 인하여 근본적 계약위반이 되고 또한 대체품의 청구가 제39조하에서 행하여지는 통지와 연계하여 또는 그 후 합리적인 기간내에 행하여지는 경우에 한한다.

(3) 물품이 계약과 일치하지 아니하는 경우에는 매수인은 모든 사정으로 보아 불합리하지 아니하는 한 매도인에 대하여 수리에 의한 불일치의 시정을 청구할 수 있다. 수리청구는 제39조하에서 행하여지는 통지와 연계하여 또는 그 후 합리적인

기간내에 행하여져야 한다.

제47조

(1) 매수인은 매도인에 의한 의무의 이행을 위한 합리적인 기간의 추가기간을 지정할 수 있다.

(2) 매수인이 매도인으로부터 이렇게 지정된 추가기간내에 이행하지 아니하겠다는 통지를 수령하지 아니하는 한 매수인은 그 기간중에는 계약위반에 대한 어떠한 구제도 구할 수 없다. 그러나 매수인은 이로 인하여 이행지연에 대한 손해배상을 청구할 수 있는 권리를 박탈당하지 아니한다.

제48조

(1) 제49조의 경우를 제외하고 매도인은 인도기일 이후에도 불합리하게 지체하지 아니하고 또한 매수인에게 불합리한 불편을 주거나 또는 매수인이 선지급한 비용을 매도인으로부터 보상받는데 대한 불안을 야기하지 아니하는 경우에는 자신의 비용으로 그 의무의 불이행을 보완할 수 있다. 그러나 매수인은 본 협약에 규정된 바의 손해배상을 청구할 권리를 보유한다.

(2) 매도인이 매수인에게 그 이행을 인수할지 여부를 알려주도록 요구하였으나 매수인이 합리적인 기간내에 그 요구에 응하지 아니하는 경우에는 매도인은 자신의 요구에서 제시한 기간내에 이행할 수 있다. 매수인은 그 기간중에는 매도인의 이행과 양립하지 아니하는 구제를 구할 수 없다.

(3) 특정한 기간내에 이행하겠다는 매도인의 통지는 매수인이 그의 결정을 알려주어야 한다는 전항의 요구를 포함하는 것으로 추정한다.

(4) 본조 제(2)항 또는 제(3)항에 따른 매도인의 요구 또는 통지는 매수인에 의하여 수령되지 아니하는 한 그 효력이 발생하지 아니한다.

제49조

(1) 매수인은 다음의 경우에 계약의 해제를 선언할 수 있다.

(a) 계약 또는 본 협약에 따른 매도인의 어떠한 의무의 불이행이 근본적 계약위반에 이르게 되는 경우 또는

(b) 불인도의 경우에는 매도인이 제47조 1항에 따라 매수인이 지정한 추가기간내에 물품을 인도하지 아니하거나 또는 매도인이 그 지정된 기간 내에 인도하지

아니하겠다고 선언하는 경우.

(2) 그러나 매도인이 물품을 이미 인도한 경우에는 매수인은 다음의 시기에 계약의 해제를 선언하지 아니하는 한 해제를 선언할 권리를 상실한다.

(a) 지연된 인도와 관련해서는 매수인이 인도가 이루어진 사실을 알게 된 때로부터 합리적인 기간내

(b) 지연된 인도 이외의 모든 위반과 관련해서는 다음의 때로부터 합리적인 기간내

(i) 매수인이 그 위반을 알았거나 또는 알았어야 했던 때

(ii) 제47조 1항에 따라 매수인이 지정한 추가기간이 경과한 때 또는 매도인이 그러한 추가기간내에 의무를 이행하지 아니하겠다고 선언한 때 또는

(iii) 제48조 (2)항에 따라 매도인이 제시한 추가기간이 경과한 때 또는 매수인이 이행을 인수하지 아니하겠다고 선언한 때

제50조

물품이 계약과 일치하지 아니하는 경우에 대금이 이미 지급되었는지 여부에 관계없이 매수인은 실제로 인도된 물품이 인도시에 가지고 있던 가액이 계약에 일치하는 물품이 그 당시에 가지고 있었을 가액에 대하여 가지는 비율에 따라 대금을 감액할 수 있다. 그러나 매도인이 제37조 또는 제48조에 따라 그 의무의 어떠한 불이행을 보완하거나 또는 매수인이 그러한 조항들에 따라 매도인의 이행의 인수를 거절하는 경우에는 매수인은 대금을 감액할 수 없다.

제51조

(1) 매도인이 물품의 일부만을 인도하거나 또는 인도된 물품의 일부만이 계약과 일치하는 경우에는 부족 또는 불일치한 부분과 관련하여 제46조 내지 제50조의 규정을 적용한다.

(2) 인도가 완전하게 또는 계약에 일치하게 이행되지 아니한 것이 근본적 계약위반에 해당하는 경우에 한하여 매수인은 계약전체의 해제를 선언할 수 있다.

제52조

(1) 매도인이 지정된 기일전에 물품을 인도하는 경우에는 매수인은 인도를 수령하거나 또는 이를 수령거절할 수 있다.

(2) 매도인이 계약에서 정해진 수량보다 많은 양의 물품을 인도하는 경우에 매수

인은 초과된 수량의 인도를 수령하거나 또는 이를 수령거절할 수 있다. 매수인이 초과된 수량의 전부 또는 일부의 인도를 수령하는 경우에는 매수인은 계약의 비율에 따라 그 대금을 지급하여야 한다.

제3장 매수인의 의무

제53조

매수인은 계약 및 본 협약에 의하여 요구되는 바에 따라 물품의 대금을 지급하고 물품의 인도를 수령하여야 한다.

제1절 대금의 지급

제54조

매수인의 대금지급의무는 지급을 가능하게 하기 위하여 계약이나 또는 관련법규하에서 요구되는 그러한 조치를 취하고 또한 그러한 절차를 준수하는 것을 포함한다.

제55조

계약이 유효하게 성립하였으나 그 대금을 명시적 또는 묵시적으로 정하지 아니하거나 또는 이를 정하기 위한 규정을 두지 아니한 경우에는 당사자는 어떠한 반대의 표시가 없는 한 계약성립시에 당해거래와 유사한 상황하에서 매매되는 그러한 물품에 대하여 일반적으로 청구되는 대금을 묵시적으로 원용한 것으로 본다.

제56조

대금이 물품의 중량에 따라 정해지는 경우에 의심이 있을 때에는 그 대금은 순중량에 의하여 결정된다.

제57조

(1) 매수인이 다른 어떤 특정한 장소에서 대금을 지급하여야 할 의무가 없는 경우에는 매수인은 다음과 같은 장소에서 매도인에게 이를 지급하여야 한다.

(a) 매도인의 영업소 또는

(b) 대금이 물품 또는 서류의 인도와의 상환으로 지급되어야 하는 경우에는 그 인도가 행하여지는 장소.

(2) 매도인은 계약성립후 그의 영업소의 변경으로 인하여 발생하는 대금지급에 부수하는 비용의 모든 증가액을 부담하여야 한다.

제58조

(1) 매수인이 다른 어떤 특정한 시기에 대금을 지급하여야 할 의무가 없는 경우에는 매수인은 매도인이 계약 및 본 협약에 따라 물품이나 또는 물품의 처분을 지배하는 서류를 매수인의 처분하에 두는 때에 대금을 지급하여야 한다. 매도인은 이러한 대금지급을 물품 또는 서류의 인도에 대한 조건으로 할 수 있다.

(2) 계약이 물품의 운송을 포함하는 경우에는 매도인은 대금의 지급과 상환하지 아니하면 물품이나 또는 물품의 처분을 지배하는 서류가 매수인에게 인도되지 아니할 것이라는 조건으로 물품을 발송할 수 있다.

(3) 매수인은 그가 물품을 검사할 기회를 가질 때까지는 대금을 지급하여야 할 의무가 없다. 다만 당사자간에 합의된 인도절차 또는 지급절차가 매수인이 이러한 기회를 가지는 것과 양립하지 아니하는 경우에는 그러하지 아니하다.

제59조

매수인은 계약과 본 협약에 의하여 지정되거나 또는 이로부터 결정될 수 있는 기일에 대금을 지급하여야 하며 이 때 매도인의 입장에서는 어떠한 요구를 하거나 어떠한 의식을 준수할 필요가 없다.

제2절 인도의 수령

제60조

매수인의 인도수령의무는 다음과 같다.

(a) 매도인이 인도할 수 있도록 하기 위하여 매수인에게 합리적으로 기대될 수 있는 모든 행위를 하는 것 및

(b) 물품을 수령하는 것

제3절 매수인의 계약위반에 대한 구제

제61조

(1) 매수인이 계약 또는 본 협약에 따른 어떠한 의무를 이행하지 아니하는 경우에는 매도인은

(a) 제62조 내지 제65조에 규정된 권리를 행사할 수 있고

(b) 제74조 내지 제77조에 규정된 바에 따라 손해배상을 청구할 수 있다.

(2) 매도인은 다른 구제를 구하는 권리를 행사함으로써 손해배상을 청구할 수 있는 권리를 박탈당하지 아니한다.

(3) 매도인이 계약위반에 대한 구제를 구하는 경우에 법원 또는 중재법정은 매수인에게 어떠한 유예기간도 허여하여서는 아니된다.

제62조

매도인은 매수인에게 대금의 지급 인도의 수령 또는 기타 그의 의무의 이행을 청구할 수 있다. 다만 매도인이 이러한 청구와 양립하지 아니하는 구제를 구한 경우에는 그러하지 아니하다.

제63조

(1) 매도인은 매수인에 의한 의무의 이행을 위한 합리적인 기간의 추가기간을 지정할 수 있다.

(2) 매도인이 매수인으로부터 이렇게 지정된 추가기간 내에 이행하지 아니하겠다는 통지를 수령하지 아니하는 한 매도인은 그 기간 중에는 계약위반에 대한 어떠한 구제도 구할 수 없다. 그러나 매도인은 이로 인하여 이행지체에 대한 손해배상을 청구할 수 있는 권리를 박탈당하지 아니한다.

제64조

(1) 매도인은 다음의 경우에 계약의 해제를 선언할 수 있다.

(a) 계약 또는 본 협약에 따른 매수인의 어떠한 의무의 불이행이 근본적 계약위반에 이르게 되는 경우 또는

(b) 매수인이 제63조 1항에 따라 매도인이 지정한 추가기간내에 대금을 지급하거나 물품의 인도를 수령할 의무를 이행하지 아니하거나 또는 매수인이 이렇게 지정된 기간내에 이를 이행하지 아니하겠다고 선언하는 경우

(2) 그러나 매수인이 대금을 이미 지급한 경우에는 매도인은 다음의 시기에 계약

의 해제를 선언하지 않는 한 해제를 선언할 권리를 상실한다.

(a) 매수인의 지연된 이행과 관련해서는 매도인이 이행이 제공된 사실을 알기 전 또는

(b) 매수인의 지연된 이행 이외의 모든 위반과 관련해서는 다음의 때로부터 합리적인 기간내

(i) 매도인이 그 위반을 알았거나 또는 알았어야 했던 때 또는

(ii) 제63조 1항에 따라 매도인이 지정한 추가기간이 경과한 때 또는 매수인이 그러한 추가기간내에 의무를 이행하지 아니하겠다고 선언한 때.

제65조

(1) 계약상 매수인이 물품의 형태 용적 또는 기타의 특징을 명세하여야 하는 경우에 만약 매수인이 합의된 기일에 또는 매도인으로부터 요구를 수령한 후 합리적인 기간내에 그러한 물품명세를 확정하지 아니한 때에는 매도인은 자신이 보유하는 다른 어떤 권리를 해함이 없이 자신에게 알려진 매수인의 요구조건에 따라 스스로 물품명세를 확정할 수 있다.

(2) 매도인이 스스로 물품명세를 확정하는 경우에는 매도인은 매수인에게 이에 관한 세부사항을 통지하여야 하고 또한 매수인이 상이한 물품명세를 확정할 수 있는 합리적인 기간을 지정하여야 한다. 매수인이 그러한 통지를 수령한 후 지정된 기간내에 상이한 물품명세를 확정하지 아니하는 경우에는 매도인이 확정한 물품명세가 구속력을 가진다

제4장 위험의 이전

제66조

위험이 매수인에게 이전된 이후에 물품이 멸실 또는 손상되더라도 매수인은 대금지급의무를 면하지 못한다.다만 그 멸실 또는 손상이 매도인의 작위 또는 부작위에 기인한 경우에는 그러하지 아니하다.

제67조

(1) 매매계약이 물품의 운송을 포함하고 또한 매도인이 특정한 장소에서 이를 인도하여야 할 의무가 없는 경우에는 위험은 매매계약에 따라 매수인에게 송부되기

위해서 물품이 최초운송인에게 인도되는 때에 매수인에게 이전한다. 만약 매도인이 물품을 특정한 장소에서 운송인에게 인도하여야 하는 경우에는 물품이 그러한 장소에서 운송인에게 인도되기 까지는 위험은 매수인에게 이전하지 아니한다. 매도인이 물품의 처분을 지배하는 서류를 보유할 권한을 가진다는 사실은 위험의 이전에 영향을 미치지 아니한다.

(2) 그럼에도 불구하고 위험은 물품이 화인이나 선적서류 매수인에 대한 통지 또는 기타의 방법에 의하여 계약에 명확히 특정되기 까지는 위험은 매수인에게 이전하지 아니한다.

제68조

운송중에 매각되는 물품에 관한 위험은 계약체결시로부터 매수인에게 이전한다. 그러나 상황이 그렇게 가리키는 경우에는 운송계약을 구현하는 서류를 발행한 운송인에게 물품이 인도된 때로부터 매수인이 위험을 부담한다. 그럼에도 불구하고 매도인이 매매계약의 체결시에 물품이 이미 멸실 또는 손상되었다는 사실을 알았거나 또는 알았어야 했고 또한 이를 매수인에게 밝히지 아니한 때에는 그 멸실 또는 손상은 매도인의 위험에 속한다.

제69조

(1) 제67조 및 제68조에 해당되지 아니하는 경우에는 위험은 매수인이 물품을 수령하는 때 또는 매수인이 적시에 이를 수령하지 아니한다면 물품이 매수인의 처분하에 놓이고 또한 매수인이 인도를 수령하지 아니함으로써 계약위반을 범하게 된 때로부터 매수인에게 이전한다.

(2) 그러나 매수인이 매도인의 영업소 이외의 장소에서 물품을 수령하여야 하는 경우에는 위험은 인도기일이 도래하고 또한 물품이 그 장소에서 매수인의 처분하에 놓인 사실을 매수인이 안 때에 이전한다.

(3) 계약이 아직 특정되지 아니한 물품과 관련되어 있는 경우에는 물품이 계약에 명확히 특정되기 까지는 그 물품이 매수인의 처분하에 놓이지 아니한 것으로 본다.

제70조

매도인이 근본적 계약위반을 범한 경우에는 제67조, 제68조 및 제69조의 규정이 그 위반을 이유로 매수인이 이용할 수 있는 구제를 침해하지 아니한다.

제5장 매도인과 매수인의 의무에 공통되는 규정

제1절 이행기전의 계약위반과 분할이행계약

제71조

(1) 계약이 체결된 이후에 상대방이 다음과 같은 사유로 인하여 그의 의무의 실질적인 부분을 이행하지 아니할 것이 명백하게 되는 경우에는 당사자는 자신의 의무의 이행을 정지할 수 있다.

(a) 상대방의 이행능력 또는 신용도의 중대한 흠결 또는

(b) 계약의 이행을 준비하거나 계약을 이행함에 있어 상대방의 행위.

(2) 전항에 기술된 사유가 명백하여지기 전에 매도인이 이미 물품을 발송한 경우에는 비록 매수인이 물품을 취득할 수 있는 권한을 부여하는 서류를 소지하고 있다고 하더라도 매도인은 물품이 매수인에게 인도되지 못하도록 방지할 수 있다. 본항은 매도인과 매수인 사이에서 물품에 대한 권리에만 적용한다.

(3) 이행을 정지하는 당사자는 물품이 발송되기 전이냐 또는 후이냐를 불문하고 상대방에게 즉시 그 정지에 관한 통지를 보내야 하고 또한 상대방이 그의 이행에 대하여 적절한 보장을 제공하는 경우에는 이행을 계속하여야 한다.

제72조

(1) 계약의 이행기일전에 어느 일방이 근본적 계약위반을 범하리라는 것이 분명한 경우에는 상대방은 계약의 해제를 선언할 수 있다.

(2) 시간이 허용하는 경우에는 계약의 해제를 선언하고자 하는 당사자는 상대방이 그 이행에 대하여 적절한 보장을 제공할 수 있도록 하기 위하여 그에게 합리적인 통지를 주어야 한다.

(3) 전항의 요건은 상대방이 그의 의무를 이행하지 아니하겠다고 선언한 경우에는 적용하지 아니한다.

제73조

(1) 물품을 분할인도하는 계약의 경우에 있어 어느 분할분에 관한 일방의 어떠한 의무의 불이행이 그 분할분과 관련하여 근본적 계약위반이 되는 경우에는 상대방은 그 분할분과 관련하여 계약의 해제를 선언할 수 있다.

(2) 어느 분할분에 관한 당사자 일방의 어떠한 의무의 불이행이 상대방으로 하여금 장래의 분할분과 관련하여 근본적 계약위반이 있으리라는 결론을 내리게 하는 충분한 근거가 되는 경우에는 상대방은 장래에 대하여 계약의 해제를 선언할 수 있다. 다만 그는 합리적인 기간내에 이를 선언하여야 한다.

(3) 어느 인도분에 대하여 계약의 해제를 선언하는 매수인은 이와 동시에 이미 행하여진 인도분 또는 장래의 인도분에 대해서도 계약의 해제를 선언할 수 있다. 다만 그러한 인도분들이 상호 의존관계로 인하여 계약체결시에 당사자쌍방이 의도한 목적으로 사용될 수 없는 경우에 한한다.

제2절 손해액

제74조

당사자 일방의 계약위반으로 인한 손해액은 이익의 상실을 포함하여 그 위반의 결과로서 상대방이 입은 손실과 동등한 금액으로 한다. 그러한 손해액은 위반당사자가 알았거나 또는 알았어야 했던 사실 및 사정에 비추어 보아 그 위반당사자가 계약체결시에 계약위반의 가능한 결과로서 예견하였거나 또는 예견하였어야 했던 손실을 초과할 수 없다.

제75조

계약이 해제되고 또한 계약해제후 합리적인 방법으로 또한 합리적인 기간내에 매수인이 대체품을 구매하였거나 또는 매도인이 물품을 재매각한 경우에는 손해배상을 청구하는 당사자는 계약대금과 대체거래대금과의 차액과 이에 더하여 제74조에 따라 회복이 가능한 기타의 모든 손해액을 회복할 수 있다.

제76조

(1) 계약이 해제되고 또한 물품에 시가가 있는 경우에는 손해배상을 청구하는 당사자는 제75조에 따라 구매 또는 재매각을 행하지 아니하였다면 계약에서 정해진 대금과 계약해제시의 시가와의 차액 및 이에 더하여 제74조에 따라 회복이 가능한 기타의 모든 손해액을 회복할 수 있다. 그러나 손해배상을 청구하는 당사자가 물품을 수령한 이후에 계약을 해제한 경우에는 계약해제시의 시가에 대신하여 물품수령시의 시가를 적용한다.

(2) 전항의 적용에 있어 시가라 함은 물품이 인도되었어야 했던 장소에서 지배적인 가격 또는 그 장소에서 아무런 시가가 없는 경우에는 물품운송비용의 차이를 적절히 감안하여 합리적인 대용으로 사용될 수 있는 그러한 다른 장소에서의 그 가격을 말한다.

제77조

계약위반을 원용하는 당사자는 이익의 상실을 포함하여 계약위반으로 인한 손실을 경감하기 위하여 그 사정에 따라 합리적인 조치를 취하여야 한다. 당사자가 이러한 조치를 취하지 아니하는 경우에는 위반당사자는 경감되었어야 했던 손실만큼 그 금액을 손해액에서 감액하도록 청구할 수 있다.

제3절 이자

제78조

어느 일방이 대금이나 또는 기타 연체된 금액을 지급하지 아니하는 경우에는 상대방은 제74조에 따라 회복이 가능한 손해에 대한 배상청구권을 해함이 없이 그 금액에 대한 이자를 청구할 수 있다.

제4절 면책

제79조

(1) 당사자가 그 의무의 불이행이 자신의 통제를 벗어난 장애에 기인하였다는 점과 계약체결시에 그 장애를 고려하거나 또는 그 장애나 그 장애의 결과를 회피하거나 극복하는 것이 합리적으로 기대될 수 없었다는 점을 입증하는 경우에는 그는 자신의 어떠한 의무의 불이행에 대하여 책임이 없다.

(2) 당사자의 불이행이 계약의 전부 또는 일부를 이행하기 위하여 당사자가 사용한 제3자의 불이행에 기인하는 경우에는 그 당사자는 다음과 같은 경우에 한해 책임이 면제된다.

(a) 당사자가 전항의 규정에 따라 면책되고 또한

(b) 당사자가 사용한 제3자가 전항의 규정이 그에게 적용된다면 역시 면책되는 경우.

(3) 본조에 규정된 면책은 장애가 존재하는 기간동안에만 효력을 가진다.

(4) 불이행당사자는 상대방에게 장애 및 그 장애가 그의 이행능력에 미치는 영향을 통지하여야 한다. 불이행당사자가 장애를 알았거나 또는 알았어야 했던 때로부터 합리적인 기간내에 그 통지가 상대방에게 도달하지 아니하는 경우에 그는 그러한 부도달에 기인하는 손해에 대하여 책임이 있다.

(5) 본조의 규정은 어느 당사자에 대해서도 본 협약에 따른 손해배상청구권 이외의 모든 권리의 행사를 방해하지 아니한다.

제80조

당사자는 상대방의 불이행이 자신의 작위 또는 부작위에 기인하는 한도내에서는 상대방의 불이행을 원용할 수 없다.

제5절 해제의 효과

제81조

(1) 계약의 해제는 정당한 손해배상의무를 제외하고는 당사자 쌍방을 모두 계약상의 의무로부터 해방시킨다. 해제는 분쟁의 해결을 위한 어떠한 계약조항이나 또는 계약의 해제에 따라 발생하는 당사자의 권리와 의무를 규율하는 기타 계약조항에는 영향을 미치지 아니한다.

(2) 계약의 전부 또는 일부를 이행한 당사자는 상대방에 대하여 그 계약하에서 자신이 이미 제공 또는 지급한 것에 대한 반환을 청구할 수 있다. 당사자 쌍방이 모두 반환의무가 있는 경우에는 이를 동시에 반환하여야 한다.

제82조

(1) 매수인이 물품을 수령한 상태와 실질적으로 동일한 상태로 물품을 반환할 수 없는 경우에는 매수인은 계약의 해제를 선언하거나 또는 매도인에게 대체품의 인도를 청구할 권리를 상실한다.

(2) 전항의 규정은 다음의 경우에는 적용되지 아니한다.

(a) 물품을 반환할 수 없는 이유 또는 매수인이 물품을 수령한 상태와 실질적으로 동일한 상태로 반환할 수 없는 이유가 그의 작위 또는 부작위에 기인하지 아니한 경우

(b) 제38조에 규정된 검사로 인하여 물품의 전부 또는 일부가 멸실 또는 변질된 경우 또는

(c) 매수인이 불일치를 발견하였거나 또는 발견하였어야 했던 시점 이전에 물품의 전부 또는 일부가 매수인에 의하여 이미 통상적인 영업과정에서 매각되었거나 또는 통상적인 사용과정에서 소비 또는 변형된 경우.

제83조

매수인은 그가 제82조하에서 계약의 해제를 선언하는 권리 또는 매도인에게 대체품의 인도를 요구하는 권리를 상실한 경우에도 계약 및 본 협약에 따른 기타의 모든 구제권을 보유한다.

제84조

(1) 매도인이 대금을 반환하여야 할 의무가 있는 경우에 매도인은 대금이 지급된 날로부터 그에 대한 이자도 지급하여야 한다.

(2) 매수인은 다음과 같은 경우에는 물품의 전부 또는 일부로부터 취득한 이익을 매도인에게 반환하여야 한다.

(a) 매수인이 물품의 전부 또는 일부를 반환하여야 하는 경우 또는

(b) 매수인이 물품의 전부 또는 일부를 반환할 수 없거나 또는 그가 물품을 수령한 상태와 실질적으로 동일한 상태로 물품의 전부 또는 일부를 반환할 수 없음에도 불구하고 매수인이 계약의 해제를 선언하였거나 또는 매도인에게 대체품의 인도를 청구한 경우

제6절 물품의 보존

제85조

매수인이 물품인도의 수령을 지체한다면 또는 대금의 지급과 물품의 인도가 동시에 이행되어야 하는 경우에 매수인이 대금을 지급하지 아니한다면 또한 이때에 매도인이 물품을 점유하고 있거나 아니면 기타의 방법으로 물품의 처분을 지배할 수 있는 있다면 매도인은 물품을 보존하기 위하여 그 사정에 따라 합리적인 조치를 취하여야 한다. 매도인은 그의 합리적인 비용을 매수인으로부터 보상받을 때까지 물품을 보유할 권리가 있다.

제86조

(1) 매수인이 물품을 수령한 이후에 그 물품을 거절하기 위하여 계약 또는 본 협약에 따른 어떠한 권리를 행사하고자 할 때에는 매수인은 물품을 보존하기 위하여 그 사정에 따라 합리적인 조치를 취하여야 한다. 매수인은 그의 합리적인 비용을 매도인으로부터 보상받을 때까지 물품을 보유할 권리가 있다.

(2) 매수인에게 발송된 물품이 목적지에서 그의 처분하에 놓인 이후에 그가 물품을 거절하는 권리를 행사할 때에는 매수인은 매도인을 위하여 물품을 점유하여야 한다. 다만 이는 대금의 지급이 없이 또한 불합리한 불편이나 불합리한 비용이 없이 행하여질 수 있는 경우에 한한다. 이 규정은 매도인이나 또는 매도인을 위하여 물품을 관리하도록 수권된 자가 그 목적지에 소재하는 경우에는 적용되지 아니한다. 매수인이 본항의 규정에 따라 물품을 점유하는 경우에 그의 권리와 의무는 전항의 규정에 의하여 규율된다.

제87조

물품을 보존하기 위한 조치를 취하여야 할 의무가 있는 당사자는 물품을 상대방의 비용으로 제3자의 창고에 임치할 수 있다. 다만 그 비용은 불합리하지 아니하여야 한다.

제88조

(1) 제85조 또는 제86조에 따라 물품을 보존하여야 할 의무가 있는 당사자는 상대방이 물품을 점유함에 있어 혹은 이를 수거해감에 있어 또는 대금이나 보존비용을 지급함에 있어 불합리한 지체가 있는 경우에는 적절한 방법으로 물품을 매각할 수 있다. 다만 상대방에게 매각의사를 합리적으로 통지하여야 한다.

(2) 물품이 급속하게 변질되기 쉽거나 또는 그 보존에 불합리한 비용이 요구되는 경우에는 제85조 또는 제86조에 따라 물품을 보존하여야 할 의무가 있는 당사자는 이를 매각하기 위한 합리적인 조치를 취하여야 한다. 그는 가능한 범위까지는 상대방에게 그 매각의사를 통지하여야 한다.

(3) 물품을 매각하는 당사자는 그 매각대금으로부터 물품의 보존과 매각에 소요된 합리적인 비용에 상당하는 금액을 보유할 권리가 있다. 그러나 그는 상대방에게 잔액을 반환하여야 한다.

제4편 최종규정

제89조

본 협약에 의거하여 국제연합 사무총장을 본 협약의 수탁기관으로 임명한다.

제90조

본 협약은 이미 발효되었거나 또는 앞으로 발효될 어떤 국제협약이 본 협약에 의하여 규율되는 사항에 관한 규정을 포함하고 있는 경우에는 이에 우선하지 아니한다. 다만 계약당사자 쌍방이 그러한 협약의 당사국에 영업소를 가지고 있어야 한다.

제91조

(1) 본 협약은 국제물품매매계약에관한 국제연합회의의 최종회의에서 서명을 위하여 개방되며 또한 1981년9월 30일까지 뉴욕의 국제연합본부에서 모든 국가의 서명을 위하여 개방된다.

(2) 본 협약은 서명국의 비준 수락 또는 승인을 조건으로 한다.

(3) 본 협약은 서명을 위하여 개방된 날로부터 서명국이 아닌 모든 국가의 가입을 위하여 개방된다.

(4) 비준서, 수락서, 승인서 및 가입서는 국제연합 사무총장에게 기탁되어야 한다.

제92조

1. 체약국은 서명, 비준, 수락, 승인 또는 가입시에 그 국가는 본 협약의 제Ⅱ편에 구속되지 아니하겠다 또는 본 협약의 제Ⅲ편에 구속되지 아니하겠다고 선언할 수 있다.

(2) 본 협약 제2편 또는 제3편과 관련하여 전항의 규정에 따라 선언하는 체약국은 그 선언이 적용되는 각편에 의하여 규율되는 사항과 관련해서는 본 협약 제1조 제1항에서 규정하는 체약국으로 보지 아니한다.

제93조

(1) 체약국이 그 헌법에 따라 본 협약에서 다루어지는 사항과 관련하여 상이한 법제가 적용되는 둘 이상의 영역단위을 가지고 있는 경우에는 체약국은 서명, 비

준, 수락, 승인 또는 가입시에 본 협약은 모든 영역단위 또는 단지 하나 또는 그 이상의 영역단위에만 적용된다고 선언할 수 있으며 또한 언제든지 다른 선언을 제출함으로써 그 선언을 변경할 수 있다.

(2) 전항의 선언은 수탁기관에 통고되어야 하며 또한 본 협약이 적용되는 영역단위를 명시적으로 명기하여야 한다.

(3) 본조에 따른 선언에 의하여 본 협약이 체약국의 하나 또는 그 이상의 영역단위에 적용되지만 모든 영역단위에는 적용되지 아니하고 또한 계약당사자 어느 일방의 영업소가 그 체약국에 있는 때에는 그 영업소가 본 협약이 적용되는 영역단위에 있지 아니하는 한 그 영업소는 본 협약의 적용에 있어 체약국에 있지 아니한 것으로 본다.

(4) 체약국이 본조 제1항에 따른 선언을 하지 아니하는 경우에는 본 협약은 그 체약국의 모든 영역단위에 적용된다.

제94조

(1) 본 협약에 의하여 규율되는 사항에 대하여 동일한 또는 밀접하게 관련된 법규를 가지고 있는 둘 또는 그 이상의 체약국들은 언제든지 계약당사자쌍방이 이들 체약국에 영업소를 가지고 있는 경우에는 매매계약 또는 그 성립에 본 협약이 적용되지 아니한다고 선언할 수 있다. 이러한 선언은 체약국이 공동으로 또는 상호적인 일방선언에 의하여 행하여질 수 있다.

(2) 본 협약에 의하여 규율되는 사항에 대하여 하나 또는 그 이상의 비체약국과 동일한 또는 밀접하게 관련된 법규를 가지고 있는 체약국은 언제든지 계약당사자쌍방이 이들 국가에 영업소를 가지고 있는 경우에는 매매계약 또는 그 성립에 이 협약을 적용되지 아니한다고 선언할 수 있다.

(3) 전항에 따른 선언의 대상이 된 국가가 차후에 체약국이 되는 경우에는 이미 행하여진 그 선언은 신체약국에 대하여 본 협약이 발효한 날로부터 제1항에 따른 선언으로서의 효력을 가진다. 다만 신체약국이 그러한 선언에 참가하거나 또는 상호적인 일방선언을 행하는 경우에 한한다.

제95조

어느 국가든지 비준서나 수락서, 승인서 또는 가입서의 기탁시에 본 협약 제1조 1항(b)호에 구속되지 아니하겠다고 선언할 수 있다.

제96조

국내법상 매매계약이 서면으로 체결 또는 입증되도록 요구하고 있는 체약국은 언제든지 제12조의 규정에 따라 매매계약이나 합의에 의한 매매계약의 변경 또는 종료 또는 청약, 승낙 또는 기타의 의사표시가 서면 이외의 어떠한 방식으로 행하여질 수 있도록 허용하는 본 협약 제11조, 제29조 또는 제Ⅱ편의 어떠한 규정이 계약당사자가 그 체약국에 영업소를 가지고 있는 경우에는 적용되지 아니한다고 선언할 수 있다.

제97조

(1) 본 협약에 따라 서명시에 행하여진 선언은 비준, 수락 또는 승인과 동시에 확인되어야 한다.

(2) 선언 및 선언의 확인은 이를 서면으로 행하여야 하며 또한 정식으로 수탁기관에 통고되어야 한다.

(3) 선언은 해당국가에 대하여 본 협약이 효력을 발생함과 동시에 그 효력을 발생한다. 그러나 본 협약이 해당국가에 대하여 효력을 발생한 이후에 수탁기관이 어떤 선언에 관한 정식통고를 수령하는 경우에는 그 선언은 수탁기관이 이를 수령한 날로부터 6개월이 경과한 달의 바로 다음 달의 초일에 그 효력을 발생한다. 제94조에 따른 상호적인 일방선언은 수탁기관이 최후의 선언을 수령한 날로부터 6개월을 경과한 달의 바로 다음 달의 초일에 그 효력을 발생한다.

(4) 본 협약에 따라 어떤 선언을 행한 국가는 언제든지 수탁기관을 수신인으로하는 서면에 의한 정식통고에 의하여 그 선언을 철회할 수 있다. 이러한 철회는 수탁기관이 통고를 수령한 날로부터6개월을 경과한 달의 바로 다음 달의 초일에 그 효력을 발생한다.

(5) 제94조에 따라 행하여진 선언의 철회는 그 철회가 효력을 발생하는 날로부터 동조에 따라 다른 국가의 행한 상호선언의 효력을 상실케 한다.

제98조

본 협약에서 명시적으로 인정된 경우를 제외하고는 어떠한 유보도 허용되지 아니한다.

제99조

(1) 본 협약은 본조 제6항 소정의 제한 아래서 제92조하에서 행해진 선언을 담은 문서를 포함하여 제10번째의 비준서, 수락서, 승인서 또는 가입서가 기탁된 날로부터 12개월이 경과한 달의 바로 다음 달의 초일에 그 효력을 발생한다.

(2) 어느 국가가 제10번째의 비준서, 수락서, 승인서 또는 가입서가 기탁된 이후에 본 협약을 비준, 수락, 승인 또는 가입하는 경우에는 본 협약은 그 적용이 배제되는 편을 제외하고는 본조 제6항 소정의 제한 아래서 그 국가의 비준서, 수락서, 승인서 또는 가입서가 기탁된 날로부터 12개월이 경과한 달의 바로 다음 달의 초일에 그 국가에 대하여 그 효력을 발생한다.

(3) 본 협약을 비준, 수락, 승인 또는 가입하는 국가가1964년 7월 1일에 헤이그에서 제정된 국제물품매매계약의성립에관한통일법에 관련한 협약(1964년 헤이그 성립협약)과 1964년7월 1일에 헤이그에서 제정된 국제물품매매에관한통일법에 관련한 협약(1964년 헤이그 매매협약)중의 어느 하나 또는 양자 모두의 당사국인 경우에는 그 국가는 비준, 수락, 승인 또는 가입과 동시에 네덜란드 정부에 폐기의 취지를 통고함으로써 경우에 따라서 1964년 헤이그 매매협약과1964년 헤이그 성립협약중의 어느 하나 또는 양자 모두를 폐기하여야 한다.

(4) 1964년 헤이그 매매협약의 당사국으로서 본 협약을 비준, 수락, 승인 또는 가입하는 국가가 제92조에 따라 본 협약의 제Ⅱ편에 구속되지 아니하겠다고 선언하거나 또는 이미 선언한 경우에는 그 국가는 본 협약의 비준, 수락, 승인 또는 가입시에 네덜란드 정부에 그 폐기의 취지를 통고함으로써 1964년 헤이그 매매협약을 폐기하여야 한다.

(5) 1964년 헤이그 성립협약의 당사국으로서 본 협약을 비준, 수락, 승인 또는 가입하는 국가가 제92조에 따라 본 협약의 제Ⅲ편에 구속되지 아니하겠다고 선언하거나 또는 이미 선언한 경우에는 그 국가는 본 협약의 비준, 수락, 승인 또는 가입시에 네덜란드 정부에 그 폐기의 취지를 통고함으로써 1964년 헤이그 성립협약을 폐기하여야 한다.

(6) 본조의 적용에 있어 1964년 헤이그 성립협약 또는 1964년 헤이그 매매협약의 당사국에 의한 본 협약의 비준, 수락, 승인 또는 가입은 이 두 협약과 관련하여 그 당사국측에 요구되는 바의 그러한 폐기가 스스로 효력을 발생하기 까지는 그 효력을 발생하지 아니한다. 본 협약의 수탁기관은 이러한 점에서 필요한 협력을 확보하기 위하여 1964년 협약들의 수탁기관인 네덜란드 정부와 협의하여야 한다.

제100조

(1) 계약체결을 위한 제의가 본 협약이 제1조 1항(a)호 소정의 체약국이나 또는 동조 1항(b)호 소정의 체약국에 대하여 효력을 발생한 날 또는 그 이후에 행하여진 경우에만 본 협약은 계약의 성립에 적용된다.

(2) 본 협약이 제1조 1항(a)호 소정의 체약국이나 또는 동조 1항(b)호 소정의 체약국에 대하여 효력을 발생한 날 또는 그 이후에 체결되는 계약에 대해서만 본 협약이 적용된다.

제101조

(1) 체약국은 수탁기관을 수신인으로하는 서면에 의한 정식통고에 의하여 본 협약 또는 본 협약 제Ⅱ편 또는 제Ⅲ편을 폐기할 수 있다.

(2) 폐기는 수탁기관이 그 통고를 수령한 날로부터 12개월이 경과한 달의 바로 다음 달의 초일에 그 효력을 발생한다. 그 통고에서 폐기가 효력을 발생하는 보다 장기의 기간이 명시되어 있는 경우에는 폐기는 수탁기관이 그 통고를 수령한 날로부터 이러한 보다 장기의 기간이 경과한 때에 그 효력을 발생한다.

부록 2 국제상사계약에관한일반원칙(PICC)*

전문 (본 원칙의 목적)

- 본 원칙은 국제상사계약에 적용될 일반적 규칙들을 규정한다.
- 본 원칙은 당사자들이 그들의 계약이 본 원칙의 적용을 받는다고 합의한 경우에 적용된다.
- 본 원칙은 당사자들이 그들의 계약이 '법의 일반원칙'이나 '상인법' 등의 적용을 받는다고 합의한 경우에 적용될 수 있다.
- 본 원칙은 당사자들이 그들의 계약에 적용될 법을 선택하지 않은 경우에 적용될 수 있다.
- 본 원칙은 국제적인 통일법규범을 해석 또는 보충하는 데 사용될 수 있다.
- 본 원칙은 국내법을 해석하거나 보충하는 데 사용될 수 있다.
- 본 원칙은 국내 · 국제적으로 하나의 입법모델이 될 수 있다.

제1장 일반규정

제1.1조(계약의 자유)

당사자들은 자유로이 계약을 체결하고 그 내용을 결정할 수 있다.

제1.2조(형식의 자유)

본 국제상사계약원칙의 어떠한 규정도 계약이나 진술 기타 행위가 특정한 형식으로 행하여지거나 증명될 것을 요구하지 않는다. 이는 증언을 포함하여 어떠한 방법으로도 입증될 수 있다.

---

* 본 PICC 국문 번역본은 UNIDRIOT가 2005년 1월 오원석 교수(성균관대학교)에게 부여한 번역권에 의거하여 작성된 것을 인용한 것으로, 앞서 본 서에서 다룬 규정해제와는 일부 상이할 수 있음을 참고한다.

제1.3조(계약의 구속력)

유효하게 체결된 계약은 양당사자를 구속한다. 계약은 동 계약의 계약조건에 따르거나 계약에 본 PICC가 적용된다는 계약조항을 두고자 하는 당사자들은 다음의 표현을 사용할 수 있다. 물론 필요에 따라 예외나 변경을 가할 수 있다.

> "This contract shall be governed by the UNIDROIT Principles (2004), except as to Articles ..."
>
> 본 계약은 PICC(2004)의 적용을 받는다. 그러나 제OO조 …는 그러하지 아니하다.

본 PICC에 추가하여 특정한 법역(jurisdiction ; 국가 혹은 연방국가의 경우 주)의 법이 적용된다는 계약조항을 두고자 하는 당사자들은 다음의 표현을 사용할 수 있다.

> "This contract shall be governed by the UNIDROIT Principles (2004), except as to Articles ..., supplemented when necessary by the law of jurisdiction X."
>
> 본 계약은 제XX조 …를 제외하고는 PICC(2004)의 적용을 받으며, 필요한 경우에는 보충적으로 X국의 법이 적용된다.

합의에 의하여 기타 본 국제상사계약원칙의 규정에 따라 변경 또는 종료될 수 있을 뿐이다.

제1.4조(강행규칙)

본 국제상사계약원칙의 어떠한 규정도 국제사법의 관련 규칙에 따라 적용되는 국가적 · 국제적 혹은 초국가적 기원의 강행규칙의 적용을 제한하지 아니한다.

제1.5조(당사자들에 의한 배제 또는 변경)

본 국제상사계약원칙 내에서 달리 규정되지 않은 한, 당사자들은 본 국제상사계약원칙의 적용을 배제하거나 그 규정의 효력을 감퇴 또는 변경할 수 있다.

제1.6조(본 국제상사계약원칙의 해석과 보충)

(1) 본 국제상사계약원칙을 해석함에 있어서는 본 국제상사계약원칙의 국제적 성격과 그 적용의 통일을 증진할 필요를 포함하여 본 국제상사계약원칙의 목적이 고려되어야 한다.

(2) 본 국제상사계약원칙의 적용범위 내의 사항으로서 본 국제상사계약원칙에 의해 명시적으로 해결되지 않은 사항은 가능한 한 본 국제상사계약원칙이 기초하는 일반원칙에 따라 해결되어야 한다.

제1.7조(신의와 공정거래)

(1) 각 당사자는 국제거래에서의 신의와 공정거래에 좇아 행하여야 한다.

(2) 당사자들은 이 의무를 배제하거나 제한할 수 없다.

제1.8조(번복행위)

당사자는 자신으로 인하여 상대방이 어떤 이해를 하게 되었고 또한 상대방이 그러한 이해를 합리적으로 신뢰하여 행위한 때에는 상대방의 그러한 이해에 반하여 그에게 피해가 되게 행위할 수 없다.

제1.9조(관습과 관례)

(1) 당사자들은 그들이 동의한 관습과 그들 사이에서 확립한 관례에 구속된다.

(2) 당사자들은 국제거래에서 관련 특정한 거래의 당사자들에게 널리 알려져 있고 또한 그들에 의해 통상적으로 준수되고 있는 관습에 구속된다. 다만 그러한 관습을 적용하는 것이 불합리한 경우에는 그러하지 아니하다.

제1.10조(통지)

1. 통지가 요구되는 경우 이는 당해 상황에 적절한 방법으로 할 수 있다.

(2) 통지는 그것이 그 수신인에게 도달한 때에 효력이 발생한다.

(3) 제2항에서 말하는 통지는 그 수신인에게 구두로 행하여지거나 그의 영업소나 우편주소지에서 전달된 때에 그에게 도달한다.

(4) 본조에서 말하는 통지는 선언 · 요구 · 청구 기타 의사표시를 포함한다.

제1.11조(용어의 정의)

본 국제상사계약원칙에서

- '법원'은 중재판정부를 포함한다
- 일방이 둘 이상의 영업소를 가지고 있는 경우 '영업소'라 함은 계약체결전이나 계약체결시에 당사자들에게 알려져 있거나 당사자들에 의해 예기되었던 제반

사정을 참작하여 당해 계약 및 그 이행과 가장 밀접한 관계가 있는 영업소를 말한다.

- '채무자'라 함은 의무를 이행하여야 하는 당사자를 말하며, '채권자'라 함은 동 의무의 이행을 청구할 수 있는 당사자를 말한다.
- '서면'이라 함은 그 안에 담긴 정보의 기록을 보존하고 또한 유체의 형태로 재생될 수 있는 모든 통신방법을 말한다.

제1.12조(당사자들이 정한 기간의 계산)

(1) 수행될 행위를 위해 당사자들이 정한 기간중에 등장하는 공휴일 또는 비영업일은 그러한 기간을 계산하는 데에 산입된다.

(2) 그러나 그러한 기간의 말일이 당해 행위를 수행할 당사자의 영업소에서 공휴일 또는 비영업일에 해당하는 경우에는 다른 사정이 없는 한 후속하는 최초의 영업일까지 그 기간은 연장된다.

(3) 다른 사정이 없는 한 시기의 기준이 되는 표준시는 당해 시기를 정한 당사자의 영업소에서의 그것이다.

제2장 계약의 성립과 대리인의 권한

제1절 계약의 성립

제2.1.1조(계약체결방법)

계약은 청약의 승낙에 의하거나 합의를 보여주기에 충분한 당사자들의 행위에 의하여 체결된다.

제2.1.2조(청약의 정의)

충분히 확정적이고 또한 승낙이 있는 경우에 구속되겠다는 청약자의 의사를 표시하는 계약체결의 제의는 청약이 된다.

제2.1.3조(청약의 철회)

1. 청약은 피청약자에게 도달한 때에 그 효력이 발생한다.

(2) 비록 취소불능한 청약이더라도 그 철회의 의사표시가 청약의 도달과 동시에

또는 그 전에 피청약자에게 도달하는 한 청약은 철회된다.

제2.1.4조(청약의 취소)

(1) 계약이 체결되기까지는 청약은 취소될 수 있다. 다만 그 취소의 의사표시가 피청약자가 승낙을 발송하기 전에 그에게 도달하여야 한다.

(2) 그러나 다음의 경우에는 청약은 취소될 수 없다.

(a) 청약에서 승낙기간을 정하여 명시하거나 기타의 방법으로 그것이 취소불능임을 표시하고 있는 경우 또는

(b) 피청약자가 청약이 취소불능하다고 신뢰하는 것이 합리적이고 또한 동 피청약자가 동 청약을 신뢰하여 행위한 경우.

제2.1.5조(청약의 거절)

청약은 그 거절의 의사표시가 청약자에게 도달한 때 그 효력을 상실한다.

제2.1.6조(승낙의 태양)

(1) 청약에의 동의를 표시하는 피청약자의 진술 기타의 행위는 승낙이다. 침묵이나 부작위는 그 자체로는 승낙이 되지 아니한다.

(2) 청약의 승낙은 동의의 표시가 청약자에게 도달하는 때에 그 효력이 발생한다.

(3) 그러나 청약에 의하여 또는 관습이나 당사자들이 그들 사이에서 확립한 관례의 결과로 인하여 피청약자가 청약자에게 통지함이 없이 어떤 행위를 수행함으로써 동의를 표시할 수 있는 경우에는 승낙은 그 행위가 수행되는 때에 그 효력을 발생한다.

제2.1.7조(승낙기간)

청약은 청약자가 지정한 기간 내에 또는 그러한 기간이 지정되지 아니한 경우에는 청약자가 사용한 통신수단의 신속성을 포함한 거래의 제반사정을 고려한 합리적인 기간 내에 승낙되어야 한다. 구두의 청약은 다른 사정이 없는 한 즉시 승낙되어야 한다.

제2.1.8조(지정된 기간 내의 승낙)

청약자가 정한 승낙기간은 청약이 발송된 때로부터 그 진행을 시작한다. 청약은 다른 사정이 없는 한 당해 청약에서 표시된 시기에 발송된 것으로 본다.

제2.1.9조(연착된 승낙. 전달중의 지연)

(1) 연착된 승낙이라도 청약자가 부당하게 지체함이 없이 피청약자에게 그것이 승낙으로서 효력이 있다고 알리거나 그러한 취지의 통지를 하는 경우에는 승낙으로서 효력이 있다.

(2) 연착된 승낙을 담은 통신으로 보아 그 전달이 정상적이었다면 그것이 청약자에게 적시에 도달하였을 것이라는 상황하에서 발송되었음이 나타나는 경우에는, 연착된 승낙도 승낙으로서 효력이 있다. 다만 청약자가 부당하게 지체함이 없이 피청약자에게 그는 그의 청약이 실효한 것으로 본다고 통지하는 경우에는 그러하지 아니하다.

제2.1.10조(승낙의 철회)

승낙은 그 효력이 발생하기 전에 또는 그와 동시에 그 철회의 의사표시가 청약자에게 도달하는 경우에는 철회된다.

제2.1.11조(변경된 승낙)

(1) 청약에 대한 응답으로서 승낙을 의도하고는 있으나 추가 또는 제한 기타의 변경을 담고 있는 응답은 청약의 거절이자 대응청약이 된다.

(2) 그러나 청약에 대한 응답으로서 승낙을 의도하고 있고 또한 청약상의 계약조건을 중대하게 변경하지 아니하는 추가적 또는 상이한 계약조건을 담고 있는 응답은 승낙이 된다. 다만 청약자가 부당하게 지체함이 없이 그 상위에 반대하는 경우에는 그러하지 아니하다. 청약자가 그렇게 반대하지 아니하는 한, 계약은 청약상의 계약조건에 승낙 변경이 가하여진 내용으로 체결된다.

제2.1.12조(확인서)

계약체결후 합리적인 기간 내에 송부되는 서면으로서 계약의 확인을 의도하는 서면이 추가적 또는 상이한 계약조건을 담고 있는 경우에 그러한 조건은 계약의 일부가 된다. 다만 그러한 조건이 계약을 중대하게 변경시키거나 그 수신인이 부당하게 지체함이 없이 그 상위에 반대하는 때에는 그러하지 아니하다.

제2.1.13조(특정사항 또는 특정형식에 의한 합의를 조건으로 하는 계약의 성립)

협상과정에서 당사자의 일방이 특정한 사항에 대하여 또는 특정한 형식으로 합의가 이루지기까지는 계약이 체결되지 아니한다고 고집한 경우에는 그러한 사항에 대하여 또는 그러한 형식으로 합의가 이루어지지 않는 한 계약이 체결되지 아니한다.

제2.1.14조(일부의 계약조건이 의도적으로 미정인 계약)

(1) 당사자들이 계약체결을 의도하는 한, 그들이 고의로 특정한 계약조건을 추후 협상하여 합의하기로 또는 제3자로 하여금 결정하도록 한 사실은 계약의 존재를 막지 아니한다.

(2) 계약의 존재는 후속적으로 발생하는 다음 각 호의 사실에 의해 영향을 받지 아니한다.

  (a) 당사자들이 그러한 계약조건에 합의를 이루지 못하는 사실; 또는

  (b) 동 제3자가 그러한 계약조건을 결정하지 아니하는 사실. 다만 당사자들의 의도를 고려하여 상황에 따라 합리적인 정도로 그러한 계약조건을 확정하는 다른 방법이 있어야 한다.

제2.1.15조(악의의 협상)

(1) 당사자는 자유로이 협상할 수 있고 합의에 부도달에 대하여 책임을 지지 아니한다.

(2) 그러나 악의로 협상하거나 협상을 중단하는 당사자는 상대방이 입은 손해에 대하여 책임을 진다.

(3) 특히 당사자가 상대방과의 합의에 도달할 의사도 없이 협상을 개시하거나 계속하는 것은 악의이다.

제2.1.16조(비밀유지의무)

협상과정에서 일방이 비밀로 다루어져야할 정보를 제공한 경우 상대방은 추후 계약이 체결되는지 여부를 불문하고, 그러한 정보를 공개하거나 자신의 이익을 위해 부당하게 사용하지 아니할 의무를 진다. 적절한 경우 이 의무의 위반에 대한 구제는 상대방이 수취한 이익에 기초한 배상을 포함한다.

제2.1.17조(통합조항)

당사자들이 합의한 계약조건을 전부 담고 있음을 보여주는 조항을 두고 있는 서면에 의한 계약은 사전의 진술이나 합의의 입증에 의해 반박되거나 보충될 수 없

다. 그러나 그러한 진술이나 합의는 그러한 서면을 해석하는 데 사용될 수 있다.

제2.1.18조(특정한 형식에 의한 계약변경)

합의에 의한 계약의 변경이나 종료를 특정한 형식으로 할 것을 요구하는 조항을 두고 있는 서면에 의한 계약은 다른 방법으로는 변경 또는 종료되지 아니한다. 그러나 당사자는 그의 행위에 의해 상대방이 그러한 행위를 신뢰하여 행위한 범위까지는 그러한 계약조항을 주장할 수 없다.

제2.1.19조(표준약관에 의한 계약체결)

(1) 계약을 체결함에 있어 당사자의 일방 또는 쌍방이 표준약관을 사용한 경우에 제2.1.20조 내지 제2.1.22조의 제한하에 계약성립의 일반규칙이 적용된다.

(2) 표준약관이라 함은 일반적이고 반복적인 사용을 목적으로 일방에 의해 미리 마련되고 또한 상대방과 협상됨이 없이 실제로 사용되는 계약조항을 총칭한다.

제2.1.20조(기습조건)

(1) 표준약관에 담긴 계약조건으로서 그 성격으로 보아 상대방이 합리적으로 기대할 수 없었던 계약조건은 그에 의해 명시적으로 수락되지 않는 한 효력이 없다.

(2) 계약조건이 그러한 성격을 갖는지 여부를 결정함에 있어서는 그 내용과 표현방법 및 표기방법이 고려되어야 한다.

제2.1.21조(표준약관상의 계약조건과 표준약관 외부의 계약조건 사이의 충돌)

표준약관상의 계약조건과 표준약관 외부의 계약조건이 서로 충돌하는 때에는 후자가 우선한다.

제2.1.22조(서식교전)

양당사자 모두가 표준약관을 사용하여 그 두 표준약관을 제외하고서는 합의에 도달한 경우에 계약은 합의된 계약조건 및 그러한 두 표준약관상 그 내용이 공통하는 계약조건에 따라 체결된다. 다만 일방이 사전에 또는 사후에 부당하게 지체함이 없이 상대방에게 자신은 그러한 계약에 구속되기를 의도하지 않는다고 분명하게 밝히는 때에는 그러하지 아니하다.

제2절 대리인의 권한

제2.2.1조(본 절의 적용범위)

(1) 본 절은 제3자와의 계약에 의하여 또는 그것과 관련하여 어떤 자[대리인]가 자신의 이름 또는 타인[본인]의 이름으로 행한 경우에 있어 동 제3자와 본인 사이의 법률관계를 발생시키는 대리인의 권한을 규율한다.

(2) 본 절은 본인 또는 대리인과 제3자 사이의 법률관계만을 규율한다.

(3) 본 절은 법에 의해 부여된 대리인의 권한이나 공공기관 또는 사법기관에 의해 임명된 대리인의 권한을 규율하지 아니한다.

제2.2.2조(대리권의 발생과 범위)

(1) 본인에 의한 대리권의 부여는 명시적이거나 묵시적일 수 있다.

(2) 대리인은 대리권이 부여된 목적을 이루기 위하여 사정에 따라 필요한 모든 행위를 할 수 있다.

제2.2.3조(현명대리)

(1) 대리인이 그의 권한의 범위 내에서 행위하고 또한 제3자가 대리인이 대리인으로서 행위함을 알았거나 알았어야 했던 경우에, 대리인의 행위는 본인과 대리인 사이의 법률관계를 직접 발생시키며 대리인과 제3자 사이에는 아무런 법률관계도 생성되지 아니한다.

(2) 그러나 대리인이 본인의 동의를 얻어 당해 계약의 당사자가 되기로 한 경우에는 대리인의 행위는 대리인과 제3자 사이에서만 법률관계를 발생시킨다.

제2.2.4조(익명대리)

(1) 대리인이 그의 권한의 범위 내에서 행위하고 또한 제3자가 대리인이 대리인으로서 행위함을 알지 못하였거나 알았어야 하지도 않은 경우에, 대리인의 행위는 대리인과 제3자 사이에서만 법률관계를 발생시킨다.

(2) 그러나 그러한 대리인이 어떤 기업을 대리하여 제3자와 계약을 체결하면서 자신이 동 기업의 소유자라고 표시한 때에는, 동 제3자는 동 기업의 실제소유자를 알게 되는 즉시 그가 동 대리인을 상대로 가진 권리를 동 실제소유자를 상대로 행사할 수 있다.

제2.2.5조(무권대리 또는 월권대리)

(1) 대리인이 권한 없이 또는 그의 권한을 넘어 행위한 경우에, 그러한 행위는 본인과 제3자 사이에 법률관계를 발생시키지 아니한다.

(2) 그러나 그러한 대리인이 본인을 대리하여 행위할 권한을 가진 것으로 또는 그러한 대리인이 그의 권한의 범위 내에서 행위하는 것으로 제3자가 합리적으로 믿게 된 원인이 본인에게 있는 경우에는, 본인은 제3자에 대하여 그러한 대리권의 결여를 주장할 수 없다.

제2.2.6조(무권대리인 또는 월권대리인의 책임)

(1) 권한 없이 또는 그 권한을 넘어 행위한 대리인은, 본인에 의한 추인이 없는 한, 그가 그렇게 하지 않았더라면 제3자가 놓이게 되었을 입장에 이르도록 하는 정도의 손해배상책임을 진다.

(2) 그러나 동 제3자가 그러한 대리인이 권한 없이 또는 그 권한을 넘어 행위함을 알았거나 알았어야 했던 경우에는 그러하지 아니하다.

제2.2.7조 (이익상반)

(1) 대리인에 의하여 체결된 계약이 본인과 대리인을 이익상반의 입장에 놓이게 하나 제3자가 이를 알았거나 알았어야 했던 경우 본인은 계약을 취소할 수 있다. 이 취소권은 제3.12조 및 제3.14조 내지 제3.17조의 적용을 받는다.

(2) 그러나 본인은 다음의 경우에는 계약을 취소할 수 없다.

(a) 본인이 대리인의 이익상반행위에 동의하였거나 그러한 행위를 알았거나 알았어야 했던 경우 또는

(b) 대리인이 본인에게 이익상반의 사실을 고지하였는데 본인이 합리적인 기간 내에 그에 반대하지 않았던 경우.

제2.2.8조(복대리)

대리인은 그가 직접 수행할 것을 기대하는 것이 합리적이지 않은 행위를 수행하기위하여 복대리인을 선임할 묵시적 권한이 있다. 복대리에는 본 절의 규칙이 적용된다.

제2.2.9조(추인)

(1) 권한 없이 또는 그의 권한을 넘어 행위하는 대리인의 행위는 본인에 의해 추

인될 수 있다. 추인과 동시에 그러한 대리인의 행위는 그것이 마치 처음부터 권한 내에서 수행된 것과 같은 효과를 낳는다.

(2) 제3자는 본인에게의 통지로써 추인을 위한 합리적인 기간을 지정할 수 있다. 그러한 기간 내에 추인하지 않은 본인은 더 이상 추인할 수 없다.

(3) 대리인이 행위하던 때에 대리권의 결여를 알지 못하였고 또한 알았어야 하지도 않았던 제3자는 추인이 있기 전에 본인에게의 통지로써 자신은 추인에 의해 구속되지 않을 것임을 밝힐 수 있다.

제2.2.10조(대리권의 종료)

(1) 대리권이 종료되더라도 제3자가 그것을 알았거나 알았어야 하지도 않았던 한 제3자와의 관계에서 대리권의 종료는 그 효력이 없다.

(2) 대리권의 종료에도 불구하고 대리인은 본인의 이익에 반하는 손해를 방지하기위하여 필요한 행위를 여전히 수행할 수 있다.

제3장 유효성

제3.1조(적용배제)

본 원칙은 다음 각 호에 기인하는 계약의 효력상실을 다루지 아니한다.

(a) 무능력

(b) 부도덕 또는 불법

제3.2조(단순한 합의의 효력)

계약은 당사자간의 단순한 합의에 의해 체결, 변경 또는 종료되며 더 이상의 요건은 요구되지 아니한다.

제3.3조(원시적 불능)

(1) 단지 의무의 이행이 계약체결시에 이미 불가능하였다는 사실에 의해서는 계약의 효력이 부인되지 아니한다.

(2) 단지 계약체결시에 당사자가 계약의 목적이 된 재산의 처분권이 없었다는 사실에 의해서는 계약의 효력이 부인되지 아니한다.

제3.4조(착오의 정의)

착오라 함은 계약체결시에 존재한 사실이나 법에 관한 오인을 말한다.

제3.5조(취소권을 낳는 착오)

(1) 당사자는 다음 각 호의 경우에는 그와 동일한 입장에 있는 합리적인 자가 만약 진실한 실재의 상태를 알았더라면 계약을 매우 다른 내용으로 체결하였거나 계약을 전혀 체결하지 않았을 정도로 중대한 계약체결시의 착오를 이유로 계약을 취소할 수 있다.

(a) 상대방도 동일한 착오를 하였거나, 상대방이 착오를 유발시켰거나 혹은 상대방이 그러한 착오를 알았거나 알았어야 했고 또한 착오당사자를 착오상태에 놓아둔 것이 합리적인 상업적 공정거래의 기준에 반하는 경우; 또는

(b) 취소시에 상대방이 이미 계약을 신뢰하여 행위하지 아니한 경우.

(2) 그러나 당사자는 다음의 경우에는 계약을 취소할 수 없다.

(a) 그가 착오를 범하게 된 것이 그의 중대한 과실 때문인 경우 또는

(b) 당해 착오가 착오당사자가 그러한 착오의 위험을 인수하였거나, 제반 상황으로 보아 그러한 위험을 부담하여야 하는 사항에 관련되는 경우.

제3.6조(표시상 또는 전달상의 오류)

의사나 사실의 표시 또는 전달 중에 발생한 오류는 동 의사나 사실을 표시하는 자의 착오로 본다.

제3.7조(불이행에 기한 구제권[이 부여되는 경우])

착오당사자는 그가 의존하는 바로 그 사실이 불이행에 기한 구제권을 부여하는 때는 또는 부여할 수 있었던 때는 착오를 이유로 계약을 취소할 수 없다.

제3.8조(사기)

상대방의 사기적인 표시(언행 기타 행태를 포함한다)로 인하거나, 합리적인 상업적 공정거래의 기준에 의할 때, 상대방이 고지하였어야 한 사실의 사기적인 불고지로 인하여 계약을 체결하게 된 당사자는 계약을 취소할 수 있다.

제3.9조(강박)

제반 상황으로 보아 다른 합리적인 대안이 없을 정도로 급박하고 심각한 상대방

의부당한 강박으로 인하여 계약을 체결하게 된 당사자는 계약을 취소할 수 있다. 특히 작위 또는 부작위의 강박행위 자체가 위법하거나 그러한 작위 또는 부작위를 계약체결의 수단으로 사용하는 것이 위법한 경우에 강박은 부당하다.

제3.10조(현저한 불균형)

(1) 계약이나 특정한 계약조건이 계약체결시에 상대방에게 과도한 이익을 부당하게 주는 경우에는 당사자는 계약의 전부를 취소하거나 당해 계약조건에 한하여 계약의 일부를 취소할 수 있다. 무엇보다도 특히 다음의 요소가 고려되어야 한다.

(a) 동 당사자의 종속상태, 경제적 궁핍이나 긴박한 결핍 또는 그의 경솔, 무지, 무경험 또는 교섭기술의 결여를 상대방이 이용한 사실 그리고

(b) 당해 계약의 성격과 목적.

(2) 취소권을 가진 당사자의 요청이 있는 때에는, 법원은 합리적인 상업적 공정거래의 기준에 부합되도록 당해 계약이나 계약조건을 변응시킬 수 있다.

(3) 또한 법원은 계약취소의 통지를 받은 당사자의 요청이 있는 때에도 당해 계약이나 계약조건을 변응시킬 수 있되, 다만 동 당사자가 그러한 통지를 수령한 후 신속하게 또한 상대방이 그러한 통지를 신뢰하여 행위하기 전에 자신은 그러한 요청을 할 것임을 상대방에게 알렸어야 한다. 제3.13조 제2항의 규정이 적절히 준용된다.

제3.11조(제3자)

(1) 사기나 강박, 현저한 불균형 또는 당시자의 착오가 제3자에 의하여 발생하였거나 사기나 강박, 현저한 불균형 또는 당사자의 착오의 사실을 제3자가 알았거나 알았어야 했던 경우로서 그러한 제3자의 행위에 대한 책임이 상대방에게 귀속되는 경우에는 그러한 제3자의 행위 또는 인지를 동 상대방 자신의 행위 또는 인지로 다루어 계약은 취소될 수 있다.

(2) 사기나 강박 또는 현저한 불균형이 제3자에 의하여 발생한 경우로서 그러한 제3자의 행위에 대한 책임이 상대방에게 귀속되지 않는 경우에는 동 상대방이 사기나 강박 또는 불균형의 사실을 알았거나 알았어야 했거나 또는 계약취소가 있기 전에 이미 당해 계약을 신뢰하여 행위하지 않은 경우에 한하여 계약이 취소될 수 있다.

제3.12조(추인)

계약을 취소할 수 있는 당사자가 취소의 통지를 할 수 있는 기간이 개시된 후에 명시적 또는 묵시적으로 계약을 추인하는 경우에는 계약은 취소하지 못한다.

제3.13조(취소권의 상실)

(1) 당사자가 착오를 이유로 계약을 취소할 수 있음에도 상대방이 그러한 취소권을 가진 당사자가 이해하는 바에 따라 계약을 이행할 의사가 있음을 밝히는 경우에는 계약은 취소권을 가진 당사자가 이해한 대로 체결된 것으로 본다. 상대방은 취소권을 가진 당사자가 계약을 이해한 바를 알게 된 후 신속하게 또한 동 당사자가 취소의 통지를 합리적으로 신뢰하여 행위하기 전에 그의 그러한 의사를 밝히거나 그렇게 이행하여야 한다.

(2) 그러한 의사표시나 이행이 있은 때에는 취소권은 소멸하고 그 전에 행하여진 취소의 통지는 그 효력을 갖지 않는다.

제3.14조(계약취소의 통지)

당사자의 계약취소권은 상대방에 대한 통지로써 행사된다.

제3.15조(기간제한)

(1) 계약취소의 통지는 취소당사자가 관련 사실을 알았거나 모를 수 없었던 때 또는 자유롭게 행위할 수 있게 된 때로부터 제반사정을 고려한 합리적인 기간 내에 행하여져야 한다.

(2) 제3.10조 하에서 당사자가 당해 계약조건에 한하여 계약의 일부를 취소할 수 있는 경우 그 취소통지기간은 상대방이 동 계약조건을 원용하는 때에 개시된다.

제3.16조(일부취소)

특정한 계약조건에 한하여 취소사유가 있는 때에는 취소는 동 계약조건에 한하여 그 효력을 가지되, 다만 제반사정으로 보아 계약의 나머지 부분만을 존속시키는 것이 불합리한 때에는 그러하지 아니하다.

제3.17조(취소의 소급효)

(1) 취소는 소급하여 그 효력을 발생한다.

(2) 취소가 있으면 각 당사자는 전부 또는 일부 취소된 계약하에서 급부된 것의

원상회복을 청구할 수 있되, 다만 그가 전부 또는 일부 취소된 동 계약하에서 수령한 것을 동시에 원상회복하여 주거나, 성질상 그 원상회복이 불가능한 경우에는 그가 수령한 것의 가액을 반환하여야 한다.

제3.18조(손해배상)

계약이 취소되는지 여부와는 상관없이 당해 계약취소사유를 알았거나 알았어야 했던 당사자는 상대방이 만약 계약을 체결하지 않았더라면 그가 놓였을 지위에 놓이도록 하는 정도의 손해배상을 하여야 한다.

제3.19조(강행규정성)

본 장의 규정들은 강행규정이되, 예외적으로 단순한 합의의 구속력이나 원시적 불능 또는 착오에 관한 한 그러하지 아니하다.

제3.20조(단독행위에의 준용)

본 장의 규정은 일방이 상대방에 대하여 행하는 의사표시에 준용한다.

제4장 해석

제4.1조(당사자들의 의사)

(1) 계약은 당사자간의 공통된 의사에 따라 해석되어야 한다.

(2) 그러한 의사를 확정할 수 없는 경우에는 계약은 당사자들과 같은 부류의 합리적인 사람들이 동일한 상황하에서 부여하였을 의미에 따라 해석되어야 한다.

제4.2조(진술 기타 행위의 해석)

(1) 당사자의 진술 기타 행위는 상대방이 동 당사자의 의사를 알았거나 모를 수 없었던 때에는 동 당사자의 의사에 따라 해석되어야 한다.

(2) 제1항이 적용될 수 없는 경우에는 그러한 진술 기타 행위는 상대방과 같은 부류의 합리적인 사람이 동일한 상황 하에서 부여하였을 의미에 따라 해석되어야 한다.

제4.3조(모든 사정의 고려)

제4.1조와 제4.2조를 적용할 때에는 다음 각 호를 포함하여 모든 사정을 고려하여야 한다.

(a) 당사자간의 예비적 협상
(b) 당사자들이 그들 사이에서 확립한 관례
(c) 계약체결후의 당사자들의 행위
(d) 계약의 성격과 목적
(e) 용어와 표현이 당해 거래에서 공통적으로 갖는 의미
(f) 관습

제4.4조(계약이나 진술의 전반에 비춘 해석)

용어와 표현은 그것이 등장하는 당해 계약 또는 진술의 전반에 비추어 해석되어야한다.

제4.5조(해석의 원칙)

계약조건은 그 중의 일부의 효력이 부정되도록 하기보다는 오히려 모든 계약조건의 효력이 긍정되도록 해석되어야 한다.

제4.6조(작성자 불리의 원칙)

일방이 제공한 계약조건이 불명확한 경우 동 당사자에게 불리한 해석이 우선한다.

제4.7조(언어간의 불일치)

하나의 계약에서 서로 다른 언어로 작성되고 각기 동등한 원본의 효력을 갖는 복수의 계약서가 존재하여 동 계약서들 사이에서 언어적인 불일치가 있는 때에는 그 중 가장 먼저 작성된 계약서에 따른 해석이 우선한다.

제4.8조(계약공백의 보충)

(1) 당사자들이 그들의 권리 · 의무의 결정에 중요한 계약조건을 합의하지 않은 때에는 제반사정으로 보아 적절한 계약조건으로써 그러한 공백을 보충한다.
(2) 무엇이 적절한 계약조건인가를 결정함에 있어서는 특히 다음의 요소들이 고려되어야 한다.
    (a) 당사자들의 의사
    (b) 계약의 성격과 목적
    (c) 신의와 공정거래

(d) 합리성

제5장 계약의 내용과 제3자의 권리

제1절 계약의 내용

제5.1.1조(명시적.묵시적 의무)

당사자들의 계약적 의무는 명시적 또는 묵시적일 수 있다.

제5.1.2조(묵시적 의무)

묵시적 의무는 다음 각 호에서 나온다.

(a) 당해 계약의 성격과 목적;

(b) 당사자들이 그들 사이에서 확립한 관례와 관습;

(c) 신의와 공정거래;

(d) 합리성

제5.1.3조(당사자간의 협력)

각 당사자는 상대방이 그의 의무를 이행하는 데 협력할 것이 합리적으로 기대되는 때에는 그와 협력하여야 한다.

제5.1.4조(특정한 결과를 이룰 의무와 최선의 노력을 다할 의무)

(1) 당사자의 의무가 특정한 결과를 이룰 것을 그 내용으로 하는 범위 내에서는 동당사자는 그러한 결과를 이루어내야 한다.

(2) 당사자의 의무가 어떤 일을 수행함에 있어 최선의 노력을 다할 것을 그 내용으로 하는 범위 내에서는 동 당사자는 그와 같은 부류의 합리적인 자가 동일한 상황하에서 행하는 정도의 노력을 하여야 한다.

제5.1.5조(의무의 종류의 결정)

당사자의 의무가 어떤 일의 수행에 있어 최선의 노력을 다하는 것을 그 내용으로 하는지 아니면 특정한 결과를 이룰 것을 그 내용으로 하는지를 결정함에 있어서는 무엇보다도 다음의 요소들이 고려되어야 한다.

(a) 당해 계약에서 동 의무가 표현된 방법;
(b) 계약대금 기타 계약조건들;
(c) 기대된 결과를 이루는 데 통상 수반되는 위험의 정도;
(d) 동 의무의 이행에 미치는 상대방의 영향력.

제5.1.6조(이행의 질의 결정)

계약에 의해 이행의 질이 특정되지 않았고 또한 결정될 수도 없는 경우에는 당사자는 제반사정으로 보아 질적으로 합리적인 그러나 평균보다 낮지 않은 정도의 이행을 하여야 한다.

제5.1.7조(가격의 결정)

(1) 계약에서 가격을 정하지도 않았고 또한 가격을 정하기 위한 규정도 두지 않은경우 다른 표시가 없는 한, 당사자들은 계약체결당시에 그러한 이행에 대해 당해 거래와 유사한 상황하에서 일반적으로 징구되는 가격을 그러한 가격이 없는 때에는 합리적인 가격을 적용하기로 한 것으로 본다.
(2) 일방이 가격을 결정하기로 하여 결정된 가격이 명백히 불합리한 경우에는 그러한 가격은 다른 어떠한 계약조건에도 불구하고 합리적인 가격으로 대체된다.
(3) 제3자가 가격을 정하기로 하였으나 그가 가격을 정할 수 없거나 정하지 않는 경우에는 당해 가격은 합리적인 가격으로 한다.
(4) 존재하지 않거나 이미 소멸하였거나 더 이상 접근할 수 없는 요소를 기준으로가격이 결정되어야 하는 경우에는 그것과 가장 등가적인 요소를 그 대체기준으로 사용한다.

제5.1.8조(불확정한 기간의 계약)

그 기간이 불확정한 계약은 어느 일방에 의해 합리적인 기간의 사전통지로써 종료될 수 있다.

제5.1.9조(합의에 의한 채무면제)

(1) 채권자는 채무자와의 합의로써 그의 권리를 포기할 수 있다.
(2) 무상의 권리포기제의는 채무자가 그러한 제의를 알게 된 후에 지체 없이 이를 거절하지 않은 한 수락된 것으로 간주된다.

제2절 제3자의 권리

제5.2.1조(제3자를 위한 계약)

(1) 당사자들[행약자와 수약자]은 명시적 또는 묵시적 합의로써 제3자[수익자]에게 권리를 줄 수 있다.

(2) 행약자에 대한 수익자의 권리의 존재와 내용은 당사자간의 합의에 의해 결정되고 또한 동 합의상의 조건 기타 제한에 따른다.

제5.2.2조(제3자의 확정)

수익자는 계약에 의해 충분히 확실하게 확정되어야 하나 계약체결시에 반드시 존재할 필요는 없다.

제5.2.3조(수익자의 의무나 책임을 배제.제한하는 계약조항)

수익자에게 부여되는 권리는 수익자의 의무나 책임을 배제 또는 제한하는 계약조항을 원용할 권리를 포함한다.

제5.2.4조(항변사유)

행약자는 그가 수약자에 대해 주장할 수 있는 모든 항변사유를 수익자에 대해 주장할 수 있다.

제5.2.5조(권리부여의 취소)

계약당사자들은 계약에 의해 수익자에게 부여된 권리를 변경 또는 취소할 수 있되, 다만 수익자가 그러한 권리를 수락하거나 그러한 권리를 합리적으로 신뢰하여 행동한 후에는 그러하지 아니하다.

제5.2.6조(수익자의 권리포기)

수익자는 그에게 부여된 권리를 포기할 수 있다.

제6장 이행

제1절 이행 일반

제6.1.1조(이행기)

당사자는 다음의 시기에 그의 의무를 이행하여야 한다:

(a) 계약에 의해 시기가 정하여져 있거나 결정될 수 있는 경우에는 그 시기에;

(b) 계약에 의하여 기간이 정하여져 있거나 또는 결정될 수 있는 경우에는 상대방이 시기를 선택할 것이라는 사정이 없는 한, 그 기간 내의 어느 시기에;

(c) 기타의 모든 경우에는 계약체결후 합리적인 기간 내에.

제6.1.2조(일시이행 또는 분할이행)

제6.1.1조 (b) 또는 (c)의 경우에 그 일시이행이 가능하고 또한 다른 사정이 없는 한 당사자는 그의 의무를 일시에 이행하여야 한다.

제6.1.3조(일부이행)

(1) 채권자는 이행기 이후에는 일부이행의 제의를 거절할 수 있으며 이때 그러한 제의와 병행하여 잔여부분의 이행에 대한 이행보장이 있는지 여부는 묻지 아니한다. 그러나 채권자가 그렇게 하는 것이 적법한 이익이 없는 때에는 그러하지 아니하다.

(2) 일부이행으로 인하여 채권자에게 발생한 추가비용은 채무자가 부담하여야 하되 그러나 이로 인하여 여타의 구제권이 영향을 받지는 아니한다.

제6.1.4조(이행의 순서)

(1) 당사자들이 그들의 이행을 동시에 할 수 있는 한도 내에서는 다른 사정이 없는 한, 당사자들은 동시에 이행하여야 한다.

(2) 당사자 일방의 이행이 기간을 요하는 한도 내에서는 다른 사정이 없는 한, 그러한 당사자가 먼저 이행하여야 한다.

제6.1.5조(조기이행)

(1) 채권자는 채무자의 조기이행을 거절할 수 있다. 그러나 그렇게 하는 것이 적법한 이익이 없는 경우에는 그러하지 아니하다.

(2) 당사자가 조기이행을 수락하더라도 그의 의무의 이행기가 상대방의 의무의 이행과는 무관하게 정하여져 있는 때에는 그러한 수락은 그의 의무의 이행기에 영향을 주지 아니한다.

(3) 조기이행으로 인하여 채권자에게 발생한 추가비용은 채무자가 부담하여야 하되 그러나 이로 인하여 여타의 구제권이 영향을 받지는 아니한다.

제6.1.6조(이행지)

(1) 이행지가 계약에 의하여 정하여져 있지 아니하고 또한 결정될 수도 없는 때에는 당사자는 다음의 장소에서 이행하여야 한다:

(a) 금전채무는 채권자의 영업소에서;

(b) 기타의 채무는 자신의 영업소에서.

(2) 당사자는 계약체결후의 그의 영업소의 변경으로 인하여 이행에 부수하여 발생하는 비용의 증가를 부담하여야 한다.

제6.1.7조(수표 기타 지급수단에 의한 금전지급)

(1) 금전지급은 당해 영업소의 통상적인 영업과정에서 사용되는 어떠한 방법으로도 할 수 있다.

(2) 그러나 제1항에 의하거나 혹은 자의로 수표 기타 지급지시 또는 지급약속을 수취하는 채권자는 그것이 결제되는 것을 조건으로 그러한 수취를 한 것으로 추정된다.

제6.1.8조(자금이체에 의한 지급)

(1) 채권자가 특정한 계좌를 적시하지 않은 한, 금전지급은 채권자에 의해 그가 계좌를 갖고 있는 것으로 알려진 금융기관이 그 계좌에 이체함으로써 할 수 있다.

(2) 이체에 의한 지급의 경우에 채무자의 채무는 채권자의 금융기관으로 향하는 당해 이체가 그 효력을 발생한 때에 소멸한다.

제6.1.9조(지급통화)

(1) 금전채무가 지급지의 통화가 아닌 통화로 표시된 때에도 채무자는 지급지의 통화로 지급할 수 있다. 그러나 다음의 경우에는 그러하지 아니하다.

(a) 당해 통화가 자유로이 환금가능하지 않은 경우; 또는

(b) 당사자들이 오직 당해 금전채무가 표시된 통화로 지급할 것을 약정한 경우.

(2) 채무자가 당해 금전채무가 표시된 통화로 지급하는 것이 불가능한 때에는 채

권자는 지급지의 통화로 지급할 것을 청구할 수 있으며, 이는 제1항 제b호의 경우에도 마찬가지다.

(3) 지급지의 통화에 의한 지급은 당해 채무의 이행기에 지급지에서 통용되는 환율에 따라 행하여져야 한다.

(4) 그러나 이행기에 채무자가 부지급하는 때에는 채권자는 이행기 또는 실제지급 시에 통용되는 환율에 따라 지급할 것을 청구할 수 있다.

제6.1.10조(통화가 적시되지 않은 경우)

금전채무가 특정한 통화로 표시되지 않은 경우에는 지급은 지급이 행하여져야할 장소의 통화로 하여야 한다.

제6.1.11조(이행비용)

각 당사자는 자신의 의무의 이행비용을 부담하여야 한다.

제6.1.12조(금전변제의 충당)

(1) 동일한 채권자에 대해 수개의 금전채무를 부담하는 채무자는 지급시에 당해 지급이 어느 채무의 변제로 의도된 것인지를 명시할 수 있다. 그러나 지급은 비용, 발생한 이자, 원본의 순서로 채무를 소멸시킨다.

(2) 채무자의 그러한 명시가 없는 경우에는 채권자는 지급이 있은 후 합리적인 기간 내에 채무자에게 동 지급이 변제 충당되는 채무를 지정하여 통보할 수 있되, 다만 그러한 채무는 이행기에 놓여 있고 또한 다툼이 없는 것이어야 한다.

(3) 제1항 또는 제2항에 따른 변제충당이 없는 경우에는 금전지급은 다음의 어느 하나의 기준을 충족하는 채무에 거기에 적시된 순서로 변제 충당된다:

(a) 이행기에 있거나 먼저 이행기에 도달할 채무;

(b) 채권자의 담보가 최소인 채무;

(c) 채무자의 부담이 최대인 채무;

(d) 먼저 발생한 채무.

위의 기준들 중에서 어느 것도 적용되지 않는 때에는, 금전지급은 모든 채무의 비율에 따라 변제충당된다.

제6.1.13조(비금전채무의 변제충당)

제6.1.12조는 비금전채무의 변제충당에 준용된다.

제6.1.14조(공적 인 · 허가의 신청)

어떤 국가의 법규에 의해 계약의 유효성이나 계약의 이행에 영향을 주는 공적 인 · 허가의 취득이 요구되고 또한 그러한 법규와 제반 상황이 달리 가리키지 않는 한,

(a) 당사자의 일방만이 그러한 국가에 영업소를 두고 있는 때에는 동 당사자가 그러한 인 · 허가를 취득하기 위한 필요한 조치를 취하여야 한다.

(b) 기타의 경우에는 자신의 이행을 위해 인.허가의 취득이 요구되는 당사자가 그에 필요한 조치를 취하여야 한다.

제6.1.15조(인 · 허가를 신청할 때의 절차)

(1) 인 · 허가를 취득하는 데 필요한 조치를 취하여야 하는 당사자는 부당하게 지체함이 없이 그렇게 하여야 하고 또한 그에 수반하는 비용을 부담하여야 한다.

(2) 그러한 당사자는 적절한 한 부당하게 지체함이 없이 상대방에게 당해 인 · 허가의 취득 또는 거절의 사실을 통지하여야 한다.

제6.1.16조(인 · 허가를 취득하지도 못하고 인 · 허가가 거절되지도 않은 경우)

(1) 의무 있는 당사자가 필요한 모든 조치를 취하였음에도 합의된 기간 내에 또는 합의된 기간이 없는 경우에는 계약체결시로부터 합리적인 기간 내에 인 · 허가를 취득하지 못하였으나 동시에 동 인.허가가 거절되지도 않은 때에는 어느 당사자든지 계약을 해제할 수 있다.

(2) 당해 인 · 허가가 단지 계약의 일부에만 영향을 미치는 경우에는 동 인 · 허가가 거절되었더라도 제반 정황으로 보아 계약의 나머지 부분을 존속시키는 것이 합리적인 한, 1.은 적용되지 아니한다.

제6.1.17조(인 · 허가가 거절된 경우)

(1) 계약의 유효성에 영향을 주는 인 · 허가의 거절은 계약을 무효로 만든다. 그러한 인 · 허가의 거절이 계약의 일부에 한하여 유효성에 영향을 주는 경우에는 제반 상황으로 보아 계약의 나머지 부분을 존속시키는 것이 합리적인

한 그러한 일부만이 무효가 된다.

(2) 인 · 허가의 거절이 계약의 이행을 전부 또는 일부 불능하게 하는 때에는 불이행에 관한 규칙이 적용된다.

제2절 이행가혹

제6.2.1조(계약준수의 원칙)

당사자 일방의 계약이행이 보다 가중하게 되더라도 동 당사자는 그의 의무를 이행하여야 하되 다만 이행가혹에 관한 다음의 규정들이 정하는 한도 내에서는 그러하지 아니하다.

제6.2.2조(이행가혹의 정의)

당사자의 이행비용이 증가하거나 당사자가 수령하는 이행의 가치가 감소함으로 인하여 당해 계약의 균형을 근본적으로 와해시키는 사정(이하 '가혹사유'라 한다)이 발생하고 또한 다음 각 호를 모두 만족하는 경우에 이행가혹이 성립한다.

(a) 가혹사유가 계약체결후에 발생하거나 이행가혹당사자가 가혹사유를 계약체결후에 알게 되었을 것;

(b) 이행가혹당사자가 계약체결시 가혹사유를 합리적으로 고려할 수 없었을 것;

(c) 가혹사유가 이행가혹당사자의 통제를 벗어난 것일 것; 그리고

(d) 이행가혹당사자가 가혹사유의 위험을 인수하지 않았을 것.

제6.2.3조(이행가혹의 효과)

(1) 이행가혹의 경우에 이행가혹당사자는 재협상을 요구할 수 있다. 이 요구는 부당하게 지체함이 없이 행해져야 하고 또한 그 기초가 된 사유를 명시하여야 한다.

(2) 재협상 요구는 자체만으로는 이행가혹당사자에게 이행보류권을 주지 아니한다.

(3) 합리적인 기간 내에 합의에 도달하지 않는 때에는 어느 당사자든지 법원에 결정을 구할 수 있다.

(4) 이행가혹을 긍정하는 법원은 합리적인 한,

(a) 그 시기와 그 계약조건을 새로이 정하여 계약을 종료시키거나; 또는

(b) 계약의 균형을 복구하는 견지에서 계약을 변응시킬 수 있다.

제7장 불이행

제1절 불이행 일반

제7.1.1조(불이행의 정의)

불이행은 당해 계약하에서 당사자에 의한 그의 어떠한 의무의 이행이 없는 것을 말하며 이는 불완전한 이행이나 지체된 이행을 포함한다.

제7.1.2조(상대방의 방해)

당사자는 상대방의 불이행이 자신의 작위 또는 부작위나 자신이 위험을 부담하는 사건에 기인하는 한도 내에서는 그러한 불이행을 원용할 수 없다.

제7.1.3조(이행보류)

(1) 양당사자가 동시에 이행하여야 하는 경우에 각 당사자는 상대방이 이행제공을 할 때까지 자신의 이행을 보류할 수 있다.

(2) 양당사자가 순차적으로 이행하여야 하는 경우에는 후에 이행할 당사자는 먼저 이행하여야 하는 당사자가 이행할 때까지 자신의 이행을 보류할 수 있다.

제7.1.4조(불이행당사자에 의한 치유)

(1) 다음의 요건하에서 불이행당사자는 자신의 비용으로 그의 불이행을 치유할 수 있다.

  (a) 불이행당사자가 부당하게 지체함이 없이 그 치유의 방법과 시기를 제시하여 통지할 것;

  (b) 제반사정으로 보아 치유가 적절할 것;

  (c) 피해당사자가 치유를 거절하는 데 적법한 이익을 갖지 않을 것; 그리고

  (d) 치유가 즉시 실행될 것.

(2) 치유권은 계약해제의 통지에 의해 방해되지 아니한다.

(3) 유효한 치유통지가 있는 때에는 불이행당사자의 이행에 반하는 피해당사자의 권리는 당해 치유를 위한 기간이 도과할 때까지 정지된다.

(4) 피해당사자는 치유가 있을 때까지 그의 이행을 보류할 수 있다.

(5) 치유에도 불구하고 피해당사자는 여전히 지연손해와 당해 치유에 의하여 야

기되었거나 방지되지 않은 손해의 배상을 청구할 수 있다.

제7.1.5조(이행을 위한 추가기간)

(1) 불이행이 있는 경우 피해당사자는 상대방에 대한 통지로써 이행을 위한 추가기간을 허여할 수 있다.

(2) 그러한 추가기간동안에는 피해당사자는 대응하는 자신의 의무의 이행을 보류할 수 있고 또한 손해배상을 청구할 수 있으나 여타의 구제권은 원용할 수 없다. 피해당사자가 불이행당사자로부터 그러한 추가기간 내에 이행하지 않을 것임을 통지받거나 혹은 그러한 추가기간이 만료되기까지 이행이 정히 행하여지지 않은 때에는 피해당사자는 본 장 하에서 허용되는 모든 구제권을 행사할 수 있다.

(3) 중대하지 않은 이행지체의 경우에 합리적인 추가기간을 허여하여 통지한 피해당사자는 그러한 기간의 만료시에 계약을 해제할 수 있다. 불합리하게 짧게 허여된 추가기간은 합리적인 정도로 연장된다. 피해당사자는 추가기간을 허여하는 그의 통지에서 만약 상대방이 그러한 추가기간 내에 이행하지 않는다면 계약이 자동적으로 해제된다고 명시할 수 있다.

(4) 이행되지 아니한 의무가 불이행당사자의 당해 계약상의 의무의 사소한 부분에 불과한 때에는 (3)은 적용되지 아니한다.

제7.1.6조(면책조항)

당사자의 일방의 불이행책임을 제한 또는 배제하는 계약조항이나 일방이 상대방의 합리적인 기대와는 실질적으로 다른 내용으로 이행할 수 있도록 허용하는 계약조항은 그 원용을 하는 것이 당해 계약의 목적으로 보아 현저히 불공정한 때에는 원용될 수 없다.

제7.1.7조(불가항력)

(1) 당사자가 그의 의무의 불이행이 그의 통제를 벗어난 장애에 기인하였다는 점과 계약체결시에 그러한 장애를 고려하거나 그러한 장애 또는 그러한 장애의 결과를 회피 또는 극복하는 것이 합리적으로 기대될 수 없었다는 점을 입증하는 경우에는 그는 그의 불이행에 대한 책임을 면한다.

(2) 장애가 단지 한시적인 경우에는 면책은 동 장애가 당해 계약의 이행에 미친

효과를 고려한 합리적인 기간 동안 그 효력이 있다.

(3) 불이행당사자는 상대방에게 그러한 장애 및 동 장애가 그의 이행능력에 미치는 효과를 통지해야 한다. 불이행당사자가 그러한 장애를 알았거나 알았어야 했던 때로부터 합리적인 기간 내에 그러한 통지가 상대방에게 도달하지 아니하는 경우에는 불이행 당사자는 그러한 부도달에 기인하는 손해에 대하여 책임을 진다.

(4) 본조의 어떠한 규정도 당사자의 계약해제권이나 이행보류권, 지급되어야 할 금원에 대한 이자청구권의 행사를 방해하지 아니한다.

제2절 이행청구권

제7.2.1조(금전채무의 이행)

금전을 지급할 의무가 있는 당사자가 지급을 하지 않는 때에는 상대방은 그 지급을 청구할 수 있다.

제7.2.2조(비금전채무의 이행)

금전지급 외의 의무를 지는 당사자가 이행을 하지 않는 때에는 상대방은 다음의 경우를 제외하고는 그 이행을 청구할 수 있다.

(a) 이행이 법률상 또는 사실상 불가능한 경우;
(b) 이행이나, 적절한 경우 그 강제가 불합리한 부담이나 비용을 야기하는 경우;
(c) 이행청구당사자가 합리적으로 타처에서 이행을 득할 수 있는 경우;
(d) 이행이 일신전속적인 성격을 갖는 경우; 또는
(e) 이행청구당사자가 불이행의 사실을 알았거나 알았어야 했던 때로부터 합리적인 기간 내에 이행청구를 하지 않은 경우.

제7.2.3조(불완전한 이행의 추완 [또는] 대체)

이행청구권은 적절한 경우에는 불완전한 이행의 추완, 대체 기타 치유를 청구할 권리를 포함한다. 그에 따라 제7.2.1조와 제7.2.2조의 규정이 적용된다.

제7.2.4조(사법적 제재금)

(1) 당사자에게 이행을 명하는 법원은 또한 동 당사자가 동 명령을 위반하는 때

에는 제재금을 지급할 것을 명할 수 있다.

(2) 제재금은 법정지의 법규의 강행규정이 달리 정하지 않는 한, 피해당사자에게 지급되어야 한다. 피해당사자에게의 제재금의 지급은 그의 손해배상청구권을 해하지 아니 한다.

제7.2.5조(구제권의 변경)

(1) 비금전채무의 이행을 청구하였으나 지정된 기간 내에 또는 기타 합리적인 기간 내에 이행을 수령하지 못한 피해당사자는 여타의 구제권을 행사할 수 있다.

(2) 비금전채무의 이행청구권을 인정하는 법원의 판결이 강제집행될 수 없는 때에는 피해당사자는 여타의 구제권을 행사할 수 있다.

제3절 계약해제

제7.3.1조(계약해제권)

(1) 당사자는 상대방의 계약상 의무의 불이행이 중대한 불이행에 해당하는 경우에 계약을 해제할 수 있다.

(2) 의무의 불이행이 중대한 불이행에 해당하는지 여부를 결정함에 있어서는 특히 다음을 고려하여야 한다.

(a) 불이행이 당해 계약하에서 피해당사자가 기대할 권리가 있는 바를 실질적으로 박탈하는지 여부. 다만 그러함이 긍정되기 위해서는 상대방이 그러한 결과를 예견하지 못하였고 또한 합리적으로 예견할 수 없었어야 한다;

(b) 불이행된 동 의무의 엄격한 이행이 계약의 핵심인지 여부;

(c) 불이행이 고의적이거나 무모한 것인지 여부,

(d) 불이행이 피해당사자에게 상대방의 장래의 이행을 기대할 수 없다고 믿을 만한 이유를 제공하는지 여부;

(e) 계약이 해제되는 경우에 불이행당사자가 그의 이행이나 그 준비의 결과로 형평에 반하는 손실을 겪게 되는지 여부.

(3) 이행지체의 경우 상대방이 제7.1.5조하에서 허여된 기간이 도과하기 전에 이행을 하지 않는다면 피해당사자는 계약을 해제할 수 있다.

제7.3.2조(계약해제의 통지)

(1) 계약해제권은 상대방에 대한 통지로써 행사된다.

(2) 이행이 늦게 제공되었거나 기타 계약에 적합하지 않은 경우에 부적합한 이행의 사실을 알았거나 알았어야 했던 때로부터 합리적인 기간 내에 상대방에게 계약해제통지를 하지 않은 피해당사자는 계약해제권을 상실한다.

제7.3.3조(불이행의 예견)

당사자 일방의 이행이 있어야할 일자가 도래하기 전에도 그의 중대한 불이행이 있을 것임이 명백한 경우에는 상대방은 계약을 해제할 수 있다.

제7.3.4조(적절한 이행보장)

장차 상대방의 중대한 불이행이 있을 것임을 합리적으로 믿는 당사자는 적절한 이행보장을 요구할 수 있고 또한 그러한 동안에는 그의 이행을 보류할 수 있다. 합리적인 기간 내에 그러한 이행보장이 제공되지 않는 때에는 이행보장을 요구한 당사자는 계약을 해제할 수 있다.

제7.3.5조(계약해제의 효과 일반)

(1) 계약해제는 양당사자 모두를 그들의 장래의 이행을 행하고 수령할 의무로부터 벗어나게 한다.

(2) 계약해제는 불이행에 기하는 손해배상청구를 방해하지 아니한다.

(3) 계약해제는 분쟁의 해결을 위한 계약 소정의 규정이나 계약해제후에도 작용하여야 할 여타의 계약조건에는 영향을 미치지 아니한다.

제7.3.6조(원상회복)

(1) 계약이 해제되면 각 당사자는 자신이 급부한 모든 것을 반환할 것을 청구할 수 있되, 자신이 수령한 모든 것을 동시에 반환하여야 한다. 반환이 성질상 불가능하거나 부적절한 경우에는 합리적인 한 그 가액을 금전으로 반환하여야 한다.

(2) 그러나 계약이 일정한 기간에 걸쳐 이행되어 왔고 또한 동 계약의 분할이 가능한 때에는 그러한 반환은 계약해제가 그 효력을 발생한 후의 기간에 이행된 것에 한한다.

제4절 손해배상

제7.4.1조(손해배상청구권)

불이행은 피해당사자에게 배타적이거나 또는 여타의 구제권과 연계되는 손해배상청구권을 부여한다. 그러나 본 국제상사계약원칙하에서 동 불이행에 대하여 면책이 긍정되는 경우에는 그러하지 아니하다.

제7.4.2조(완전배상)

(1) 피해당사자는 불이행으로 인하여 입은 손해의 완전한 배상을 청구할 수 있다. 그러한 손해는 피해당사자가 입은 모든 손실과 그가 상실한 모든 이익을 포함하되, 그가 그의 비용이나 손해의 발생을 피하게 됨으로 인하여 얻은 이득은 공제되어야 한다.

(2) 그러한 손해는 비금전적일 수도 있고 또한 예를 들어 육체적 피해나 정신적 고통을 포함한다.

제7.4.3조(손해의 확실도)

(1) 배상되어야 할 손해는 합리적인 정도로 확실한 손해(장래의 손해를 포함한다)에 한한다.

(2) 기회상실의 손해는 그 발생확률에 비례하여 배상되어야 한다.

(3) 충분한 정도로 확실하게 손해액을 결정할 수 없는 때에는 그 산정은 법원의 재량에 의한다.

제7.4.4조(예견가능한 손해)

불이행당사자는 그가 그의 불이행으로 인하여 발생할 수 있다고 계약체결시에 예견하였거나 합리적으로 예견할 수 있었던 손해에 한하여 책임을 진다.

제7.4.5조(대체거래의 경우의 손해의 증명)

피해당사자가 계약을 해제하고 합리적인 기간 내에 합리적인 방법으로 대체거래를 한 경우에 그는 계약가격과 대체거래가격의 차액 및 기타 손해의 배상을 청구할 수 있다.

제7.4.6조(시가에 의한 손해의 증명)

(1) 피해당사자가 계약을 해제하고서도 대체거래를 하지 않았으나, 당해 계약의 이행에 적용될 시가가 있는 경우에는 그는 계약가격과 해제당시의 시가와의 차액 및 기타 손해의 배상을 청구할 수 있다.

(2) 시가는 인도된 물품이나 제공된 서비스에 대하여 계약이 이행되었어야 한 장소에서 유사한 상황하에서 일반적으로 징구되는 가격을 말하며 동 장소에서 시가가 없는 경우에는 대체적용하기에 합리적으로 보이는 다른 장소에서의 시가를 말한다.

제7.4.7조(피해당사자에 일부 기인한 손해)

손해가 피해당사자의 작위 또는 부작위나 그가 위험을 부담하는 사유에 일부 기인한 때에는 손해배상액은 각 당사자의 행위를 참작하여 그러한 요인들이 동 손해에 기여한 범위를 한도로 감액된다.

제7.4.8조(손해의 경감)

(1) 불이행당사자는 피해당사자가 합리적인 조치를 취함으로써 경감될 수 있었던 범위까지는 피해당사자가 입은 손해에 대한 책임이 없다.

(2) 피해당사자는 손해를 경감시키는 조치를 취하는 데 합리적으로 소요된 비용의 배상을 청구할 수 있다.

제7.4.9조(금전부지급에 기한 이자)

(1) 당사자가 지급기일이 도래한 금전을 지급하지 않는 경우에 피해당사자는 동 금전이 지급되었어야 한 때부터 실제 지급시까지의 동 금전에 대한 이자를 청구할 수 있으며 이때 당해 부지급의 면책여부는 묻지 아니한다.

(2) 그 이율은 지급지에서 당해 지급통화의 우량금전차용인들에게 널리 적용되는 평균은행 단기대출이자율이나, 지급지에 그러한 이자율이 존재하지 않는 경우에는 당해 지급통화 국가에서의 그러한 이자율로 한다. 그러한 두 장소 모두에서 그러한 이자율이 없는 경우에는 그 이율은 당해 지급통화 국가의 법이 정하는 적절한 이율로 한다.

(3) 금전부지급으로 인하여 보다 많은 손해를 입은 피해당사자는 그러한 추가손해의 배상을 청구할 수 있다.

제7.4.10조(손해배상금을 원본으로 하는 이자)

달리 약정되지 않은 한 비금전채무의 불이행에 기하는 손해배상금에 대한 이자는 불이행시부터 발생한다.

제7.4.11조(금전배상의 방법)

(1) 손해는 그 총액이 일시에 배상되어야 한다. 그러나 당해 손해의 성격에 의해 적절한 경우에는 손해를 분할하여 배상할 수 있다.

(2) 손해의 분할배상은 일정한 지수와 연동되도록 할 수 있다.

제7.4.12조(손해배상액산정의 기준통화)

손해배상액은 당해 금전채무의 표시통화와 손해발생통화 중에서 보다 적절한 통화로 산정되어야 한다.

제7.4.13조(불이행에 대한 손해배상액의 예정)

(1) 계약에서 불이행당사자가 그의 불이행에 대하여 피해당사자에게 소정의 금액을 지급할 것을 정한 때에는 피해당사자는 그의 실제손해와는 상관없이 동 금액의 지급을 청구할 수 있다.

(2) 그러나 비록 달리 합의되었더라도 불이행으로 인한 손해 기타 제반사정에 비추어 그러한 약정금액이 현저하게 과도한 때에는 이를 합리적인 정도로 감액할 수 있다.

제8장 상계

제8.1조(상계의 요건)

(1) 쌍방이 서로 금전채무 기타 동종의 채무를 부담하는 경우에 각 당사자[상계당사자]는 상계시에 다음의 요건이 갖추어진다면 그의 채무와 그의 채권자[상대방]의 채무를 상계할 수 있다.

(a) 상계당사자가 그의 채무를 이행할 권리를 가지고 있을 것;

(b) 상대방의 채무가 그 존재와 양의 면에서 확정되어 있고 또한 이행하여야 할 상태에 놓여 있을 것.

(2) 쌍방의 채무가 동일한 계약에서 발생한 경우에는 상계당사자는 또한 그의 채

무와 그 존재와 양이 확정되지 않은 상대방의 채무를 상계할 수 있다.

제8.2조(외화채무의 상계)

상이한 통화로 지급되어야 하는 두 금전채무의 경우 두 통화가 자유로이 상호 환금가능하고 또한 상계당사자가 오직 특정한 통화로만 지급할 것을 당사자들이 약정하지 않은 한 상계권은 행사될 수 있다.

제8.3조(상계의 통지)

상계권은 상대방에 대한 통지로써 행사된다.

제8.4조(통지의 내용)

(1) 상계의 통지는 상계되는 채무들을 명시하여야 한다.

(2) 상계의 통지에서 상계 대상이 되는 채무를 명시하지 않은 경우 상대방은 합리적인 기간 내에 상계당사자에게 상계되는 채무를 적시할 수 있다. 그러한 적시가 없는 때에는 모든 채무가 비율적으로 상계된다.

제8.5조(상계의 효과)

(1) 상계는 채무를 소멸시킨다.

(2) 채무들이 양적으로 상이하다면 상계는 양적으로 적은 채무의 한도 내에서 채무를 소멸시키다.

(3) 상계는 통지시부터 그 효력을 갖는다.

제9장 채권양도, 채무이전, 계약양도

제1절 채권양도

제9.1.1조(정의)

채권양도라 함은 금전지급 기타의 급부를 목적으로 하는 일방[양도인]의 제3자[채무자]에 대한 채권을 합의로써 타인[양수인]에게 양도하는 것을 말하며 담보의 목적으로 하는 것을 포함한다.

제9.1.2조(적용배제)

본 절은 다음 각 호의 양도를 규율하는 특별한 법규하에서 행하여지는 양도에는 적용되지 아니한다:

(a) 유통가능증권, 권리증권 또는 금융증권과 같은 증권의 양도 또는

(b) 기업양도의 과정에서의 권리의 이전.

제9.1.3조(비금전채권의 양도)

비금전적 급부를 목적으로 하는 채권은 양도로 인하여 채무의 부담이 현저하게 가중되지 않는 경우에 한하여 양도될 수 있다.

제9.1.4조(일부양도)

(1) 금전지급을 목적으로 채권은 그 일부만이 양도될 수 있다.

(2) 기타의 급부를 목적으로 하는 채권은 그것이 분할가능하고 또한 양도로 인하여 채무의 부담이 현저하게 가중되지 않는 경우에 한하여 그 일부만이 양도될 수 있다.

제9.1.5조(장래의 채권)

장래의 채권은 그것이 존재하게 된 때에, 양도되는 채권으로서 특정될 수 있는 경우에 한하여 합의시에 양도된 것으로 본다.

제9.1.6조(일괄양도)

복수의 채권도 양도당시에 또는 동 채권들이 존재하게 된 때에 양도되는 채권으로서 특정될 수 있는 한 개별지정 없이 양도될 수 있다.

제9.1.7조(양도인과 양수인 사이의 합의에 의한 양도)

(1) 채무자에게의 통지가 없이도 단지 양도인과 양수인 사이의 합의에 의해 채권은 양도된다.

(2) 채무가 상황에 따라 인적 성질을 갖지 않은 한 채무자의 동의는 요구되지 아니한다.

제9.1.8조(채무자의 추가비용)

채무자는 채권양도로 인하여 발생한 추가비용을 양도인 또는 양수인으로부터 보

상반을 권리가 있다.

제9.1.9조(양도금지특약)

(1) 금전의 지급을 목적으로 하는 채권의 양도는 양도인과 채무자 사이에 양도를 제한 또는 금하는 약정이 있더라도 그 효력이 있다. 그러나 양도인은 채무자에 대해 계약위반의 책임을 진다.

(2) 기타의 급부를 목적으로 하는 채권의 양도는 그것이 그것을 제한 또는 금하는 양도인과 채무자 사이의 약정에 반하는 경우에는 효력이 없다. 그럼에도 양수인이 양도시에 그러한 약정을 알지 못하였고 또한 알았어야 하지도 않은 경우에는 양도는 효력이 있다. 이때 양도인은 채무자에 대해 계약위반의 책임을 진다.

제9.1.10조(채무자에게의 통지)

(1) 양도인 또는 양수인으로부터 양도통지를 수령하기 전에는 채무자는 양도인에게 변제함으로써 채무를 소멸시킬 수 있다.

(2) 그러한 통지를 수령한 후에는 채무자는 오직 양수인에게 변제함으로써만 채무를 소멸시킬 수 있다.

제9.1.11조(이중양도)

동일한 채권이 동일한 양도인에 의해 둘 이상의 양수인에게 양도된 경우 채무자는 양도통지를 수령한 순서에 따라 변제함으로써 채무를 소멸시킬 수 있다.

제9.1.12조(양도의 적절한 증거)

(1) 양수인이 양도통지를 하는 경우 채무자는 양도가 있었음을 증명하는 적절한 증거를 합리적인 기간 내에 제공할 것을 양수인에게 요구할 수 있다.

(2) 적절한 증거가 제공될 때까지, 채무자는 이행을 보류할 수 있다.

(3) 적절한 증거가 제공되지 않는다면, 통지는 효력이 없다.

(4) 적절한 증거는 양도인에게서 나온 것으로 당해 양도가 있었음을 보여주는 문서를 포함하나 그에 한하지 아니한다.

제9.1.13조(항변사유와 상계권)

(1) 채무자는 그가 양도인에 대해 주장할 수 있던 모든 항변사유를 양수인에 대

해 주장할 수 있다.

(2) 채무자는 양도통지를 수령하기 까지는 그가 양도인을 상대로 행사할 수 있던 상계권을 양수인에 대해 행사할 수 있다.

제9.1.14조(양도되는 채권에 부종하는 권리들)

채권양도는 양수인에게 다음 각 호의 권리를 이전시킨다:

(a) 양도되는 채권에 부종하는 것인 한, 계약상의 양도인의 모든 지급청구권 기타 이행청구권 및

(b) 양도되는 채권의 이행을 담보하는 모든 권리.

제9.1.15조(양도인의 보장)

양도인은 양수인에 대해 다음을 보장한다. 다만, 양수인에게 이미 고지된 경우에는 그러하지 아니하다.

(a) 양도되는 채권이 장래의 채권이 아닌 한, 양도당시에 존재함.

(b) 양도인은 당해 채권을 양도할 권리가 있음.

(c) 당해 채권이 이전에 다른 양수인에게 양도되지 않았고 또한 제3자의 권리나 클레임으로부터 자유로움.

(d) 채무자가 항변사유를 갖고 있지 않음.

(e) 채무자와 양도인이 양도되는 채권을 대상으로 상계의 통지를 하지 않았고 또한 그러한 통지를 하지도 않을 것임.

(f) 양도인은 양도통지가 있기 전에 그가 채무자로부터 수령한 금전을 양수인에게 상환할 것임.

제2절 채무이전

제9.2.1조(채무이전의 방법)

금전지급 기타 이행의 제공을 내용으로 하는 채무는 다음 각 호의 합의에 의해 어느 일인[원채무자]에게서 타인[신채무자]에게로 이전한다:

(a) 제9.2.3조의 제한을 받는 원채무자와 신채무자 사이의 합의 또는

(b) 신채무자가 채무를 인수하기로 하는 채권자와 신채무자 사이의 합의.

제9.2.2조(적용배제)

본 절은 기업양도의 과정에서의 채무의 이전을 규율하는 특별한 법규하에서 행해지는 채무이전에는 적용되지 아니한다.

제9.2.3조(채무이전에 대한 채권자의 동의의 요건)

원채무자와 신채무자 사이의 합의에 의한 채무이전은 채권자의 동의를 요한다.

제9.2.4조(채권자의 사전동의)

(1) 채권자는 미리 동의할 수 있다.

(2) 채권자가 미리 동의한 경우에, 채무이전은 채권자에게 채무이전의 통지를 한 때 또는 채권자가 채무이전을 승인한 때에 효력을 발생한다.

제9.2.5조(원채무자의 채무면제)

(1) 채권자는 원채무자를 그 채무에서 벗어나게 할 수 있다.

(2) 채권자는 또한 원채무자를 신채무자가 정히 이행하지 않는 경우의 채무자로 남게 할 수 있다.

(3) 기타의 경우에는 원채무자는 신채무자와 연대하여 채무자로 남는다.

제9.2.6조(제3자에 의한 이행)

(1) 채권자의 동의가 없이도, 채무자는 제3자와 계약하여 동 제3자가 채무자를 대신하여 채무를 이행하도록 할 수 있으나, 다만 채무가 상황에 따라 인적 성질을 갖는 때에는 그러하지 아니하다.

(2) 채권자는 채무자를 상대로 여전히 청구할 수 있다.

제9.2.7조(항변사유와 상계권)

(1) 신채무자는 원채무자가 채권자에 대해 주장할 수 있던 모든 항변사유를 채권자에 대해 주장할 수 있다.

(2) 신채무자는 원채무자가 채권자에 대해 행사할 수 있었던 상계권을 채권자를 상대로 행사할 수 없다.

제9.2.8조(이전되는 채무에 부종하는 권리)

(1) 채권자는 이전되는 채무에 부종하는 것인 한 당해 계약상의 모든 지급청구권

기타 이행청구권을 신채무자에게 주장할 수 있다.

(2) 원채무자가 제9.2.5조 제1항하에서 그의 채무에서 벗어난 경우에 신채무자 외의 제3자가 당해 채무의 이행을 위하여 제공한 담보는 그 제3자가 채권자에게 담보제공을 계속하기로 동의하지 않는 한 소멸한다.

(3) 원채무자가 그의 채무에서 벗어난 경우에는 그가 그 채무의 이행을 위해 제공한 담보도 또한 소멸하되, 다만 그 담보의 목적인 재산이 원채무자와 신채무자 사이의 거래의 일부로서 양도되는 때에는 그러하지 아니하다.

제3절 계약양도

제9.3.1조(정의)

계약양도라 함은 제3자[원계약의 상대방]와의 계약에 기하여 발생한 어느 일인[양도인]의 권리와 의무를 양도인이 타인[양수인]에게 합의로써 양도하는 것을 말한다.

제9.3.2조(적용배제)

본 절은 기업양도의 과정에서의 계약양도를 규율하는 특별한 법규하에서 이루어지는 계약양도에는 적용되지 아니한다.

제9.3.3조(원계약의 상대방의 동의의 요건)

계약양도는 원계약의 상대방의 동의를 요한다.

제9.3.4조(원계약의 상대방의 사전동의)

(1) 원계약의 상대방은 미리 동의할 수 있다.

(2) 원계약의 상대방이 미리 동의한 경우 계약양도는 원계약의 상대방에게 양도통지를 한 때 또는 원계약의 상대방이 계약양도를 승인한 때 그 효력이 발생한다.

제9.3.5조(양도인의 채무면제)

(1) 원계약의 상대방은 양도인을 그의 채무에서 벗어나게 할 수 있다.

(2) 원계약의 상대방은 또한 양도인을 양수인이 정히 이행하지 않는 경우의 채무자로 남게 할 수 있다.

(3) 기타의 경우 양도인은 양수인과 연대하여 원계약의 상대방의 채무자로 남는다.

제9.3.6조(항변사유와 상계권)

(1) 계약양도가 채권양도를 포함하는 한도 내에서는 제9.1.13조를 준용한다.

(2) 계약양도가 채무인수를 포함하는 한도 내에서는 제9.2.7조를 준용한다.

제9.3.7조(계약과 함께 이전되는 권리)

(1) 계약양도가 채권양도를 포함하는 한도 내에서는 제9.1.14조를 준용한다.

(2) 계약양도가 채무인수를 포함하는 한도 내에서는 제9.2.8조를 준용한다.

제10장 제소기한

제10.1조(본 장의 적용범위)

(1) 본 국제상사계약원칙의 적용을 받는 권리의 행사는 제소기한으로 명명된 기간의 만료에 의해 본 장의 규칙에 따라 금지된다.

(2) 본 장은 본 국제상사계약원칙하에서 일방이 그의 권리의 취득 또는 행사를 위한 요건으로서 상대방에게 통지하여야 할 기간이나 법적 절차를 개시하는 행위 외의 행위를 하여야 할 기간의 한도를 규율하지 아니한다.

제10.2조(제소기한)

(1) 일반제소기한은 3년이며, 이는 권리의 행사를 가능하게 하는 사실을 채권자가 알았거나 알았어야 하는 일자의 익일에 개시된다.

(2) 어떠한 경우에도 최대제소기한은 10년이며 이는 권리가 행사될 수 있던 일자의 익일에 개시된다.

제10.3조(당사자들에 의한 제소기한의 변경)

(1) 당사자들은 제소기한을 변경할 수 있다.

(2) 그러나 당사자들은

(a) 일반제소기한을 1년보다 단기로 할 수 없다;

(b) 최대제소기한을 4년보다 단기로 할 수 없다;

(c) 최대제소기한을 15년보다 장기로 할 수 없다.

제10.4조(권리시인에 의한 제소기한의 갱신)

(1) 일반제소기한이 도과되기 전에 채무자가 채권자의 권리를 시인한 경우에는 그러한 시인이 있은 일자의 익일에 새로운 일반제소기한이 개시된다.

(2) 최대제소기한은 갱신되지 않으나 제10.[4]조 제1항에 따른 새로운 일반제소기한의 개시에 의해 초과될 수 있다.

제10.5조(사법절차에 의한 기간진행정지)

(1) 제소기한의 진행은 다음 각 호의 경우에는 정지된다.

(a) 채권자가 사법절차를 개시함으로써 혹은 이미 개시된 사법절차 중에 법정지의 법에 의해 채무자에 대한 채권자의 권리주장으로 인정되는 행위를 하는 경우;

(b) 채무자가 도산한 경우에는 채권자가 당해 도산절차에서 그의 권리를 주장하는 경우; 또는

(c) 법인인 채무자가 해산절차에 들어간 경우 채권자가 당해 해산절차에서 그의 권리를 주장하는 경우.

(2) 기간진행정지는 종국판결이 선고되거나 기타 당해 절차가 종료되는 때까지 지속된다.

제10.6조 (중재절차에 의한 기간진행정지)

(1) 제소기한의 진행은 채권자가 중재절차를 개시함으로써 혹은 이미 개시된 중재절차 중에 당해 중재절차법에 의해 채무자에 대한 채권자의 권리주장으로 인정되는 행위를 하는 경우에 정지된다. 중재절차법규나 중재절차의 정확한 개시일을 결정하는 규정이 없는 경우에는 당해 중재절차는 문제의 권리를 대상으로 한 중재요청서가 채무자에게 도달한 일자의 익일에 개시된 것으로 본다.

(2) 기간진행정지는 구속력 있는 중재판정이 선고되거나 기타 당해 절차가 종료되는 때까지 지속된다.

제10.7조(소송외 분쟁해결)

제10.5조와 제10.6조의 규정은 당사자들이 그들간의 분쟁을 우호적으로 해결하려는 노력의 일환으로 제3자에게 도움을 청하는 여타의 분쟁해결절차에 준용된다.

제10.8조(불가항력, 사망 기타 능력상실의 경우의 기간진행정지)

(1) 채권자가 그의 통제를 벗어난 장애에 의해 방해를 받아 앞의 규정들하에서 제소기한이 진행되는 것을 막지 못하게 되었고 또한 그가 그러한 장애를 회피하거나 극복할 수 없었던 경우에 일반 제소기한은 그 진행이 정지되고 또한 그러한 장애가 사라진 후 1년 내에는 만료되지 아니한다.

(2) 채권자나 채무자의 능력상실 또는 사망이 그러한 장애에 해당하는 경우에는 능력을 상실하거나 사망한 당사자 또는 그의 재산의 대리인 혹은 대표자가 선임되거나 승계인이 그러한 당사자의 지위를 승계한 때에 기간진행이 재개한다. 이 각각의 경우에 1. 소정의 일년추가의 규칙이 적용된다.

제10.9조(제소기한만료의 효과)

(1) 제소기한의 만료는 권리는 소멸시키지 아니한다.

(2) 제소기한의 만료는 채무자가 항변으로서 이를 주장하여야 효력이 발생한다.

(3) 권리의 제소기한이 만료되었다는 주장이 있더라도 채권자는 동 권리에 의존하여 항변할 수 있다.

제10.10조(상계권)

채권자는 채무자가 제소기한만료를 주장하기 전에는 상계권을 행사할 수 있다.

제10.11조(반환)

채무변제를 위한 이행이 이미 있었던 경우에 단지 제소기한이 만료되었다는 이유만으로는 그 반환을 청구할 수 없다.

부록 3 유럽계약법원칙(PECL)

제1장(일반규정)

제1절(원칙의 적용범위)

제1:101조(원칙의 적용)

(1) 이 원칙은 유럽 공동체 계약법의 일반 규정으로서 적용될 것을 목적으로 한다.

(2) 이 원칙은 당사자들이 그들의 계약에 규율될 것을 합의한 경우에 적용된다.

(3) 이 원칙은 다음의 경우에 적용된다.

(a) 당사자들이 그들의 계약이 '법의 일반원칙', '상관습법'(*lex mercatoria*) 혹은 이와 유사한 것에 의하여 규율될 것으로 약정한 경우 또는

(b) 당사자들이 그들의 계약을 규율할 법체계나 규정을 정하지 않은 경우

(4) 이 원칙은 준거법에 의한 법체계나 규정이 정하지 않음으로서 발생되는 문제에 대한 해결책을 제시한다.

제1:102조(계약의 자유)

(1) 당사자들은 계약을 체결하고 그 내용을 결정할 자유가 있다. 다만 신의성실과 공정거래의 요구와 이 원칙에 의하여 정하여진 강행규정에 따라야 한다.

(2) 당사자들은 이 원칙의 어떠한 규정도 배척하거나 원칙이 달리 정하지 않는 한 규정의 효과를 배제하거나 변경할 수 있다.

제1:103조(강행법)

(1) 다른 정함이 없으면 적용되는 법이 이를 허용하는 한 당사자들은 계약이 이 원칙에 의하여 규율되고 국가의 강행규정이 적용되지 아니함을 정할 수 있다.

(2) 그러나 국제사법의 관련 규정이 계약의 준거법에 불구하고 적용된다고 정하는 내국법, 초국가법, 국제법의 강행규정은 효력을 갖는다.

제1:104조(합의 유무 문제에 대한 적용)

(1) 이 원칙을 채택하거나 계약의 내용으로 하는 당사자들의 약정의 존부와 유효성은 이 원칙에 의하여 결정된다.

(2) 그러나 당사자는 제반사정에 비추어 그의 행태의 효과를 이 원칙에 좇아 결정하는 것이 합리적이 아니라고 여겨지는 경우에는 그가 합의하지 아니하였음을 증명하기 위하여 그의 상주거소가 있는 나라의 법을 원용할 수 있다.

제1:105조(관행과 관례)

(1) 당사자들은 그들이 합의한 관습과 당사자간에 확립된 관행에 구속된다.

(2) 당사자들은 당사자들과 같은 상황하에서 일반적으로 적용되었을 것으로 보여지는 관습에 구속된다. 다만 그러한 관습의 적용이 불합리한 경우에는 그러하지 아니하다.

제1:106조(해석과 보충)

(1) 이 원칙은 그 목적에 상응하여 해석되고 전개되어야 한다. 특히 신의성실 및 공정거래, 계약관계의 명확성과 적용에 있어서 통일성의 제고 필요성이 고려되어야 한다.

(2) 이 원칙에 의하여 규율되는 사항이나 원칙이 이를 명시적으로 해결하고 있지 않는 경우에는 가능한 한 이 원칙이 기초하고 있는 이념에 따라 해결하여야 한다. 그러한 것이 없는 때에는 국제사법에 의하여 적용되는 법체계에 따라 해결하여야 한다.

제1:107조(유추에 의한 원칙의 적용)

이 원칙은 계약을 변경하거나 종료시키는 약정, 일방적 약속 및 어떠한 의도를 지시하는 기타의 언명이나 행태에 적절한 변경을 가하여 적용된다.

제2절(일반적 의무)

제1:201조(신의성실 및 공정거래)

(1) 권리의 행사나 의무의 이행시 각 당사자는 신의와 공정의 원칙에 따라야 한다.

(2) 당사자들은 이 의무를 배제하거나 제한할 수 없다.

제1:202조(협력의무)

각 당사자는 상대방에 대하여 계약의 완전한 실현을 위한 협력 의무를 진다.

제3절 용어 및 기타규정

제1:301조(용어의 의미)

이 원칙하에서 문맥상 달리 해석되지 아니하는 한, 각 용어는 다음을 의미한다.

(1) 행위는 부작위를 포함한다.

(2) 법원은 중재재판소를 포함한다.

(3) 고의적 행위는 무모하게 이루어진 행위를 포함한다.

(4) 불이행이라 함은 계약상의 채무의 이행을 하지 못한 경우를 의미한다. 이는 면책 여부와 관계없으며, 이행지체, 하자있는 이행이나 계약의 완전한 실현을 위하여 협력을 하지 않은 경우를 포함한다.

(5) 어떠한 사항이 같은 처지에 있는 합리적인 자가 제의된 내용대로 계약을 체결할 것인지 또는 계약을 체결할지 자체를 결정함에 있어서 상대방에게 영향을 줄 것임을 알았어야 했던 것이면, 이 사항은 실질적이다.

(6) 서면에 의한 언명은 전보 · 텔렉스 · 팩스 · 전자메일 및 기타 양측에 대해 언명의 판독가능한 기록을 제공할 수 있는 의사전달수단에 의한 의사소통을 포함한다.

제1:302조(합리성)

이 원칙하에서 합리성은 신의를 가지고 행위하는 자가 동일한 상황하에서 합리적이라고 볼 수 있는 바에 의하여 판단된다. 특히 무엇이 합리적인가를 평가함에 있어서 계약의 성질과 목적, 구체적 제반 사정 그리고 거래나 해당 직업의 관행과 관례가 고려되어야 한다.

제1:303조(통지)

(1) 이 원칙에 의거한 통지는 서면에 의하건 다른 방법에 의하건 상황에 적합한 수단에 의하여 이루어졌다면 효력을 갖는다.

(2) 통지는 상대방에게 도달한 때에 효력을 가진다. 다만 제4항, 제5항에 좇아야 한다.

(3) 통지는 상대방 또는 그의 영업지 또는 우편주소에 전달되던 때, 또는 상대방에게 영업지나 우편주소가 없는 경우에는 그의 상주거소에 전달된 때에, 그에게 도달한다.

(4) 일방 당사자가 상대방의 불이행을 이유로 혹은 그러한 불이행이 합리적으로 그 당사자에 의하여 예견되었기 때문에 통지한 경우로, 그 통지가 적절하게 발송되거나 교부되었다면, 그 통지가 연착되거나 잘못 전달되거나 혹은 도달하지 않았다 하더라도 그러한 사실은 통지의 효력 발생에 영향을 미치지 않는다. 통지는 통상의 상황하에서 도달되었을 때에 그 효력이 생긴다.

(5) 통지의 철회가 통지보다 먼저 또는 그와 동시에 상대방에게 도달한 경우, 통지는 효력이 없다.

(6) 이 조문에서 「통지」는 약속, 언명, 제안, 승낙, 요구, 의뢰 기타 형태의 의사표명의 전달을 포함한다.

제1:304조(기간의 계산)

(1) 당사자가 서면으로 상대방이 응답하거나 기타의 행위를 할 기간을 서면으로 정한 경우에 그 기간은 그 서면의 작성일자로 적힌 날부터 기산한다. 작성일자가 없는 경우에는, 그 기간은 서면이 상대방에게 도달한 때로부터 기산한다.

(2) 기간 내에 속해있는 공식 휴일, 공식 비근로일은 기간의 산정에 포함된다. 그러나 기간의 마지막 날이 상대방의 주소에서 또는 문제된 행위가 행하여져야할 곳에서 공식 휴일이거나 공식 비근로인인 경우에는, 그 기간은 그곳에서의 최초의 근로일까지 연장된다.

(3) 일, 주, 월 또는 연으로 표시된 기간은 다음날의 0시부터 시작하고, 기간의 최종일의 24시에 종료한다. 그러나 기간을 정한 당사자에게 도달하여야 하는 모든 응답 또는 행하여야 하는 다른 행위는 기간 종료일에 관련되는 곳의 영업의 정상적 종료시까지 도달 또는 완성되어야 한다.

제1:305조(인식과 의도의 간주)

당사자는 그의 동의하에 계약의 체결에 관여한 자 또는 당사자에 의하여 이행을 위탁받거나 그의 동의 아래 이행하는 자가

(a) 어떠한 사실을 알았거나 예견하였다면 혹은 그 사실을 알거나 예견하여야만 했던 경우 또는

(b) 고의적으로나 중대한 과실로 행위하거나 신의성실 및 공정거래에 따르지 않았다면,

그 인식, 예견 또는 행위는 그 당사자 자신에게 귀속된다.

제2장 계약의 체결

제1절

제2:101조(계약체결의 요건)

(1) 계약은,

(a) 당사자들이 법적으로 구속되려는 의도로,

(b) 충분한 합의에 도달한 경우에는, 다른 요건을 충족할 필요없이 체결된다.

(2) 계약은 서면으로 체결 또는 입증될 필요가 없고 또 형식에 관한 다른 요건에 종속되지도 않는다. 계약은 증인을 포함하여 어떠한 수단에 의해서건 증명될 수 있다.

제2:102조(의도)

계약에 의하여 법적으로 구속되려는 당사자의 의도는 그 당사자의 언명 또는 행태로부터 그것이 상대방에 의하여 합리적으로 이해되는 바에 따라 정해진다.

제2:103조(충분한 합의)

(1) 그 내용이,

(a) 당사자들에 의하여 충분히 확정되어 계약이 실행될 수 있거나,

(b) 이 원칙에 의하여 정해질 수 있는 때에는,

충분한 합의가 있는 것이다.

(2) 그러나 당사자 일방이 당사자들이 특정한 사항에 관하여 합의하지 아니하면 계약을 체결하기를 거절하는 경우에 그 사항에 관하여 합의에 이르지 못한 때에는 계약은 성립하지 아니한다.

제2:104조(개별적으로 합의하지 아니한 계약내용)

(1) 개별적으로 합의하지 아니한 계약내용은 이를 원용하는 당사자가 계약 체결

전에 또는 체결시에 상대방이 이에 주의하도록 하기 위한 합리적 조치를 취한 경우에만 상대방이 이를 알지 못한 경우에도 이를 그에 대하여 원용할 수 있다.

(2) 계약서면에 단순히 계약내용을 지적하는 것만으로는 비록 상대방이 이에 서명하였어도 그로 하여금 이에 주의하도록 하기 위한 적절한 조치가 취하여졌다고 할 수 없다.

제2:105조(완결조항)

(1) 서면에 의한 계약이 계약의 모든 내용을 담고 있음을 표명하는 개별적으로 합의된 조항을 포함한다면 서면에 포함되지 아니한 사전의 언명, 보장 또는 합의는 계약의 일부가 되지 아니한다.

(2) 완결조항이 개별적으로 합의되지 아니한 때에는, 이는 당사자들이 그들의 사전의 언명, 보장 또는 합의가 계약의 일부가 되지 아니할 것을 의도하였음을 추정하게 하는 효력만을 가진다. 이 규정은 배제되거나 제한될 수 없다.

(3) 당사자들의 사전의 언명은 계약의 해석을 위하여 이용될 수 있다. 이 규정은 개별적으로 합의된 계약조항에 의하는 경우를 제외하고, 배제되거나 제한될 수 없다.

(4) 당사자는 상대방이 그의 언명이나 행태를 합리적으로 믿은 한도에서 그 언명이나 행태로 인하여 완결조항의 원용이 금지될 수 있다.

제2:106조(서면에 의한 수정)

(1) 계약을 수정하거나 종료시키는 합의가 서면으로 행하여질 것을 정하는 서면계약상의 조항은 그 계약을 수정하거나 종료시키는 합의가 서면으로 행하여지지 아니하면 이는 법적으로 구속력있는 것으로 의도되지 아니하였음을 추정하게 하는 효력만을 가진다.

(2) 당사자는 상대방의 그의 언명이나 행태를 합리적으로 믿은 한도에서 그 언명이나 행태로 인하여 그러한 조항의 원용이 금지될 수 있다.

제2:107조(승낙없이 구속력을 가지는 약속)

승낙없이 법적으로 구속력이 있는 것으로 의도된 약속은 구속력이 있다.

제2절 청약과 승낙

제2:201조(청약)

(1) 제안은,

(a) 타방 당사자가 이를 승낙하면 계약이 성립될 것으로 의도되고,

(b) 계약을 구성하기에 충분히 확정적인 내용을 포함하는 경우,

청약이 된다.

(2) 청약은 1인 또는 다수의 특정인 또는 불특정 다수인에 대하여 행하여 질 수 있다.

(3) 광고나 카탈로그에 의하여 직업적 공급자가 행하는 또는 물품의 진열에 의한 제시된 가격으로 물품이나 용역을 제공한다는 제안은 물품의 재고 또는 공급자의 용역공급능력이 소진되는 때까지는 그 가격으로 매도하거나 공급한다는 청약으로 추정된다.

제2:202조(청약의 철회)

(1) 청약은 피청약자가 그 승낙을 발송하기 전까지 또는 행태에 의한 승낙의 경우에는 계약이 제2:205조 (2) 또는 (3)에 의하여 체결되기 전까지 철회될 수 있다.

(2) 불특정 다수인에 대한 청약은 청약이 행해진 것과 같은 방법으로 철회될 수 있다.

(3) 그러나 청약의 철회는,

(a) 청약에서 그것이 철회될 수 없음을 지시한 경우 또는

(b) 승낙을 위한 확정기간을 정한 경우 또는

(c) 피청약자가 청약이 철회할 수 없는 것이라고 믿는 것이 합리적이고 또한 그가 청약을 신뢰하고 행위한 경우에는 효력이 없다.

제2:203조(청약의 실효)

청약에 대한 거절이 청약자에게 도달하면 그 청약은 실효한다.

제2:204조(승낙)

(1) 피청약자에 의한 어떠한 형식의 언명이나 행태라도 그것이 청약에 대한 동의를 지시하는 경우에는 승낙이 된다.

(2) 침묵이나 무작위는 그 자체로서 승낙이 되지 않는다.

제2:205조(계약의 체결 시점)

⑴ 피청약자가 승낙을 발송하면 그 승낙이 청약자에게 도달하는 때에 계약이 체결된다.

⑵ 행태에 의한 승낙의 경우에는 그 행태가 청약자에게 도달한 때에 계약이 체결된다.

⑶ 청약에 의하여 당사자들 사이에 성립된 관례에 의하여 또는 관행에 의하여 피청약자가 청약자에게의 통지 없이 일정한 행위의 실행에 의하여 청약을 승낙하는 경우에는 그 행위의 실행이 시작한 때에 계약이 체결된다.

제2:206조(승낙의 기간제한)

⑴ 유효하기 위해서는 청약에 대한 승낙이 청약에 의해 정해진 기간 내에 청약자에게 도달하여야 한다.

⑵ 청약자가 기간을 정하지 아니한 경우에는 승낙은 합리적 기간 내에 청약자에게 도달하여야 한다.

⑶ 제2:203조 ⑶에 따라 실행행위에 의한 승낙의 경우에는 청약자가 정한 기간 내에 혹은 기간을 정하지 않은 경우에는 합리적 기간 내에 그 행위가 실행되어야 한다.

제2:207조(지연된 승낙)

⑴ 지연된 승낙이라도 청약자가 지체없이 피청약자에게 이를 승낙으로 다룰 것을 고지한 경우에는 유효하다.

⑵ 지연된 승낙을 포함하는 서신 기타 서면이 만일 그 전달이 정상적이었다면 적정한 시기에 도달하였을 사정하에서 송부되었음을 나타내는 경우에는 지연된 승낙은 청약자가 지체없이 피청약자에게 자신의 청약이 실효된 것으로 간주한다는 뜻을 고지하지 아니하는 한 승낙으로서 유효하다.

제2:208조(변경된 승낙)

⑴ 청약의 내용을 실질적으로 변경하는 추가된 또는 다른 내용을 명시적으로 또는 묵시적으로 포함하는 피청약자의 응답은 거절이고 또 새로운 청약이다.

⑵ 청약에 대하여 확정적으로 동의하는 응답은 추가된 또는 다른 내용을 명시적으로 또는 묵시적으로 포함하는 경우에도 그 내용이 청약의 내용을 실질적으로 변경하지 아니하는 때에는 승낙으로 기능한다. 이때 추가된 또는 다른 내용은 계약의

일부가 된다.

(3) 그러나 그러한 응답은 다음과 같은 경우에는 청약의 거절로 본다.

(a) 청약이 명시적으로 청약의 내용에 대한 승낙만으로 제한하는 경우,

(b) 청약자가 추가된 또는 다른 내용에 지체없이 이의를 제기한 경우,

(c) 피청약자가 추가된 또는 다른 내용에 대한 청약자의 동의를 조건부로 승낙하고, 그 승낙이 합리적 기간내에 피청약자에게 도달하지 아니한 경우

제2:209조(일반약관의 충돌)

(1) 당사자들이 청약과 승낙이 각기 상반된 계약의 일반약관을 지시하는 것을 제외하고는 합의에 도달한 경우에는 계약은 그럼에도 불구하고 성립한다. 이들 일반약관은 실질적으로 상호 공통하는 한도에서 계약의 일부가 된다.

(2) 그러나 다음의 경우에는 계약은 성립하지 아니한다.

(a) 당사자 일방이 미리 명시적으로 그리고 일반약관에 의하지 아니하고 제1항에 기하여 계약에 구속될 의도가 없음을 나타낸 경우,

(b) 당사자 일방이 그러한 계약에 구속될 의도가 없음을 지체없이 상대방에게 고지한 경우

(3) 계약의 일반약관이라 함은 특정의 성질을 지니는 불특정 다수의 계약을 위해 사전에 미리 마련된 계약내용으로서, 당사자들 사이에 개별적으로 합의되지 아니한 것을 말한다.

제2:210조(직업적 서면확인)

직업적 종사자가 계약을 체결하였으나 그것을 최종서면으로 문서화시키지 아니한 경우에 당사자 일방이 지체없이 상대방에게 계약의 확인을 목적으로 하는 서면을 송부하고 그 서면이 추가적인 또는 다른 내용을 포함하고 있는 때에는 그 내용은 계약의 일부가 된다. 다만 다음의 경우에는 그러하지 아니하다.

(a) 그 내용이 계약의 내용을 실질적으로 변경하는 경우,

(b) 상대방이 지체없이 이에 대해 이의를 제기한 경우

제2:211조(청약과 승낙에 의하지 아니하고 체결된 계약)

이 절의 규정은 계약체결의 과정이 청약과 승낙으로 분해되지 아니하는 경우에도 적절한 변경을 가하여 적용된다.

제3절 교섭에 대한 책임

제2:301조(신의성실에 반하는 교섭)

(1) 당사자들은 교섭의 자유를 가지며 합의에 이르지 못한 것에 대해 책임을 지지 아니한다.

(2) 그러나 신의성실 및 공정거래에 반하여 교섭하거나 교섭을 중단한 당사자는 상대방이 입은 손해에 대하여 책임을 진다.

(3) 특히 당사자가 상대방과 합의에 이를 진정한 의도 없이 교섭을 개시하거나 계속하는 것은 신의성실 및 공정거래에 반한다.

제2:302조(비밀성 침해)

교섭의 과정에서 당사자 일방에 의하여 비밀정보가 주어졌다면 계약 체결 여부에 상관없이 상대방은 그 정보를 누설하거나 자신의 목적을 위하여 그 정보를 이용하지 아니할 의무를 진다. 이 의무를 위반한 경우의 구제수단은 발생한 손해의 배상 및 상대방이 얻은 이익의 반환을 포함한다.

제3장 대리인의 권한

제1절 일반 규정

제3:101조(이 장의 적용범위)

(1) 이 장은 대리인이나 기타 매개자의 제3자와의 계약과 관련하여 본인을 구속하는 권한을 규율한다.

(2) 이 장은 법률에 의하여 수여된 대리인의 권한이나 공적 혹은 사법적 권한에 의하여 임명된 대리인의 권한에 대하여는 규율하지 아니한다.

(3) 이 장은 대리인 또는 매개자와 그의 본인 사이의 내부적 법률관계에는 규율하지 아니한다.

제3:102조(대리의 형태)

(1) 대리인이 본인의 이름으로 행위하는 경우에는 직접대리에 관한 규정이 적용된다(제2절). 이 경우 본인의 동일성이 대리행위시에 밝혀지건 후에 밝혀지건 문제

되지 아니한다.

⑵ 매개자가 본인의 지시에 기하여 그의 이익을 위하여 행위하나 본인의 이름으로 행위하지 아니하는 경우 또는 매개자가 대리인으로서 행위하는 것을 제3자가 알지 못하거나 알 수 있는 근거가 없는 경우에는 간접대리에 관한 규정이 적용된다(제3절).

제2절 직접대리

제3:201조(명시적 대리, 묵시적 대리, 표견대리)

⑴ 본인이 대리인에게 자신의 이름으로 행위할 대리권 주여는 명시적으로 또는 제반사정에 비추어 묵시적으로 행해질 수 있다.

⑵ 대리인은 대리권이 수여된 목적을 성취하기 위하여 당해 상황하에서 필요한 모든 행위를 할 수 있는 권한을 갖는다.

⑶ 어떠한 자의 언명 또는 행태가 제3자로 하여금 표견대리인이 행하는 행위에 대한 대리권이 수여되었다고 합리적으로 그리고 신의칙하에 믿게 하는 경우에는 그 자에게 대리권이 수여된 것으로 본다.

제3:202조(대리권을 행사하는 대리인)

대리인이 제3:201조에 정하여진 대리권의 범위 내에서 행위하는 경우에 그의 행위는 본인과 제3자를 서로에 대하여 직접 구속한다. 대리인 자신은 제3자에 구속되지 아니한다.

제3:203조(본인의 이름을 유보하는 현명)

대리인이 후에 밝혀질 본인의 이름으로 계약을 체결하나, 제3자의 요구를 받고서 합리적 기간 내에 그 본인이 누구인지를 밝히지 않았다면, 대리인 자신이 그 계약에 구속된다.

제3:204조(대리권 없거나 혹은 대리권을 넘는 대리)

⑴ 대리인으로서 권한 없이 혹은 권한 범위를 넘어 한 행위는 본인과 제3자를 구속하지 않는다.

⑵ 제3:207조에 의한 본인의 추인이 없는 경우 대리인은 제3자에 대하여 그가 대리권을 갖고 행위하였을 경우와 같은 지위로 회복시킬 손해배상의 책임을 진다.

이는 제3자가 대리인의 대리권한의 흠결을 알았거나 알 수 있었던 때에는 적용되지 아니한다.

제3:205조(이익의 상반)

(1) 대리인에 의하여 체결된 계약이 대리인을 이익이 상반되는 입장에 놓이게 하는 경우에 이를 제3자가 알았거나 알 수 있었던 때에는 본인은 제4:112조 내지 제4:116조 규정에 따라 그 계약을 취소할 수 있다.

(2) 다음의 경우 이익상반이 있는 것으로 추정된다:

(a) 대리인이 제3자의 대리인으로서도 행위한 경우,

(b) 계약이 그 자체로서 대리인의 전속적 능력에 속하는 경우

(3) 그러나 본인은 다음의 경우에는 계약을 취소할 수 없다:

(a) 본인이 대리인의 행위를 동의하였거나 대리인의 그와 같은 행위를 알 수 있었던 경우,

(b) 대리인이 본인에게 이익상반을 알리고 본인이 합리적 기간 내에 이에 대해 이의를 제기하지 아니한 경우.

제3:206조(복대리)

대리인은 인적 성질을 지니지 않은 그리고 대리인 스스로가 이를 수행할 것을 합리적으로 기대할 수 없는 업무를 수행하기 위하여 복대리인을 선임할 수 있는 묵시적 권한을 갖는다. 이 절의 규정은 복대리에도 적용된다. 대리인의 대리권한 및 복대리인의 권한 내에서의 행하여진 복대리인의 행위는 본인과 제3자를 서로에 대하여 직접 구속한다.

제3:207조(본인의 추인)

(1) 대리인으로서 행위하는 자가 대리권한 없이 또는 그의 대리권의 범위를 넘어서 행위한 경우에 본인은 그의 행위를 추인할 수 있다.

(2) 추인에 의하여 대리인의 행위는 권한에 기하여 행하여진 것으로 간주되나 다른 사람의 권리를 해하지 못한다.

제3:208조(대리권의 확인에 관한 제3자의 권리

본인의 언명이나 행태가 제3자로 하여금 대리인의 행위가 수권된 것으로 믿을

만한 원인이 되었으나 제3자가 수권에 대해 의심이 있는 경우에는 본인에게 서면에 의한 확인을 요청하거나 추인을 요구할 수 있다. 본인이 지체없이 이를 거절하거나 그 요청에 대한 응답이 없는 경우에는 대리인의 행위는 수권된 것으로 간주된다.

제3:209조(대리권의 존속기간)

(1) 대리권은 다음의 사실에 대하여 제3자 알았거나 알았어야 하는 때까지 존속한다:

(a) 본인이나 대리인 혹은 양자에 의하여 대리권이 소멸되었다는 사실;

(b) 대리권 수여의 목적이 달성되었거나 기간의 만료;

(c) 대리인의 파산 그리고 대리인이 자연인인 경우에는 사망 또는 능력의 상실;

(d) 본인의 파산.

(2) 위 제1항 (a)에 정한 대리권이 소멸이 대리권이 고지되었거나 공표된 것과 같은 방식으로 고지되었거나 공표된 경우에는 제3자는 그 대리권 소멸을 안 것으로 본다.

(3) 그러나 대리인은 본인이나 그의 상속인의 이익을 보호하기 위하여 필요한 행위를 수행하기에 합리적 기간동안 여전히 대리권을 가진다.

제3절 간접대리

제3:301조(본인의 이름으로 행위하지 아니하는 매개자)

(1) 매개자가, (a) 본인의 지시 하에 그의 이익을 위하여 행위하지만, 그의 이름으로 하지 않는 경우나, (b) 본인의 지시를 받지만 제3자가 이를 알지 못하거나 알 수 있었다고 판단되지 않는 경우 매개자와 제3자는 서로에 대하여 구속된다.

(2) 본인과 제3자는 제3:302조 내지 제3:304조에 따른 제한된 범위 내에서만 서로에 대하여 구속된다.

제3:302조(매개자의 파산 또는 본인에 대한 본질적 불이행)

매개자가 파산된 경우 그가 본인에 대하여 본질적 불이행을 범한 경우 또는 본질적 불이행이 있을 것이 이행기전에 명백한 경우에는,

(a) 본인의 요구가 있으면 매개자는 제3자의 성명과 주소를 본인에게 고지하여

야 한다. 또한

(b) 본인은 제3자에 대하여 매개자가 본인의 이익을 위하여 취득한 권리를 행사할 수 있다. 이때 제3자는 매개자에 대하여 가지는 대항사유를 주장할 수 있다.

제3:303조(매개자의 파산 또는 제3자에 대한 본질적 불이행)

매개자가 파산된 경우 그가 제3자에 대하여 본질적 불이행을 범한 경우 또는 본질적 불이행이 있을 것이 이행기전에 명백한 경우에는,

(a) 제3자의 요구가 있을 때에는 매개자는 본인의 성명과 주소를 제3자에게 고지하여야 한다. 또한

(b) 제3자는 본인에 대하여 매개자에 대하여 가지는 권리를 본인에 대하여 행사할 수 있다. 다만 본인은 매개자가 제3자에 대하여 가지는 대항사유 및 본인이 매개자에 대하여 가지는 대항사유를 주장할 수 있다.

제3:304조(통지의 필요성)

제3:302조 및 제3:303조하에서의 권리는 이를 행사하기 위한 의사가 매개자와 제3자 또는 본인 각각에게 통지된 경우에 한하여 행사될 수 있다. 통지를 수령하면 그 때부터는 제3자 또는 본인은 매개자에게 이행할 수 없다.

제4장 유효성

제4:101조(규율의 대상이 아닌 사항)

이 장은 불법성, 부도덕성 또는 능력의 결여로 인한 무효에 대하여는 규율하지 아니한다.

제4:102조(원시적 불능)

계약체결시에 채무의 이행이 불능이라는 이유 또는 당사자 일방이 계약의 목적물에 대한 처분할 권한이 없다는 이유만으로는 계약이 무효로 되지 아니한다.

제4:103조(사실 또는 법에 관한 착오)

(1) 당사자는 계약체결시에 존재한 사실 또는 법률에 관한 착오를 이유로 하여 다음의 경우 계약을 취소할 수 있다.

(a) i) 착오가 상대방이 제공한 정보에 의하여 야기되었거나; 또는

ii) 상대방이 그 착오를 알았거나 알았음이 분명하며 또 착오상태에 놓아두는 것이 신의성실 및 공정거래에 반하거나; 또는

iii) 상대방도 동일한 착오에 빠져 있고 또한

(b) 착오 당사자가 진실된 사실을 알았다면 그 계약을 체결하지 않았을 것이거나 본질적으로 다른 내용으로 계약을 체결하였을 것이라는 것을 상대방이 알았거나 알았음이 분명한 경우.

(2) 그러나 당사자는, (a) 그 상황하에서 당사자 일방의 착오가 면책될 수 없거나, 또는 (b) 그가 착오의 위험을 인수하였거나 그러한 상황하에서 그 위험을 감수해야 하는 경우에는 계약을 취소할 수 없다.

제4:104조(의사 전달에 있어서 부정확)

의사의 표현이나 전달상의 부정확은 그 표시를 하거나 발송한 자의 착오로 간주되고, 제4:103조이 적용된다.

제4:105조(계약의 개정)

(1) 당사자 일방이 착오를 이유로 계약을 취소할 권한이 있으나 상대방이 계약을 취소할 권한이 있는 당사자가 이해한 바와 같은 내용으로 계약을 이행할 의사가 있음을 표시하거나 실제로 그와 같이 이행하였다면, 계약은 착오자가 이해한 바와 같은 내용으로 체결된 것으로 본다. 상대방은 취소할 권한이 있는 당사자가 이해한 계약의 내용을 고지된 후 즉시 또 그 당사자가 취소의 통지를 신뢰하고 행위하기 전에 이행의 의사를 전달하거나 그 이행을 하여야 한다.

(2) 그러한 표시나 계약의 이행 후에는 취소권은 소멸하고, 그 전에 행하여진 취소의 통지는 효력이 없다.

(3) 당사자 쌍방이 동일한 착오에 빠진 경우에는 각 당사자의 청구에 의하여 법원은 착오가 없었다면 합리적으로 합의하였을 바대로 계약을 변경할 수 있다.

제4:106조(부정확한 정보)

상대방이 제공한 부정확한 정보를 신뢰하여 계약을 체결한 당사자는 그 정보가 제4:103조하의 착오를 이유로 계약을 취소할 권리를 발생시키지 아니하는 경우에도 제4:117조 (2) 및 (3)에 따라 손해배상을 청구할 수 있다. 다만 정보를 제공한 당사

자가 그 정보의 정확성을 믿을 이유가 있는 때에는 그러하지 아니하다.

제4:107조(사기)

⑴ 당사자는 언어에 의하든 행태에 의하든지를 불문하고, 상대방의 사기적 표시에 의하여 또는 신의성실 및 공정거래에 따라 개시되었어야 하는 정보의 사기적 불개시에 의하여 계약이 체결되기에 유도된 경우, 계약을 취소할 수 있다.

⑵ 당사자의 표시 또는 불개시는 기망의 의도가 있는 때에는 사기적이다.

⑶ 신의성실 및 공정거래가 당사자가 특정 정보를 개시할 것이 요구되는 지의 판단에 있어서 다음을 포함하여 모든 사정을 고려하여야 한다.

(a) 그 당사자가 특수한 전문지식을 가지고 있는지 여부;

(b) 그 관련 정보를 얻기 위한 지출 비용;

(c) 상대방이 합리적으로 그 정보를 얻을 수 있었는지 여부; 및

(d) 상대방에 대한 그 정보의 외견상의 중요성.

제4:108조(강박)

상대방의 다음과 같은 급박하고 심각한 위협에 의하여 계약을 체결하도록 유도된 당사자는 계약을 취소할 수 있다:

(a) 그 자체가 위법한 행위 또는

(b) 계약을 체결하도록 하기 위한 수단으로서 사용하는 것이 위법한 행위.

다만 그 당사자가 그 상황 아래서 합리적 대안을 가졌던 경우에는 그러하지 아니하다.

제4:109조(과잉이익 또는 불공정한 지위)

⑴ 당사자는 계약의 체결시에 다음과 같은 사유가 있었던 경우 계약을 취소할 수 있다:

(a) 당사자가 상대방에 의존하거나 그와 신뢰관계에 있고, 경제적 궁박상태 혹은 긴박한 곤궁상태에 있고, 경솔하거나 무지하거나 무경험이거나 혹은 거래에 익숙하지 않았으며 또한

(b) 상대방이 그 사실을 알았거나 알았어야 하고, 그 상황과 계약의 목적에 비추어 심히 불공정하게 당사자의 상태를 이용하거나 과도한 이익을 얻은 경우.

⑵ 취소할 권한있는 당사자의 청구에 의하여 법원은 그것이 적절한 경우에는 신

의성실 및 공정거래의 요건에 따라 합의하였을 내용으로 계약을 改訂할 수 있다.

(3) 과도한 이익의 편취 및 불공정한 지위의 이용을 이유로 취소의 통지를 받은 당사자가 그 당사자가 취소의 통지를 받은 후 즉시로 그리고 그 통지를 한 당사자가 취소를 신뢰하고 행위하기 전에 이 사실을 고지한 경우 법원은 그 통지를 받은 당사자의 청구에 의하여 계약을 개정할 수 있다.

제4:110조(개별적으로 합의되지 아니한 불공정 조항)

(1) 계약상의 급부의 성질, 계약의 모든 조항 및 계약의 체결시의 제반사정을 고려할 때, 개별적으로 합의되지 아니한 계약조항이 신의성실 및 공정거래의 요구에 반하여 계약상의 당사자의 권리와 의무에 있어서 명백한 불균형을 야기시킴으로써 당사자 일방에게 불이익을 초래하는 경우, 그 당사자는 그러한 조항을 취소할 수 있다.

(2) 다만 이 조문은,

(a) 계약의 주된 사항을 정하고 있는 조항이 평범하고 이해될 수 있는 용어로 되어 있는 경우, 그 계약조항 혹은

(b) 일방 당사자의 의무의 가액을 타방 당사자의 의무의 가액과 비교하여서 그 등가성에는 적용되지 아니한다.

제4:111조(제3자)

(1) 그 행위에 대하여 당사자가 책임있는 제3자 또는 당사자의 동의하에 계약의 체결에 관여된 제3자가,

(a) 정보를 제공함으로써 착오를 일으키게 하거나 또는 착오를 알거나 알았어야만 하는 경우,

(b) 부정확한 정보를 제공하는 경우,

(c) 기망행위를 한 경우,

(d) 강박행위를 한 경우 또는

(e) 과도하거나 이익을 편취하거나 불공정한 지위를 이용한 경우에는,

이 장에서 정하는 구제수단은 그 당사자 자신이 그러한 행태나 해당 사실을 인식한 경우와 동일한 요건하에 인정된다.

(2) 그 밖의 제3자가,

(a) 부정확한 정보를 제공하는 경우,

(b) 기망행위를 한 경우,
(c) 강박행위를 한 경우 또는
(d) 과도하거나 이익을 편취하거나 불공정한 지위를 이용한 경우에는,

당사자가 그 사실을 알았거나 알았어야 했던 때 또는 취소시에 당사자가 아직 계약을 신뢰하여 행위하지 아니한 때에는, 이 장에서 정하는 구제수단을 원용할 수 있다.

제4:112조(취소의 통지)

취소는 상대방에 대한 통지로 행하여져야 한다.

제4:113조(기간의 제한)

(1) 취소의 통지는 취소권을 행사하는 당사자가 취소의 원인된 사실을 알았거나 알았어야 하는 때 또는 자유로이 행위할 수 있게 된 대로부터 제반사정을 적정하게 고려하여 합리적 기간 내에 행하여져야 한다.

(2) 그러나 제4:110조에서 정한 개별조항에 대하여는 상대방이 그 조항을 원용하는 때로부터 합리적 기간내에 당사자가 취소의 통지를 하는 경우에는, 그 조항을 취소할 수 있다.

제4:114조(추인)

계약을 취소할 수 있는 당사자가 취소의 원인을 알거나 자유로이 행위할 수 있게 된 이후에 계약을 명시적 혹은 묵시적으로 추인을 한다면, 계약의 취소는 배제된다.

제4:115조(취소의 효과)

취소가 행하여지면 각 당사자는 그가 취소된 계약 또는 계약 일부에 기하여 수령한 것을 동시에 원상회복하는 것을 조건으로, 그 계약에 기하여 급부한 것의 원상회복을 청구할 수 있다. 어떠한 이유로건 원상회복이 가능하지 않은 경우에는 수령한 것에 대한 합리적인 가액으로 반환되어야 한다.

제4:116조(일부취소)

취소의 원인이 계약의 특정 조항만에 관한 것인 경우에는 취소의 효력은 그 조항에만 미친다. 다만 구체적 경우의 제반사정을 적정하게 고려할 때, 나머지로 계

약을 유지시키는 것이 불합리한 때에는 그러하지 아니하다.

제4:117조(손해배상)

(1) 이 장의 규정에 따라 계약을 취소하는 당사자는, 상대방이 착오, 사기, 강박 또는 과도한 이익편취나 불공정한 지위이용을 알았거나 알았어야 했던 경우에는, 계약이 체결되지 않았다면 있었을 지위에 상응하는 손해의 배상을 청구할 수 있다.

(2) 이 장의 규정에 따라 계약을 취소할 권리를 가지지만, 그 권리를 행사하지 아니하거나 제4:113조 또는 제4:114조에 의하여 그 권리를 상실한 당사자는, 착오, 사기, 강박 또는 과도한 이익편취나 불공정한 지위이용에 의하여 그에게 야기된 손실에 한하여 제1항에 따라 그 배상을 청구할 수 있다. 당사자가 제4:106조의 의미에서의 부정확한 정보에 의하여 오도된 경우에도 동일한 배상의 산정이 적용된다.

(3) 기타의 사항에 있어서 손해배상은 제9장 제5절의 관련규정이 적절하게 改訂되어 행하여진다.

제4:118조(구제수단의 배제 또는 제한)

(1) 사기, 강박 또는 과도한 이익의 편취나 불공정한 지위의 이용에 대한 구제수단 및 개별적으로 합의되지 아니한 불공정 조항을 취소할 권리는 배제되거나 제한될 수 없다.

(2) 착오와 부정확한 정보에 대한 구제수단은 그 배제나 제한이 신의성실 및 공정거래에 반하지 아니하는 한, 배제되거나 제한될 수 있다.

제4:119조(불이행에 대한 구제수단)

불이행에 대한 구제수단이 주어지는 사정 아래서 이 장에서 정하는 구제수단을 행사할 수 있는 당사자는 양자 어느 구제수단이라도 행사할 수 있다.

제5장 해석

제5:101조(해석의 일반원칙)

(1) 계약은 당사자들의 공통된 의도에 따라 해석되어야 한다. 설령 그 의도가 문언의 문자적 의미와 다른 경우에도 그러하다.

(2) 당사자 일방이 특별한 의미를 가지고 계약을 의도하였음이 입증되고 계약체

결시에 상대방이 이러한 의도를 모를 수 없었던 경우에는, 계약은 그 당사자의 의도된 바에 따라 해석되어야 한다.

(3) 당사자의 의도가 제1항 및 제2항에 의하여 증명될 수 없는 경우, 계약은 당사자와 동일한 유형의의 합리적인 사람들이 동일한 상황하에서 부여하였을 의미에 따라 해석되어야 한다.

제5:102조(관련 사정)

계약을 해석하는 데 있어서, 특히 다음의 사정이 고려되어야 한다:

(a) 예비적 교섭을 포함하여 계약이 체결된 상황;

(b) 계약이 체결된 후를 포함하여 당사자의 행태;

(c) 계약의 성질과 목적;

(d) 당사자들 사이에 유사한 조항에 대한 해석 및 당사자 사이에 성립된 관례;

(e)그 계약조항과 표현에 당해 거래계에서 공통적으로 부여하는 의미 및 유사한 조항에 대해 이미 이루어진 해석

(f) 관행 및

(g) 신의성실 및 공정거래.

제5:103조(작성자 불리의 원칙)

개별적으로 합의되지 아니한 계약조항의 의미에 관하여 의문이 있는 경우에는, 이를 제공한 당사자에게 불리한 해석이 우선한다.

제5:104소(개별약정의 우선)

개별적으로 합의된 조항은 그러하지 아니한 것에 우선한다.

제5:105조(계약 전체의 고려)

각 계약조항은 그것이 속하는 계약 전체에 비추어 해석된다.

제5:106조(효력이 주어지는 조항)

계약의 조항을 적법하고 또는 유효하다고 하는 해석이 그렇지 아니하는 해석에 우선한다.

제5:107조(언어상의 불일치)

계약이 둘 이상의 언어본으로 작성되고 그 중 어느 언어가 기준인지가 정하여지지 아니한 경우에, 그 각 언어본 사이에 불일치가 있는 때에는, 계약이 최초로 작성된 언어본에 따른 해석이 우선한다.

제6장 내용과 효력

제6:101조(계약상의 채무를 발생시키는 언명)

(1) 계약의 체결 전 또는 계약체결시에 일방당사자에 의해 행하여진 언명은, 상대방이 당해 사정하에서 다음과 같은 사정을 포함을 고려할 때 계약상 의무를 발생시키는 것으로 합리적으로 이해한 경우에는, 계약상 의무의 발생으로 본다.

(a) 상대방에 대해 당해 언명의 현저한 중요성

(b) 그 당사자가 그 언명을 거래의 과정에서 행하였는지 여부

(c) 양당사자의 상대적인 전문지식

(2) 당사자 일방이 전문적 공급자로서, 용역이나 물품 기타 재산의 질이나 이용에 관한 정보를, 그것의 판매활동이나 선전을 하는 과정에서 또는 다른 방식으로 계약을 체결하기 전에 제공하는 경우에는, 그 언명은 계약상 의무를 발생시키는 것으로 간주된다. 다만 상대방이 그 언명이 정확하지 않다는 것을 알았거나 모를 수 없었음이 증명된 경우에는 그러하지 아니하다.

(3) 전문적 공급자를 위하여 용역, 물품 기타 재산을 판매 또는 선전하는 자 또는 거래상 연결관계에서 선행 위치에 있는 자에 의해 제공된 그러한 정보나 보장은 전문적 공급자 측에 계약상 의무를 발생시키는 것으로 간주된다. 다만 그가 그 정보나 보장을 알지 못하였고 또 그것을 알 이유가 없는 경우에는 그러하지 아니하다.

제6:102조(묵시적 내용)

명시적 내용에 부가하여 계약은 다음으로부터 인정되는 묵시적 내용을 포함할 수 있다.

(a) 당사자들의 의도,

(b) 계약의 성질과 목적 및

(c) 신의성실 및 공정거래

제6:103조(가장행위)

당사자들이 그들의 진정한 합의를 반영할 의도로 행하여지지 아니한 외견상의 계약을 체결한 경우에는, 당사자 사이에서는 그 진정한 합의가 효력을 가진다.

제6:104조(가격의 결정)

계약상 가격이나 그 결정 방법을 정하지 않은 경우, 당사자들은 합리적 가격으로 약정한 것으로 본다.

제6:105조(일방 당사자에 의한 일방적 결정)

당사자 일방이 가격이나 기타 계약상 조건을 정하기로 한 경우에, 그 결정이 현저하게 불합리한 때에는, 그러한 약정에도 불구하고 합리적 가격이나 다른 내용으로 갈음한다.

제6:106조(제3자에 의한 결정)

(1) 가격이나 다른 계약내용을 제3자가 정하기로 한 경우에, 그 자가 이를 행하지 않거나 할 수 없는 때에는, 당사자들은 법원에 그를 정하기 위하여 다른 자를 선임하도록 권한을 부여한 것으로 추정된다.

(2) 제3자가 정한 가격이나 다른 계약내용이 현저하게 불합리한 경우, 합리적 가격이나 다른 계약내용으로 갈음한다.

제6:107조(존재치 않는 요소의 고려)

가격이나 다른 계약내용이 존재치 않거나 이용할 수 없는 요소를 고려하여 정하기로 한 경우에, 그에 가장 근접한 상응하는 요소가 이에 갈음한다.

제6:108조(변제(Performance)[1]의 품질)

계약상 그 품질을 특정하지 않았다면 당사자는 적어도 중등 품질의 급부를 제공

1) Performance는 일반적으로 「이행」으로 번역된다. 그러나 「변제」혹은 「급부」로도 번역될 수 있을 것이다. 이행은 채권을 소멸케하는 행위의 면에서 본 말이고, 변제는 채권의 소멸이라는 관점에서 표현한 용어로, 양 자는 그 실질에 있어서 같은 것이다. 또한 우리 민법학에서는 채무자의 행위 혹은 채무의 이행을 급부하고 표현한다. 이 원칙은 계약에 관한 것이므로 Performance를 「이행」으로 번역하는 것이 좀더 정확할 듯하고, 문맥에 따라 「변제」혹은 「급부」로도 번역한다.

하여야 한다.

제6:109조(불확정기한부 계약)

불확정 기한부 계약은 당사자 누구나 합리적 유예기간을 둔 통지로써 종료된다.

제6:111조(제3자를 위한 약정)

(1) 약속자와 수약자[2]사이에 제3자에게 계약상 의무의 이행을 청구할 권리를 수여하는 것을 명시적으로 합의하거나 그러한 합의를 계약의 목적으로부터 혹은 제반사정으로부터 추단되는 경우에는, 제3자는 계약상 의무의 이행을 청구할 수 있다. 제3자는 그러한 계약의 체결시에 특정될 것을 요하지 않는다.

(2) 제3자가 이행청구권을 포기한 경우에는, 그 권리가 처음부터 그에게 성립하지 않았던 것으로 본다.

(3) 다음과 같은 경우가 아닌 한, 약속자는 수약자에 대한 통지에 의하여 제3자의 이행청구권을 박탈할 수 있다:

(a) 제3자에게 약속자로부터 그 권리가 철회할 수 없다고 통지된 경우,

(b) 수약자나 약속자에게 제3자로부터 그 권리를 승인한다고 통지된 경우.

제6:112조(사정의 변경)

(1) 급부의 이행비용이 증가하거나 반대급부의 가치가 떨어져 급부의 부담이 보다 커지게 된 경우에도 당사자는 자신의 채무를 이행하여야 한다.

(2) 그러나 계약의 이행이 사정의 변경으로 현저하게 부담스럽게 된 경우에는, 다음의 요건을 충족하는 경우, 당사자들은 계약을 개정 혹은 해소하기 위하여 교섭을 개시하여야 한다.

(a) 사정의 변경이 계약체결이후에 발생하고,

(b) 사정변경의 가능성이 계약체결시에 합리적으로 고려할 수 있었던 것이 아니었으며,

(c) 이러한 사정의 변경으로 인한 위험을, 계약에 의하면, 그로 인하여 불이익을 입는 당사자가 부담하여야 할 것이 아닌 때.

(3) 당사자들이 합리적 기간 내에 합의에 달하지 못하는 경우, 법원은,

---

2) 통상 우리가 제3자를 위한 계약에 있어서 사용하는 대로 '요약자'와 '낙약자'라는 용어로 번역할 수도 있을 것이다.

(a) 법원이 정하는 일정 시점 및 조건으로 계약관계를 해소시키거나[3],

(b) 사정의 변경으로 인한 손익을 당사자들 사이에 공정·공평하게 분배하기 위하여 계약을 개정할 수 있다.

(c) 어느 경우에나 법원은 신의성실 및 공정거래에 반하게 교섭을 거부하거나 교섭을 파기한 당사자에 의하여 입게 된 손실에 대한 배상을 명할 수 있다.

제7장 이행

제7:101조(이행의 장소)

(1) 계약상 의무의 이행 장소를 정하지 않거나 계약에 의하여 정할 수 없는 경우, 이행의 장소는 다음과 같다:

(a) 금전채무의 경우, 계약체결시의 채권자의 영업지

(b) 금전지급 이외의 채무의 경우, 계약체결시의 채무자의 영업지

(2) 영업소가 여러 곳에 있는 경우에는 전항이 목적하는 영업소는 계약체결시에 당사자들이 알았거나 고려된 제반사정에 비추어 계약과 가장 밀접하게 관련이 있는 곳이다.

(3) 영업소가 없는 경우, 상거소를 영업소로 본다.

제7:102조(이행의 시기)

다음의 시기에 이행하여야 한다:

(1) 시기가 계약상 정하거나 계약에 의하여 정할 수 있는 경우에는 그 때,

(2) 기간이 계약상 기간을 정했거나 계약에 의하여 정할 수 있는 경우에는, 당시의 제반사정으로 보아 상대방이 그 시기를 정하여야 하는 것으로 판단되는 경우가 아닌 한, 그 기간 내,

(3) 그 밖의 경우에는, 계약 체결 후 합리적 기간 내

---

3) 영미법에서 '(계약위반으로 인한) 해제'를 cancellation으로, 기타 '계약의 종료(혹은 소멸)'를 termination of contract이라 표현한다(UCC 제2-106 참조). 본 「원칙」은 불이행책임내에서 계약위반으로 인한 해제 및 위험부담 및 사정 변경에 따른 효과도 포함하여 다루면서, "계약이 해제되는 경우를 포함하여 계약관계가 소멸되는 경우를" 통일되게 termination이라 표현하고 있다. 따라서 엄격한 의미에서는 '계약의 종료' 혹은 '계약관계의 소멸'이 더 적합한 표현이라 할 수 있으나, 이해의 편의에서 주로 '해제'로 번역하고, 일부의 경우 그 어의의 적합성 때문에 '계약관계의 해소'라 번역한다.

제7:103조(이행기 전의 이행)

(1) 이행의 제공이 이행기 전에 행하여진 경우에 당사자는 이를 거절할 수 있다. 다만 그 수령이그의 이익을 불합리하게 해하지 아니하는 경우에는 그러하지 아니하다.

(2) 이행기 전의 이행의 수령은 자신의 의무의 이행 시기에 영향을 미치지 아니한다.

제7:104조(이행의 순서)

당사자들의 이행이 동시에 행하여질 수 있는 한도에서, 당사자들은 제반사정이 달리 추단되지 아니하는 한, 그 이행을 동시에 행하여야 한다.

제7:105조(선택적 이행)

(1) 채무가 선택적 이행 중 하나에 의하여 소멸시킬 수 있는 것인 경우에는, 제반사정이 달리 추단되지 아니하는 한, 그 선택권은 이행하는 당사자에게 속한다.

(2) 선택을 하여야 하는 당사자가 계약상 정하여진 시기까지 행하지 아니하는 때에는,

(a) 선택의 지연이 본질적인 경우에는, 선택권은 상대방에게 이전한다.

(b) 지연이 본질적이지 아니한 경우에는, 상대방은 선택을 위한 합리적 기간을 부가적으로 정하여 통지할 수 있다. 그 당사자가 선택을 하지 아니하면, 선택권은 상대방에게 이전한다.

제7:106조(제3자에 의한 이행)

(1) 계약상 직접 이행을 요하지 않는 한, 채권자는 다음의 경우 제3자에 의한 이행을 거절할 수 없다.

(a) 제3자가 채무자의 동의하에 행위하는 경우

(b) 제3자가 그 이행에 정당한 이해관계를 가지고 또 채무자가 이행하지 못하거나 이행기에 이행하지 못할 것이 명백한 경우.

(2) (1)항에 따른 제3자에 의한 이행으로 채무자의 채무는 소멸한다.

제7:107조(지급의 방법)

(1) 금전의 지급은 통상의 거래에서 통용되는 어떠한 방법으로도 할 수 있다.

⑵ 계약에 의하여 혹은 임의로 수표나 기타의 지급지시 또는 지급약속을 수령하는 채권자는 기일에 결제되는 것을 조건으로 지급된 것으로 추정된다. 채권자는, 그 지시나 약속이 결제되지 아니하는 경우가 아닌 한, 원래의 채무의 지급을 강제할 수 없다.

제7:108조(지급하여야 할 통화)

⑴ 약정에 의하여 특정 종류의 통화로 지급할 것을 정할 수 있다.

⑵ 그러한 특약이 없는 경우, 이행지의 통화와 다른 통화로 표기된 금액은 이행기에 그곳에서의 환율에 따라 그곳의 통화로 지급될 수 있다.

⑶ 전항에 의하여 정할 수 없는 경우, 채무자가 이행기에 지급하지 아니하는 경우에는, 채권자는 이행기나 실제 지급하는 때의 이행지의 환율에 따라 그곳의 통화로 지급할 것을 청구할 수 있다.

제7:109조(변제의 충당)

⑴ 당사자가 수 개의 동종의 채무를 부담하고 있는 경우로, 그가 변제로서 제공한 것이 채무 전부를 소멸시키기에 부족한 때에는, ⑷항 충족을 전제로 그 당사자는 이행시에 변제에 충당할 채무를 지정할 수 있다.

⑵ 이행 당사자가 그러한 지정을 하지 아니하는 때에는, 상대방은 합리적 기간 내에 그가 지정한 채무의 변제에 충당할 수 있다. 그는 그 지정을 변제자에 통지하여야 한다. 그러나 다음과 같은 채무의 대한 충당은 효력이 없다.

ⓐ 아직 이행기가 도래하지 아니한 채무,

ⓑ 위법한 채무,

ⓒ 다툼이 있는 채무

⑶ 양 당사자에 의한 충당이 없는 경우, ⑷항 충족을 전제로 변제는 다음의 기준을 만족시키는 채무에 그 순서에 따라 충당된다.

ⓐ 이행기가 도래한 채무 또는 가장 먼저 도래한 채무

ⓑ 채권자의 담보가 가장 적은 채무

ⓒ 채무자에게 부담이 가장 많은 채무

ⓓ 먼저 성립한 채무

위와 같은 기준에 의하여 선후가 정하여지지 않는 경우, 모든 채무액에 안분하여 변제에 충당한다.

(4) 금전 채무에 있어서는 채무자에 의한 급부는 채권자가 달리 충당하지 않는 한, 비용·이자·원본의 순서로 변제에 충당된다.

제7:110조(불수령한 목적물)

(1) 금전 이외의 유체물을 상대방이 수령치 않아 점유하게 된 당사자는 그 물건의 보호와 보관을 위한 합리적 조치를 취해야 한다.

(2) 다음의 같이 함으로써 물건을 점유하는 당사자는 인도나 반환 의무를 면할 수 있다:

(a) 상대방의 지시에 따를 것으로 하여 그 물건을 제3자에게 합리적인 조건으로 보관시키고 이를 상대방에게 통지함으로써,

(b) 상대방에게 통지 후 합리적인 조건으로 그 물건을 매각하고 그에게 매각 대금을 지급함으로써

(3) 그러나 그 당사자는, 목적물이 급속히 훼손되기 쉬운 경우 또는 그 보관에 불합리한 경비가 요구되는 경우에는 목적물을 처분하기 위하여 합리적 조치를 취하여야 한다. 그는 상대방에게 매각 대금을 지급함으로써 자신의 인도 및 반환 의무를 면한다.

(4) 점유하는 당사자는 합리적으로 소요한 비용을 매각 대금에서 공제하거나 상환받거나 상환받을 수 있다.

제7:111조(불수령한 금전)

당사자가 상대방이 적절하게 지급한 금전을 수령하지 아니한 경우에는, 상대방은 그 당사자에 통지 후 이행지법에 따라 그 당사자의 지시에 따를 것으로 하여 금전을 보관시킴으로써 자신의 지급 채무를 면한다.

제7:112조(이행비용)

각 당사자는 그 채무의 이행에 대한 비용을 부담한다.

제8장 불이행과 구제수단 일반

제8:101조(원용할 수 있는 구제수단)

(1) 당사자가 계약상 채무를 이행하지 아니하고, 그 불이행이 제8:108조에 의하여

면책되지 아니하는 경우에는, 불이행당한 당사자(aggrieved party)[4]는 제9장에 규정하고 있는 구제수단 중 어느 것이라도 주장할 수 있다.

⑵ 당사자의 불이행이 제8:108조에 의하여 면책되는 경우에는, 불이행당한 당사자는 이행청구와 손해배상청구를 제외하고는 제9장에 규정하고 있는 구제수단을 원용할 수 있다.

⑶ 당사자는 자기자신의 행위가 상대방의 불이행을 야기한 한도에서, 제9장에 규정하고 있는 구제수단을 원용할 수 없다.

제8:102조(구제수단의 병존)

양립할 수 없는 것이 아닌 구제수단은 병존한다. 특히 다른 구제수단을 행사한다고 하여 손해배상청구권이 상실되지 아니한다.

제8:103조(중대한 불이행(Fundamental Non-Performance)

다음의 경우 채무의 불이행은 계약에 중대하다:

(a) 채무에 대한 엄격한 준수가 계약의 중심적인 의미를 지니는 경우,

(b) 그 불이행으로 계약당사자가 계약을 통하여 기대하였던 바가 실질적으로 박탈된 경우. 다만 계약을 위반한 당사자가 그 결과를 예견치 못했거나 합리적으로 예견할 수 없었던 것인 경우에는 그러하지 아니하다.

(c) 불이행이 고의적이고 또 그 불이행으로 인하여 불이행당한 당사자에게 상대방의 장래의 이행을 기대할 수 없다고 믿을 만한 이유가 된 경우.

제8:104조(불이행 당사자에 의한 추완)

계약에의 부적합을 이유로 상대방에 의하여 변제의 제공이 수령하지 않게 된 당사자는, 이행기가 아직 도래하지 아니하거나 그 지연이 본질적 불이행이 되지 아니하는 경우에는, 새로이 계약에 적합한 이행의 제공을 할 수 있다.

---

4) 혹은 「피해당사자」로 번역할 수 있지만 너무 일반적인 표현이고, 「채권자」(the obligee)로 표현하는 것이 대륙법적 시각에서 이해하는데 편리할 것이나, 본 원칙하에서 특정영역에서 채권자 개념을 이용하고 있으므로 즉, 금전채무의 채권자(creditor)와 혼동될 염려가 있다. 채무의 이행(performance)과 관련되므로 「불이행당한 당사자」로 번역한다.

제8:105조(이행의 담보)

(1) 상대방에 의한 본질적인 불이행이 있을 것으로 합리적으로 믿은 당사자는 적정한 이행을 위한 상당한 담보를 요구할 수 있고, 그러한 믿음이 계속되는 한 담보를 제공할 때까지 자신의 이행을 유보할 수 있다.

(2) 합리적 기간 내에 이 담보가 제공되지 아니하는 경우에, 상대방에 의한 본질적 불이행이 있을 것으로 여전히 합리적으로 믿고 또 지체없이 해제의 통지를 하는 때에는, 그 당사자는 계약관계를 해소시킬 수 있다.

제8:106조(이행을 위한 부가기간을 정하는 통지)

(1) 어떠한 불이행이 있는 경우에도, 불이행당한 당사자는 상대방에 대한 통지로써 이행을 위한 부가기간을 허여할 수 있다.

(2) 부가기간 동안에 불이행당한 당사자는 자신가 부담하는 반대채무의 이행을 유보할 수 있고 또 손해배상을 청구할 수 있으나, 기타의 다른 구제수단은 주장할 수 없다. 상대방으로부터 그 기간동안에 이행하지 않을 것이라는 통지를 받은 경우 또는 그 기간내에 적절한 이행이 행하여지지 아니한 경우에는, 불이행당한 당사자는 제9장에서 인정하는 구제수단 중 어느 것이라도 주장할 수 있다.

(3) 본질적이지 아니한 이행지연의 경우, 불이행당한 당사자는 합리적 길이의 부가기간을 지정한 통지를 한 경우에는 그 통지된 기간의 종료시에 계약을 해소할 수 있다. 불이행당한 당사자는 그 통지 내용으로 상대방이 그 지정된 기간 내에 이행하지 아니하는 경우에 계약은 자동적으로 종료하는 것으로 한다고 정할 수 있다. 부가적기간이 너무 단기인 경우에는, 불이행당한 당사자는 통지시부터 합리적인 기간이 지난 후에 계약을 해소할 수 있고, 계약이 자동적으로 종료하는 것으로 하는 한 경우에는 합리적인 기간이 경과한 후에 계약이 자동적으로 종료된다.

제8:107조(타인에게 위탁된 이행)

타인에게 계약의 이행을 위탁한 당사자는 여전히 그 이행에 대하여 책임진다.

제8:108조(장애로 인한 면책)

(1) 불이행이 자신의 영향력이 미치는 책임영역외의 장애요소에 기인하고 또한 이 장애요소를 계약체결시에 고려하거나, 장애나 그 결과를 방지 혹은 극복하는 것이 합리적으로 기대될 수 없었음을 입증한다면 그 당사자의 불이행은 면책된다.

(2) 일시적인 장애의 경우 이 조문에 의한 면책은 그 장애가 존재하는 동안에만 그 효력을 지닌다. 그러나 지체가 본질적 불이행에 해당하는 경우, 채권자는 이를 본질적 불이행과 동일하게 취급할 수 있다.

(3) 불이행 당사자는 이러한 사정을 알았거나 알았음이 분명한 때로부터 합리적 기간 내에 장애와 그의 이행가능성에 미친 영향에 대하여 상대방에게 통지될 수 있도록 하여야 한다. 상대방은 그러한 통지를 받지 못함으로써 생긴 손실에 대하여 손해배상을 청구할 수 있다.

제8:109조(책임의 제한 및 배제 약정)

제한이나 배제를 주장하는 것이 신의성실 및 공정거래에 반하는 경우를 제외하고는, 불이행에 대한 구제수단을 제한하거나 배제할 수 있다.

제9장 불이행에 대한 개별적 구제수단

제1절 이행청구권

제9:101조(금전채무)

(1) 채권자는 이행기가 도래한 금전을 지급받을 권리를 갖는다.

(2) 채권자가 자신의 채무를 이행하지 아니하는 경우에, 채무자가 그 이행을 수령할 의사가 없음이 명백한 때에는, 채권자는 그럼에도 불구하고 자신의 의무를 이행하고 계약에 기하여 받을 금액의 지급을 청구할 수 있다. 다만 다음의 경우에는 그러하시 아니하다:

(a) 상당한 노력이나 비용의 지출 없이 합리적인 대체거래를 할 수 있었을 경우 또는

(b) 이행을 하는 것이 그 사정하에서 불합리한 경우

제9:102조(비금전채무)

(1) 금전채무 이외의 채무의 경우 불이행당한 당사자는, 결함 있는 이행의 추완을 포함하여, 특정이행을 청구할 수 있다.

(2) 그러나 다음의 경우 특정이행은 허용되지 아니한다:

(a) 이행이 위법적이거나 불능의 경우,

(b) 이행을 위하여 채무자에게 불합리한 노력이나 비용이 요구되는 경우,

(c) 이행이 일신전속적인 노무 또는 작업의 제공을 근거로 한 것이거나 인적 신뢰관계에 기초를 두는 경우,

(d) 합리적으로 보아 불이행당한 당사자가 다른 수단을 통하여 동일한 이행을 얻을 수 있는 경우.

(3) 불이행의 사실을 알았거나 알게 되었음이 분명한 때로부터 합리적 기간 내에 그 이행을 주장하지 않은 경우 불이행당한 당사자는 특정이행청구권을 상실한다.

제9:103조(손해배상청구의 독립성)

이 절에서 이행청구권이 배제된다고 하여 손해배상청구권이 배제되는 것은 아니다.

제2절 이행의 유보

제9:201조(이행유보권)

(1) 상대방과 동시에 또는 그보다 후에 이행하여야 하는 당사자는 상대방이 이행을 제공하거나 이행할 때까지 그 이행을 유보할 수 있다. 그 당사자는 자신의 급부 전체나 그 상황에 합리적인 부분만큼을 거절할 수 있다.

(2) 상대방 채무의 이행기에 상대방에 의한 불이행이 있을 것이 명백한 때는, 당사자는 이행을 마찬가지로 유보할 수 있다.

제3절 계약의 해제

제9:301조(계약해제권)

(1) 상대방의 불이행이 본질적인 경우 당사자는 계약을 해제할 수 있다.

(2) 지체의 경우, 불이행당한 당사자는 제8:106조 (3)에 따라 계약을 해제할 수 있다.

제9:302조(분할이행계약)

나누어서 이행하기로 하였고 또 그 각 부분에 상응하여 반대이행이 분할될 수 있는 계약에 있어서 본질적 불이행이 있는 경우, 불이행당한 당사자는 본 절에 따라 상응하는 부분만큼의 급부에 대하여 계약해제권을 행사할 수 있다. 불이행이 계

약 전체에 본질적인 경우에 한하여 계약 전부를 해제할 수 있다.

제9:303조(해제의 통지)

(1) 계약을 해제하는 당사자의 권리는 상대방에 통지함으로서 실행된다.

(2) 불이행 사실을 알았거나 알았어야 할 때로부터 합리적 기간 내에 통지하지 아니하면 불이행당한 당사자는 계약을 해제할 권리를 상실한다.

(3) (a) 이행기에 변제의 제공이 없는 경우, 불이행당한 당사자는 제공 전에 해제의 통지를 할 필요가 없다. 그 후에 이행의 제공이 이루어 진 경우, 당사자가 제공의 사실을 알게 되었거나 알게 되었음이 분명한 때로부터 합리적 기간 내에 그러한 통지하지 아니하면, 그는 해제권을 잃는다.

(b) 그러나 불이행당한 당사자가 상대방이 합리적 기간 내에 이행을 제공하려 한다는 점을 알거나 알 이유가 있고, 그가 이행을 수령하지 아니할 것임을 상대방에게 불합리하게 통지하지 아니하는 경우에, 상대방으로부터 실제로 합리적 기간 내에 이행의 제공이 있었다면 그 당사자는 해제권을 잃는다.

(4) 당사자가 전체적이고 영속적인 장애로 제8:108조에 따라 면책되는 경우에는, 계약은 자동적으로 또 통지없이 장애의 발생시에 소멸한다.

제9:304조(이행기 전의 불이행)

이행기 전에 당사자 일방의 본질적 불이행이 있을 것이 명백한 경우 상대방은 계약을 해제할 수 있다.

제9:305조(해제의 일반적 효과)

(1) 계약의 해제는 양당사자로 하여금 장래의 급부의 이행과 수령할 의무로부터 벗어나게 한다. 그러나 제9:306조 내지 제9:308조의 전제하에 해제시 발생된 권리와 의무에는 영향을 미치지 아니한다.

(2) 해제는 분쟁을 해결하기 위한 약정이나 해제 후에 효력이 발생하는 기타의 계약조항에는 영향을 미치지 아니한다.

제9:306제(수령물의 가치의 손상)

상대방의 불이행 결과로 상대방으로부터 전에 수령한 물건의 가치가 당사자 일방에게 본질적으로 손상되었다면 해제한 당사자는 그 물건을 거절할 수 있다.

제9:307조(지급된 금전의 상환)

계약의 해제로 당사자 일방은 자신이 수령하지 아니하였거나 정당하게 거절한 이행에 대한 대가로 지급한 금전을 상환받을 수 있다.

제9:308조(물건의 반환)

당사자 일방이 반환될 수 있는 물건을 인도하였고 그에 대한 대가로서의 금전이나 기타 반대급부를 수령하지 아니하였다면, 계약의 해제로 그는 그 물건을 반환시킬 수 있다.

제9:309조(반환될 수 없는 이행에 대한 반환)

이행의 제공을 하였고 그에 대한 대가로서의 금전이나 기타 반대급부를 수령하지 아니한 당사자는, 그것이 반환될 수 없는 때에는, 계약의 해제로 상대방의 급부의 가치에 대한 합리적인 평가액을 상환받을 수 있다.

제4절 대금감액

제9:401조(대금감액권)

(1) 계약에 상응하지 아니하는 이행의 제공을 수령한 당사자는 대금을 감액할 수 있다. 이는 이행이 제공된 당시의 그 이행의 가액을 그 당시에 계약에 상응하는 이행제공이 지녔을 가치와 비교하여 감소분에 비례하여 감액된다.

(2) 전항에 따라 대금을 감액할 권리가 있는 당사자가 감액된 대금을 초과하는 금액을 이미 지급하였을 경우에는, 상대방으로부터 초과액을 상환받을 수 있다.

(3) 대금을 감액한 당사자는 이와 아울러 이행의 가치의 감소를 이유로 손해배상을 청구할 수 없다. 그러나 이장의 제5절에 따라 전보될 수 있는 한도에서 그가 입은 그 밖의 손실에 대한 손해배상을 청구할 수 있다.

제5절 손해배상과 이자

제9:501조(손해배상청구권)

(1) 상대방의 제8:108조에 따라 면책되지 아니하는 불이행에 의하여 야기된 손실에 대하여 손해배상을 청구할 수 있다.

(2) 손해배상으로 전보될 수 있는 손실에는 다음이 포함된다:

(a) 비재산적 손실,

(b) 합리적으로 발생할 것으로 보이는 장래의 손실

제9:502조(손해배상의 일반적 산정)

계약이 적정하게 이행되었더라면 처했을 처지에 가능한 한 근접한 불이행당한 당사자의 상태에 대한 평가액을 손해배상 산정의 일반적 기준으로 한다. 그러한 손해배상은 피해자가 입은 손실과 상실되어 얻을 수 있었을 이익을 포함한다.

제9:503조(예견가능성)

불이행 당사자는 계약체결시에 불이행의 개연적 결과로서 예견하였거나 합리적으로 예견할 수 있었던 손실에 대하여만 책임진다. 다만 불이행이 고의적이거나 중과실로 인한 것인 경우에는 그러하지 아니하다.

제9:504조(불이행당한 당사자에 전가될 수 있는 손실)

불이행 당사자는 불이행당한 당사자가 불이행 또는 그 결과에 기여한 한도에서 그가 입은 손실에 대하여 책임을 지지 아니한다.

제9:505조(손실의 경감)

(1) 불이행당사자는, 불이행당한 당사자가 합리적 조치를 취함으로서 손실을 경감할 수 있었을 범위에서 그가 입은 손실에 대하여 책임을 지지 아니하다.

(2) 불이행낭한 당사자는 손실을 경감시키기 위하여 합리적으로 지출한 모든 비용을 상환받을 수 있다.

제9:506조(대체거래[5])

불이행당한 당사자가 계약을 해제한 경우에 있어서, 그가 합리적 기간 내에 합리적인 방식으로 대체거래를 한 경우에는, 그는 계약가격과 대체거래가격의 차액을 상환받을 수 있고, 또 이 절에 따라 전보될 수 있는 한도에서 그 밖의 손실에 대하여 배상받을 수 있다.

---

5) 혹은 「전보거래」로 번역될 수 있다. 1996년판에서는 'cover transaction' 용어를 사용하였으나, 1998년 확정판에서는 'substitute transaction'를 사용하고 있다.

제9:507조(시가)

불이행당한 당사자가 계약을 해제한 경우에 있어서, 그가 대체 거래를 행하지 아니하였으나, 계약된 이행에 대한 시가가 존재하고 있는 경우에는, 그는 계약가와 해제된 시점의 시가와의 차액을 상환받을 수 있고 또한 이 절에 따라 전보될 수 있는 한도에서 그 밖의 손실에 대하여 배상받을 수 있다.

제9:508조(금전 지급의 지연)

(1) 금전의 지급이 지연된 경우에, 불이행당한 당사자는 그 액에 대하여 이행기로부터 지급시까지 이행이 행하여지는 곳의 일반 상업은행의 계약상 통화에 대한 최우량 신용등급 고객에 대한 단기융자에 있어서의 평균 이율에 의하여 계산된 이자를 청구할 수 있다.

(2) 불이행당한 당사자는 이 외에도 이 절에 따라 전보될 수 있는 한도에서 그 밖의 손실에 대하여 배상받을 수 있다.

제9:509조(불이행에 대비한 지급약정)

(1) 이행하지 않는 당사자가 그 불이행을 이유로 하여 불이행당한 당사자에 특정의 금액을 지급키로 계약으로 정한 경우에는, 불이행당한 당사자는 그의 실제의 손실과는 무관하게 그 금액을 지급받는다.

(2) 그러나 그 금액이 불이행으로 인한 손실 및 기타의 제반사정에 비추어 현저하게 과도한 경우에는, 반대의 약정이 있더라고, 합리적인 금액으로 감축될 수 있다.

제9:510조(손해배상 산정 통화)

배상될 손해는 불이행당한 당사자의 손실을 가장 적절하게 반영하는 통화로 산정된다.

제10장 다수당사자

제1절 다수의 채무자

제10:101조(연대채무, 분할채무, 공동채무)

(1) 모든 채무자가 하나의 그리고 동일 내용의 급부를 제공할 의무를 부담하고,

채권자는 만족되기 전 까지는 어떤 채무자에게건 급부를 요구할 수 있는 경우, 그 채무는 연대채무로 한다.

(2) 각 채무자가 이행의 일부만의 급부를 제공할 의무를 지며, 채권자는 각 채무자에 대하여 각자의 부담부분만을 요구할 수 있는 경우, 그 채무는 분할채무로 한다.

(3) 다수의 모든 채무자가 함께 이행의 제공을 하여야 하고, 채권자는 그 모든 채무자에 대하여만 급부를 요구할 수 있는 경우, 그 채무는 공동채무로 한다.

제10:102조(연대채무의 발생)

(1) 다수의 채무자가 동일의 계약하에 채권자에게 하나의 그리고 동일 내용의 급부를 제공하여야 한다면, 계약이나 법률로 달리 정하고 있지 않는 한, 그들은 연대하여 책임진다.

(2) 다수가 동일한 손해배상책임을 지는 경우에도 연대채무가 발생한다.

(3) 채무자들이 동일 계약조건으로 책임지지 않는다는 사실로 그들의 채무가 연대하여 책임져야 하는 것을 방해하지 아니한다.

제10:103조(분할채무상의 책임)

분할채무를 부담하는 채무자들은, 계약이나 법률이 달리 정하고 있지 않는 한, 균등한 분할부분을 이행할 의무를 진다.

제10:104조(공동채무: 불이행에 대한 금전배상에 있어서의 특칙)

제10:101조 (3)에 불구하고, 공동채무의 불이행에 대해 금전을 지급하여야 하는 경우, 채무자들은 채권자에게 그 지급에 대해 연대하여 책임진다.

제10:105조(연대채무자 사이의 분담)

(1) 계약이나 법률에 달리 정하고 있지 않는 한, 연대채무자들 사이에 채무자들은 균등한 부담부분을 책임진다.

(2) 2인 이상의 채무자가 제10:102조 (2)에 따라 동일한 손해에 대해 배상책임을 지는 경우, 그들 사이의 부담부분은 그 책임을 발생시키는 사건을 규율하는 법률에 따라 정해진다.

제10:106조(연대채무자사이의 구상)

(1) 연대채무자 중의 일인이, 그 채무자의 부담부분 이상을 급부한 경우, 다른 채무자 누구에 대해서건 합리적으로 출재한 비용도 포함하여, 각 채무자의 미이행 부담부분에서 초과분을 청구할 수 있다.

(2) 전 1항이 적용되는 연대채무자 일인은 또한, 채권자의 우선권 및 이익을 고려하여, 각 채무자의 미이행부분을 한도로 다른 채무자 누구에 대해서건 부담분을 회복하기 위하여 부수적 담보권을 포함하여 채권자의 권리 및 소권을 행사할 수 있다.

(3) 채무자의 부담부분을 초과하여 이행한 연대채무자 일인이, 모든 합리적 노력에도 불구하고, 다른 채무자로부터 그 기여분을 회복할 수 없는 경우, 이행한 자를 포함하여 다른 자력이 있는 채무자의 부담부분은 비례하여 증가한다.

제10:107조(연대채무에 있어서의 이행, 상계 및 혼동)

(1) 연대채무자 일인에 의한 이행이나 상계 혹은 연대채무자 일인에 대한 채권자의 상계는 그 이행 혹은 상계의 범위로 채권자와의 관계에서 다른 채무자를 면책시킨다.

(2) 연대채무자 일인과 채권자 사이의 채무의 혼동은 그 채무자의 부담부분에 한하여, 다른 채무자들을 면책시킨다.

제10:108조(연대채무에 있어서의 포기 혹은 채무청산의 합의)

(1) 채권자가 어느 연대채무자에 대하여 그 권리를 포기하거나, 혹은 채무청산의 합의를 한 경우, 다른 채무자는 그 채무자의 부담부분에 대한 책임을 면한다.

(2) 권리의 포기나 채무청산에 의하여 채무자 모두가 완전히 면책된다고 정할 수 있다.

(3) 연대채무자들 사이에, 자신의 부담부분을 면한 채무자는 면책시의 부담부분을 한도로 면책되며, 채무자가 제10:106조 (3)에 따라 그 다음에 지게되는 추가적 부담부분은 그러하지 아니하다.

제10:109조(연대채무에 있어서 판결의 효력)

채권자의 연대채무자 일인에 대한 책임에 관한 법원의 판결은 다음에는 영향을 미치지 아니한다:

(a) 채권자의 다른 연대채무자에 대한 책임
(b) 제10:106조에 따른 연대채무자들 사이의 구상권

제10:110조(연대채무에 있어서의 시효)

연대채무자 일인에 대한 채권자의 이행청구권의 시효는 다음에 영향을 미치지 아니한다:

(a) 채권자에 대한 다른 연대채무자의 책임
(b) 제10:106조에 따른 연대채무자들 사이의 구상권

제10:111조(연대채무에 있어서 다른 항변사유의 대항력)

(1) 연대채무자는, 인적 성질을 지니고 있지 않는 한, 다른 채무자가 주장할 수 있는 항변사유로 채권자에 대항할 수 있다. 항변사유의 주장은 다른 연대채무자와의 관계에서는 효력을 지니지 아니한다.

(2) 부담부분에 대해 청구된 채무자는 그 청구자에 대하여 그 채무자가 채권자에 대하여 주장할 수 있었던 인적 항변사유를 주장할 수 있다.

제2절 다수의 채권자

제10:201조(연대채권, 분할채권 및 공동채권)

(1) 어떤 채권자건 채무자에게 급부의 전부를 요구할 수 있고, 채무자는 어떤 채권자건 급부의 제공을 할 수 있는 경우, 그 채권은 연대채권으로 한다.

(2) 채무자가 각 채권자에게 오직 그 채권자의 부담부분만 급부하여야 하며, 각 채권자는 그 채권자의 부담부분만의 급부를 요구할 수 있는 경우, 그 채권은 분할채권으로 한다.

(3) 채무자가 모든 채권자에게 급부하여야 하며, 어떤 채권자가 모두의 이익을 위해서만 급부를 요구할 수 있는 경우, 그 채권은 공동채권으로 한다.

제10:202조(분할채권의 분할)

계약이나 법률로 달리 정하고 있지 않는 한, 분할채권자들은 균등 비율로 권리가 있다.

제10:203조(공동채권 실행의 곤란)

공동청구권의 채권자 일인이 급부의 수령을 거절하거나 수령할 수 없다면, 채무자는 본 원칙 제7:110조 혹은 제7:111조에 따라 제3자에게 재산이나 금전을 공탁시킴으로써 채무를 면할 수 있다.

제10:204조(연대채권의 배분)

(1) 계약이나 법률로 달리 정하고 있지 않는 한, 연대채권자들은 균등 비율로 권리가 있다.

(2) 분할부분을 초과하여 변제받은 채권자는 그들 각자의 분할부분을 한도로 다른 채권자에게 그 초과부분을 양도하여야 한다.

제10:205조(채무자의 면제)

(1) 연대채권자 일인에 의한 채무자의 면제는 다른 채권자에게 영향을 미치지 아니한다.

(2) 제10:107조, 제10:109조, 제10:110조 및 제10:1111조의 규정은 연대채권에 준용된다.

제11장 청구권의 양도

제1절 일반 원칙

제11:101조(적용 범위)

(1) 본 장은 존재하는 혹은 장래의 계약상의 이행에 대한 권리의 합의에 의한 양도에 적용된다.

(2) 달리 정하거나 문맥상 달리 요구되는 경우를 제외하고, 본 장은 또한 다른 이전가능한 청구권의 합의에 의한 양도에도 적용된다.

(3) 본 장은 다음에는 적용되지 않는다:

(a) 다른 법률의 적용하에서 발행인에 의하여 또는 발행인을 위하여 그 이전이 등기부에 등록되어야 하는 금융증서나 투자증권의 이전

(b) 다른 법률의 적용하에서 그 이전을 위해서는 필요한 배서와 함께 교부되어야 하는 환어음, 유통증권, 유통성 있는 유가증권 또는 물건에 대한 권원증권

(4) 본 장에서 양도는 유가증권에 의한 양도를 포함한다.

(5) 본 장은 또한 양도에 의하는 것 외의, 합의에 의한 청구권에 대한 담보권의 양도에도 준용된다.

제11:102조(계약상 청구권의 일반적 양도가능성)

(1) 제11:301조과 제11:302조에 따라, 계약상의 당사자 일방은 계약상 청구권을 양도할 수 있다.

(2) 성립시 혹은 당사자들이 합의한 시점에 양도와 관련된 청구권이 특정될 수 있다면, 현존하는 계약이나 장래의 계약상 발생하는 장래의 청구권은 양도될 수 있다.

제11:103조(일부양도)

분할될 수 있는 청구권은 부분적으로 양도될 수 있다. 그러나 양도인은 채무자가 그로 인하여 입게 된 증가된 비용에 대해 채무자에게 책임을 진다.

제11:104조(양도의 형식)

양도는 서면으로 행해질 것을 요구하지 않으며, 형식에 있어서 다른 요건을 필요로 하지 않는다. 이는 목격을 포함하여 어떠한 방식으로도 입증될 수 있다.

제2절 양도인과 양수인 사이의 양도의 효력

제11:201조(양수인에게 양도되는 권리)

(1) 청구권의 양도로 양수인에게 다음이 이전된다:

(a) 양도된 청구권에 대한 양도인의 급부에 대한 모든 권리와

(b) 그 급부를 보장하는 모든 부수적인 권리.

(2) 계약상의 청구권 양도가 동일 계약하에 양도인에 의해 부담되는 채무와 관련하여 양수인의 채무자로의 대체와 결부되어 있는 경우, 이 조문은 제12:201조를 조건으로 효력을 갖는다.

제11:202조(양도의 효력발생시기)

(1) 현존하는 청구권의 양도는 양도에 대한 합의시 혹은 양도인과 양수인이 합의한 그 뒤의 시점에 효력을 발생한다.

(2) 장래의 청구권의 양도는 양도된 청구권의 존속에 의존하지만, 양도에 대한 합의시 또는 양도인과 양수인이 합의한 그 뒤의 시점에 효력을 발생한다.

제11:203조(양도인에 대한 양수인 권리의 보존)

양도는 양도인과 양수인사이에 유효하며, 채무자로부터 양도인이 받은 것에 대해 양수인에게 권리를 부여한다. 이는 제11:301조 또는 제11:302조하에 채무자에게 양도가 유효하지 않은 경우에도 그러하다.

제11:204조(양도인에 의한 보증인수)

양도함으로써 또는 청구권을 양도한다는 표명에 의하여 양도인을 양수인에 대하여 다음을 보장한다:

(a) 양도의 효력이 발생할 때 양수인에게 달리 고지된 것을 제외하고 아래의 조건이 충족된다:

(i) 양도인은 청구권을 양도할 권리를 가진다;

(ii) 청구권은 존재하며 그리고 양수인의 권리는 채무자가 양도인에 대하여 가지고 있던 항변사유 또는 권리(상계권을 포함)에 영향을 받지 않는다;

(iii) 청구권은 어떠한 선행 양도 또는 타당사자를 위한 담보권 또는 다른 토지에 대한 부담 등에 종속되어 있지 않다;

(b) 청구권과 그 청구권을 발생시키는 계약은, 수정이 양도의 약정상 전제되었거나 또는 신의칙에 따라 이루어진 것으로 양수인이 합리적으로 거절할 수 없었던 성질의 것이 아니라면, 양수인의 동의없이는 수정될 수 없다;

(c) 양도인은 부수적 권리가 아닌 급부를 담보하기 위한 이전가능한 모든 권리를 양수인에게 이전한다.

제3절 양수인과 채무자 사이의 양도의 효력

제11:301조(계약상 양도의 금지)

(1) 양도가 금지되었거나 양도된 청구권을 성립시킨 계약에 일치하지 않는 경우, 그 양도는 채무자에 대해 효력을 갖지 아니한다. 다만 다음과 같은 경우에는 그러하지 아니하다:

(a) 채무자가 양도를 승낙한 경우

(b) 양수인이 그 불합치를 알지 못하였거나 알았어야만 하는 경우도 아닌 때

(c) 금전의 지급에 대한 장래의 권리의 양도에 대한 계약하에 이루어진 양도

(2) 전항은 불합치에 대한 양도인의 책임에 영향을 미치지 아니한다.

제11:302조(기타의 무효인 양도)

채무자가 급부의 성질상 혹은 채무자와 양도인사이의 관계를 이유로 양도인 이외의 자에게 급부제공될 것이 합리적으로 기대될 수 없었던 경우에 한하여, 채무자가 동의하지 않은 양도는 채무자에 대해 효력을 갖지 않는다.

제11:303조(채무자의 채무의 효력)

(1) 제11:301조, 제11:302조, 제11:307조 및 제11:308조에 따라, 채무자가, 양도된 청구권이 합리적으로 특정되어있고 양수인에게 급부할 것이 채무자에게 요구되는 양도인이나 채무자로부터의 서면통지를 받은 경우에 한하여, 채무자는 양수인에게 급부할 의무를 진다.

(2) 그러나 양수인에 의해 통지된 경우에는, 채무자는 자신의 급부를 유보하면서 상당한 기간내에 양도에 대해 신뢰할 수 있는 입증을 양수인에게 요구할 수 있다.

(3) 채무자가 전 1항에 합치되는 통지에 의하지 않은 다른 방법으로 양도의 사실을 알았다면, 채무자는 양수인으로부터의 급부를 거절하거나 양수인에게 급부를 제공할 수 있다.

(4) 채무자가 양도인에게 급부를 제공한 경우, 그 급부가 양도의 사실을 알지 못하고 이루어진 경우에 한하여 채무자는 면책된다.

제11:304조(채무자 보호)

제11:303조에 따라 양도의 통지에 있어서 양수인으로서 특정된 자에게 급부한 채무자는, 그 자가 급부에 대해 권리를 가지는 자가 아니라는 사실을 채무자가 모를 수가 없었던 경우가 아닌 한, 면책된다.

제11:305조(청구의 경합)

급부에 대한 두 개 이상의 경합적 요구를 받은 채무자는 이행지법에 따라 혹은 급부가 다른 곳에서 이루어지기로 한 경우에는, 청구권에 적용되는 법에 의해 면책될 수 있다.

제11:306조(이행의 장소)

(1) 양도된 채권이 특정지에서의 금전지급채무에 관한 경우, 양수인은 동일국내의 어떠한 장소에서건 그 지급을 요구할 수 있고, 만일 그 국가가 EU 회원국이라면 EU 내의 어느 장소에서건 요구할 수 있다. 그러나 양도인은 이행장소의 변경으로 채무자가 지출하게 된 증가비용에 대하여 책임을 진다.

(2) 양도된 채권이 특정장소에서 이행하기로 한 비금전채무에 관한 것이라면, 양수인은 다른 장소에서 급부를 요구할 수 없다.

제11:307조(항변 및 상계권)

(1) 채무자는 양수인에 대하여, 채무자가 양도인에 대하여 주장할 수 있었던 양도된 채권에 대한 모든 실체적 그리고 절차적 항변사유로 대항할 수 있다.

(2) 채무자는 또한,

(a) 제11:303조 1항에 일치하는지에 관계없이, 양도의 통지가 채무자에게 도달한 때에 존재하는, 혹은

(b) 양도된 채권에 밀접하게 관계가 있는 양도인에 대한 청구권에 관한 제13장하에 양도인에 대하여 이용할 수 있었던 모든 상계권[6]을 양수인에 대하여 주장할 수 있다.

제11:308조(양수인에 대해 구속력없는 권한없는 수정)

양도인과 채무자사이의 합의에 의한 청구권의 수정은, 양수인의 동의가 없고, 제11:303조 1항에 합치 여부에 관계없이, 양도의 통지가 채무자에게 도달한 후에는, 채무자에 대한 양수인의 권리에 영향을 미치지 않는다. 다만 그 수정이 양도 합의에 있어서 이루어졌거나 신의칙에 따라 이루어진 것이고 양수인이 합리적으로 거절할 수 없었던 성질을 가졌다면 그러하지 아니하다.

제4절 양수인과 경합하는 권리주장자 사이의 우선순위

제11:401조(우선권)

(1) 동일한 청구권의 연속적인 양도가 행해진 경우, 후 양도시 그 양수인이 선행양도의 사실을 알지 못하였거나 알았어야만 한 경우가 아니었다면, 채무자에게 처

6) 금전청구소송에 대하여 피고가 반대채권을 가지고 상계를 주장하는 항변.

음으로 고지된 양도의 양수인은 타 선행 양수인에 우선한다.

(2) 전 1항에 따라, 연속된 양도의 우선권은, 존재하는 청구건이건 장래의 청구권이건, 그것이 행해진 순서에 의한다.

(3) 양도된 청구권에 대한 양수인의 이익은, 법절차 또는 기타의 방법에 의하건, 양도의 효과가 제11:202조에 따라 효력을 발생한 후 그 청구권과 관련된 양도인의 채권자의 이익에 우선한다.

(4) 양도인의 파산시, 양수인의 양도된 청구권에 대한 이익은, 다음과 관련하여 파산에 적용되는 법률의 규정의 적용하에, 양도인의 파산관재인과 채권자의 이익에 우선한다:

(a) 그러한 우선권의 상태로서 요구되는 공시;

(b) 청구권의 순위; 또는

(c) 파산 절차에 있어서 거래의 취소 또는 무효.

제12장 신 채무자의 대체 : 계약양도

제1절 신 채무자의 대체[7)]

제12:101조(채무인수 일반)

(1) 제3자는 채무자로서 대체되기 위하여 채무자와 채권자간의 합의를 인수할 수 있으며, 이때 원채무자는 면책된다.

(2) 채권자는 장래의 채무인수에 대해 미리 동의할 수 있다. 이 경우 채무인수는 신·구채무자사이의 합의에 대해 신채무자에 의해 채권자에게 통지된 때에 비로소 효력을 발생한다.

제12:102조(항변 및 담보에 대한 채무인수의 효력)

(1) 신채무자는 채권자에 대하여 신채무자와 원채무자사이의 관계에서 발생한 어떠한 권리나 항변사유를 주장할 수 없다.

(2) 원채무자의 면책은 또한 채무의 급부를 위해 채권자에게 주어진 원채무자의 담보에도 미친다. 다만 그 담보가 신구채무자사이의 거래의 일부로서 신채무자에게 이전되는 자산에 속하는 경우에는 그러하지 아니하다.

---

7) 우리 민법상 채무가 채무자로부터 제3자에게 이전되는 채무인수에 해당한다.

(3) 원채무자의 면책으로, 채무의 급부를 위하여 새로운 채무자 이외의 자에 의해 설정된 담보는 소멸한다. 다만 그 담보권설정자가 채권자를 위해 그 담보가 계속적으로 유용하다고 동의한 경우에는 그러하지 아니하다.

(4) 신채무자는, 원채무자가 채권자에 대하여 주장할 수 있었던 모든 항변사유를 채권자에 대하여 주장할 수 있다.

제2절 계약양도

제12:201조(계약의 양도)

(1) 계약의 당사자 일방은 제3자와 합의로 그를 계약상의 당사자로서 대체할 수 있다. 이 경우 그 대체의 효력은 상대방의 동의의 결과로서 계약양도인이 면책되는 경우에 비로소 발생한다.

(2) 계약당사자로서의 제3자 대체가 급부에 대한 권리의 양도를 포함하는 한도에서, 제11장의 규정이 적용된다. 채무가 이전되는 범위에서 이 장의 제1절이 적용된다.

제13장 상계

제13:101조(상계의 발생요건)

두 당사자가 상호 동일한 종류의 채무를 부담하고 있다면, 각 당사자가 상대방의 급부에 대한 권리에 대해 자신의 청구권을 상계할 수 있다. 다만 (a) 상계자가 상계시에 급부를 행할 수 있고, (b) 상대방 급부를 요구할 수 있고 또 그 범위내에서 가능하다.

제13:102조(불확정 청구권)

(1) 상계로 상대방의 이익을 해하지 아니하는 경우가 아닌 한 채무자는 그 존재나 가치에 대해 불확정인 청구권은 상계할 수 없다.

(2) 당사자 쌍방의 청구권이 동일한 법률관계로 발생한 경우에는, 상대방의 이익은 침해되지 않을 것으로 추정된다.

제13:103조(외화 상계)

당사자들이 상이한 통화로 부채를 부담하고 있는 경우, 각 당사자는 상대방의 청구권에 대해 자신의 청구권을 상계할 수 있다. 다만 상계자가 오직 특정의 통화로만 지급되어야 한다고 당사자들이 합의한 경우에는 그러하지 아니하다.

제13:104조(상계의 통지)

상계권은 상대방에 대한 통지로 행사된다.

제13:105조(복수의 채권 및 채무)

(1) 상계를 통지한 당사자가 상대방에 대해 두 개이상의 채권을 가지고 있는 경우, 그 통지는 관련된 채권이 확인된 경우에 한하여 효력을 갖는다.

(2) 상계를 통지한 당사자가 상대방에 대해 두 개이상의 채무를 이행해야 하는 경우, 제7:109조가 준용된다.

제13:106조(상계의 효과)

상계는 통지시로부터 상호 동일한 범위에서 채무를 소멸시킨다.

제13:107조(상계권의 배제)

다음의 경우 상계는 행해질 수 없다:

(a) 합의에 의해 배제된 경우;

(b) 이전가능하지 않은 한도에서 그 청구권에 대해; 그리고

(c) 고의의 위법 행위로 야기된 청구권에 대해서

제14장 시효

제1절 일반 규정

제14:101조(청구권은 시효에 걸린다)

채무의 급부에 대한 권리은 본 원칙에 따라 기간의 만료로 시효에 걸린다.

제2절 시효의 기간과 그 개시

제14:201조(일반 기간)

일반 시효기간은 3년이다.

제14:202조(법적 절차에 의하여 확정된 청구권에 대한 기간)

(1) 판결에 의해 성립된 청구권의 시효 기간은 10년이다.

(2) 중재에 의해서나 판결과 같이 강제가능한 기타 법률적 문서[8])에 의해 확정된 청구권도 동일하다.

제14:203조(개시)

(1) 일반 시효 기간은 채무자가 급부를 행하여야 하는 때, 손해배상청구권의 경우에는 그 청구권을 발생시킨 행위시로부터 기산된다.

(2) 채무자가 무엇인가를 하거나 하지 않을 계속적 채무를 부담하는 경우, 일반 시효기간은 그 의무의 위반으로 진행을 시작한다.

(3) 채무자가 급부를 행하여야 하는 때 전이라 하더라도, 제14:202조에 규정된 시효기간은 판결이나 중재결정이 기판력을 갖는 때, 혹은 다른 법률적 문서가 강제가능하게 된 때로부터 기산을 시작한다.

제3절 기간의 연장

제14:301조(알지 못하는 경우의 정지)

시효기간의 진행은 채권자가 다음의 사실을 알지 못하거나 합리적으로 알수 없는 동안에는 정지된다:

(a) 채무자의 동일성, 혹은

(b) 손해배상청구권의 경우에 있어서 손해의 유형을 포함하여 청구권을 야기한 사실

제14:302조(법적 절차 등의 경우에 정지)

(1) 시효기간의 진행은 청구권에 대한 법적 절차가 시작된 때로부터 정지된다.

(2) 정지는 기판력을 갖는 결정이 내려질 때 혹은 달리 결말이 지어질 때까지 계속된다.

(3) 이 조항은 적절한 수정을 가하여 중재절차와 판결과 같이 강제가능한 법적문서의 취득을 목적으로 하는 다른 모든 절차에 적용된다.

---

8) 판결과 동일한 효력이 인정되는 절차란 파산절차, 재판상 화해, 민사조정 등을 말한다.

제14:303조(채권자의 통제밖의 장애로 인한 정지)

(1) 채권자가 채권자의 통제를 넘고 채권자가 합리적으로 그것을 회피하거나 극복하는 것을 기대할 수 없었던 장애로 인하여 청구권을 주장하는 못하는 동안은 시효기간의 진행은 정지된다.

(2) 1항은 시효기간의 만료전 6개월 내에 그 장애가 발생하거나 또는 지속되는 경우에 한하여 적용된다.

제14:304조(교섭의 경우에 만기의 연기)

당사자들이 청구권에 대해서 또는 청구권을 발생시켰을 사정에 대해서 교섭하는 경우, 시효의 기간은 교섭상 마지막 의사표명이 이루어 진 후 1년이 경과하기 전에는 만료하지 않는다.

제14:305조(무능력의 경우에 만기의 연기)

(1) 무능력자가 대리인이 없다면, 이 무능력에 의한 혹은 이 자에 대해 주장되는 청구권의 시효기간은 무능력을 벗어나거나 대리인이 선임된 후로부터 1년내에는 만료하지 않는다.

(2) 무능력자와 그의 대리인사이의 청구권의 시효 기간은 무능력을 벗어나거나 새로운 대리인이 선임된 후 1년 내에는 만료하지 않는다.

제14:306조(만기의 연기 : 피상속인의 유산)

채권자 혹은 채무자가 사망한 경우, 피상속인의 유산에 의해 또는 그 유산에 대해 주장하는 청구권의 시효기간은 그 상속인에 의해 혹은 그 상속인에 대해 혹은 유산 관리자에 의해 또는 그 관리자에 대하여, 그 청구권이 강제될 수 있는 때로부터 1년이 경과하기 전에는 만료되지 않는다.

제14:307조(최장 기간)

시효기간은 진행의 정지 또는 그 만료의 연기에 의해 10년 이상, 인적 침해에 대한 청구권의 경우에는 30년 이상으로 연장될 수 없다. 이는 제14:302조하의 정지에는 적용되지 않는다.

제4절 기간의 재개시

제14:401조(승인에 의한 재개시)

(1) 채무자가 일부지급, 이자의 지급, 담보의 제공, 또는 기타의 방법으로 채권자에 대하여 청구권을 승인한 경우, 새로운 시효기간이 진행된다.

(2) 청구권이 원래 일반 시효기간에 따르는지 또는 제14:202조하의 10년의 기간에 걸리는지 여부에 관계없이, 새로운 기간은 일반 시효기간이다. 그러나 후자, 즉 10년의 시효기간에 걸리는 경우, 본 조로 인하여 10년의 기간이 단축되지 않는다.

제14:402조(집행 시도에 의한 재개시)

제14:202조에 규정된 10년의 시효 기간은 채권자에 의해 이루어진 집행에 대한 합리적인 시도로 진행을 시작한다.

제5절 시효의 효력

제14:501조(효력 일반)

(1) 시효기간의 만료 후 채무자는 이행을 거절할 수 있다.

(2) 청구권을 소멸시키기 위하여 이행한 경우, 시효기간의 경과를 이유로 그 반환을 구할 수 없다.

제14:502조(부수적 청구권의 효력)

이자의 지급에 대한 권리와 기타의 부수적 성질을 지니는 청구권은 주 청구권의 시효기간보다 후에 만료하지 않는다.

제14:503조(상계의 효력)

채무자가 사전에 혹은 상계의 통지후 2달내에 시효를 주장하지 않는 한, 시효기간이 만료된 것과 관련된 청구권은 그럼에도 불구하고 상계될 수 있다.

제6절 합의에 의한 수정

제14:601조(시효에 관한 합의)

(1) 시효에 대한 요건, 특히 시효기간의 단축이나 연장은 당사자사이의 합의로 수정될 수 있다.

(2) 하지만 시효기간은 제14:203조에 규정하는 개시시부터 1년 이내로 단축하거나 30년 이상으로 연장될 수 없다.

제15장 불법성(Illegality)

제15:101조(본질적 원칙에 반하는 계약)

EU 회원국의 법률상 본질적인 것으로 인정되는 원칙에 반하는 계약은 그 범위에서 효력이 없다.

제15:102조(강행규정을 위반하는 계약)

(1) 계약이 제1:103조하의 강행규정을 위반하는 경우, 그 위반의 계약에 대한 효력은, 그 강행규정이 명시적으로 정하고 있는 경우, 그 효력이다.

(2) 강행규정이 계약에 대한 위반의 효력에 대해 명시적으로 정하고 있지 않은 경우, 그 계약은 전체적 효력을 지닌다고, 부분적 효력을 지닌다고, 효력이 없다고, 또는 수정을 조건으로 한다고 선언될 수 있다.

(3) 전 2항하의 결정은 다음과 같은 사항을 포함하여 모든 제반사정을 고려하여 그 위반의 정도에 적절하고 비례적이어야 한다.

(a) 위반된 규정의 목적,
(b) 규정이 보호하고자 하는 인적 범주,
(c) 위반된 규정하에 부과된 제재,
(d) 위반의 정도,
(e) 위반이 고의였는지 여부 그리고
(f) 위반과 계약사이의 관련의 밀접성.

제15:103조(일부 무효)

(1) 계약의 일부만이 제15:101조 또는 제15:102조하에 무효인 경우, 나머지 부분은 효력을 갖는다. 다만 제반사정을 고려할 때 그것을 유지하는 것이 비합리적인 경우에는 그러하지 아니하다.

(2) 제15:104조 및 제15:105조는 일부 무효의 경우에 준용된다.

제15:104조(원상회복)

(1) 계약이 제15:101조 또는 제15:102조에 따라 무효로 되는 경우, 적당한 경우

자신이 수령한 것을 동시 상환의 조건으로, 각 당사자는 자신이 계약상 공급한 것의 원상회복을 청구할 수 있다.

(2) 전항하에 원상회복의 허락 여부 및 동시 상환과 관련하여, 그 상환이 적절한지를 판단하는데 있어서 제15:102조 3항에 거론되는 요소를 고려하여야 한다.

(3) 무효의 이유를 알았거나 알았어야만 하는 당사자에게는 원상회복은 거절될 수 있다.

(4) 원상회복이 원물로 이루어질수 없다면, 수령물에 대한 합리적 가액이 상환되어야 한다.

제15:105조(손해배상)

(1) 제15:101조 또는 제15:102조하에 무효로 된 계약 당사자는, 상대방이 그 무효의 원인을 알았거나 알았어야만 하는 경우, 계약이 체결되지 않았다면 있었을 지위로 가능하면 근접하게 두는 손해배상을 상대방에게 회복청구할 수 있다.

(2) 전항에 따른 손해배상 인정 여부를 판단하는데 있어서 제15:102조 3항에 거론되는 요소가 고려되어야 한다.

(3) 손해배상을 청구하는 자가 무효의 원인을 알았거나 알았어야만 하는 경우 손해배상의 인정은 거절될 수 있다.

제16장 조건

제16:101조(조건의 종류)

계약상의 채무는 장래의 불확실한 사건의 발생을 조건으로 할 수 있고, 이 경우 그 채무는 그 사건이 발생하는 경우에 한하여 효력을 발생하거나, 그 사건이 발생하는 경우 소멸한다.

제16:102조(조건의 침해)

(1) 조건의 성취가 당사자 일방에 의하여 방해되고, 그것이 신의성실 및 공정거래의 의무나 협력의무에 반한다면, 그리고 그 성취가 그 당사자의 불이익으로 될 경우, 그 조건은 성취된 것으로 본다.

(2) 신의성실 및 공정거래 의무나 협력의무에 반하여 조건의 성취가 일방당사자에 의하여 이루어진 경우, 그 성취가 그 당사자에게 이익을 가져온다면, 그 조건은

성취되지 아니한 것으로 본다.

제16:103조(조건의 효력)

(1) 당사자들이 달리 약정하지 않았다면, 정지조건의 성취로 해당 채무는 효력이 생긴다.

(2) 당사자들이 달리 약정하지 않았다면, 해제조건이 성취된 때로부터 해당 채무는 소멸한다.

제17장 이자의 계산

제17:101조(자본에 이자가 추가되는 경우)

(1) 제9:508조 1항에 따라 지급될 이자는 미지급 자본에 매 12개월마다 가산된다.

(2) 전항은 당사자들이 지급의 지체에 대한 이자를 정한 경우에는 적용되지 않는다.

• 저자소개

심종석(Chong-Seok, Shim), cyrus@daegu.ac.kr

- 서울사대부속고등학교 졸업
- 경희대학교 공과대학 기계공학과 졸업 (공학사)
- 경희대학교 국제통상법무대학원 국제통상법무학과 수료
- 성균관대학교 대학원 무역학과 졸업 (무역학전공 / 경영학석사)
- 성균관대학교 대학원 경영학과 졸업 (무역경영전공 / 경영학박사)
- 한국외국어대학교 대학원 법학과 졸업 (국제상사법전공 / 법학박사)
- 서울디지털대학교 무역학부 강사
- 한국외국어대학교 법학과 강사
- 남서울대학교 국제경영학부 전임강사
- 현) 대구대학교 경상대학 무역학과 전임강사

저서
- 『전자상거래와 e-비즈니스』, 청림출판, 2000.
- 『전자상거래 법률과 제도』, 청림출판, 2001.
- 『전자상거래 전략기획론』, 형설출판사, 2001.
- 『무역과 법률』, 인텔에듀, 2002.
- 『국제무역분쟁사례연구』, 인텔에듀, 2002.
- 『국제상무론』, 인텔에듀, 2002.
- 『국제결제론』, 인텔에듀, 2003. 외 학술논문 25편.

국제상사계약의 이론과 실제

발행일 － 2008년 12월 30일
지은이 － 심 종 석
펴낸이 － 이 용 두
펴낸곳 － 대구대학교출판부
주소 － 경북 경산시 진량읍 내리리 15번지
전화 － (053)850-5661~3
팩스 － (053)850-5669
찍은곳 － 남경기획
등 록 － 경산 제11호

정가 23,000원

ISBN 978-89-7794-495-4-93320